कांग्रेस प्रेसिडेंट्स' फाइल्स

कांग्रेस प्रेसिडेंट्स' फाइल्स

(1885-1923)

तथ्यों का खजाना, जो कांग्रेस के बारे में आपकी राय बदल देगा

विष्णु शर्मा

प्र
प्रभात प्रकाशन

प्रकाशक

प्रभात प्रकाशन प्रा. लि.

4/19 आसफ अली रोड, नई दिल्ली–110002

फोन : 011–23289777 • हेल्पलाइन नं. : 7827007777

इ–मेल : prabhatbooks@gmail.com ❖ वेब ठिकाना : www.prabhatbooks.com

संस्करण

प्रथम, 2024

पेपरबैक मूल्य

छह सौ रुपए

मुद्रक

आर–टेक ऑफसेट प्रिंटर्स, दिल्ली

★

CONGRESS PRESIDENTS' FILES
by Shri Vishnu Sharma

Published by **PRABHAT PRAKASHAN PVT. LTD.**
4/19 Asaf Ali Road, New Delhi-110002

ISBN 978-93-5562-602-8

₹ 600.00 (PB)

यह पुस्तक मेरे पापा को समर्पित है,

उन्होंने मुझे कांग्रेस और संघ—दोनों से परिचित करवाया

भूमिका

दिल की बात और किताब से जुड़े राज

कांग्रेस से मेरा पहला परिचय मेरे घर से ही हुआ, जो पापा ने करवाया, सो यह पुस्तक उन्हीं को समर्पित है। बाबा की मौत हुई, तब वह हाई स्कूल में पढ़ रहे थे, गाजियाबाद के एम.एम.एच. कॉलेज में। संयोग यह कि आज हम गाजियाबाद के जिस घर में रहते हैं, उसे इसी कॉलेज के एक कर्मचारी ने बनवाया था। पापा घर में सबसे बड़े थे। उनकी पढ़ाई छूट गई, क्योंकि तीन छोटे भाइयों और दो बहनों का बोझ उनके सिर आ गया। मुश्किल से आगे बढ़ते हुए सभी को अपने पैरों पर खड़ा किया और फिर समाजसेवा में जुट गए—रामलीला आयोजन और राजनीति भी। कांग्रेस से उनका यह जुड़ाव इसी दिशा में था। उनके कस्बा, ब्लॉक और फिर जिला स्तर के प्रमुख पदों पर रहने के दौरान हमारा घर नेताओं और चुनाव-सामग्री से भरा रहता था। हमारे दोस्त शर्ट की बटन पर लगाने वाला पंजा स्टीकर और साइकिल-बाइक पर लगाने वाले छोटे झंडे व पोस्टर्स हमसे ही माँगते थे। लेकिन यह भी बहुत दिलचस्प था कि पापा ही ने हमें संघ से परिचित करवाया। वे हर साल गुरुदक्षिणा देते थे, लेकिन खुद नहीं जाते थे, मुझे भेज देते थे। अत: उसी कार्यक्रम में बौद्धिक, ध्वज प्रणाम और इतिहास से भी परिचय हुआ, शुरू में तो मुझे लगा कि गलत इतिहास बता रहे हैं। लेकिन खुद ही तथ्यों का सच पता करने की आदत स्कूली जीवन से ही थी, सो पता कर लिया कि स्कूली पुस्तकों में जो इतिहास पढ़ाया जा रहा है, वह सच नहीं है। तभी विज्ञान का छात्र होने के बावजूद इतिहास में रुचि लेने लगा और एक दिन एमफिल किया, नेट (NET) पास किया। कई समान्य ज्ञान प्रतियोगिताओं में बाजी मारी, यहाँ तक कि खुद 6 साल तक अपने कस्बे सासनी में गांधी जयंती पर क्विज शो आयोजित किया, एंकरिंग की। तब नहीं पता था कि मीडिया में जाना है, वीडियोज बनाने हैं या किताबें लिखनी हैं तो शुरुआत पापा की वजह से हुई, जो कांग्रेस में रहते हुए भी संघ को काफी पसंद करते थे।

ये पुस्तक क्यों? इसकी वजह यह है कि जब भी आप आधुनिक भारत का इतिहास पढ़ेंगे, आपको एक लाइन में बता दिया जाएगा कि गांधीजी के आने से पहले कांग्रेस केवल उदारवादी नेताओं का समूह थी। साल में एक बार इकट्ठा होकर अपनी कुछ माँगें अंग्रेजों से मनवा लिया करते थे। यही संदेश हर एक के मन में जाता है कि उसे पढ़ने का कोई फायदा नहीं है, इतिहास को प्रभावित करने वाले कोई तथ्य उस कालखंड के नहीं मिलते। ज्यादातर लोग पहले कांग्रेस अध्यक्ष व्योमेश चंद्र बनर्जी के बाद दादा भाई नौरोजी, बदरुद्दीन तैयबजी, फीरोजशाह मेहता, मोतीलाल नेहरू जैसे नामों को ही जानते हैं। इनके बारे में भी ढंग से नहीं जानते होंगे, लेकिन जब आप वर्तमान कांग्रेस की स्थिति और उनके कर्णधारों से जुड़ी कुछ घटनाएँ देखते हैं तो लगता है कि वे जो दावा करते हैं, उसको सही ढंग से समझने के लिए कांग्रेस के शुरुआती दौर को समझना जरूरी है; और यह सबसे ज्यादा बेहतर तरीके से उसके संस्थापक की सोच, उसके अध्यक्षों (सभापतियों) अधिवेशनों की काररवाईयों, पास किए गए प्रस्तावों एवं उस दौरान के उन मुद्दों जो आज भी सामयिक हैं, पर उनकी राय से बेहतर समझा जा सकता है।

उन्हें पढ़ने के बाद फिर आपको वर्तमान दौर के कुछ नेताओं के बयानों पर हैरत भी होगी कि ये अपना इतिहास खुद भी पढ़ते हैं कि नहीं या पढ़ते हैं, लेकिन मानकर चलते हैं कि जनता नहीं पढ़ती होगी! साथ में मेरी पुस्तक में यह भी पढ़ने को मिलेगा कि जो नेहरू-गांधी परिवार कांग्रेस से जुड़ा, उसका जुड़ाव कैसे हुआ, कांग्रेस को लेकर उनकी शुरुआती राय क्या थी आदि।

इस पुस्तक के बारे में बस इतना लिखूँगा कि यह तथ्यों का खजाना है, मेरी पुरानी पुस्तकों की तरह। कोई कांग्रेस अध्यक्ष लंदन में दफ्न है कोई यरुशलम में तो कोई काबा में पैदा हुआ। कई कांग्रेस अध्यक्ष तो लंदन में ही बस गए। कुछ कांग्रेस अध्यक्ष मुसलिम लीग के भी अध्यक्ष रहे तो हिंदू महासभा के भी। कितने ही अध्यक्षों ने कहा कि मुझे खुशी है कि आज मैकाले का सपना पूरा हो रहा है, कितनों ने अंग्रेजी राज या ईसाई शासन को कभी न खत्म होने की कामना की। एक ने तो मंच से ऐलान किया था कि मैंने तो गोमांस खाना भी गांधीजी की वजह से छोड़ा है, एक अध्यक्ष ने तो यह तक कह डाला कि अगर गो-हत्या रोकनी है तो मटन सस्ता कर दे सरकार। एक ऐसा भी कांग्रेस अध्यक्ष था, जिसको मसजिद तोड़ने के आरोप में 10 साल की सजा हुई थी।

आप एक ऐसे अध्यक्ष के बारे में भी पढ़ेंगे, जो टीपू सुल्तान की नातिन का नाती था। एक अध्यक्ष का खानदान तो बाबर के साथ भारत आया था, जो जिन्ना

के साथ पाकिस्तान चला गया। एक ऐसा भी कांग्रेस अध्यक्ष था, जिसके पुरखे औरंगजेब के शिक्षक रह चुके थे। एक ऐसे कांग्रेस अध्यक्ष की कहानी भी आप इस पुस्तक में पढ़ेंगे, जिसने बतौर जज सावरकर को दो आजीवन कारावास की सजा सुनाई थी। वहीं एक ऐसा अध्यक्ष भी था, जिसने ब्रिटेन की महारानी को अवतार घोषित कर दिया था। एक ने तो ब्रिटेन की महारानी की याद में विक्टोरिया मेमोरियल तक बनवा डाला था।

एक अध्यक्ष ने तो गांधीजी के खिलाफ किताब लिख डाली थी—'गांधी एंड एनार्की'। एक पर तो जनरल डायर से लोहा लेने के चलते अक्षय कुमार की मूवी बन रही है तो नेहरू परिवार का एक अध्यक्ष जनरल डायर की करतूतों का गवाह हो सकता था, पर वह चुप रहा। एक ऐसा अध्यक्ष भी था, जिसे भारतीय कॉल गर्ल्स और चीनी नागरिकों की भी चिंता थी तो एक गणित का जादूगर था। एक ने ए. ओ. ह्यूम को ही तानाशाह बता दिया था। एक अध्यक्ष ने तो खुलकर मंच से पूर्वी बंगाल के हिंदुओं पर मुसलिम अत्याचारों को लेकर मजिस्ट्रेट की वह रिपोर्ट पढ़कर सुना दी थी, जिसमें काली माँ की मूर्ति तोड़ने, हिंदुओं की दुकानें लूटने और उनकी विधवाओं से निकाह करने का खुलासा था।

एक कांग्रेस अध्यक्ष ने मुसलिमों को केवल 3 हजार आयकर पर मताधिकार मिलने के खिलाफ मोर्चा खोल दिया, जबकि हिंदुओं को 3 लाख पर भी उपलब्ध नहीं था। कांग्रेस के एक ऐसे अध्यक्ष के बारे में भी इस पुस्तक में पढ़ेंगे, जिसने मुसलिम आरक्षण के खिलाफ आवाज बुलंद की और गो-हत्याओं का खुलकर विरोध किया, जबकि एक ने कांग्रेस की मंच से आर्यों का गुणगान किया तो एक ने अंग्रजों और भारतीयों दोनों को आर्य वंश का बता डाला था। आप 'इनकलाब जिंदाबाद' का नारा देने वाले हसरत मोहानी का वह हिंदू-विरोधी पक्ष भी जानेंगे, जो अब तक छुपाया जाता रहा है। एक ऐसे अध्यक्ष के बारे में भी पढ़ेंगे, जिसने कहा था कि एक पतित मुसलमान भी गांधीजी से श्रेष्ठ है। ऐसे कांग्रेस अध्यक्ष के बारे में भी पढ़ेंगे, जिसने कांग्रेस के मंच से गांधीजी समेत सभी वरिष्ठ नेताओं से अछूतों को हिंदू-मुसलमानों में आधा-आधा बाँटने की सलाह दी थी, यानी आधे दलितों का धर्मांतरण।

अधिवेशनों में भी तमाम दिलचस्प बातें होती थीं, जब एक कांग्रेस अध्यक्ष के मुँह पर जूता पड़ा था। कांग्रेस अधिवेशनों में ली जाने वाली अंग्रेजी राज की वफादारी की शपथ भी आप इसी पुस्तक में पढ़ेंगे। एक अधिवेशन में तो मसजिद तक बना दी गई थी। उस अधिवेशन की कहानी भी पढ़ेंगे, जिसमें मुसलिम तुष्टीकरण का पहला

बीजारोपण हुआ। उस अधिवेशन की भी कहानी, जिसमें वीर सावरकर की रिहाई के लिए प्रस्ताव पारित किया गया था। तो कितने ही अधिवेशनों में 1857 की क्रांति को 'डार्क एज' बताकर यह तक कहा गया कि जब तक कांग्रेस है, ऐसा दोबारा नहीं होगा। तो एक अधिवेशन में यह तय हो गया था कि जिस मुद्दे पर हिंदू या मुसलिम दोनों राजी नहीं होंगे, उसे पास नहीं किया जाएगा। यानी मुसलिमों को वीटो पवर मिल गया था, साथ ही यह भी जानेंगे कि अधिवेशनों में मुसलिमों को लुभाने के लिए कैसे उनसे भोजन शुल्क नहीं लिया जाता था।

नेहरू परिवार के शुरुआती दौर के भी तमाम दिलचस्प किस्से इस पुस्तक में सँजोए गए हैं कि कैसे सूत कातने की गांधीजी की शर्त पर जवाहर लाल नेहरू ने इस्तीफा दे दिया था। तो मोतीलाल नेहरू ने गांधीजी के 'सत्याग्रह' और 'अहिंसा' के विचारों को सिरे से खारिज ही कर दिया था। कब जवाहर लाल नेहरू अपने पिता मोतीलाल नेहरू की अंग्रेजों के प्रति वफादारी पर शर्मिंदा हो गए थे। जवाहर लाल ने कांग्रेसियों की देश-सेवा को 'दिखावे' की बताया तो मोतीलाल नेहरू ने कांग्रेसियों को 'कायर' और बंगभंग आंदोलन को 'स्टुपिड' तक बोल दिया था। आप इस पुस्तक में जानेंगे कि जेल में मोतीलाल नेहरू को रोज आधी बोतल शैंपेन पहुँचाने की बात में कितनी सच्चाई है।

ऐसे में इस पुस्तक को क्रमवार इतिहास की तरह न पढ़ा जाए, बल्कि ऐसे तथ्यों के खजाने की तरह पढ़ा जाए, जो कहीं-न-कहीं वर्तमान से जुड़ता है, वर्तमान की कुछ बड़ी घटनाओं और मुद्दों से जुड़ता है। जैसे आज कांग्रेस वीर सावरकर को द्विराष्ट्र के सिद्धांत का प्रणेता बताती है, लेकिन उन दिनों इसके लिए वह सर सैयद अहमद खान को दोष देती थी। ऐसे में उस दौर की सारी छोटी बड़ी घटनाएँ या सभी अध्यक्षों के बारे में लिखा जाए, यह मुमकिन नहीं हो पाया है। लेकिन जो भी है, वह इतिहास के जिज्ञासुओं के लिए सहेजने लायक हो, ऐसी कोशिश हुई है। सामग्री इतनी ज्यादा थी कि पुस्तक में गांधीजी से पहले के अध्यक्षों की कहानियाँ ही ले पाए, यानी 1923 तक, अगले साल बेलगाँव में गांधीजी पहली और आखिरी बार कांग्रेस अध्यक्ष चुने गए थे। खासी दिलचस्प बात यह है कि उनका अध्यक्षीय संबोधन भी जवाहर लाल नेहरू को पसंद नहीं आया था।

और अब निजी बात, एक साल से अधिक समय इस पुस्तक को लिखने में लगा, इस दौरान घर में एक नया मेहमान रुद्रप्रिय आ गया—छोटे भाई यतेंद्र का बेटा। उसकी बहन कोको और उसकी बालसुलभ हरकतें आपको लिखने की बोरियत से बचाती है। बेटा विराज अपनी मॉर्डन पेंटिंग्स और स्व-ईजाद खेलों की

चर्चाओं से मेहमानों को खूब पकाने-हँसाने लगा है तो बेटी रितिशा ने छठवीं के बाद सातवीं में भी टॉपर्स की सूची में शामिल होकर खुश किया।

हालाँकि इस दौरान कुछ और ऐसी घटनाएँ हुईं, जिनसे पुस्तक से थोड़ा ध्यान हटा। जैसे राम मंदिर प्राण-प्रतिष्ठा के लिए अनायास गीत लिखने का मौका मिलना। बड़े भाई राजीव तुलीजी ने आइडिया दिया कि अनु मलिकजी को कहो कि इस मौके पर कोई गीत बनाएँ। मैंने उन्हें सुझाव दिया और साथ में एक रामभक्त का वायरल हो रहा गीत भेजा, गीत दिव्य कुमार की आवाज में रिकॉर्ड भी हो गया। एक दिन जब मैं कॉन्स्टीट्यूशन क्लब कार के लिए कार से निकला तो अनु मलिकजी का फोन आया कि "जी म्यूजिक ने बिना राइट्स के गीत रिलीज करने से मना कर दिया है, गीतकार का मिलना जरूरी है, वरना मैं आपका नाम लिख दूँगा इस पर।" तीन दिन से हम गीतकार को ढूँढ़ रहे थे, फिर कोशिश की, नहीं मिला तो मैंने कार वैशाली मेट्रो पार्किंग में लगाई और उसी धुन पर एक गीत सोचना-लिखना शुरू कर दिया, बीस मिनट में मंडी हाउस तक तीन अंतरा मुखड़े के साथ लिखे जा चुके थे। मुखड़ा था—श्रीराम विराजेंगे जन्मभूमि में, सदियों का तप पूरण होगा।

फिर अनुजी को व्हाट्स ऐप पर भेजने के साथ लिखा कि ये पसंद आए तो दोबारा रिकॉर्ड करवा लीजिए, और कोई रास्ता नहीं। अनु मलिक को पसंद आ गया और उन्होंने कुछ सलाह देकर रात तक कुछ और अंतरे माँगे। घर लौटकर चार अंतरे और लिखकर भेजे। सुबह फिर रिकॉर्ड हुआ और दोपहर तक तो यूट्यूब पर अपलोड कर मुझे अनुजी गीत का लिंक भेज चुके थे। करोड़ों लोगों ने उसे देखा, हजारों कमेंट्स आए और करीब 7 हजार रील्स बनीं। अनुजी, तुलीजी और जी म्यूजिक का दिल से धन्यवाद!

किताब लिखते-लिखते बोर होने से बचना बेहद मुश्किल काम है, ऐसे में किसी और रचनात्मक काम के लिए 'ब्रेक' मिलना सुखद होता है। इस दौरान दो अलग-अलग शॉर्ट फिल्म फेस्टीवल्स में बतौर ज्यूरी रहने का भी मौका मिला, जिन्हें प्रेरणा संस्थान और गलगोटिया यूनिवर्सिटी ने आयोजित किया था। इसके लिए इन दोनों संस्थानों के अलावा कृपाशंकरजी भाईसाहब, अरुण अरोराजी, सुनील त्यागीजी और आज्ञाराम पांडेयजी का भी आभार। ओरछा लिटरेचर फेस्टिवल में चंद्रप्रकाश द्विवेदीजी, राजेंद्र गुप्ताजी आदि से सार्थक चर्चा का मौका मिला। इस आयोजन में निमंत्रण के लिए राजा बुंदेला, सुष्मिता मुखर्जी और दीपक दुआजी का भी आभार।

'प्रजातंत्र' अखबार के प्रबंध संपादक हेमंत शर्माजी को भी धन्यवाद, काफी

दिन से अखबार में फिल्म रिव्यू का कॉलम लिखना चाहता था, जो इस दौरान उन्होंने शुरू करवा दिया, जो हर रविवार को छपता है। इस दौरान मुझे एक नए तरह के प्रोजेक्ट में व्यस्त किया आर.जे. रौनक (बउआ) और व्यंग्यकार नीरज बधवार ने, जिसके चलते कुछ अलग सा करने को मिला; हालाँकि मुख्य मोर्चे पर पत्नी पूजा थी। उन दोनों का भी आभार। आई.आई.एम.टी. यूनिवर्सिटी, मेरठ में पत्रकारिता विभाग के विभागाध्यक्ष विशाल शर्मा को भी धन्यवाद, उन्होंने मुझे पत्रकारिता में मास्टर डिग्री करने को प्रोत्साहित किया, इसके चलते हो भी गई। संजय सिंह सर, सत्याजी, सुदीपनजी और कौशलजी जैसे चार वरिष्ठ जनों का समय-समय पर उत्साह वर्धन के लिए विशेष धन्यवाद।

हमेशा की तरह कुछ लोग हैं, जो या तो इतिहास से जुड़े विवादों की चर्चा में शामिल रहते हैं या फिर मेरी पोस्ट्स को, लेखों को, किताबों को ज्यादा-से-ज्यादा लोगों तक पहुँचाने में प्रत्यक्ष-अप्रत्यक्ष रूप से मेरी सहायता करते रहे हैं। सबसे पहले उन दोनों को धन्यवाद, जिन्होंने 'इंदिरा फाइल्स' को खरीदकर बहुत से लोगों तक पहुँचाया—बड़े भाई मनोज अग्रवाल राया वाले और छोटा भाई अनुज भार्गव। छोटे भाई राकेश का भी सहयोग रहा, वहीं जिनकी वजह से 'इंदिरा फाइल्स' पुस्तक प्रेमियों तक पहुँचने में सहायता मिली, उनमें मित्र विजय रावत, प्रतीक गुप्ता, विवेक भटनागर, उज्ज्वल त्रिवेदी, रीतेश वर्मा, फागुनी शर्मा, पूजा प्रसाद, सारंग उपाध्याय, हर्ष कुमार, गायत्री देवी, मानस मिश्रा, सौरभ गुप्ता, नितिन ठाकुर आदि शामिल हैं, सभी को बहुत बहुत धन्यवाद।

उन सभी वरिष्ठों-मित्रों को भी धन्यवाद, जिनकी सोशल मीडिया पोस्ट्स या जिनसे होने वाली लगातार चर्चाएँ मेरी पुस्तकों को बेहतर बनाने, लोगों तक पहुँचाने में सहायता करती रही हैं, उनमें प्रखर श्रीवास्तव, अनुज धर, चित्रा त्रिपाठी, डॉ. साकेत, आशीष अंशु, अखिलेश चौधरी, उमेश शुक्ला, बड़े भैया पवन शर्मा और ब्रज खंडेलवाल सर आदि सभी को दिल से धन्यवाद।

अनुक्रम

1857 क्रांति के 215 सिपाहियों को मौत देने वाला कांग्रेस का संस्थापक

कांग्रेस बनाने का आइडिया जिस अंग्रेज के दिमाग में आया, उसको सभी जानते हैं—ए.ओ. ह्यूम, एक अंग्रेज सिविल सर्विस ऑफिसर। लेकिन बहुत कम लोग जानते हैं कि उसने 1857 की क्रांति के 215 सिपाहियों को मारा था और कइयों को फाँसी पर चढ़ा दिया था। वह यू.पी. के इटावा का तो डी.एम. रहा ही था, आधुनिक भारत में पक्षियों की प्रजातियों पर सबसे बड़ा और सबसे पहला काम ह्यूम ने ही किया था। ह्यूम के पिता इंग्लैंड के सांसद थे और संसद् में भारत को लेकर ब्रिटिश सरकार की आलोचनाओं के लिए जाने जाते थे। लॉर्ड लिटन की जब ह्यूम ने आलोचना की तो ह्यूम को भुगतना पड़ा और ह्यूम को सचिवालय से हटा दिया गया। अब ह्यूम ने सोचा कि अपने दूसरे शौक यानी पक्षियों की प्रजातियों की गणना को समय दिया जाए। शिमला के अपने घर में वो इसी काम में व्यस्त हो गया।

कहानी यही प्रचलित है कि अचानक जब कई मैन्युस्क्रिप्ट्स खो गईं तो ह्यूम का मन उचट गया और उसने अपने अब तक के काम को नेचुरल हिस्ट्री म्यूजियम, लंदन को दे दिया। अब तक ह्यूम ने इस्तीफा नहीं दिया था, वरना तीन-चार साल बिना नौकरी के भारत में खर्च कैसे चलता, 1882 में ह्यूम को सेवा से मुक्त कर दिया गया। कहीं-न-कहीं ह्यूम के मन में मौजूदा ब्रिटिश सरकार और उसके अधिकारियों के खिलाफ नाराजगी थी, ऐसे में ह्यूम ने अपने गुस्से को दूसरी तरफ मोड़ा। 1 मार्च, 1983 को ह्यूम ने कलकत्ता यूनिवर्सिटी के छात्रों को पत्र लिखा और आह्वान किया कि भारत के लोगों का अपना कोई राष्ट्रीय संगठन होना चाहिए।[1]

लेकिन सच्चाई ए.ओ. ह्यूम के जीवनीकार विलियम वेडरबर्न ने ह्यूम की आत्मकथा में लिखी, जो ह्यूम ने खुद उन्हें बताई थी। दिलचस्प बात है कि विलियम

बेडरबर्न बाद में कांग्रेस अध्यक्ष भी बने थे। वेडरबर्न के मुताबिक ह्यूम के सूत्रों ने उन्हें अहम जानकारी दी थी, ये सूत्र थे देश भर में फैले फकीर, साधु, बैरागी; जो देश भर में घूमते रहते थे, ऐसे में उन्हें देश के माहौल का पता होता था। उन्होंने बताया कि कैसे देश के आम जनमानस में 1857 से भी बड़ी क्रांति की योजना बन रही है। ह्यूम के शब्दों में, "The evidence that convinced me at the time, (about fifteen months, I think before Lord Lytton left) that we were in imminent danger of a terrible, was this. I was shown seven large volumes (corresponding to a certain mode of dividing the country, excluding Burmah, Assam, and some minor tracts) containing a vast number of entries; English abstracts or translations-longer or shorter-of vernacular report of communication of one kind or another, all arrange according to districts (not identical with ours), Sub-districts, sub-divisions, and the cities, towns and villages included in these." ह्यूम का दावा था कि इस रिपोर्ट में 30,000 से भी अधिक लोगों से मिली सूचनाएँ हैं।[2]

ह्यूम ने आगे जो लिखा है, वो हिंदी में समझिए, उन्होंने लिखा, "गुप्त रूप से पुरानी तलवारें, भाले और तोड़ेदार बंदूकें एकत्र की जा रही हैं, जो आवश्यकता पड़ने पर तैयार मिलेंगी। ऐसा कहा गया है कि अचानक हिंसा भड़केगी, चारों ओर अपराधों का बाजार गरम हो जाएगा, अवांछित व्यक्तियों की हत्याएँ होंगी, महाजनों और बाजारों को दिन-दहाड़े लूटा जाएगा, लोग तो इस समय अधनंगे, अधभूखे हैं हीं। ऐसी स्थिति में शुरुआती अपराध तो बड़े अपराधों के लिए संकेत मात्र होंगे। हो सकता है कि अराजकता फैल जाए और अधिकारियों व अभिजात्य वर्ग के लोगों का जीना ही दूभर हो जाए।" वो आगे लिखते हैं, "फिर इस शिक्षित समुदाय का एक छोटा सा वर्ग, जो इस समय शायद अकारण ही ब्रिटिश सरकार का विरोधी है, इस विद्रोह से जुड़ेगा, इसका नेतृत्व सँभालेगा, आंदोलन में समन्वय स्थापित करेगा और राष्ट्रीय विद्रोह के रूप में उसका संचालन करेगा।'

ह्यूम को इन रिपोर्ट्स पर पूरा भरोसा था, क्योंकि ये रिपोर्ट्स चेलों (शिष्यों) ने अपने गुरु को दी हैं, जो झूठ नहीं हो सकतीं। दरअसल अलग-अलग जगह से शिष्य अपने गुरुओं को उन क्षेत्रों की जानकारियाँ भेजते रहते थे, जहाँ का वो भ्रमण करते थे। इटावा का कलेक्टर रहते ह्यूम को संप्रेषण के इस साधन के बारे में जानकारी

हुई थी, तभी वो ऐसे कई लोगों से संपर्क में रहता था। वेडरबर्न ने ह्यूम के हवाले से लिखा है, "All chelas are bound by vows and conditions, over and above those of ordinary initiates of low grade. No Chela would, I may almost say can deceive his Guru, in whom center all his hopes of advancement, no teacher will take on the chela cast off by another." इससे साफ लगता है कि ह्यूम ने उस वक्त के साधु, संन्यासी या बैरागियों की व्यवस्था को अच्छे से समझ लिया था।

खुद ह्यूम ने अपने जीवनीकार को बताया कि हमारे एक्शन से जो ताकतें उभर रही हैं, बढ़ रही हैं, उनको रोकने के लिए, ब्रिटिश साम्राज्य की अखंडता को बचाए-बनाए रखने के लिए सेफ्टी वॉल्व के तौर पर कांग्रेस से बेहतर कोई और उपाय था ही नहीं। ह्यूम के शब्दों में, "I have always admitted that in certain provinces and from certain points of view the movement was premature, but from the most vital point of view, the future maintenance of the integrity of the British Empire, the real question when the Congress started was, not, is it premature but us is too late-will the country now accept it?...A safety valve for the escape of great end growing forces, generated by our own action, was urgently needed, and no more efficacious safety valve than our Congress movement could possibly be devised."[3]

बात आगे बढ़ाने के लिए भारत में अंग्रेजी अधिकारियों को भी संतुष्ट करना जरूरी था। लॉर्ड रिपन जाने से पहले नए वायसराय लॉर्ड डफरिन को कहकर गए थे कि भारत की वर्तमान परिस्थितियों को समझने के लिए ए.ओ. ह्यूम से मिलना बेहतर रहेगा। तब डफरिन ह्यूम से मिला। आर.सी. मजूमदार ने लिखा है कि पहले ह्यूम का विचार केवल सामाजिक संस्थाओं का मिलना था, लेकिन डफरिन ने कहा, "As the interests of the ruled that Indian politicians should meet yearly and point out to the Government in what respects the administration was defective and how it could be improved, and he added that an assembly such as he proposed should not be presided over by the Local Governor, for in, his presence the people might not like to speak out their minds."

डफरिन का मानना था कि शासकों के हित में भारत के नेताओं को सालाना बैठक में मिलना चाहिए और शासन की कमियाँ बतानी चाहिए तथा उनको दूर करने के सुझाव भी। उसने यह भी कहा कि ये बैठक या सम्मेलन प्रांतीय गवर्नर की अध्यक्षता में नहीं होनी चाहिए, क्योंकि लोग उसकी उपस्थिति में खुलकर अपने मन की बात नहीं रख सकते। ह्यूम ने फिर ऐसा ही किया, कलकत्ता, मद्रास, बंबई आदि के नेताओं से बात की, अपनी और डफरिन दोनों की योजनाएँ बताईं, बिना डफरिन का नाम बताए। लोगों को डफरिन वाली योजना पसंद आई। डफरिन ने यह शर्त भी ह्यूम के सामने रखी थी कि किसी से मेरे नाम का उल्लेख नहीं करना है... कम-से-कम जब तक कि मैं भारत में हूँ।"

आर.सी. मजूमदार के शब्दों में, "When Hume placed the two schemes, his own and Lord Dufferin's, before leading politicians in Calcutta, Bombay, Madras and other parts of the country, the latter unanimously accepted Lord Dufferin's scheme and proceeded to give effect to it. Lord Dufferin had made it a condition with Mr. Hume that his name should not be divulged, so long as he remained in the country."[4] शायद यही वजह थी कि डफरिन ने दूसरे अधिवेशन में सभी कांग्रेस प्रतिनिधियों के लिए भोज का कार्यक्रम रखा था। अगले अधिवेशन में मद्रास के गवर्नर ने वैसा ही स्वागत और सहयोग किया था।

देश में तमाम छोटे-बड़े संगठन अलग-अलग प्रांतों, शहरों में चल रहे थे, चर्चा होनी शुरू हो गई। 1884 में थियोसोफिकल सोसाइटी के अडयार (मद्रास) अधिवेशन में सुरेंद्र नाथ बनर्जी और दादाभाई नौरोजी जैसे दिग्गज पहुँचे और माना जाता है कि यहीं से योजना परवान चढ़ी। 1884 में ही इंडियन नेशनल यूनियन नाम का संगठन बना। हालाँकि ह्यूम को सुरेंद्र नाथ बनर्जी पसंद नहीं थे। अभी तक हिंदुस्तानियों के दिलों में तमाम शंकाएँ थीं कि अंग्रेजी सरकार का ऐसे संगठन को लेकर रुख क्या होगा, ह्यूम यों तो अंग्रेज थे, लेकिन तब वो सत्ता में नहीं थे। सो ह्यूम ने अंग्रेजी वायसराय लॉर्ड डफरिन से मुलाकात की और पूरी योजना बताई, समझाई।

ए.ओ. ह्यूम से पहले उसके पिता जोसेफ ह्यूम ने लंबा समय भारत में बिताया था। दरअसल वह एक स्कॉटिश सर्जन थे और आर्मी की ड्यूटी में 1799 में भारत आ गए। दूसरे अंग्रेज-मराठा युद्ध में लॉर्ड लेक को गीले बारूद को फिर से काम आने लायक बनाकर दिखाया। बाद में इलाहाबाद, बुंदेलखंड में जनरल पावेल की भी मदद की। 1808 में जोसेफ ह्यूम ने लंदन वापसी की, लेकिन इस दौरान

उनकी समझ में यह आ गया कि सबसे बेहतरीन आनंद तो ईस्ट इंडिया कंपनी का डायरेक्टर बनने में है, लेकिन कामयाब नहीं हो पाए तो एक डायरेक्टर की बेटी से ही शादी कर ली। यह अलग बात है कि फायदा उससे भी नहीं मिला।[5]

बावजूद इसके उन्हें भारत में जो अनुभव मिला, उससे उनकी सोच भी बदली, वो राजनीति में जब घुसे तो दो बार सांसद भी बन गए। फिर भारत से जुड़े कुछ सवाल उठाकर सरकार पर तीखे हमले भी किए। एक बड़ी माँग उन्होंने जो उठाई, वो थी, पेड़ या खंभे से बाँधकर कोड़ों से पीटने की सजा पर रोक लगाना, लंदन के हाउस ऑफ कॉमन्स में इसको लेकर जबरदस्त बहस हुई। पहले तो लोग मानने को तैयार नहीं थे, लेकिन उन्होंने भारत से लाए सबूत दिखाए। बावजूद इसके अंग्रेज बदलने को तैयार नहीं थे। जोसेफ पहले से ही स्कॉटिश थे, बाद में आयरलैंड की सीट से भी सांसद चुने गए, ऐसे में मूल इंग्लैंडवासियों के लिए उनके तेवर कड़े ही रहते थे।

लेकिन ए.ओ. ह्यूम तो अंग्रेजों की नौकरी पर था, 1857 की क्रांति के वक्त वह इटावा का कलेक्टर था। मेरठ से मई में आई विद्रोही सिपाहियों की एक टोली ने उसे झाँसे में फँसाकर हथियार आदि लेकर सेना में शामिल होने का वादा किया, लेकिन वो तो आजादी के मतवाले थे। हथियार मिलते ही फिरंगियों को ठिकाने लगाकर एक गाँव के मंदिर पर कब्जा कर लिया। ह्यूम को खबर लगी तो वो डेनियल के साथ वहाँ पहुँचा, उसको लगा था कि गाँव वाले ही उन पर काबू पा लेंगे। लेकिन गाँव वाले तो उन सिपाहियों के साथ हो लिये थे, उनके खुद के सिपाही भी। डेनियल को बस एक सिपाही मिला, मंदिर की तरफ जाने के लिए, दोनों को मंदिर की तरफ से दागी गई गोलियों से भून दिया गया।[6]

यह देख ह्यूम की हालत खराब हो गई, फिर तो पूरे इटावा को अपने कब्जे में ले लिया गया। बड़ी मुश्किल से ह्यूम ने महिलाओं के कपड़े पहनकर अपनी जान बचाई। जहाँ से वो किसी तरह आगरा पहुँचा और 6 महीने तक अंग्रेजी सेना की सुरक्षा में रहा। हालात सामान्य होते ही ह्यूम ने फिर जनवरी 1858 में इटावा में वापसी की और 650 अनियमित देसी वफादार सिपाहियों की फौज तैयार की और कहा जाता है कि 'उदार हृदय' ए.ओ. ह्यूम ने एक्शन लेते हुए केवल 7 लोगों को ही फाँसी पर चढ़ाया था। हालाँकि अपनी रिपोर्ट में ह्यूम ने खुद इटावा के अजीतमल में रूप सिंह के साथियों पर हमले में पकड़े गए 15 विद्रोहियों में से तीन को फाँसी पर चढ़ाने की बात लिखी है।[7]

अजीतमल की इस मुठभेड़ में 84 विद्रोहियों को मौत के घाट उतारने की बात

खुद ह्यूम ने स्वीकारी है, तारीख थी 21 अप्रैल, 1858। वहीं अपने सात सिपाहियों के मरने की बात लिखी है। इससे पहले 7 फरवरी को इटावा से 21 मील दूर हुई एक मुठभेड़ में ह्यूम ने 131 विद्रोही सैनिकों की जान लेने की बात कुबूल की है।[8] कुल मिलाकर 215 आजादी के मतवालों की जान लेना ह्यूम ने स्वीकारा है। सोचिए, ये तो केवल इटावा में था, बाकी देश में कितने लोग आजादी के इस प्रथम संग्राम में शहीद हुए होंगे।

हालाँकि ह्यूम के बारे में कहा जाता है कि उन्होंने इटावा में शिक्षा के क्षेत्र में काफी काम किया। हिंदी में एक 'लोकमित्र' नाम का अखबार भी शुरू करवाया, एक उर्दू जर्नल 'मुहिब-ए-रियाया' भी। हालाँकि बाद में ह्यूम ने यह भी लिखा कि जनता को शिक्षित करने से 1857 जैसी क्रांतियों और विद्रोहों पर लगाम लगाई जा सकती है। दावा किया जाता है कि उसने इटावा में पूरे 181 स्कूल शुरू करवाए, लेकिन ये सब पहले से चल रही संस्कृत पाठशालाओं और मदरसों की कीमत पर था। जाहिर था, पहले इसलामिक शासकों ने अपनी शिक्षा पद्धति लागू की, अब अंग्रेज कर रहे थे। हर कोई निचले स्तर पर अपनी भाषा में काम करने वालों की फौज तैयार करना चाहता था और भाषा संस्कृति भी लेकर आती थी।

बाद में कस्टम और एग्रीकल्चर विभागों में रहने के बाद लॉर्ड मेयो ने उसे रेवेन्यू और एग्रीकल्चर विभाग का सचिव बना दिया। अकसर ह्यूम पर अपने पिता का असर आ जाता था, तभी एक बार ब्रिटेन जाते वक्त उसने पिता की तरह ही पुलिस के पेड़ से बाँधकर पीटने की प्रथा की तीखी आलोचना की, 1879 में लॉर्ड लिटन की विदेश नीति पर सवाल उठा दिए और फिर भारत की गरीबी के लिए ब्रिटेन की कृषि नीति को जिम्मेदार ठहरा दिया। लिटन ने ह्यूम को पद और सेवाओं से हटा दिया।

ह्यूम के करीबी सहयोगी, उसके जीवनीकार विलियम वेडरबर्न, जो दो बार कांग्रेस के अधिवेशनों के अध्यक्ष भी रहे, ने उसको ब्रिटिश देशभक्त साबित करने के लिए काफी कुछ लिखा। अगर वो न लिखता तो पता ही नहीं चलता कि ह्यूम ने कांग्रेस की स्थापना क्यों की थी। ह्यूम की कांग्रेस के पहले अध्यक्ष व्योमेश चंद्र बनर्जी ने भी कांग्रेस की स्थापना को 'सेफ्टी वॉल्व थ्योरी' से जोड़ा था। बाद में कांग्रेस का आधिकारिक इतिहास लिखने वाले पट्टाभि सीतारमैया जैसे नेताओं और लेखकों ने भी इसे आगे बढ़ाया। कुछ लोगों ने यह भी कहा कि चूँकि ह्यूम को ब्रिटिश अधिकारियों ने किनारे कर दिया था तो उन्हें सबक सिखाने के लिए कांग्रेस की स्थापना की।

भारत छोड़ने से पहले ए.ओ. ह्यूम ने 16 फरवरी, 1892 को कांग्रेस नेताओं को एक गुप्त सर्कुलर भेजा, जिसमें यह अंदाजा उसने लगाया था कि भारत में बहुत जल्द कोई किसान क्रांति हो सकती है। भारत के हालात बिल्कुल क्रांति से पहले के फ्रांस के हालात जैसे हैं। इस बार भी यह सूचना ह्यूम ने घुमंतू संन्यासियों और बैरागियों के अपने संपर्क सूत्रों से निकाली थी। उसका मानना था कि इसे टालने के लिए एक प्रतिनिधित्व वाली सरकार होनी चाहिए। हालाँकि इस मुद्दे पर तिलक को छोड़कर किसी ने भी ह्यूम का साथ नहीं दिया।

ह्यूम के क्रांतिकारी इरादों को लेकर कांग्रेस के एक और बड़े नेता डी.ई. वाशा ने तो यह तक कह दिया कि वो अपनी गलत सलाह से कांग्रेस का गला काटने का काम कर रहे हैं। विवाद के बाद 1894 में ह्यूम ने कांग्रेस के पूर्णकालिक महासचिव का पद हमेशा के लिए छोड़ दिया और लंदन चला गया। हालाँकि वहाँ से हर साल कांग्रेस अधिवेशनों के लिए संदेश भेजता रहा।[9]

ह्यूम निराश था, उसे समझ आ चुका था कि कांग्रेस के नेता ब्रिटिश सरकार में ही पद और सुविधाएँ पाकर खुश हैं, ये आजादी नहीं चाहते हैं। उसने जाने से पहले एक पेम्फलेट लिखा, 'A Call to Arms.' उसमें साफ लिखा कि राष्ट्र केवल बलिदान और संघर्ष से बनते हैं। ह्यूम ने कांग्रेस के लोगों से अपील की, "Disregard all threats and prove to the British Nation, that you are really determined to be fairly dealt with."[10] ये वो ह्यूम था, जिसके खिलाफ मद्रास अधिवेशन के दौरान ही अंग्रेज अधिकारी उसे भारत से वापस लंदन भेजना चाहते थे।

जब ऑकलैंड ने की ए.ओ. ह्यूम को इंग्लैंड निर्वासित करने की माँग

ए.ओ. ह्यूम की कांग्रेस कहानी बिना ऑकलैंड कोविन के पूरी नहीं हो सकती। ऑकलैंड एक जाने-माने सिविल सर्विस अधिकारी थे, जिनकी भारत में दूसरी पारी 1883 से 1892 तक पहले काउंसिल के वित्तीय सदस्य के तौर पर, फिर उत्तर-पश्चिम प्रांत व अवध के लेफ्टिनेंट गर्वनर के तौर पर काफी प्रभावी रही। ऑकलैंड ने कांग्रेस की कार्यप्रणाली पर सीधे निशाना साधा, उसके तौर-तरीकों को अधकचरे और साम्राज्य के लिए खतरनाक तक बताकर सीधे-सीधे ए.ओ. ह्यूम को इंग्लैंड निर्वासित करने की माँग कर डाली। ऑकलैंड ने अपनी सारी आपत्तियों को ए.ओ. ह्यूम को एक 20 पेज के लंबे पत्र में लिखकर भेजा और जवाब में उसकी सारी शंकाओं को 60 पेज के जवाब में ए.ओ. ह्यूम ने गलत साबित करने की कोशिश

की और बताया कि कैसे अंग्रेज सरकार के भरोसेमंद सलाहकार भारतीय ही कांग्रेस में नेताओं के रूप में शामिल किए गए हैं।

ए.ओ. ह्यूम के जीवनीकार विलियम वेडरबर्न ने लिखा है, "For the early leaders of the Congress—men like Mr. Dadabhai Naoroji, Mr. Justice Ranade, Sir Pherozeshah Mehta, Mr. W. C. Bonnerjee, Mr. Justice Budrudin Tyabji, Mr. Surendranath Banerjea, Mr. Bhupendranath Basu, Mr. Gokhale and Mr. Krishna Swami Iyer—became the trusted advisers of the Government; and, by force of merit, rose to the highest offices, whether judicial, municipal, legislative, or executive. There is no truer saying than, that in the affairs of life, as in mechanics, where there is no resistance there is no support; and it was not long before the Government realized the value of strong and independent men, who afterwards proved to be the firmest support of ordered progress, in the dark times of trouble and unrest."[11] ऑकलैंड और ए.ओ. ह्यूम का यह पत्र व्यवहार कांग्रेस के इतिहास को समझने के लिए एक जरूरी दस्तावेज है।

1890 में पत्नी की मौत से परेशान चल रहे ह्यूम ने लंदन वापस लौटना ही बेहतर समझा। जिस डफरिन ने शुरू में ह्यूम की मदद की थी, उसने ह्यूम से बाद में दूरियाँ बना लीं, एक दिन तो उसे 'इडियट' तक बोल दिया, लॉर्ड लैंसडाउन ने तो ह्यूम से बात करना तक ठीक नहीं समझा। ह्यूम कांग्रेसियों से भी तब दु:खी हो गया, जब उन्होंने लड़कियों की शादी की उम्र बढ़ाने के मुद्दे पर साथ नहीं दिया और न ही गरीबी के मुद्दे पर एक हो पाए। इतना ही नहीं, कुछ राजसी परिवार के लोग तो लोकतंत्र के नाम पर ही चिढ़ गए थे। फिर भी ह्यूम वर्षों तक कांग्रेस को खड़ा करने में लगे रहे। जब तक कांग्रेस रहेगी या उसकी चर्चा होती रहेगी, ए.ओ. ह्यूम का नाम कोई और याद रखे, न रखे, इंग्लैंड में उसकी छोटी सी समाधि पर कोई जाए, न जाए, भारत के युवा उसके बारे में पढ़ते रहेंगे, पक्षी प्रेमी भी। यह अलग बात है कि जब से उसकी डफरिन आदि अंग्रेज अधिकारियों से बातचीत बाहर आई, कांग्रेस उस पर चर्चा से बचने लगी थी, आज की कांग्रेस तो अब ह्यूम का नाम तक नहीं लेती है।

REFERENCES

1. Allan Octavian Hume : Father of the Indian National Congress, 1829-1912 : A Biography by Sir William Wedderburn, Page No.-XXV, Published By Oxford University Press.
2. Allan Octavian Hume : Father of the Indian National Congress (1829 to 1912) by Sir William Wedderburn, Page No.-81, Publisher : T. Fisher Unwin.
3. Allan Octavian Hume : Father of the Indian National Congress (1829 to 1912) by Sir William Wedderburn, Page No.-77, Publisher : T. Fisher Unwin.
4. History of The Freedom Movement In India Volume-1 by R.C. Majumdar, Page No.-316, Publisher : Firma K.L. Mukhopadhyay.
5. Joseph Hume, the People's M.P. by Ronald K Huch, Paul R Ziegler, Page No.-13, Published by American Philosophical Society.
6. 1857 Ka Swatantrya Samar by Vinayak Savarkar, Page No.-143, Published By Prabhat Prakashan.
7. Allan Octavian Hume, C.B. Father of Indian National Congress by Sir William Wedderburn, Page No.-14, Published By Oxford University Press.
8. Allan Octavian Hume, C.B. Father of Indian National Congress by Sir William Wedderburn, Page No.-12 & 13, Published by Oxford University Press.
9. Eastern Europe by Godfrey Blunden, Page No.-61, Published by Time, Incorporated.
10. Moderates and Extremists in the Indian Nationalist Movement, 1883-1920 by Daniel Argov, Page No.-99, Publisher : Asia Publishing House.
11. Allan Octavian Hume : Father of the Indian National Congress, 1829-1912 : A Biography by Sir William Wedderburn, Page No.-69, Editor : Edward C. Moulton, Publisher : Oxford University Press.

□

पहले अध्यक्ष ही थे 'अंग्रेजियत' के शिकार, दाह संस्कार के बाद अस्थियाँ लंदन में हैं दफन

यह भी खासा दिलचस्प था कि कांग्रेस का पहला अधिवेशन मुंबई में 28 दिसंबर, 1885 से लेकर 31 दिसंबर, 1885 तक चला था और उस अधिवेशन के दूसरे दिन ही कांग्रेस के पहले अधिवेशन के अध्यक्ष व्योमेश चंद्र बनर्जी उर्फ डब्ल्यू.सी. बनर्जी का जन्मदिन था, कांग्रेस का जन्मदिन 28 दिसंबर को होता है और उसके पहले अध्यक्ष का 29 को। पेशे से वकील व्योमेश दरअसल तब चर्चा में आए, जब कोर्ट की अवमानना के मामले में उन्होंने बंगाल के कद्दावर चेहरे सुरेंद्र नाथ बनर्जी का केस जीत लिया। अंग्रेजी जज और अंग्रेजी वकीलों के बीच ये खासा मुश्किल काम था।

पिता उनके कानूनविद् थे, सो एक बार जब पढ़ाई-लिखाई पर ध्यान नहीं दे रहे थे तो पिता ने स्कूल से निकालकर वकीलों की एक फर्म में काम सीखने भेज दिया। हालाँकि फिर से स्कूल का रुख किया और बंबई की एक संस्था से इंग्लैंड की स्कॉलरशिप ली और इनर टैंपल से बैरिस्टर बनकर ही कलकत्ता लौटे बनर्जी। फिर कानून पर ऐसी पकड़ बनाई कि चार बार स्टैंडिंग काउंसिल और तीन बार जज बने। कलकत्ता यूनिवर्सिटी की लॉ फैकल्टी के अध्यक्ष भी चुन लिये गए।

चूँकि लंदन में रहने के दौरान उनकी दादाभाई नौरोजी से घनिष्ठता बहुत बढ़ गई थी तो दादाभाई ने उन्हें लंदन इंडियन सोसाइटी का महासचिव बना दिया। बाद में केवल 41 साल की उम्र में उन्हें कांग्रेस के पहले अधिवेशन का अध्यक्ष चुना गया। जहाँ तीन बातों के लिए उन्हें जाना जाता है, पहला—लंदन में कांग्रेस की शाखा स्थापित की, उसे लंदन की कांग्रेस कमेटी कहा गया, दूसरे, प्रांतों के लिए स्टैंडिंग कमेटियाँ

बनाईं, तीसरे, यह तय कर लिया कि कांग्रेस केवल राजनीतिक कामों में व्यस्त रहेगी, सामाजिक सुधारों से दूरी रखेगी। बाद में उन्होंने दो बार काफी कोशिश की कि हाउस ऑफ कॉमंस के लिए चुनाव जीत जाऊँ, जिसमें एक बार तो वे 1892 में ही चुनाव लड़े थे, लेकिन टोरी पार्टी के उम्मीदवार ने हरा दिया, जबकि उसी साल दादाभाई केवल 5 वोट से जीतकर हाउस ऑफ कॉमंस के पहले भारतीय सदस्य चुन लिये गए थे।

उन्होंने नाम बदला तो पत्नी ने धर्म

लंदन में उन पर अंग्रेजियत का ऐसा जादू चला कि उन्होंने अपने नाम की स्पेलिंग 'Banerjee' से बदलकर 'Bonnerjee' कर ली। इतना ही नहीं, अपने बेटे कमल कृष्णा को शैली कहने लगे और बेटी सुशीला को सुशी। एक बेटी का नाम नोलिन हेलोइस बोनर्जी तो एक और बेटी जानकी हो गई—जानकी एग्नेस पेनेलोप मजूमदार। वो खुद हिंदू बने रहे, लेकिन पत्नी ईसाई हो गईं। उनका खुद का असली नाम भी उमेश था।

समाधि लेख में यह झूठ क्यों ?

1901 में कलकत्ता बार से संन्यास लेकर बनर्जी लंदन में ही जाकर परिवार सहित बस गए। तय कर लिया था कि लंदन में ही अंतिम साँस लेनी है। तमाम अंग्रेजियत के बावजूद वे दो बातें नहीं भूले। एक उनका जन्मस्थान कलकत्ता के पास किद्देरपुर (Kidderpore), उससे इतनी ज्यादा यादें जुड़ी थीं कि लंदन के घर का नाम ही अपने जन्मस्थान के नाम पर रख दिया। उनकी जब मौत हुई तो उनके अंतिम संस्कार के बाद उनकी अस्थियों को बहाया नहीं गया, बल्कि उसी इलाके क्रोयडॉन की सीमेट्री में बिना किसी क्रिया विधि के दफन कर दिया गया। हालाँकि यह सब उनकी अंतिम इच्छा के अनुसार ही किया गया था। उन्होंने अपना एक समाधि लेख भी पहले से तैयार करवाया था, जो कुछ यों था, "Here besides ashes of his son rest the ashes of Womesh Chunder Bonnerjee Hindu Brahmin who died on a visit to England."[1]

दिलचस्प बात थी कि यह समाधि लेख खुद बनर्जी ने अपनी बेटी सुशी को एक दिन पहले लिखवाया था। खुद को हिंदू ब्राह्मण लिखवाना और साथ में यह भी कि इंग्लैंड की यात्रा पर उनकी मौत हुई, यह दरशाता है कि अंग्रेजियत से उनका मोहभंग होने लगा था, शायद अगली पीढ़ियों को नहीं बताना चाहते थे कि वे भारत छोड़कर इंग्लैंड में बस गए थे। अगर वाकई में ऐसा था तो पत्नी ईसाई क्यों बनी रहीं और क्यों उन्होंने अपनी अस्थियों को दफन करवाया। हालाँकि, कई भारतीय प्रथाओं

में अस्थियाँ बहाने के बजाय उनसे समाधि बनाने की परंपरा भी चली आ रही है।

इधर उनकी पत्नी हेमांगिनी अकसर शाम को पड़ोस की महिलाओं के साथ अपने घर में बाइबल पाठ किया करती थीं। उनके परिवार में एक और नाम महत्त्वपूर्ण है जयंतो नाथ चौधरी का। डब्ल्यू.सी. बनर्जी की एक बेटी प्रमिला चौधरी के बेटे थे वे, भारत के छठे चीफ ऑफ आर्मी स्टाफ तब चुने गए, जब उनसे पहले ने चीन से हार के बाद इस्तीफा दे दिया था। उनकी चचेरी बहन थीं भारतीय सिनेमा की मशहूर हस्ती देविका रानी।

जब ऑकलैंड की नाराजगी पर ह्यूम ने दिए अंग्रेजों के 'भरोसेमंद' कांग्रेसियों के नाम

बनर्जी का नाम उस सूची में भी शामिल था, जिसे अंग्रेज सरकार के बड़े सिविल सर्विस अधिकारी ऑकलैंड कोविन की नाराजगी के बाद ए.ओ. ह्यूम ने सौंपा था, यह सूची थी अंग्रेजों के उन 'भरोसमंद' कांग्रेस नेताओं की, जो उस वक्त कांग्रेस की पहली पंक्ति में सम्मिलित थे। ऑकलैंड एक जाने-माने सिविल सर्विस अधिकारी थे, जिनकी भारत में दूसरी पारी 1883 से 1892 तक पहले काउंसिल के वित्तीय सदस्य के तौर पर, फिर उत्तर-पश्चिम प्रांत व अवध के लेफ्टिनेंट गर्वनर के तौर पर काफी प्रभावी रही। ऑकलैंड ने कांग्रेस की कार्यप्रणाली पर सीधे निशाना साधा, उसके तौर-तरीकों को अधकचरे और साम्राज्य के लिए खतरनाक तक बताकर सीधे-सीधे ए.ओ. ह्यूम को इंग्लैंड निर्वासित करने की माँग कर डाली। ऑकलैंड ने अपनी सारी आपत्तियों को ए.ओ. ह्यूम को एक 20 पेज के लंबे पत्र में लिखकर भेजा और जवाब में उसकी सारी शंकाओं को 60 पेज के जवाब में ए.ओ. ह्यूम ने गलत साबित करने की कोशिश की और बताया कि कैसे अंग्रेज सरकार के भरोसेमंद सलाहकार भारतीय ही कांग्रेस में नेताओं के रूप में शामिल किए गए हैं।

ए.ओ. ह्यूम के जीवनीकार विलियम वेडरबर्न ने लिखा है, "For the early leaders of the Congress—men like Mr. Dadabhai Naoroji, Mr. Justice Ranade, Sir Pherozeshah Mehta, Mr. W. C. Bonnerjee, Mr. Justice Budrudin Tyabji, Mr. Surendranath Banerjea, Mr. Bhupendranath Basu, Mr. Gokhale, and Mr. Krishna Swami Iyer—became the trusted advisers of the Government; and, by force of merit, rose to the highest offices, whether judicial, municipal, legislative, or executive. There is no truer saying than, that in the affairs of life, as in mechanics, where there is no resistance there is no support; and it was not long before the Government realized the value of strong and independent men, who afterwards proved to be the firmest support of ordered progress, in the dark times of trouble and unrest."[2] इस सूची में चौथे नंबर पर बनर्जी का नाम होना ही काफी कुछ कह जाता है। हालाँकि बाकी नाम उनसे बड़े ही थे।

बनर्जी का इंग्लैंड में कांग्रेस समिति बनाने में बड़ा योगदान

भारतीय राष्ट्रीय कांग्रेस की ब्रिटिश समिति के रूप में इंग्लैंड में कांग्रेस की ओर पहला कदम तब उठाया गया, जब 1887 में दादाभाई नौरोजी ने लंदन में रहते हुए स्वेच्छा से एजेंट के रूप में कार्य करने के लिए हामी भर दी, परंतु उन्हें धन की सहायता नहीं मिली और व्यवसाय में व्यस्त होने के कारण वे केवल थोड़ा सा समय दे पा रहे थे। ऐसे में 1888 में एक महत्त्वपूर्ण कदम उठाया गया, जब डब्ल्यू.सी. बनर्जी और एर्डली नॉर्टन लंदन गए। दादाभाई से मिले और उनके साथ लोकतांत्रिक विचारों के लिए मशहूर ब्रिटेन के सांसद चार्ल्स ब्रैडलॉफ को जोड़ा। विलियम डिग्बी की अगुआई में एक भुगतान एजेंसी की स्थापना की गई, 25, क्रेविन स्ट्रीट स्टैंड पर एक कार्यालय भी लिया गया और एक जोरदार अभियान देश भर में चलाया गया। कई हजार प्रतियाँ, अनेक भाषण और पुस्तिकाएँ मुद्रित और प्रसारित की गईं, बनर्जी और नॉर्टन की अगुआई में एजेंसी ने कई सार्वजनिक बैठकों को संबोधित किया और ब्रैडलॉफ ने भारतीय प्रश्नों पर कई व्याख्यान दिए।[3]

तभी तो जब जुलाई 1906 में डब्ल्यू.सी. बनर्जी का देहांत हुआ तो ए.ओ. ह्यूम ने कहा कि सबसे भरोसेमंद दोस्तों में से एक मैंने आज खो दिया। ए.ओ. ह्यूम ने लिखा, "From the very outset, he had thrown in his lot, unhesitatingly, with the Congress movement of which he was one of the originators, and from early in 1885 up to this his lamented decease, he adhered to and supported that movement, alike through good and evil report, giving it all the strength of his high character and position, great abilities and widespread influence. Probably no other Indian gentleman of modern times ever exercised so great an influence over his countrymen at large—not merely in Bengal, but throughout India—as did Mr. W. C. Bonnerjee."[4]

कांग्रेस के पहले अध्यक्ष के तौर पर संबोधन

यह स्वाभाविक ही था कि डब्ल्यू.सी. बनर्जी इस बात से प्रसन्न थे कि देश के कोने-कोने से प्रतिनिधि पहली राष्ट्रीय सभा में हिस्सा लेने के लिए आए हैं, क्या आगरा और क्या इलाहाबाद, क्या कलकत्ता और क्या कराची, कई शहरों के नाम उन्होंने अपने संबोधन के पहले ही मिनट में बोले। उसके बाद उनकी बारी थी कांग्रेस के लक्ष्यों और उद्देश्यों के बारे में लोगों को बताने की। उन्होंने इस संबोधन में कांग्रेस के ये चार उद्देश्य बताए[5]—

- The promotion of personal intimacy and friendship amongst all the more earnest workers in our country's cause in the different parts of the empire.
- The eradication by direct friendly personal intercourse of all possible race, creed, or provincial prejudices amongst all lovers of our country and the fuller development and consolidation of those sentiments of national unity that had their origin in their beloved Lord Ripon's over memorable reign.
- The authoritative record, after this has been carefully elicited by the fullest discussion, of the matured opinions of the educated classes in India, on some of the more important and pressing of the social questions of the day.
- The determination of the lines upon and methods by which, during the next twelve months, its is desirable for native politicians to labour in the public interests.

स्पष्ट किया कि हम 'DISLOYAL' नहीं

इन उद्देश्यों को लेकर कांग्रेस पर कुछ लोगों ने सवाल भी उठाए। इसको लेकर डब्ल्यू.सी. बनर्जी ने साफ कहा कि हमारी ऐसे निंदा की गई, जैसे हम षड्यंत्रकारी या राजद्रोही लोगों का जमावड़ा हैं, बाकी उनके शब्दों में पढ़िए, "Surely there was nothing in these objects to which any sensible and unprejudiced man could possibly take exception and yet on more than one occasion, remarks have been made by gentlemen, who should have been wiser, condemning the proposed Congress, as if it were a nest of conspirators and dis-loyalists. Let him say once for all, and in this he knew well after the long informal discussions that they had all amongst themselves on the previous day, that he was only expressing the sentiments of every gentleman present, that there were no thoroughly loyal and consistent well-wishers of the British Government than were himself and friends around him."[6]

कैसे उस दौर के कांग्रेस नेताओं में पश्चिमी शिक्षा का असर अंदरूनी सतहों तक कब्जा जमा चुका था, उसे आप डब्ल्यू.सी. बनर्जी के संबोधन से समझ सकते हैं। उन्होंने कहा कि हमें ग्रेट ब्रिटेन से इतना कुछ मिला है कि पूरा देश उनका आभारी है, हमें रेलवे दी, हमें पश्चिमी शिक्षा दी, कानून व्यवस्था की हालत सुधारी और ऐसे में हम अगर यूरोपीय ढंग से शासित होना चाहते हैं, वो भी ब्रिटिश सरकार के साथ पूरी वफादारी के साथ तो इसमें असंगत क्या है?

उनके शब्दों में, "Much had been done by Great Britain for the benefit of India, and the whole country was truly grateful to her for it. She had given them order, she had given them railways, and above all she had given them the inestimable blessing of Western education. But a great deal still remained to be done. The more progress the people made in education and material prosperity, the greater would be the insight into political matters and the keener their desire for political advancement. He thought that their desire to be governed according to the idea of government prevalent in Europe was in no way incompatible with their thorough loyalty to the British Government."[7]

यह अलग बात है कि बाद में पता चला कि रेलवे का इस्तेमाल निश्चित ब्याज वाले निवेश, फौज की आसान आवाजाही और हमारे कच्चे माल को विदेश जल्दी पहुँचाने के लिए किया गया था, पश्चिमी शिक्षा से आज तक भारत का युवा हीनभावना से ग्रस्त है और कानून व्यवस्था अंग्रेज कैसे भेदभावपूर्ण तरीकों से लागू करते थे, वो मुद्दे बाद में बने। हालाँकि दिलचस्प बात यह है कि पहले अधिवेशन में कांग्रेस

के अध्यक्ष ने अपना संबोधन काफी छोटा रखा था और आखिर में यह कहकर बात खत्म की कि कांग्रेस अधिवेशन में होने वाली इन चर्चाओं से शासकों को ही लाभ होगा। उनके शब्दों में, "The discussion that would take place in this Congress would, be believed, be as advantageous to the ruling authorities as, he was sure, it would be the people at large."[8]

जिसका धर्म वही चलाए सुधार कार्यक्रम, हम क्यों बीच में पड़ें ?

दूसरा अधिवेशन, जिसमें बनर्जी अध्यक्ष बने थे, 1892 में इलाहाबाद में हुआ था। ये वो दिन थे, जब कांग्रेस ने मुसलमानों को जोड़ने पर ध्यान केंद्रित करना शुरू किया था और ज्यादातर मुसलिम नेताओं की माँग थी कि उनके धार्मिक मामलों में कोई भी हस्तक्षेप न किया जाए। अपने समाज में कोई सुधार उन्हें अगर करने लायक लगता है तो वो खुद कर लेंगे। वैसे ही एक मुसलिम अध्यक्ष यह वीटो पावर कांग्रेस में मुसलिमों को दिलवा ही चुके थे कि जब तक किसी धार्मिक मामले में दोनों पक्ष सहमत नहीं होंगे, उस विषय पर कांग्रेस अधिवेशन में चर्चा ही नहीं होगी। ऐसे में डब्ल्यू.सी. बनर्जी ने अपने अध्यक्षीय संबोधन में साफ कह डाला कि किसी भी धर्म में क्या सुधार होना है, वो उसी धर्म की कोई संस्था तय करे। हम इससे दूर रहेंगे और इसकी वजह भी बताई।

डब्ल्यू.सी. बनर्जी के शब्दों में, "I am one of those who have very little faith in the public discussion of social matters. Those are things which, I think ought to be left to the individuals of a community who belongs to the same social organisation to do what they can for its improvement...not long ago we had an instance of this when what was called the age consent bill was introduced into the Viceregal Legislative Council."

अपनी बात पर जोर देने के लिए उन्होंने बात को और आगे बढ़ाया, कहा, "How is it possible for a Hindu gentleman to discuss with a Parsee or Mohammedan gentleman matters connected with Hindu social questions? How is it possible for a Mohammedan gentleman to discuss with Hindu and Parsee gentlemen matters connected with Mahomedan social question?"[9]

बनर्जी यहीं पर नहीं रुके और कह डाला कि राजनीतिक सुधार और सामाजिक

सुधार दोनों अलग-अलग क्षेत्र हैं, इनको एक तराजू में मत तोलिए। जबकि महात्मा गांधी के आते ही सबकुछ मानो बदल गया। गांधीजी का तो यह सिद्धांत ही बन गया था, संघर्ष-विराम-संघर्ष। संघर्ष विराम के दिनों में वो समाज सुधार में लगे रहे थे, जनता से करीबी रिश्ता बनाते थे, उनको समझने की कोशिश करते थे, उनको आंदोलन के लिए तैयार करते रहते थे। असहयोग आंदोलन से सविनय अवज्ञा आंदोलन तक, डांडी मार्च से 'भारत छोड़ो आंदोलन' तक गांधीजी ने काफी लंबा समय समाज सेवा में दिया, ताकि अपने अगले आंदोलन के लिए जमीन तैयार कर सकें।

इस दूसरे कार्यकाल के अध्यक्षीय संबोधन में उन्होंने काउंसिल सुधार से लेकर सिविल सर्विस नौकरियों में छूट तक, न्यायिक और प्रशासनिक व्यवस्था को अलग-अलग करने की माँग से लेकर 'बाबू इंग्लिश' तक काफी मुद्दों पर खुलकर कांग्रेस का पक्ष रखा। "We must do our best to support them, We must do our best to support the cause, and if we are true to ourselves, if we are true to our principles, if we are true to country, be assured that in the fulness of time all that you require from the benigen government of the British Nation, all that you seek from them to make you true citizens, will be given to you by that nation."[10]

'अंग्रेजों ने हमें हर क्षेत्र में सिखाया'

लेकिन 1892 के इलाहाबाद (अब प्रयागराज) अधिवेशन में उन्होंने साफ कर दिया था कि कोई भी कार्यक्षेत्र हो, हमें अंग्रेजों ने ही काफी सिखाया है, उनके शब्दों में, "It is the British professors who have discoursed eloquently to us on the glorious constitution of their country; it is the British merchants who have shown to us how well to deal with the commodities of our country: it is the British engineers who have annihilated distance and enabled us to come together for our deliberation from all parts of the empire; it is the British planters who have shown us how best to raise the products of our soil it is all these in other words, it is all the influence which emanate from British rule in India that have made the Congress the success it is."[11]

REFERENCES

1. Family History Volume-203 by Janaki Agnes Penelope Majumdar, Page No.-111, Publisher : Oxford University Press.
2. Allan Octavian Hume : Father of the Indian National Congress, 1829-1912 : A Biography by Sir William Wedderburn, Page No.-69, Editor : Edward C. Moulton, Publisher : Oxford University Press.
3. Allan Octavian Hume : Father of the Indian National Congress, 1829-1912 : A Biography by Sir William Wedderburn, Page No.-88, Editor : Edward C. Moulton, Publisher : Oxford University Press.
4. Allan Octavian Hume : Father of the Indian National Congress, 1829-1912 : A Biography by Sir William Wedderburn, Page No.-89, Editor : Edward C. Moulton, Publisher : Oxford University Press.
5. India, Past and Present Including, Is India Becoming Richer Or Poorer? by John Murdoch, Page No.-100, Publisher : Printed at the S.P.C.K. Press; sold by A.T. Scott.
6. Inaugural Addresses by Presidents of the Indian National Congress, Page No.-3, Editor : Dinakara Vi⍰⍰u Gokhale, Publisher : N.M. & Company.
7. The Westminster Review Volume-130, Page No.-159, Publisher : Theodore Foster.
8. Inaugural Addresses by Presidents of the Indian National Congress, Page No.-4, Editor : Dinakara Vi⍰⍰u Gokhale, Publisher : N.M. & Company.
9. Indian Politics (1898), Page No.-63, Contributor : Indian National Congress, Publisher : G.A. Natesan.
10. Inaugural Addresses by Presidents of the Indian National Congress, Page No.-119, Editor : Dinakara Vi⍰⍰u Gokhale, Publisher : N.M. & Company.
11. Indian Politics (1898), Page No.-62, Contributor : Indian National Congress, Publisher : G.A. Natesan.

अंग्रेजी लूट का भंडाफोड़ करने वाला 'ग्रांड ओल्डमैन ऑफ इंडिया'

अभी भी देश में ऐसे लोग हैं, जो विदेशी हमलावरों और भारत पर तलवार या बंदूक के जोर पर राज करने वालों के गुण गाते हैं, कोई मुगलों की जी.डी.पी. का बखान करता है तो ऐसे भी लोग हैं, जो अंग्रेजों की तारीफों के पुल बाँधते नहीं थकते। अंग्रेजीराज में भी अंग्रेजी टुकड़ों पर पलने वाले ऐसे बहुत लोग थे, जिन्हें अंग्रेजीराज का काफी फायदा मिल रहा था और ये लोग देश को बताने में जुटे थे कि कैसे अंग्रेजों ने रेल लाइन बिछाई, यूनिवर्सिटीज खुलवाईं और अंग्रजों ने कैसे देश समृद्ध बनाया। तब भारत का एक बूढ़ा नेता उठ खड़ा हुआ और बाकायदा आँकड़ों के साथ बताया और केवल अपने देशवासियों को नहीं, बल्कि दुनिया भर के लोगों के सामने ब्रिटेन के ऐसे सभी दावों को सिरे से गलत साबित कर किया। ये थे 'ग्रांड ओल्डमैन ऑफ इंडिया' दादाभाई नौरोजी।

वो गुजरात के नवसारी के पारसी व्यापारी थे, बड़ौदा के गायकवाड़ महाराज के दीवान भी रहे, वह पहले ऐसे एशियाई थे, जो इंग्लैंड की संसद् में चुनकर पहुँचे, 1892 से 1895 तक सेंट्रल लंदन की फिंसबेरी सीट से लिबरल पार्टी के उम्मीदवार के तौर पर हाउस ऑफ कॉमंस के सदस्य रहे। लंदन में कॉटन कंपनी स्थापित करने से पहले वे बंबई के एलफिंसटन कॉलेज में गणित और प्राकृतिक दर्शनशास्त्र के प्रोफेसर रहे। 1874 में बड़ौदा राज्य के प्रधानमंत्री भी रहे और बंबई लेजिस्लेटिव काउंसिल के सदस्य भी चुने गए। आज की तारीख में उनका सबसे बड़ा योगदान यही माना जाता है कि कैसे उन्होंने 'वैल्थ ड्रेन थ्योरी' के जरिए दुनिया को समझाया कि ब्रिटेन भारत को शिक्षित और विकसित करने की जिम्मेदारी का जो ढोल पीट रहा है, वो पाखंड है, असल में इंग्लैंड धीरे-धीरे भारत की दौलत ब्रिटेन में अलग-अलग तरीके ले जाकर खुद धनवान बन रहा है और भारत गरीब बना हुआ है।

उन्होंने 'पॉवर्टी एंड अनब्रिटिश रूल ऑफ इंडिया' में विस्तार से बताया कि कैसे रेलवे लाइन बिछाने का फायदा केवल अंग्रेजों को हुआ है, क्योंकि इसके जरिए वो कच्चा माल दूर-दराज के इलाकों से बंदरगाहों तक पहुँचा पाते हैं और फिर उसे ब्रिटेन भेज देते हैं, दूसरे, रेलवे के जरिए कैसे उनकी सेना देश के किसी भी इलाके में बड़ी तेजी से पहुँच सकती है, तीसरे, रेलवे में जिन ब्रिटिश व्यापारियों ने पैसे निवेश किए हैं, उनको पाँच फीसदी गांरटीड रिटर्न का वादा मिला हुआ है, जोकि उस वक्त काफी बड़ा होता था। उन्होंने यह भी बताया कि कैसे ब्रिटेन ने भारत के उद्योग धंधों को चौपट करके उसे केवल कच्चे माल का उत्पादक बनाकर रख दिया है, ताकि वो सस्ते में यहाँ से कपास जैसा कच्चा माल खरीदें और उसी से बने पक्के उत्पाद जैसे कपड़े, महँगे दामों में भारतीयों को ही ब्रिटेन से भेजकर खरीदने को मजबूर करें।

1886, 1893 और 1906, इन तीन साल वे कांग्रेस के अध्यक्ष भी रहे। तब कांग्रेस कई संगठनों का एक साझा मंच था, जो साल में एक बार मिलता था। उन्होंने लंदन में 'लंदन इंडियन सोसाइटी' की स्थापना की, उदार अंग्रेजों से भारत के बारे में चर्चा की और उन्हें भारत में अंग्रेजी क्रूरता के बारे में बताना शुरू किया। वो उदारवादी थे, सो सामाजिक सुधारों पर उनका काफी आग्रह था, अंग्रेजों के बीच रहकर भारतीयों की मदद तथा अंग्रेजी अव्यवस्थाओं और अत्याचारों को कानून के दायरे में रहकर उजागर करते रहे।

जब वे ब्रिटिश संसद् के लिए चुने गए तो उन्होंने बाइबल की शपथ लेने से साफ मना कर दिया और अपने एक पारसी ग्रंथ पर हाथ रखकर ही शपथ ली। कांग्रेस के गरम और नरम दल दोनों के ही नेता उनकी बड़ी इज्जत करते थे, चाहे वो तिलक हों, गोखलें हों या फिर महात्मा गांधी। कुछ दिनों तक मैडम भीकाजी कामा भी उनकी सचिव बनकर वहाँ रहीं। यह अलग बात है कि उन्होंने कभी भी अंग्रेजों के खिलाफ किसी भी हिंसक विरोध का समर्थन नहीं किया, लेकिन यह भी सही है कि उन्होंने अंग्रेजों को उन्हीं के बीच आईना दिखाने में भी कोई कोर-कसर नहीं छोड़ी थी।

दादाभाई नौरोजी तीन बार कांग्रेस अध्यक्ष चुने गए थे। उन्होंने 1886 के कलकत्ता अधिवेशन में अपने पहले अध्यक्षीय भाषण में यह दिलचस्प राज खोला कि उन्हें दो दिन पहले ही अध्यक्ष पद की जिम्मेदारी लेने को कहा गया, लेकिन उन्होंने इस जिम्मेदारी को ऐतिहासिक बताने में यह कहकर कोई कोर-कसर नहीं छोड़ी कि विक्रमादित्य जैसे बड़े हिंदू राजा और अकबर जैसे बड़े मुसलिम बादशाह के समय में भी यह संभव नहीं था कि अलग-अलग क्षेत्र, अलग-अलग वर्ग,

समुदायों और भाषाओं के अधिपति इस तरह एक मंच पर जुड़ते और एक भाषा में एक ही उद्देश्य के लिए काम करते।

बताए 'ब्रिटिश शासन के लाभ'

यहाँ तक तो ठीक था, लेकिन उनका अगले विषय का शीर्षक था—'Advantage of British Rule.' वैसे भी यह वही अधिवेशन था, जिसके सभी प्रतिनिधियों को गर्वनर जनरल लॉर्ड डफरिन ने भोज करवाया था। इस शीर्षक के तहत उनकी शुरुआती दो लाइनों के बाद ही तालियाँ बज गईं, ये लाइनें अंग्रेजों की तारीफ में थीं, उन्होंने कहा, "It is our good fortune that we are under a rule which makes possible for us to meet in this manner," सो हिंदू और मुसलिम राजाओं को लेकर उनकी जो शुरुआती बात थी, वो यहाँ ज्यादा स्पष्ट हो गई थी। आगे की लाइनों में और ज्यादा स्पष्ट हो गया, "It is under the civilizing rule of Queen and people of England that we meet here together, hindered by none and freely allowed to speak our minds without the lease fear and without the least hesitation. Such a thing is possible under the British rule and British rule only."[1] इन लाइनों पर तालियाँ पहले से जोरदार बजीं।

जिस तरह से सभाओं में 2014 के बाद प्रधानमंत्री बननेवाले नरेंद्र मोदी सभा में सवाल पूछने के लिए जाने जाते रहे हैं, वही शैली दादाभाई नौरोजी की भी थी। उन्होंने सभा में दो दिलचस्प सवाल पूछे, पहला था, "Is this Congress a nursery of sedition and rebellion against the British Government?"[2] सभा में से जोर से आवाजें आईं—नो-नो···दादाभाई इस प्रतिक्रिया से खुश दिखे, फिर उन्होंने अपना दूसरा सवाल दाग दिया, "Or is it another stone in the foundation of the stability of that Government?" यह जवाब भी उनके मनमुताबिक ही था, जोर से आवाजें आईं···यस-यस···उसके बाद दादाभाई नौरोजी ने अंग्रेजीराज भारत में होने पर भारतीयों को क्या-क्या फायदे हुए हैं, वो सब गिनाए और तालियाँ बजती रहीं।

'अंग्रेजों ने हमें अँधेरे से बाहर निकाला···हम वफादार हैं'

अगला शीर्षक और दिलचस्प था, 'Relation Between Ourselves and Our Rulers.' शुरुआती लाइनों में ही उन्होंने अँधेरों से निकालकर भारतीयों को रोशनी में लाने के प्रति आभार जता दिया। कहा, "Let us speak like men and proclaim that we are loyal to the backbone, that we understand these benefits English rule has conferred upon us, that we thoroughly appreciate the education that has been given to us, the new light which has been poured us, turning us from the darkness into light."[3] आगे उन्होंने अंग्रेजी महारानी के शासन के 50 साल पूरा होने पर उनकी और भारतीयों पर उनके बेहतरीन 50 साल के शासन की जमकर बढ़ाई की।

हालाँकि अपने संबोधन में दादाभाई ने भारत में सामाजिक सुधारों और शिक्षा पर भी जोर दिया और अंग्रेजों से रॉयल कमीशन, पब्लिक सर्विस कमीशन का ऐलान करने और विधायी कार्यों में भारतीय प्रतिनिधित्व बढ़ाने वाले कदमों की माँग भी की। साथ ही बड़ी चर्चा उन्होंने भारत की गरीबी पर भी की और यह भी बताया कि इंग्लैंड तक में लोग हैरान हैं कि अंग्रेजों के करीब 100 साल के शासन के बाद भी भारत के लोग इतने गरीब क्यों हैं। बावजूद इसके उन्होंने अंग्रेजों की नाराजगी से बचने के लिए 'Intention of Our Rulers' और 'Trust In England' शीर्षक के तहत उनकी जमकर तारीफ भी की।

'अंग्रेजी साम्राज्य को बचाने की जिम्मेदारी पंजाब की'

7 साल बाद 1893 में कांग्रेस के नवें अधिवेशन में दादाभाई नौरोजी को फिर से अध्यक्ष चुना गया, यह अधिवेशन लाहौर में हुआ था। अब वो ब्रिटिश संसद् के सदस्य भी चुने जा चुके थे। जिस तरह बंगाल में पहले कांग्रेस अधिवेशन के अध्यक्ष थे दादाभाई, इस बार यह भी पंजाब का पहला अधिवेशन था। स्वागत समिति के प्रमुख थे दयाल सिंह मजीठिया, कुल 625 प्रतिनिधियों ने इसमें हिस्सा लिया था। पं. मदन मोहन मालवीय ने इस अधिवेशन में गाँवों में लगातार बढ़ रही गरीबी का मुद्दा उठाया तो पंजाब के लिए हाईकोर्ट और विधान परिषद् के गठन और पंजाब में चिकित्सा सेवाओं के पुनर्गठन के लिए प्रस्ताव पारित किए गए।

पहले पाँच मिनट में पंजाब से अपने रिश्तों को बताते हुए दादाभाई ने अपने अध्यक्षीय भाषण में यह कहा, "पंजाबियों के ऊपर दोहरी जिम्मेदारी है, उन्हें रूस की तरफ से हमले के डर से भी निपटना है और मुझे पूरा भरोसा है कि पंजाब का आखिरी आदमी भी ब्रिटिश शासन के प्रति स्वामिभक्ति और भारत देश के प्रति राष्ट्रभक्ति के लिए लड़ेगा।"

उनके संबोधन का अगला ही शीर्षक था, 'Punjab's responsibility In

Safeguarding The Empire."[4] अनुमान लगा लीजिए कि उसमें अंग्रेजों की कितनी तारीफ होगी। उन्होंने भारत और इंग्लैंड में एक साथ सिविल सर्विस परीक्षा की अनुमति देने पर अंग्रेजों को धन्यवाद दिया, महादेव गोविंद रानाडे की नियुक्ति पर भी और साथ में खुद के ब्रिटिश संसद् सदस्य चुने जाने की कहानी भी बताई। कई अन्य मुद्दों पर बोलने के बाद उनका मुख्य संबोधन था भारत की गरीबी के बारे में।

गलत प्रति व्यक्ति आय पर अंग्रेजों को घेरा

उन्होंने कई अंग्रेज अधिकारियों के नाम लिये, जो यह मानते थे कि ब्रिटिश भारत अत्यधिक गरीब है और उन्होंने इस बारे में अपनी 'कॉन्फिडेंशियल रिपोर्ट्स' में लिखा भी। उन्होंने कहा, "मैंने प्रति व्यक्ति आय 20 रुपए अनुमानित की थी, लेकिन जब लॉर्ड क्रोमर ने 27 रुपए का अनुमान निकाला तो मैंने उनसे उनका वो गणित और तरीका पूछा था कि कैसे उन्होंने यह आकलन किया। लेकिन उन्होंने साफ मना कर दिया।" उन्होंने इस संबोधन में अलग-अलग दशकों में अलग-अलग अंग्रेज अधिकारियों के गरीबी पर दिए गए बयानों को वहाँ दोहराया और साबित किया कि अंग्रेज अधिकारी भारत की गरीबी पर ध्यान नहीं दे रहे। यह तब था, जब वो ब्रिटिश सरकार के प्रति न केवल अपनी वफादारी को जता रहे थे, बल्कि बाकी सभी को भी ऐसा करने को कह रहे थे।

दादाभाई ने दिखाया अंग्रेजों को आईना

उससे भी ज्यादा दादाभाई ने बहादुरी दिखाई भारतीय खर्चे पर ब्रिटिश आर्मी और सिविल सर्विस अधिकारियों को रखने के मुद्दे पर, उन्होंने कड़े सवाल अपने संबोधन में उठाए, उसी हिम्मत के साथ जैसे एक सांसद हाउस ऑफ कॉमंस में सरकार से पूछता है। उन्होंने पूछा, "Does not the greatness of, and the greatest benefit to, the United Kingdom arise from its connection with India? Should not the cost of such greatness and great benefit be shared by the United Kingdom in proportions to its means and benefit? Are not these European services especially imposed on us on the clearly admitted and declared ground of maintaining the British?"[5] ये वाकई में तीखे और हिम्मत से भरे सवाल थे, लेकिन उन्होंने इस तरह के सवालों को कई प्रमुख अंग्रेज

अधिकारियों को पुराने बयानों का आधार देकर पूछा, सो आसानी से उनकी बात पर कोई नाराजगी नहीं दिखा सकता था।

इस अधिवेशन के 13 साल बाद यानी 1906 में फिर कांग्रेस अधिवेशन के अध्यक्ष चुने गए, एक बार फिर से कलकत्ता उनके स्वागत में तैयार था, 20 साल बाद। रास बिहारी घोष स्वागत समिति के अध्यक्ष थे और कुल 1663 प्रतिनिधि इसमें आए थे। 1905 के बंग-भंग आंदोलन के फौरन बाद हुए इस अधिवेशन में कांग्रेस के तेवर पहली बार कुछ गरम होने स्वाभाविक थे, वैसे भी यह बंगाल में हो रहा था। चूँकि नरम और गरम दलों में दरार साफ दिखने लगी थी, बुजुर्ग दादाभाई नौरोजी को इस अधिवेशन की अध्यक्षता के लिए बुलाया गया था।

'वक्फ-अलल-औलाद' प्रस्ताव के जरिए हुई कांग्रेस में मुसलिम तुष्टीकरण की शुरुआत

1906 में तीन पूर्व कांग्रेस अध्यक्ष दुनिया को अलविदा कह गए थे, पहले कांग्रेस अधिवेशन के अध्यक्ष व्योमेश चंद्र बनर्जी समेत जस्टिस बदरुद्दीन तैयबजी और आनंद मोहन बोस भी। इन तीनों को श्रद्धांजलि के साथ इस अधिवेशन की शुरुआत हुई थी, लेकिन शुरुआती प्रस्तावों में सबसे ज्यादा चौंकाने वाला प्रस्ताव था मुसलमानों से जुड़ा एक प्रस्ताव। ऐसा अब तक के किसी भी अधिवेशन में नहीं देखा गया था कि किसी भी धार्मिक मामले पर कोई प्रस्ताव कांग्रेस के अधिवेशन में रखा जाए। एक तरह से यह शुरुआत थी, मुसलिम पर्सनल लॉ बोर्ड की, मुसलमानों के वो नियम, जिनमें कोई भी अदालत या कानून दखल नहीं दे सकता।

दरअसल ब्रिटिश साम्राज्य की सबसे बड़ी अदालत प्रिवी काउंसिल ने 'वक्फ-अलल-औलाद' की वैधानिकता को खारिज कर दिया था। वक्फ की संपत्ति आमतौर पर सभी मुसलिमों की मानी जाती है, उसको कोई बेच, खरीद या उपहार में नहीं दे सकता और न ही किसी तरह का लाभ व्यक्तिगत तौर पर ले सकता है, लेकिन 'वक्फ-अलल-औलाद' नाम का प्रावधान एक तरह से निजी वक्फ था, जिसमें उस सम्पत्ति की देखभाल करने वालों और उनकी पीढ़ियों को इसमें फायदा लेने का हक था। कांग्रेस ने अपने अधिवेशन में कांग्रेस ने माँग की कि ब्रिटिश सरकार को एक आयोग बनाकर जाँच करनी चाहिए कि प्रिवी काउंसिल ने अपने फैसले में कहीं गलती तो नहीं कर दी है।

इस प्रस्ताव में कहा गया कि मुसलमानों की भावनाओं का खयाल रखते हुए अगर यह गलती पाई जाती है तो फौरन सही कदम उठाए जाने चाहिए। कांग्रेस के

इस अधिवेशन में यह प्रस्ताव तो रखा गया, लेकिन कहीं भी इस बात की चर्चा नहीं हुई कि उसी साल आगा खाँ की अगुआई में मुसलिम लीग का गठन हुआ था। यह भी हो सकता है कि इसी वजह से यह प्रस्ताव लाया गया हो। इस प्रस्ताव की चर्चा भारतीय इतिहास में कभी नहीं होती, लेकिन पाकिस्तान में बहुत होती है और वहाँ के इतिहासकार प्रस्ताव के समर्थन में जिन्ना के भाषण का जिक्र अकसर करते हैं।[6]

दिलचस्प बात यह भी थी कि यह पाँचवाँ प्रस्ताव था और इसके बाद वो प्रस्ताव रखा गया, जो उस साल का सबसे महत्त्वपूर्ण मुद्दा था, यानी बंग-भंग का। इस प्रस्ताव में बंगाली समुदाय को एक ही प्रांत में रखने की माँग करते हुए बंग-भंग को रद्द करने का प्रस्ताव रखा गया। अगला प्रस्ताव भी ऐतिहासिक था, जिसमें 'बहिष्कार आंदोलन' को कांग्रेस का समर्थन दिया गया और उसके पीछे तर्क दिए गए। गांधीजी के बहिष्कार आंदोलन के बीज यहीं देखे जा सकते हैं। हालाँकि 1905 में ही सावरकर ने विदेशी वस्त्रों की होली पुणे में जलाकर इस मामले में अग्रदूत की भूमिका ले ली थी।

पहली बार कांग्रेस ने इसी अधिवेशन में शायद राष्ट्रीय शिक्षा ढाँचे की माँग की थी। इस अधिवेशन में यह भी कोशिश की गई थी, सबकुछ स्वदेशी रहे, चूँकि स्वदेशी पर प्रस्ताव भी रखा गया था, सो केवल 1000 मोमबत्ती स्टैंड्स को छोड़कर शायद सबकुछ भारत का बना था, परदों से लेकर कुरसियाँ तक।

Thirty-Second Indian National Congress

RESOLUTIONS.

I. THE LATE MR. DADABHAI NAOROJI.

That this Congress desires to place on record its sense of profound sorrow at the death of Dadabhai Naoroji. His great services to the motherland will Always enshine his memory in the grateful recollection of his countrymen, while his saintly character, his private worth, and public virtues will for all time to come be an example and an inspiration to the people of India.

(From the Chair.)

II. THE LATE MR. A. RASUL.

That this Congress desires to express its profound sense of sorrow at the sudden and premature death of Abdul Rasul, a man of the highest integrity of character, of noble devotion to duty and of the purest and most stainless patriotism, one who laboured strenuously to unite the Hindus and Mahommedans of this country in one bond of loving service to their country forgetful of all differences of race, language and religion.

(From the Chair.)

III. INDIA'S LOYALTY.

That this Congress, speaking on behalf of the united people of India, begs respectfully to convey to His Majesty the King Emperor their deep loyalty and profound attachment to the throne, their unswerving allegiance to the British connection and their firm resolve to stand by the Empire at all hazards and at all costs.

(From the Chair.)

अंग्रेजी प्रार्थना और अंग्रेज राजा की वफादारी की शपथ

आज की पीढ़ी के लिए यह जानना हैरत भरा होगा कि उन दिनों अधिवेशन के पहले दिन शुरुआत में एक प्रार्थना होती थी और उसके बाद अंग्रेजीराज की तारीफें। प्रार्थना की शुरुआती लाइनें थीं, "O Most gracious God and Father, by whose divine providence mankind is ruled, and all things are made to work out his good ends, We thank Thee for enabling us Thy unworthy servants to assemble once more in this great city for this, the 22nd session of our National Congress." अब इंग्लैंड के राजा के लिए पढ़ी जाने वाली लाइनें पढ़िए, "We implore Thy blessing on Gracious Sovereign and Emperor King Edword, and on the Royal Family. Enable those that bear rule in this land under his imperial majesty to realize their unique responsibilities consequent on the position."[7]

इन लाइनों को देखकर समझा जा सकता है कि यह सब बोलने के बाद उनकी लड़ाई का कोई अर्थ रह नहीं जाता था। लेकिन यह भी सच है कि अंग्रेजी शिक्षा और तमाम तरह की मजबूरियों से उनका 'ब्रेनवाश' इस तरह हो गया था कि उन्हें अनुमान ही नहीं था कि वो क्या हो गए हैं। हालाँकि इस अधिवेशन में वंदे मातरम् भी गाया गया था। यह भी दिलचस्प था कि उस वक्त कोई भी वंदे मातरम् पर नाराज हुआ हो, ऐसा अधिवेशन की रिपोर्ट में नहीं मिला।

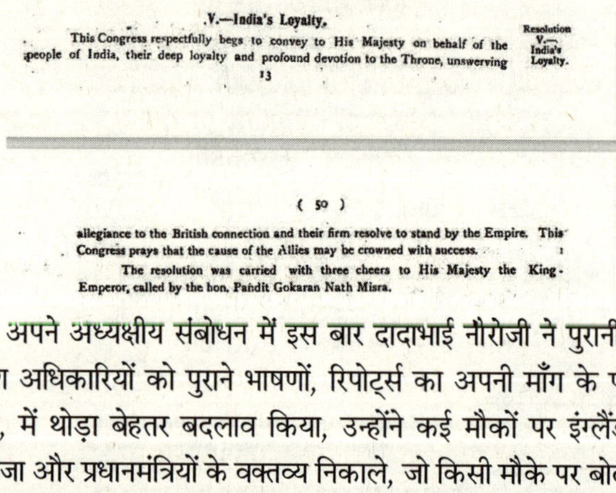
V.—India's Loyalty.

Resolution V.— India's Loyalty.

This Congress respectfully begs to convey to His Majesty on behalf of the people of India, their deep loyalty and profound devotion to the Throne, unswerving

13

(50)

allegiance to the British connection and their firm resolve to stand by the Empire. This Congress prays that the cause of the Allies may be crowned with success.

The resolution was carried with three cheers to His Majesty the King-Emperor, called by the hon. Pandit Gokaran Nath Misra.

अपने अध्यक्षीय संबोधन में इस बार दादाभाई नौरोजी ने पुरानी तकनीक यानी ब्रिटिश अधिकारियों को पुराने भाषणों, रिपोर्ट्स का अपनी माँग के पक्ष में इस्तेमाल करना, में थोड़ा बेहतर बदलाव किया, उन्होंने कई मौकों पर इंग्लैंड की महारानी, महाराजा और प्रधानमंत्रियों के वक्तव्य निकाले, जो किसी मौके पर बोले गए थे, किसी टेलीग्राम में लिखे गए थे या किसी पत्र में और भारतीयों के जन्मना अधिकार की बात

की, जो एक ब्रिटिश नागरिक के होते हैं। यहाँ तक कि वह मैकाले और मार्ले जैसों के भी बयान इस्तेमाल करने से नहीं चूके। फिर इन जन्मना अधिकारों की एक-एक करके चर्चा की, जैसे सार्वजनिक सेवाओं में रोजगार का अधिकार, प्रतिनिधित्व का अधिकार, वित्तीय रिश्तों का अधिकार, प्रतिरोध का अधिकार, उन्हें उदारवादी खेमे का माना जाता था, बावजूद उन पर सवाल नहीं उठते। चूँकि अंग्रेजों को आँकड़ों के साथ आईना दिखाने का सबसे साहसिक काम दादाभाई ने ही किया था, इसके चलते लोकमान्य तिलक से लेकर महात्मा गांधी तक, उनकी जमकर प्रशंसा करते थे, 1894 में गांधीजी ने उन्हें पत्र में लिखा था कि 'हर भारतीय आपको ऐसे देखता है, जैसे कोई संतान पिता को देख रही हो।' जबकि लोकमान्य तिलक ने उनके लिए कहा था, 'अगर 28 करोड़ भारतीयों को लंदन की संसद् में केवल एक प्रतिनिधि भेजने का अधिकार मिले तो वो सब केवल दादाभाई नौरोजी को चुनकर भेजेंगे'।

REFERENCES

1. Inaugural Addresses by Presidents of the Indian National Congress by Dinakara Vi□□u Gokhale, Page No.-7, Publisher : N.M. & Company.
2. Inaugural Addresses by Presidents of the Indian National Congress by Dinakara Vi□□u Gokhale, Page No.-5, Publisher : N.M. & Company.
3. Inaugural Addresses by Presidents of the Indian National Congress by Dinakara Vi□□u Gokhale, Page No.-8, Publisher : N.M. & Company.
4. The Indian National Congress Containing an Account of Its Origin and Growth, Full Text of All the Presidential Addresses, Reprint of All the Congress Resolutions, Page No.-142, Publisher : G.A. Natesan.
5. The Indian National Congress Containing an Account of Its Origin and Growth, Full Text of All the Presidential Addresses, Reprint of All the Congress Resolutions, Page No.-167, Publisher : G.A. Natesan.
6. Pakistan Journal of History and Culture Volume-12, Page No.-43, Publisher : National Institute of Historical and Cultural Research.
7. The Independent By William Livingston (1907), Page No.-465, Editor : Milton Martin Klein.

□

पहले मुसलिम अध्यक्ष, नाम का ऐलान होने तक अधिवेशन में नहीं आए, दिलाई मुसलिमों को वीटो पावर

उस वक्त तक कांग्रेस के दो-दो अधिवेशन हो चुके थे, पहला 1885 में बॉम्बे में और दूसरा अगले साल कलकत्ता में। दोनों में ही बदरुद्दीन तैयबजी नहीं आए थे और न ही उनके भाई कमरुद्दीन। बदरुद्दीन तैयब मुसलिमों के बीच काफी प्रभावशाली हस्ती थे, जो तैयब अली के नाम से भी जाने जाते थे, सुलेमानी बोहरा समुदाय से ताल्लुक रखते थे, बंबई के पहले हिंदुस्तानी वकील थे और बॉम्बे प्रेसीडेंसी एसोसिएशन के संस्थापक थे, जिसने कांग्रेस की स्थापना वाले अधिवेशन की मेजबानी की थी, सो ऐसे में उनका नाम आना लोगों के लिए चौंकाने वाला था। लोग तमाम कयास लगाने लगे, संदेश यह गया कि मुसलमान कांग्रेस से जुड़ने वाले नहीं हैं। किसी ने कहा कि वो अध्यक्ष बने बिना किसी अधिवेशन में आने को तैयार नहीं होंगे।

हालाँकि उन्होंने इस बात का अपने अध्यक्षीय संबोधन में जिक्र भी किया कि वो पहले दोनों अधिवेशनों में सम्मिलित नहीं हो पाए, "Gentlemen, I had not the good fortune to be present at the proceedings of the first Congress held in Bombay in 1885, nor had I the good fortune to take part in the deliberations of the second Congress held in Calcutta last year. But, Gentlemen, I have carefully read the proceedings of both those Congresses, and I have no hesitation in declaring that they display an amount of talent, wisdom, and eloquence of which we have every reason to be proud."[1]

लेकिन आधिकारिक रूप से कांग्रेस पार्टी ने इन दोनों भाइयों की कांग्रेस के शुरुआती दोनों अधिवेशनों से गैर-मौजूदगी को कभी भी जानबूझकर नहीं बताया। इन लाइनों के लिखे जाने के वक्त भी कांग्रेस की बेवसाइट पर लिखा हुआ है, "Urgent business in Cambay prevented their attendance, which their opponents exploited, alleging that Muslims were boycotting the Congress. He vigorously denied this, declaring that he had "denounced all communal and sectarian prejudices. "He missed the second Session also due to ill health, but was unanimously elected President of its third Session in Madras (1887)."[2]

बदरुद्दीन तैयबजी को मद्रास में होने वाले कांग्रेस अधिवेशन का सभापति चुना गया था। इस तरह व्योमेश चंद्र बनर्जी और दादाभाई नौरोजी के बाद वो कांग्रेस के तीसरे अध्यक्ष चुने गए थे। उन दिनों मुंबई में बदरुद्दीन तैयबजी, फिरोजशाह मेहता और काशीनाथ तैलंग की तिकड़ी बड़ी प्रसिद्ध थी। कहा जाता है कि कांग्रेस से मुसलमानों को जोड़ने में उनकी अहम भूमिका थी। वे एक शिक्षित परिवार से थे और जब विदेश से पढ़कर वापस भारत आए तो मुंबई की कोर्ट में उन दिनों कोई हिंदुस्तानी वकील नहीं था, यह इतिहास उन्हीं के नाम पर है। धीरे-धीरे वे 1902 में बॉम्बे हाईकोर्ट के मुख्य न्यायाधीश बन गए, वो ऐसे पहले भारतीय थे।

राजद्रोह के केस में फँसी लोकमान्य तिलक की जमानत की याचिका जब तीन बार खारिज हो गई तो तैयबजी की अदालत से उनको जमानत मिली। इसकी वजह थी, दरअसल सैयद अहमद खान नहीं चाहते थे कि 'हिंदू कांग्रेस' में कोई मुसलमान शामिल हो। ऐसे में तैयबजी जैसे लोगों से लगातार सैयद अहमद खान का कुछ मामलों में मतभेद चलता था। जबकि तैयबजी ने जब कांग्रेस अपनाई तो अध्यक्ष बनकर वो इतने खुश थे कि ऐलान कर दिया कि कांग्रेस के अध्यक्ष पद का मेरे मन में इतना सम्मान है कि कांग्रेस के खिलाफ किसी भी तिरस्कारपूर्ण संदर्भ की मैं अपनी अदालत में अनुमति नहीं दूँगा। उनके शब्दों में, "I have always regarded it (Congress President ship) as the highest honour, higher than being on this Bench...Let me tell the Counsel that in my Court no contemptuous reference to that body (Congress) will be permitted."[3] ऐसे में तब के दिग्गज कांग्रेस नेता तिलक की जमानत तो होनी ही थी।

'मुसलमान देशवासियों के साथ कंधे-से-कंधा मिलाकर काम क्यों नहीं कर सकते?'

'अंजुमन-ए-इसलाम' की स्थापना उन्होंने की। मुसलमानों में जारी परदा प्रथा का उन्होंने जमकर विरोध किया, अपनी बेटियों को विदेश पढ़ने भेजा। उन्होंने 1891 में सहमति की उम्र (एज ऑफ कंसेंट) के बिल का भी समर्थन किया। मद्रास अधिवेशन के अपने अध्यक्षीय भाषण में भी उन्होंने मुसलमानों से देश की आजादी और तरक्की के लिए कंधे-से-कंधा मिलाने की अपील की, उन्होंने कहा, "समझ में नहीं आता कि सभी के हित में देशवासियों के साथ कंधे-से-कंधा मिलाकर मुसलमान क्यों नहीं काम कर सकते। उनके शब्दों में, "Gentlemen, it is undoubtedly true that each one of our great Indian communities has its own peculiar social, moral, educational, and even political difficulties to surmount; but so far as general political questions affecting the whole of India—such as those which alone are discussed by this Congress—are concerned, I, for one, am utterly at a loss to understand why Musalmans should not work shoulder to shoulder with their fellow-countrymen of other races and creeds, for the common benefit of all."[4]

कांग्रेस में मुसलिमों को दिलाई पहली वीटो पावर

उनके पिता इतने पैसे और रसूख वाले थे कि सातों लड़कों को यूरोप में पढ़ने भेजा था, इतना ही नहीं, बदरुद्दीन को तो भारत के पूर्व वायसराय लॉर्ड एलनबरो के पास निजी खत लेकर भी भेजा। बदरुद्दीन तैयबजी ने भी अपनी दो बेटियों को तमाम विरोध के बावजूद इंग्लैंड पढ़ने के लिए भी भेजा। कांग्रेस से जुड़ने के बाद उन पर मुसलिमों का बड़ा दबाव था कि कांग्रेस में उनके हितों का ध्यान रखा जाए तो 1888 के इलाहाबाद अधिवेशन में उन्होंने एक प्रस्ताव पेश किया, "कोई भी ऐसा मुद्दा जिस पर हिंदू या मुसलिम पक्ष को आपत्ति है, उसे सब्जेक्ट कमेटी या कांग्रेस के किसी भी मंच पर चर्चा के लिए आगे नहीं बढ़ाया जाए।" यह प्रस्ताव मान भी लिया गया, साफ था कि इस प्रस्ताव के जरिए मुसलिमों को एक वीटो पावर मिल गया कि कोई भी चर्चा उनकी रजामंदी के बिना नहीं होगी।

प्रस्ताव की लाइनें ये थीं, "That no subject shall be passed

for discussion by the Subject Committee, or allowed to be discussed at any Congress by the President thereof, to the introduction of which the Hindu or Mahomedan Delegates as a body, object unanimously or nearly unanimously and that if after the discussion of any subject which has been admitted for discussion it shall appear that all the Hindu or all the Mohemedan delegates as a body are unanimously or nearly unanimously opposed to the resolution which it is proposed to pass thereon, such resolution shall be dropped provided that the rule shall refer only to subjects in regard to which the Congress had not already definitely pronounced an opinion."[5]

सर सैयद ने कहा, 'आदमी और सूअर के बीच भी कुछ कॉमन होता है'

फिर भी तमाम मुसलिम चेहरे बदरुद्दीन तैयबजी से खुश नहीं थे, अलीगढ़ मुसलिम यूनिवर्सिटी के संस्थापक सैयद अहमद खान ने तो उनको खुला खत लिख दिया था, "I ask my friend Budruddin Tyabji to leave aside those insignificant points in the proposals of the Congress in which Hindus and Mahomedans agree (for there are no things in the world which have no points in common—there are many things in common between a man and a pig, and to tell me what fundamental political principles of the Congress are not opposed to the interests of Mahomedans."[6] वो लिख रहे हैं कि कई चीजें आदमी और सूअर के बीच में भी 'कॉमन' होती हैं।

'परदा प्रथा के चलते ही मुसलमान काफी पिछड़ गए'

लेकिन सबसे खास बात थी कि तैयबजी परदा प्रथा के सख्त खिलाफ थे, और कहते थे, यह कुरान के नियमों के खिलाफ है। आज के कांग्रेस नेता क्या वोट बैंक राजनीति के चलते ऐसा बोल भी सकते हैं? तैयबजी के बेटे हुसैन ने उनकी आत्मकथा में ऐसी घटनाओं के बारे में लिखा है, जो उनके परदा विरोध की बातें बताती हैं। इस आत्मकथा का 23वाँ अध्याय परदा प्रथा पर उनके विरोध के बारे में

ही है। बंबई में 1903 में हुई मोहम्मडन एजुकेशनल कॉन्फ्रेंस के 17वें अधिवेशन में देश भर से आए उच्च वर्ग के मुसलमानों को संबोधित करते हुए तैयबजी ने यह ऐलान किया था कि परदा प्रथा के चलते ही मुसलमान काफी पिछड़ गए हैं।[7]

पहले सर सैयद को 'टू नेशन थ्योरी' का जनक बताकर विरोध का श्रेय लेती थी कांग्रेस

आज की कांग्रेस जब भी 'टू नेशन थ्योरी' की बात करती है तो उसका जनक वीर सावरकर को मानती है, लेकिन बदरुद्दीन तैयब के मामले में, जब सावरकर कहीं पटल पर ही नहीं थे, कांग्रेस ने खुद अपनी वेबसाइट पर लिखा है, "He was not only, as Mahatma Gandhi wrote, "...for years, a decisive factor in the deliberations of the Congress" but one of its creators. It gained its national character by Muslim participation largely through his influence. In this the difference between his outlook and that of Sir Syed Ahmad Khan, the other outstanding Muslim leader of the time, was striking. On Badruddin Tyabji fell the main burden of counteracting the Two-Nation theory."[8] यानी यहाँ वह सावरकर के बजाय सैयद अहमद खान को टू नेशन थ्योरी का जनक बता रही है और उस पर जवाबी हमला करने वाले के तौर पर बदरुददीन तैयबजी को श्रेय दे रही है, क्योंकि वे कांग्रेस अध्यक्ष थे।

1887 में कांग्रेस के तीसरे अधिवेशन की अध्यक्षता करते हुए बदरुद्दीन तैयबजी ने न केवल अंग्रेजों के प्रति अपनी वफादारी के पुल बाँधे, बल्कि अशिक्षित किसानों को लेकर भी एक ऐसा बयान दिया, जो आज की पीढ़ियों व कांग्रेसियों के लिए आपत्तिजनक हो सकता है। उन्होंने कहा था, "Gentlemen, I for one am proud to be called not only educated but a 'native' of this country. And, Gentlemen, I should like to know where among all the millions of Her Majesty's subjects in India are to be found more truly loyal—nay, more devoted—friends of the British Empire than among these educated natives. Gentlemen, to be a true and sincere friend of the British Government, it is necessary that one should be in a position to appreciate the great blessings which that Government has conferred upon us, and I should like to know who is in a better position to appreciate these blessings—the ignorant peasants, or the educated natives? Who, for instance, will better appreciate the advantages of good roads, railways, telegraphs and post offices, schools, colleges and universities, hospitals, good laws and impartial courts of justice?—the educated natives, or the ignorant peasants of this country?"[9]

यानी "सज्जनो, मुझे न केवल शिक्षित, बल्कि इस देश का 'मूल निवासी' कहलाने पर गर्व है और सज्जनो, मुझे यह जानना चाहिए कि भारत में महारानी की लाखों प्रजा में से इन शिक्षित मूल निवासियों की तुलना में ब्रिटिश साम्राज्य के अधिक सच्चे, वफादार, बल्कि अधिक समर्पित मित्र कहाँ पाए जाते हैं। सज्जनो, ब्रिटिश सरकार का एक सच्चा और ईमानदार मित्र होने के लिए यह आवश्यक है कि वह उस महान् आशीर्वाद की सराहना करने की स्थिति में हो, जो उस सरकार ने हमें प्रदान किया है और मुझे यह जानना चाहिए कि इन आशीर्वादों की सराहना करने के लिए कौन बेहतर स्थिति में है—अज्ञानी किसान या शिक्षित मूल निवासी? उदाहरण के लिए, अच्छी सड़कों, रेलवे, टेलीग्राफ और डाकघरों, स्कूलों, कॉलेजों और विश्वविद्यालयों, अस्पतालों, अच्छे कानूनों और न्याय की निष्पक्ष अदालतों के लाभों की बेहतर सराहना कौन करेगा?—शिक्षित मूल निवासी, या इस देश के अज्ञानी किसान?"

उस जमाने के इतने विद्वान् और कांग्रेस अध्यक्ष जैसे ताकतवर नेता क्या-क्या सोचते थे, आज की पीढ़ी जानकर हैरत में पड़ जाएगी, बदरुद्दीन तैयबजी ने आगे कहा कि सोचिए, कल को रूस हम पर राज करता तो क्या होता? आजादी के बाद दशकों तक कांग्रेस ने देश को रूस के प्रभाव में रखा है, लेकिन ऐसे में तैयबजी का भाषण उन्हें हैरानी दे सकता है। इस भाषण में आप साफतौर पर उस दौर में कांग्रेस चला रहे उनके नेताओं का पढ़े-लिखे होने का घमंड भी साफ महसूस कर सकते हैं।

तैयबजी के शब्दों में, "Gentlemen, if there ever were to arise—which God forbid—any great struggle between Russia and Great Britain for supremacy in this country, who is more likely to judge better of the two Empires? Again I say, Gentlemen, that in these matters it is the educated natives that are best qualified to judge, because it is we who know and are best able to appreciate, for instance, the blessings of the right of public meeting, the liberty of action and of speech, and high education, which we enjoy under Great Britain, whereas probably under Russia we should have nothing but a haughty and despotic Government, whose chief glory would consist in vast military organisation, aggression upon our neighbours, and great military exploits."[10]

आजादी तो मानो उनके ख्वाबों में भी नहीं आती थी और सोचिए, अगर होती तो तब क्या सोचती होगी तैयबजी की आत्मा, जब नेहरूजी और इंदिराजी ने पूरा देश ही रूस की झोली में डाल दिया था, चार-चार केबिनेट मंत्री के.जी.बी. के एजेंट थे। इतना ही नहीं, उन्होंने यह भी कह दिया कि जो लोग हम पर अंग्रेजी सरकार से दगाबाजी का आरोप लगाते हैं, उनका काम उसी तरह का है, जैसे जो जिस डाल पर बैठा हो, उसी को काट रहा है, उनका इशारा कालिदास की कहानी की तरह था, उनके शब्दों में, "The conduct of those who thus recklessly charge us with disloyalty resembles the conduct of the "foolish woodman" who was lopping off the very branch of the tree upon which he was standing, unconscious that the destruction of the branch meant the destruction of himself."[11]

दिलचस्प बात ये है कि उनसे एक साल पहले कांग्रेस की कमान सँभालने वाले दादाभाई नौरोजी ने जो वैल्थ ड्रेन का सिद्धांत दिया था, उसको बदरुद्दीन तैयबजी ने पहले ही खारिज कर दिया था, उन्होंने कहा था, "And when we speak of the poverty of India, because of the draining away of vast sums of money from India to England, it has always seemed to me strange that so little thought should be bestowed upon the question of the poverty of our resources caused by the drain of so many men of public, political, and intellectual eminence from our shores every year."[12]

यह सच है कि उस दौर में तैयबजी कांग्रेस से नहीं जुड़ते तो मुसलमान भी कांग्रेस से नहीं जुड़ते। तैयबजी ने अपनी कौम के उन तमाम धुरंधर चेहरों का विरोध झेला, जो किसी भी सूरत में ऐसी आजादी नहीं चाहते थे, जिसमें हिंदुओं का बहुमत हो। एक मुसलिम नेता ने उन्हें खत लिखकर पूछा भी कि

"आखिर क्या मिलेगा मुसलमानों को कांग्रेस के साथ जुड़कर तो तैयबजी का जो जवाब था, उस पर मुसलिम तुष्टीकरण से ही अपनी राजनीति साधने वाले आज के तमाम सेक्युलर नेताओं को भी शर्म आ जाएगी।" तैयबजी का जवाब था, "मुसलमानों को वही मिलेगा, जो हिंदुओं, पारसी व ईसाइयों को मिलेगा। यह भारत को अपनी जन्मभूमि मानने वाले हर उस व्यक्ति का कर्तव्य है कि वो जाति, रंग या नस्ल का भेदभाव किए बिना सबकी भलाई करने वाले उद्देश्यों के लिए एकजुट हों।"[13]

इस सबके बावजूद वो साथी मुसलिमों का दबाव ज्यादा दिन झेल नहीं पाए और हाईकोर्ट में जज नियुक्त होने के बाद कांग्रेस की गतिविधियों में ज्यादा शामिल नहीं हो पाए, यहाँ तक कि अगले अधिवेशन में भी नहीं गए। यों भी बतौर वकील कभी चीफ जस्टिस के सालाना वेतन से दोगुनी कमाई करने वाले तैयबजी की तबीयत खराब रहने लगी और उनकी कमाई काफी नीचे आ गई। ऐसे में जज बनने का मौका मिला तो उन्होंने स्वीकार कर लिया। हालाँकि अंग्रेज अधिकारियों ने उनकी राह काफी मुश्किल बना दी थी, लेकिन उनकी नियुक्ति के बाद ऐसा पहली बार था कि किसी हाईकोर्ट में दो भारतीय जज एक साथ बैठ रहे हों, रानाडे के साथ तैयबजी।

REFERENCES

1. Eminent Indians on Indian Politics (1892), Page No.-316. Editor : Chunilal Lalubhai Parekh, Publisher : Printed at the Education Society's Steam Press.
2. https://www.inc.in/leadership/past-party-presidents /badruddin-tyabji.
3. Badruddin Tyabji by Abdul Gafoor Abdul Majeed Noorani, Page No.-100, Publications Division, Ministry of Information and Broadcasting, Government of India.
4. Inaugural Addresses by Presidents of the Indian National Congress, Page No.-32, Compiler : Dinakar Vi⍰⍰u Gokhale, Publisher : N.M. & Company.
5. The Indian National Congress The Resolutions at Its Thirteen Sessions by John Murdoch, Page No.-22, Publisher : Christian Literature Society for India.

6. Writings and Speeches by Sir Sayyid A□mad Khan, Page No.-242, Editor : Shan Mohammad, Publisher : Nachiketa Publication.
7. Badruddin Tyabji A Biography by Husain Badruddin Tyabji, Page No.-311, Publisher : Thacker.
8. https://www.inc.in/leadership/past-party-presidents /badruddin-tyabji.
9. http://www.columbia.edu/itc/mealac/pritchett/00lit links/txt_tyabji_congress_1887.html.
10. http://www.columbia.edu/itc/mealac/pritchett/00litlinks/txt_tyabji_congress_1887.html.
11. http://www.columbia.edu/itc/mealac/pritchett/00litlinks/txt_tyabji_congress_1887.html.
12. http://www.columbia.edu/itc/mealac/pritchett/00litlinks/txt_tyabji_congress_1887.html.
13. The Illustrated Weekly of India, Volume-91, Page 24.

□

पहला अंग्रेज कांग्रेस अध्यक्ष, जिसने जोड़ा 'आर्यन रिश्ता'

यों तो कांग्रेस की नींव ए.ओ. ह्यूम ने रखी थी, लेकिन कांग्रेस किसी अंग्रेज को अध्यक्ष चुन लेगी, उस वक्त किसी ने सोचा नहीं था। जिसमें से पहले गैर-भारतीय अध्यक्ष के तौर पर जॉर्ज यूल का चुना जाना तो हैरत भरा था, क्योंकि उनका न तो किसी समाजसेवा में कभी कोई नाम सुना था और न ही प्रशासनिक अनुभव का। वे तो एक विशुद्ध व्यापारी थे। स्कॉटलैंड के रहने वाले जॉर्ज अपनी कंपनी जॉर्ज यूल एंड कंपनी चलाते थे, थोड़े वक्त के लिए उन्हें कलकत्ता का शैरिफ जरूर बनाया गया था, लेकिन बिजनेस मामलों की उनकी समझ अच्छी थी और भारतीयों के लिए उदारवादी थे, तभी उस वक्त के कांग्रेस नेताओं डब्ल्यू.सी. बनर्जी और सुरेंद्र नाथ बनर्जी ने उनको इस भूमिका के लिए तैयार किया। शायद कांग्रेस पर शुरुआती अंग्रेजी असर इसकी वजह रहा हो।

हालाँकि उस वक्त क्या परिस्थितियाँ रही होंगी, एक गैर-भारतीय को अध्यक्ष बनाने के लिए, यह तो ठीक से पता नहीं, लेकिन यह ठीक है कि उस वक्त तक कांग्रेस कोई आंदोलन नहीं था, कांग्रेस पूरी तरह भारतीयों के लिए या अंग्रेजों के ही खिलाफ काम नहीं कर रही थी, कांग्रेस को खड़ा करने वाले या समर्थन देने वाले अंग्रेज चेहरे अपनी सरकारों के कुछ नियमों के तो खिलाफ थे, लेकिन कोई सरकार या देश से विद्रोह करने का इरादा लेकर भी कांग्रेस से नहीं जुड़ा था। ह्यूम की आत्मकथा से मिली जानकारियों के मुताबिक एक ऐसा संगठन खड़ा करने का इरादा था, जो भविष्य में होने वाली 1857 जैसी क्रांति पर लगाम लगाए रखे। सारे बड़े संगठनों के भारतीय बुद्धिजीवी साल में एक बार एक जगह पर इकट्ठा हों और अपना गुस्सा निकाल दें।

अंग्रेजी सरकार उनकी छोटी-मोटी दो-तीन माँगें मानकर वो गुस्सा कुकर की सीटी से भाप की मानिंद निकाल देती थी। ऐसे में एक व्यापारी अंग्रेज को अध्यक्ष चुनना कम-से-कम आज की पीढ़ी को तो समझ नहीं आएगा। हालाँकि 1989 में जब भारतीय प्रतिनिधिमंडल अपनी कुछ माँगों को लेकर लंदन गया तो जॉर्ज यूल ने उनकी काफी मदद की। लेकिन यह भी सच था कि इंग्लैंड के खिलाफ लड़ने वालों में आयरलैंड और स्कॉटलैंड के लोग भी थे और अकसर कई मुद्दों पर वो भारतीयों का समर्थन करते थे।

कांग्रेस की वेबसाइट पर भी अंग्रेज अध्यक्ष को चुने जाने के पीछे दिलचस्प दलील दी गई है कि कैसे एक हिंदू, फिर एक पारसी और फिर एक मुसलिम के बाद एक गैर-भारतीय को कांग्रेस का अध्यक्ष चुना गया। कांग्रेस की वेबसाइट पर लिखे शब्दों में है, "Having had for its first three Presidents a Hindu, a Parsi and a Muslim respectively, the fourth Congress which met in Allahabad, turned for the first time, to a non-Indian for its Presidential chair."[1] कांग्रेस के नेता शायद ईसाई लिखना चाहते होंगे, लेकिन उनका गैर-भारतीय होना ज्यादा बड़ी बात थी। यह भी लिखा है कि उनको कांग्रेस अध्यक्ष बनने के लिए पहले कांग्रेस अध्यक्ष व्योमेश चंद्र बनर्जी ने मनाया था। दिलचस्प बात यह है कि 1888 का यह सत्र उसी इलाहाबाद में हुआ था, जिसको योगी आदित्यनाथ की सरकार ने फिर से प्रयागराज कर दिया था और जिसे संगम नगरी के तौर पर जाना जाता है। कांग्रेस को शुरू से ही लोगों की भावनाओं की थोड़ी कम समझ थी, वरना सनातनियों की इस पावन नगरी में एक अंग्रेज और गैर-भारतीय अध्यक्ष चुनने का प्रयोग न करती।

अध्यक्षीय भाषण में जॉर्ज यूल ने बतौर कांग्रेस अध्यक्ष यह भी बताया कि वाकई में भारतीय चाहते क्या हैं, अब यह उनके जरिए कांग्रेस की कार्यसमिति ने कहलवाया या फिर उनका खुद का विचार था, यह तो नहीं पता, लेकिन उन्होंने भारतीयों की तरफ से कई माँगें उस संबोधन में रखीं। उन्होंने कहा, "We want half the councils to be elected, the other half to be the appointment of government, and we are willing that the right of veto should be with the executive. We also want the right of interpellation. These are the substance of our wants."[2] इसके अलावा उन्होंने यह भी माँग बताई कि जो भी निर्वाचन क्षेत्र हैं, उनमें म्यूनिसिपैलिटीज, चैंबर ऑफ कॉमर्स, ट्रेड एसोसिएशंस आदि के सदस्यों को समाहित किया जाए।

इसमें सहयोग के लिए यूले ने पाँच लोगों का एक आयोग तो सुझाया ही, आयोग के सदस्यों के तौर पर पाँच नाम भी सुझाए, जिनमें कांग्रेस से डब्ल्यू.सी. बनर्जी, बदरुद्दीन तैयबजी के अलावा माधवराव और दो अंग्रेजों के नाम दिए। लेकिन सबसे दिलचस्प था, उनका दो आर्यन नस्लों का जिक्र करना। उन्होंने अपने संबोधन में कहा, "To establish a further claim upon our regard by promoting a measure such as we advocate-a measure which any statesman might well be proud to be the instrument of carrying for it is one which (while going a long way, if not the whole way, in calming the present agitation) would draw in closer connection the two extreme branches of the Aryan race, the common subjects of the Queen-Empress, a measure which would unite England and India, not by the hard and brittle bonds of arbitrary rule which may snap in a moment."[3]

उन्होंने यह कहकर वहाँ मौजूद सभी कांग्रेस प्रतिनिधियों का दिल ही जीत लिया था, "There are many thousands Hindi, Muslim, Eurasian, Parsee and other gentlemen in the country who, if they were to transfer their persons to England for twelve months or more and pay certain rates, would be qualified to enjoy all the rights and privileges of British subjects. If you and I go to England, we are qualified. If we return to India our character changes, and we are not qualified. In England we should be trusted citizens. In India well, the charitably-minded among our opponents say that we are incipient traitors!"[4] उनकी इस बात पर जमकर तालियाँ बजीं कि कोई तो है, जो उनके मन की बात कर रहा है। शायद यही वो बातें थीं, जो अंग्रेजों के प्रति उनके मन के गुबार को थोड़ा कम करती रहीं और जितना गुस्सा बिस्मिल, सावरकर, आजाद या भगत सिंह जैसे क्रांतिकारियों को आता था, उतना उन्हें नहीं आता था।

दिलचस्प बात थी कि उन्होंने अपने अध्यक्षीय संबोधन में न केवल भारतीयों और इंग्लैंड के लोगों को आर्यन नल्स की ही दो शाखाएँ बताया और अपने संबोधन में हिंदू, मुसलिम, पारसी के साथ-साथ यूरेशियाई लोगों को भी जोड़ा। दरअसल उन दिनों जब से यह रहस्योद्घाटन हुआ था कि संस्कृत का यूरोपीय भाषाओं पर काफी

असर है, यूरोप अमेरिका की तमाम यूनिवर्सिटीज में संस्कृत के अध्ययन के लिए नए विभाग खुल गए थे और पूरे यूरोप में तमाम 'इंडोलॉजिस्ट' उभर आए थे, कई ने तो बस एक साल का संस्कृत कोर्स करके ही यह 'उपाधि' ले ली थी।

ऐसे तमाम लोग भारत में शोध करने आने लगे थे। उन्हीं के चलते यह भ्रम जानबूझकर फैलाया गया कि आर्य मध्य एशिया के निवासी थे, लोकमान्य तिलक जैसे गंभीर नेता भी इस परिचर्चा में फँसकर आर्यों को उत्तरी ध्रुव का मूलवासी लिख बैठे थे। ऐसे में जॉर्ज यूल ने भी इसी आर्यन बंधुत्व की तरफ इशारा किया था, वहीं यूरेशियाई शब्द का भी प्रयोग किया, इनमें वो लोग शामिल थे, जो खुद या उनके परिवार वाले यूरोप से एशिया खासतौर पर भारत में आकर बसे और फिर यहीं के होकर रह गए। जाहिर था, भारतीयों का गुस्सा कम करने का यह एक और तरीका था, उन्हें यूरोपीय लोगों के साथ जोड़कर उनके खोए हुए आत्मविश्वास को एक झूठा जामा पहनाने का।

400 टाइगर्स मारने वाला भी जॉर्ज यूल

हालाँकि जब भी जॉर्ज यूल की चर्चा होती है, लोग उसे इसी नाम के एक सिविल सर्विस अधिकारी से जोड़कर देखने लगते हैं, जिसके बारे में मशहूर है कि उसने भारत में 400 टाइगर्स का शिकार किया था और उसके बाद गिनना बंद कर दिया था। 1857 के स्वतंत्रता संग्राम को दबाने में भी उसकी भूमिका रही थी, संथाल इलाकों में लंबे समय तक उसने प्रशासन सँभाला था। वीर कुँवर सिंह के खिलाफ भी उसने तैनात करने की माँग की थी, जिसे ठुकरा दिया गया था। लेकिन टाइगर्स पर भारत में जितनी भी किताबें लिखी गई हैं, उनमें इस तथ्य के साथ उसका जिक्र मिल जाएगा कि उसने 400 टाइगर्स का शिकार किया था। इसलिए कई जगह उसे कांग्रेस अध्यक्ष और व्यापारी जॉर्ज यूल के साथ जोड़ दिया गया है।

कांग्रेस अध्यक्ष चुने गए जॉर्ज यूल के पिता रॉबर्ट यूले एक कपड़ा व्यापारी थे, जॉर्ज और उसके भाई एंड्रयू ने 1855 में स्कॉटलैंड से मैनचेस्टर में आकर डेरा जमा लिया था। 1858 में उन्होंने एक पार्टनरशिप फर्म बनाई और एंड्रयू को भारत भेज दिया गया। भारत तैयार माल का एक बड़ा बाजार बनता जा रहा था और सस्ते कच्चे माल का भी। सबसे पहले एंड्रयू ने एक चाय कंपनी स्थापित की, फिर कलकत्ता में मुख्यालय बनाकर एंड्रयू यूले एंड कंपनी स्थापित की, कॉटन स्पिनिंग इंडस्ट्री के क्षेत्र में इस कंपनी को शुरुआती कंपनियों में गिना जाता है।

उस वक्त तक कॉटन मिल्स केवल बॉम्बे तक ही सीमित थीं, वह कई

कंपनियों के लिए ट्रेड रिप्रेजेंटेटिव के तौर पर भी काम करने लगा। 1875 तक एंड्रयू ने चाय, कोयला, कॉटन, जूट आदि कई क्षेत्रों में अपने पाँव जमा लिये थे। तब उसके भाई जॉर्ज यूल और भतीजे डेविड ने भारत की रवानगी की और बाद में कांग्रेस अध्यक्ष पद तक जा पहुँचे। जिस साल जॉर्ज कांग्रेस अध्यक्ष मनोनीत हुए, उसी साल यानी 1888 में उनके भाई एंड्रयू ने भारत छोड़ा और आखिरी दिन इंग्लैंड में बिताने के लिए लंदन से सटे डलविच इलाके में घर ले लिया।

चूँकि यूले व्यापारी था, सो अर्थशास्त्र के शोधकर्ताओं के लिए यूले का एक ऐसा भाषण काफी काम का हो सकता है, जो यूले ने फरवरी 1881 में सोशल साइंस एसोसिएशन की बैठक में दिया था, जिसका विषय था, 'द करेंसी ऑफ इंडिया'। इस भाषण में यूले ने न केवल उस दौर में पैसों के बदले जानवर आदि देने की प्रथा का जिक्र किया, बल्कि चाँदी के रुपए और तोले का भी जिक्र किया।[5]

REFERENCES

1. https://www.inc.in/leadership/past-party-presidents /george-yule
2. The Indian National Congress Containing an Account of Its Origin and Growth, Full Text of All the Presidential Addresses, Page No.-48, Publisher : G.A. Natesan.
3. The Indian National Congress Containing an Account of Its Origin and Growth, Full Text of All the Presidential Addresses, Page No.-53, Publisher : G.A. Natesan.
4. Speeches by Sir George Udny Yule, Page No.-121, Publisher : S.K. Lahin & Company.
5. Speeches by Sir George Udny Yule, Page No.-121, Publisher : S.K. Lahin & Company.

□

ह्यूम का जीवनीकार दो बार बना कांग्रेस अध्यक्ष, कहा, 'हमने किया कांग्रेस को प्रशिक्षित, हमारा राज ही सर्वश्रेष्ठ'

ए. ओ. ह्यूम खुद तो कभी कांग्रेस के अध्यक्ष पद पर आसीन नहीं हुए, लेकिन उनके जीवनीकार विलियम वेडरबर्न को एक बार नहीं, बल्कि दो-दो बार कांग्रेस का अध्यक्ष बनने का मौका मिला। एक बार 1889 में और दूसरी बार 1910 में। 1888 में पहली बार किसी अंग्रेज को कांग्रेस अध्यक्ष बनने का मौका मिला था तो वे थे जॉर्ज यूल, लेकिन अगले साल फिर एक अंग्रेज को कांग्रेस अधिवेशन का अध्यक्ष चुन लिया गया—ये जनाब थे विलियम वेडरबर्न। हालाँकि विलियम ह्यूम के साथ कांग्रेस के जन्म के समय से ही जुड़े थे। उनका एक भाई, जो सिविल सर्विस ऑफिसर था, 1857 के स्वतंत्रता संग्राम में मारा गया था।

विलियम भी सिविल सर्विस में पास हो गए, कुल 159 उम्मीदवारों में उनकी तीसरी रैंक थी। कई जगह जज रहने के बाद वो मुंबई प्रेसीडेंसी के चीफ सेक्रेटरी के पद तक पहुँच गए थे। आमतौर पर वे भारतीयों पर ज्यादा सख्ती नहीं बरतते थे, खासकर अकाल से जुड़े मामलों में उनकी नरमी और उदारता की चर्चा हुई। लेकिन उनकी मौत के 100 साल बाद उन्हें कांग्रेस अध्यक्ष कम और ए.ओ. ह्यूम के जीवनीकार के तौर पर ज्यादा जाना जाता है।

एडिनबर्ग (स्कॉटलैंड) में जनमे विलियम 1910 के इलाहाबाद अधिवेशन में भी कांग्रेस के दोबारा अध्यक्ष बनाए गए थे, भारत से जाने के बाद भी वो कांग्रेस की ब्रिटिश कमेटी के चेयरमैन रहे और भारत से जुड़े मुद्दों को ब्रिटेन की संसद् में उठाते रहे। वहाँ वे लेबर पार्टी के सांसद भी बन गए थे। इसलिए

आमतौर पर वेडरबर्न की नीयत पर कभी कोई सवाल नहीं उठाया गया। हालाँकि वे भी भारतीयों को जितनी भी सुविधाएँ या अधिकार दिलाना चाहते थे, वो सब ब्रिटिश व्यवस्था के तहत ही चाहते थे, यह बात आप उनके अध्यक्षीय भाषण की इन लाइनों से भी समझ सकते हैं—

"What are the practical objects of the Congress movement? They are, to revive the national life, and to increase the material prosperity of country; and what better objects could we have before us? Lastly, as regards our methods, they are open and constitutional, and based solely on India's reliance upon British justice and love of fair play."[1]

सबसे पहले वेडरबर्न के कांग्रेस अध्यक्ष रहते ही लीग और कांग्रेस की आपस में इलाहाबाद में मीटिंग हुई थी, जिसकी परिणति बाद में लखनऊ समझौते के तौर पर सामने आई।

विलियम ने पहले धारवाड़ में असिस्टेंट कलेक्टर के तौर पर काम किया। सिंध में एक एक्टिंग ज्यूडिशियल कमिश्नर के तौर पर काम किया, 1874 में सदर कोर्ट में जज बने। 1882 में पूना में डिस्ट्रिक्ट और सेशन जज बने। बॉम्बे हाईकोर्ट में जज भी रहे। 1887 में रिटायर हुए और दो साल बाद ही बंबई में कांग्रेस अध्यक्ष बन गए। ब्रिटिश इंडिया में पहली बार सहकारी बैंकों के जरिए किसानों को मदद का प्रस्ताव पहले विलियम वेडरबर्न ने ही दिया था, भारत के अधिकारियों को समझ भी आया, लेकिन भारत सचिव के कार्यालय से इस सुझाव को खारिज कर दिया गया था। लॉर्ड रिपन द्वारा स्थानीय स्तर पर शक्ति विकेंद्रीकरण के विलियम वेडरबर्न भी समर्थक थे और भारतीय जजों को अंग्रेजी जजों के बराबर अधिकार देने के भी।

लंदन में भी कांग्रेस से जुड़े रहे और 1910 में भारत वापस आए, कांग्रेस अध्यक्ष का पद फिर से सँभाला। 1912 में जब ए.ओ. ह्यूम की मौत हुई तो उनकी जीवनी लिखने का काम शुरू कर दिया। उनको क्या पता था, अगले 6 साल में वे भी इस दुनिया को अलविदा कहने वाले हैं। 1895 में बने वेलबाई शाही एक्सपेंडीचर आयोग के सदस्य ने भारत का पक्ष रखा। हालाँकि 1904 के अधिवेशन में दोबारा उन्हें बुलाया गया था, उस अधिवेशन की अध्यक्षता हेनरी कॉटन ने की थी।

हर सवाल भारत पर

उनका भारत प्रेम था या ए.ओ. ह्यूम के साथ 'मिशन कांग्रेस' कि यह जानकारी आपको चौंका देगी। जब से विलियम लंदन में हाउस ऑफ कॉमंस के सदस्य बने थे। सिर्फ और सिर्फ भारत से जुड़े मुद्दों पर ही सवाल पूछते थे, भारत से जुड़ी बहसों में ही भाग लेते थे। यह बहुत ही दुर्लभ बात थी कि उनके सवाल इन सात वर्षों में किसी और मुद्दे पर हों। कभी-कभी उन्होंने पूछे भी तो वो स्कॉटलैंड को लेकर थे। आप इन 7 वर्षों के सवालों की सूची जाँचेंगे तो पाएँगे कि 10 अप्रैल, 1893 को जो उन्होंने पहला सवाल लंदन की संसद् में पूछा था तो वह भी भारत से जुड़ा था और सवाल था कलकत्ता की स्मॉल कॉज कोर्ट में एक अंग्रेज ई.डब्ल्यू. ओरमंड की तैनाती का, जिसका बंगाल में विरोध हो रहा था। उनका कहना था कि उस ओरमंड की क्या ऐसी योग्यता या स्थानीय परंपराओं की जानकारी है कि उसे वहाँ नियुक्त किया गया?[2]

जबकि 26 जुलाई, 1900 को उन्होंने जिस आखिरी बहस में हिस्सा लिया था, वो भी भारत के बजट से जुड़ी थी।[3] आप उनके सवालों की सूची देखेंगे तो पाएँगे कि भारतीय चाहे ट्रांसवाल में फँसे हों या जापान में, मुद्दा बॉम्बे की कोर्ट से जुड़ा हो या मद्रास के कॉलेज से या फिर कलकत्ता के राजस्व विभाग से, विलियम वेडरबर्न को भारत की ज्यादातर समस्याओं का गहन अध्ययन था और उनके सवालों की विविधता से आपको लगेगा ही नहीं कि कोई अंग्रेज इन सब मुद्दों पर लंदन की संसद् में सवाल पूछ रहा है या बहस में हिस्सा ले रहा है। और यह तब था, जबकि उनका एक भाई 1857 की क्रांति को दबाते हुए आजादी के इन्हीं भारतीय दीवानों के हाथों मारा गया था।

'मैंने आपका नमक खाया है'

वेडरबर्न को भी 25 साल से ज्यादा समय भारत में काम करके यह पता चल गया था कि भारत में किसी का नमक खाकर नमक हरामी नहीं करनी चाहिए, उसे अच्छी नजरों से नहीं देखा जाता। तभी तो उन्होंने कांग्रेस के 1895 के अधिवेशन में अध्यक्षीय संबोधन में कहा था, "मैंने आपका नमक खाया है", उनके शब्दों में, "I have passed a quarter of century among you and during that period of time, I have not known what it was to suffer an unkindness from a native of India. During that period I have been in the service of the people of India and have eaten their salt."[4] वेडरबर्न के इतना कहते ही पूरे सभा स्थल पर जोर से ठहाके लगे।

भारत के खिलाफ कौन-कौन हैं संगठित

इस संबोधन में वेडरबर्न ने कांग्रेस के स्थानीय प्रतिनिधियों को यह समझाने की कोशिश की कि भारतीयों को ज्यादा हक इसलिए नहीं मिल पाते कि अलग-अलग समूहों या लोगों ने भारत के खिलाफ गुट बना लिया है। ऐसे में विस्तार से उन्होंने बताया कि वो कौन-कौन से समूह हैं, उनके शब्दों में, "The India office is strong against us, together with the influence of the services and of society. The London Press is not favorable to us. And those members of Parliament who have Indian experience rank themselves mostly on official side."[5] दिलचस्प बात थी कि आखिरी वर्ग में वह खुद भी आते थे, लेकिन वो कहने से हिचके नहीं। लेकिन हैरानी भरी थी यह बात कि ब्रिटिश प्रेस भी भारतीयों को ज्यादा हक मिलने के विरोध में थी।

'आपको हमने प्रशिक्षित किया है···आप ब्रिटिश शासन के पक्ष में हैं'

उस वक्त पता नहीं क्यों यह किसी को अजीब नहीं लगा, उस जमाने के तमाम दिग्गज कांग्रेस नेता इस भाषण को अधिवेशन में बैठकर सुन रहे थे, लेकिन सबने हाँ-में-हाँ मिलाई, लेकिन आजादी के बाद की पीढ़ियों के लिए यह बहुत हैरानी भरा हो सकता है। विलियम वेडरबर्न ने अंग्रेजों और कांग्रेस के रिश्ते के बारे में बात करते हुए उन अंग्रेजों की बात की जो कांग्रेस पर 'भरोसा' नहीं करते। यह समझना और भी मुश्किल होगा कि 'कांग्रेस' पर अंग्रेज क्या भरोसा करें? कि वो उनके राज के खिलाफ जंग नहीं लड़ेगी, विद्रोह नहीं करेगी? वेडरबर्न ने वहाँ मौजूद प्रतिनिधियों से एक सवाल पूछा, "The promoters of the Congress profess strong attachment to British rule. And I would ask, is there any reason to doubt this profession?"[6] सामने बैठे कांग्रेस प्रतिनिधियों ने फौरन कहा, No...No...।

वेडरबर्न ने दूसरा सवाल दाग दिया, "Have those men any interest antagonistic to our rule?" फिर से आवाजें आईं No...No...गौर करिएगा, वेडरबर्न ने कहा, 'Our Rule', इस वक्त जबकि वे कांग्रेस अध्यक्ष की भूमिका में हैं, फिर भी कह रहे हैं कि 'हमारा राज' यानी वही अंग्रेज सरकार हैं, और वही कांग्रेस। वेडरबर्न बिना रुके बोलते चले गए और वो बात कह ही डाली, जो आजादी के बाद की कांग्रेस पार्टी कभी स्वीकार नहीं करेगी। वेडरबर्न ने आगे कहा, "Remember that the originators of this movement are educated men, 'trained up by us' in a love of freedom and free institutions."[7] इतना स्पष्ट तो कांग्रेस के मंच से क्या, बाहर से भी किसी ने नहीं कहा, जितना कांग्रेस अध्यक्ष पद पर बैठकर उनके मुखिया के नाते वेडरबर्न ने कह डाला कि यह आंदोलन उन शिक्षित लोगों का है, जिनको 'हमने' प्रशिक्षित किया है।

'अंग्रेज शासन अच्छा है, हटाओगे तो रूस आ जाएगा'

हमने से क्या मतलब था उनका, यह स्पष्ट है कि वो खुद को अंग्रेजी सरकार का प्रतिनिधि मानकर ही बोल रहे थे, न कि कांग्रेस अध्यक्ष के तौर पर, लेकिन वेडरबर्न यहीं पर नहीं रुके, बल्कि अंग्रेज सरकार के प्रतिनिधि के तौर पर ही बोलते दिख रहे वेडरबर्न ने ये तक डर कांग्रेस प्रतिनिधियों को दिखा डाला कि अगर ब्रिटेन जैसे प्रबुद्ध देश के बजाय आप लोगों पर बर्बर देश रूस शासन करता। उनके शब्दों में, "Is it likely that these men should wish to exchange the rule of England, the freest and the most enlightened country in the world, for that of Russia which is one of the most barbarous and retrograde."[8]

उन्होंने कांग्रेस पर शक जताने वाले सारे अंग्रेज दोस्तों को आश्वस्त करते हुए कहा, "The moderate reforms proposed by the Congress will all tend to make the people of India more prosperous and more contented and will thereby strengthen the foundation of the British rule."[9] यानी साफ था कि उनके द्वारा खड़ी की गई कांग्रेस ब्रिटिश राज को और मजबूत बनाएगी।

दूसरी बार अध्यक्ष बनने पर याद दिलाए नौरोजी के अंग्रेजीराज समर्थक वक्तव्य

भाषण की शुरुआत में ही उन्होंने 1886 में बतौर अध्यक्ष दादाभाई नौरोजी के अधिवेशन में संबोधन के कुछ अंश बताए, जिसमें नौरोजी अंग्रेजीराज की बहुत प्रशंसा कर रहे थे। नौरोजी ने कहा था, "It is under civilizing rule of the queen and people of England that we meet here together, hindered by none, and are freely allowed to speak our mind without the least fear and without the least hesitation. Such a thing is possible under British rule and under British rule only." वेडरबर्न ने यह भी याद दिलाया कि नौरोजी ने कहा था कि हमारे ऊपर कैसे ब्रिटिश राज के अनगिनत आशीर्वादों की बरसात हुई है। उसकी कोशिश थी कांग्रेस प्रतिनिधियों को यह बताने की कि ये हम नहीं कह रहे, बल्कि आप ही के बीच के एक सम्मानित व्यक्ति ने कहा है। इस अधिवेशन में उनका पूरा ध्यान अंग्रेजीराज को बेहतर बताने में, हिंदू-मुसलिमों के बीच सुलह की बात करने में, गरम दल और नरम दल के लोगों के बीच रिश्ते अच्छे करने आदि में था।

REFERENCES

1. Indian Politics (1898), Page No.-32, Contributor : Indian National Congress, Publisher : G.A. Natesan.
2. https://api.parliament.uk/historic-hansard commons/1893/apr/10/the-calcutta-small-cause-court# S4V0010P0_18930410_HOC_51.
3. https://api.parliament.uk/historic-hansard/commons/1900/jul/26/the-indian-budget#S4V0086P0 _19000726_HOC_295.
4. Indian Politics (1898), Page No.-32, Contributor : Indian National Congress, Publisher : G.A. Natesan.
5. Indian Politics (1898), Page No.-36, Contributor : Indian National Congress, Publisher : G.A. Natesan.
6. Indian Politics (1898), Page No.-37, Contributor : Indian National Congress, Publisher : G.A. Natesan.
7. Inaugural Addresses by Presidents of the Indian National Congress, Page No.-76, Editor : Dinakara Vi⍰⍰u Gokhale, Publisher : N.M. & Company.
8. Inaugural Addresses by Presidents of the Indian National Congress, Page No.-76, Editor : Dinakara Vi⍰⍰u Gokhale, Publisher : N.M. & Company.
9. From the foundation to the Silver jubilee; containing full text of the presidential addresses from 1885 to 1910 By Indian National Congress, Page No.-57, Publisher : G.A. Natesan & Company.
10. Indian Politics (1898), Page No.-6, Contributor : Indian National Congress, Publisher : G.A. Natesan.

□

बंबई के किंग, कांग्रेस के दबंग, लेकिन अंग्रेजों के वफादार और मैकाले के समर्थक

बंबई का किंग कौन? यह डायलॉग भले फिल्मी हो, लेकिन बीसवीं सदी की शुरुआत में और उससे थोड़ा पहले भी यह सबको पता था कि बंबई का किंग कौन? उस दौर में एक ही नाम था और वह था फिरोजशाह मेहता का। गांधीजी की आत्मकथा 'सत्य के प्रयोग' में कुछ लाइनें हैं, जो उन्होंने मेहता, तिलक और गोखले से पहली बार मिलकर लिखी थीं, इन लाइनों से आप फिरोजशाह मेहता के व्यक्तित्व की थोड़ी सी झलक पा सकते हैं। ये लाइनें थीं, "फिरोजशाह मेहता मुझे हिमालय जैसे लगे, लोकमान्य समुद्र के समान तो गोखले गंगा जैसे जान पड़े, जिसमें आप नहा सकते हैं। हिमालय पर चढ़ा नहीं जा सकता, समुद्र में डूबने का खतरा रहता है, पर गंगा की गोद में तो क्रीड़ा की जा सकती है।"

हालाँकि गांधीजी ने ये लाइनें गोपाल कृष्ण गोखले की तारीफ में लिखी थीं कि वे इतने सहज थे कि कोई भी उनसे कुछ भी बात कर सकता था, शायद इसलिए उन्होंने गोखले को अपना राजनीतिक गुरु बनाया था। जबकि तिलक और मेहता का व्यक्तित्व इतना भारी था, जिससे उन्हें सहज होने में समय लगा। लेकिन इससे पता चलता है कि फिरोजशाह मेहता किस तरह के दबंग व्यक्तित्व के स्वामी रहे होंगे। ऐसा माना भी जाता रहा है कि शुरुआती कांग्रेस अधिवेशनों की प्रक्रिया तय करने में उनकी बहुत बड़ी भूमिका रहती थी। यहाँ तक कि चूँकि वो कांग्रेस के नरम दल यानी उदारवादी धड़े के प्रमुख नेता थे, सो गरमदलीय नेताओं को प्रमुख भूमिकाओं से दूर रखने में भी सक्रिय रहते थे।

खुद कांग्रेस ने अपनी आधिकारिक वेबसाइट पर मेहता के परिचय में लिखा है,

"Pherozeshah Mehta had a notable record. In the proceedings of the Indian National Congress (in its founding he had a distinctive hand) he held an important and commanding position. His main endeavour was to keep the extremists from dominating the Congress, and in this he was largely successful."[1] ऐसे में आप समझ सकते हैं कि इनके निशाने पर लाल-बाल-पाल तो थे ही, जो भी अंग्रेजों की संवैधानिक व्यवस्था से जरा भी इधर-उधर होता था, वो भी आ जाता था।

1889 और 1904 दो अधिवेशनों की स्वागत समिति के वो मुखिया रहे थे और 1890 अधिवेशन की अध्यक्षता उन्होंने की थी। स्वागत समिति के मुखिया का ही पूरे अधिवेशन पर नियंत्रण रहता है। इसलिए काफी कुछ वही तय करते थे और अगर अधिवेशन या अन्य कोई कार्यक्रम बॉम्बे में है तो बिना फिरोजशाह मेहता के होना मुश्किल था। यहाँ तक कि उस दौर का कोई भी अधिवेशन हो, फिरोजशाह मेहता का दखल रहता ही था, लेकिन यह स्थिति इस वजह से भी आई, क्योंकि कांग्रेस को किसी भी तरह की आर्थिक मदद की जरूरत हो, मेहता हमेशा तैयार रहते थे। उनका अपने रहन-सहन और संस्थाओं को सहायता करने की प्रवृत्ति उनकी उन संस्थाओं पर आधिपत्य स्थापित करने में सहायक साबित हुई थी। अंग्रेजों से उनके करीबी रिश्ते, प्रशासन में दखल और अंग्रेजी कानून की गहरी जानकारी उनके अस्त्र थे।

गांधीजी ने कहा, 'बंबई के बेताज बादशाह'

एक घटना का जिक्र गांधीजी ने भी किया है कि कैसे 1901 में जब दक्षिण अफ्रीका से आए तो कलकत्ता में कांग्रेस के अधिवेशन में भी भाग लेने चले गए, बंबई से जिस ट्रेन में बैठे, उस ट्रेन में एक विशेष सैलून फिरोजशाह मेहता का भी जुड़ा था। मुश्किल से गांधीजी को एक स्टेशन तक उनके सैलून में चढ़ने की अनुमति मिली थी, दरअसल गांधी दक्षिण अफ्रीका को लेकर अपना एक प्रस्ताव अधिवेशन में रखना चाहते थे।

गांधीजी ने लिखा है, "उन्होंने तो खास सैलून का प्रबंध किया हुआ था, उनके शाही खर्च और ठाट-बाट से मैं परिचित था...फिरोजशाह मेहता मुझसे बोले, 'गांधी तुम्हारा काम पार न पड़ेगा। तुम जो कहोगे सो प्रस्ताव तो हम पास कर देंगे, पर अपने देश में ही हमें कौन से अधिकार मिलते हैं? मैं तो मानता हूँ कि जब तक अपने देश में हमें सत्ता नहीं मिलती, तब तक उपनिवेशों में तुम्हारी स्थिति सुधर नहीं

सकती...' मैं तो सुनकर ही दंग रह गया था...मैंने समझाने का प्रयत्न किया, परंतु बंबई के बेताज बादशाह को मेरे समान आदमी क्या समझा सकता था? इतने में ही संतोष माना कि कांग्रेस में प्रस्ताव पेश करने दिया जाएगा।"[2] और ऐसा हुआ भी था, जब गांधी को प्रस्ताव रखने का मौका नहीं मिल पा रहा था, फिरोजशाह मेहता ने ही मदद की थी।

दरअसल फिरोजशाह मेहता ने यह सब प्रतिष्ठा या जलवा अपने दम पर कमाया था। पारसी व्यावसायिक परिवार से थे। यूनिवर्सिटी ऑफ बॉम्बे (आज मुंबई यूनिवर्सिटी) से मास्टर ऑफ आर्ट्स करने वाले पहले पारसी थी, प्रधानाचार्य सर अलेक्जेंडर ग्रांट ने उन्हें जमशेदजी जेजीभॉय की स्कॉलरशिप के लिए नामांकित किया, ताकि यूरोप पढ़ सकें, उसी साल कांग्रेस के पहले अध्यक्ष बनने वाले डब्ल्यू. सी. बनर्जी तो उसी स्कॉलरशिप से इंग्लैंड पढ़ने चले गए थे, लेकिन किसी वजह से मेहता नहीं गए। बाद में मेहता लिंकंस इन लंदन में लॉ की पढ़ाई पढ़ने गए, वहाँ से बैरिस्टर बनने वाले पहले पारसी बने। दादाभाई नौरोजी के यहाँ आना-जाना शुरू किया, डब्ल्यू.सी. बनर्जी और बदरुद्दीन तैयब जैसे लंदन में उनके दोस्त बने। ये सभी बाद में कांग्रेस के अलग-अलग अधिवेशनों में क्रम से अध्यक्ष बने।

भारत आकर बंबई में वकालत शुरू कर दी, आर्थर क्राफोर्ड के मुकदमे के दौरान उनको लगा कि बॉम्बे की म्युनिसिपल व्यवस्था में सुधारों की जरूरत है, तब उन्होंने बॉम्बे म्युनिसिपल एक्ट 1872 ड्राफ्ट किया, तभी से उन्हें फादर ऑफ बॉम्बे म्युनिसिपैलिटी कहा जाने लगा। अगले साल ही उन्हें म्युनिसिपैलिटी कमिश्नर चुन लिया गया और चार बार इसके अध्यक्ष रहे, 1884, 1885, 1905 और 1911 में।

उनकी 1915 में मौत के बाद उनकी कांस्य प्रतिमा 1923 में म्युनिसिपैलिटी के परिसर में लगाई गई, प्रतिमा स्थापना के 100 साल पूरे होने पर भी एक कार्यक्रम 2023 में आयोजित किया गया था। 1885 में बॉम्बे प्रेसीडेंसी एसोसिएशन के भी अध्यक्ष बने और फिर कई बार बने। 1887 में उन्हें बॉम्बे लेजिस्लेटिव काउंसिल का सदस्य चुना गया, 1893 में उन्हें इंपीरियल लेजिस्लेटिव काउंसिल का सदस्य चुना गया, बीमारी के चलते कार्यकाल पूरा नहीं कर पाए। 1894 में उन्हें कंपेनियन ऑफ द ऑर्डर ऑफ द इंडियन एंपायर (सी.आई.ई.) नियुक्त किया गया और 1904 में नाइट की उपाधि से नवाजा गया।

इन सब बातों से एक बात स्पष्ट होती है कि धीरे-धीरे मेहता ने भी यह मान लिया था कि उनको अंग्रेजी व्यवस्था में ही रहना है और उनकी सरकार की मदद से ही भारत में जितने सुधार हो सकते हैं, करने हैं, इसलिए ये सारे पद या सम्मानों

से उन्हें कोई परहेज नहीं था। लेकिन समाज का कोई भी ऐसा क्षेत्र नहीं था, जहाँ उनकी उपस्थिति न हो, 1910 में मेहता ने 'बॉम्बे क्रॉनिकल' नाम का अखबार शुरू किया था। इसी पुस्तक के नेहरू परिवार वाले अध्याय में आप बॉम्बे क्रॉनिकल के एक पूर्व संपादक की नेहरू परिवार में घुसपैठ की कहानी भी पढ़ेंगे। अंग्रेजों के प्रति इतनी उदारवादी सोच होने के बावजूद उनका मुंबई शहर में समाजसेवा का इतना बड़ा काम था कि आप आज भी कई सड़कों, कॉलेजों, सभागारों के नाम फिरोजशाह मेहता के नाम पर देखेंगे। संसद् में भी उनका एक बड़ा चित्र लगा है।

कलकत्ता के 1890 के अधिवेशन में खुद की और दादाभाई नौरोजी की पारसी जड़ें होने के बावजूद भारतीय मिट्टी के प्रति उनकी श्रद्धा का बखान करते हुए उन्होंने सर सैयद अहमद खान पर निशाना साध दिया कि कैसे मुसलिमों के भले के लिए तमाम कदम उठाने के बाद वे कैसे स्वार्थी होकर अलगाववाद का प्रचार करने में लग गए। उनके शब्दों में, "Can anyone doubt If I may be allowed to take another illustration, that Sir Syed Ahmed Khan was greater and nobler when he was devoting the great energies and talents with which he is endowed. If it for the benefit of Mahomedans in particular, for the benefit of all Indians in general, Then when, as of late, he was preaching a gospel of selfishness and isolation."[3]

'कई वायसरायों ने दी हमारी वफादारी की गवाही, अब वफादारी पर कोई सवाल नहीं'

फिरोजशाह मेहता की भी वही चिंता थी, जो उस दौर के कई कांग्रेसियों और उसके मदद करने वाले कुछ पूर्व व वर्तमान अंग्रेज अधिकारियों की चिंताएँ थीं कि कहीं कांग्रेस की स्थापना व उसके कार्यक्रमों से ब्रिटिश साम्राज्य के प्रति हमारी वफादारी और निष्ठा पर सवाल तो नहीं उठेंगे? कहीं हमें देशद्रोही तो नहीं मान लेगी अंग्रेजी सरकार? ऐसे में कलकत्ता अधिवेशन में अपने अध्यक्षीय संबोधन के शुरुआती पाँच मिनट में ही सबको बता दिया कि हमारी वफादारी पर उठने वाले सारे सवाल अब खत्म हो चुके हैं, क्योंकि हॉउस ऑफ लॉर्ड्स में लॉर्ड क्रॉस के इंडियन रिफॉर्म बिल पर बहस के दौरान एक के बाद एक वायसरायों और एक पूर्व भारत सचिव ने भी हमारे उद्देश्यों और प्रयासों के वफादार और शांतिपूर्ण चरित्र की जोरदार गवाही दी है।

फिरोजशाह मेहता के शब्दों में, "The question of our loyalty is set at rest for ever. In the debate on Lord Cross's Indian reform bill in the house of lords, Viceroy after Viceroy bore emphatic testimony to the loyal and peaceful character of our aims and efforts. Within the last few days the voice of no less a personage than one of our former secretaries of state has confirmed this testimony."[4]

देश की आजादी के बाद अकसर मैकाले के उस भाषण की आलोचना की जाती है, जिसमें उसने कहा था कि जब भारतीय हमारे यूरोपीय तौर-तरीकों और रंग में ढल जाएँगे, तब वह अंग्रेजी इतिहास के लिए सबसे बड़ा गर्व का विषय होगा। गुलामी और अंधविश्वास की सबसे निचली गहराइयों में डूबे महान् लोगों को पाना, उन पर इतना शासन करना कि उन्हें नागरिकों के सभी विशेषाधिकारों के लिए इच्छुक और सक्षम बनाना वास्तव में हम सभी के लिए गौरव की उपाधि होगी।

'मैकाले का सपना पूरा हो रहा है, वो दिन आ गया है'

फिरोजशाह मेहता ने पहले तो मैकाले के भाषण का वह अंश पढ़कर सुनाया, उनके शब्दों में, "The destinies of our Indian empire are covered with thick darkness. It is difficult to form any conjecture as to the fate reserved for a state which resembles no other in history, and which forms by itself a separate class of political phenomena. The laws which regulate its growth and its decay are still unknown to us. It may be that the public mind of India may expand under our system till it has outgrown that system; that by good government we may educate our subjects into a capacity for better government, that, having become instructed in European knowledge, they may, in some future age, demand European institutions. Whether such a day will ever come I know not. But never will I attempt to avert or to retard it. Whenever it comes, it will be the proudest day in English history. To have found a great people sunk in the lowest depths of slavery and superstition, to have so ruled them as to have made them desirous and capable of all the privileges of citizens would indeed be a title to glory all our own."

फिर कहा कि मैकाले ने जिस दिन (Proudest Day) का सपना लॉर्ड मैकाले ने देखा था, वो क्षितिज पर दिख रहा है, उनके शब्दों में, "The down of that day which macaulay foresaw in dim but prophetic vision is now breaking on the horizon, the certain is rising on the drama which unfolds the vista to title that glory. Let us earnestly hope that the present illustrious bearer of the great historic name of Lansdowne, who, by a wonderful ordering of events, has now come to rule over us, may watch the glowing streaks of light with generous sympathy and may preside over the march of events with timely and provident statesmanship."[5]

इन शब्दों को पढ़कर समझ लीजिए कि आज हम लॉर्ड मैकाले को, अंग्रेजों को गालियाँ देते हैं, उसी मैकाले और अंग्रेजी शासन के सपने को पूरा होते देख कितना खुश होते थे कांग्रेस के तत्कालीन नेता। सोचिए किस हद तक इनके दिलोदिमाग में भारतीय प्राचीन व्यवस्था के बारे में गलत भ्रांतियों तथा अंग्रेजी व्यवस्था और इतिहास को लेकर रोमानी ख्वाब रचा-बुना गया होगा। आप सोचेंगे एक-दो नेता की राय ऐसी हो सकती है, लेकिन इस अधिवेशन की रिपोर्ट बताती है कि फिरोजशाह मेहता की लाइनों के बाद पूरे पंडाल में जोर से तालियाँ बजी थीं। किसी के विरोध की कोई रिपोर्ट कहीं नहीं छपी और न ही आधिकारिक काररवाई में दर्ज की गई।

फिरोजशाह मेहता के अध्यक्षीय संबोधन का एक शीर्षक दिलचस्प था, 'Faith In England.' इसमें उन्होंने अंग्रेजी संस्कृति और सभ्यता के प्रति घोर आस्था दिखाई, यहाँ तक कि उनसे कड़ा विरोध जता रहे एंग्लो-इंडियंस में भी। उन्होंने कहा, "I have no fears but that the English statesmanship will ultimately respond to the call. I have unbounded faith in the living and fertilizing principles of English culture and English civilization, may be that, at times, the prospect may look dark and gloomy. Anglo-Indian opposition may look fierce and uncompromising but my faith is large even in Anglo-Indians."[6]

आज भले ही कांग्रेस कितना भी दावा करे कि हमने अंग्रेजों से लड़ाई लड़कर

आजादी छीनी है, लेकिन हकीकत फिरोजशाह मेहता के इस अध्यक्षीय संबोधन में साफ नजर आती है, जो अंग्रेजी जीवन, समाज, नैतिकता, बौद्धिकता से इतने अभिभूत थे कि मान रहे थे, इनके जरिए मिलने वाला विकल्प भारत और इंग्लैंड के संबंधों को अनगिनत पीढ़ियों के लिए आशीर्वाद साबित होगा। उनके शब्दों में, "All the great forces of English life and society, moral, social, intellectual, political are if slowly yet steadily and irresistibly, declaring themselves for the choice which will make the connection of England and India a blessing to themselves and to the whole world for countless generations."[7]

'कांग्रेस का होना ब्रिटिश शाही हितों के लिए जरूरी'

अपने अध्यक्षीय संबोधन में मेहता ने फिर एक ऐसे अंग्रेज नेता चार्ल्स डिल्के के लेख 'Problems of Great Britain' में कांग्रेस के बारे में लिखी लाइनों को पढ़ा, जो उन दिनों इंग्लैंड में ही अपने भाई की साली के यौन शोषण और अपने तलाक मुकदमे के चलते काफी बदनाम हो चुका था। उस लेख में कांग्रेस की तारीफ इस तरह की गई थी कि इसकी आलोचना करने वाले ब्रिटिश शाही हितों को नुकसान पहुँचा रहे हैं। उसके शब्दों में, "Argument upon the matter is to be desired but not invective and there is so much reason to think that the Congress movement really represents the cultivated intelligence of the country, that those who ridicule it do harm to the imperial interests of Great Britain, bitterly wounding and alienating men who are justified in what they do, who do it in reasonable and cautious form, and who ought to be conciliated by being met half-way."[8] यानी कांग्रेस का होना ब्रिटिश शाही हितों के लिए जरूरी था। अंग्रेजों का लगना स्वाभाविक हो सकता है, लेकिन उसके लेख की ये लाइनें कांग्रेस अधिवेशन में पढ़ना क्यों जरूरी था?

इतना ही नहीं, लेख में यह भी दावा किया गया था कि ब्रिटिश अधिकारी वर्ग स्वयं यह मानता है कि कांग्रेस पर हमला करने वाला स्थानीय अपने अंग्रेज शासकों को खुश करने के लिए ऐसा करता है। लेख के मुताबिक, "The official class themselves admit that many of the natives who attack the Congress do so to ingratiate themselves with their British rulers and to push their claims for decorations." इस लेख में अंग्रेजों का महानतम कर्तव्य भी बताया गया और वो यह था कि कांग्रेस आंदोलन के साथ जीना सीखना। लेख के मुताबिक, "Our first duty in India is that of defending the country against anarchy and invasion, but our other greatest duty is to learn how to live with what is commonly called the Congress movement, namely, with the development of that new India which we have ourselves created."[9]

यह था अंग्रेजों का न्यू इंडिया और कांग्रेस के साथ जीना सीखना उनका महानतम कर्तव्य बताया गया था और कांग्रेस की आलोचना न की जाए, क्योंकि इससे शाही हितों को नुकसान पहुँचता है। इसका मतलब साफ था कि ब्रिटिश कांग्रेस को समर्थन दे रहे थे और यह बात कांग्रेस के वार्षिक अधिवेशन के मंच से उनका राष्ट्रीय अध्यक्ष सभी प्रतिनिधियों को बता रहा था।

'हिंदू शासक परिवार के बारे में सोचता है और अंग्रेज शासक मानवता के बारे में'

यों फिरोजशाह मेहता पारसी थे और हिंदू-मुसलिमों से बराबर की दोस्ती या दुश्मनी रखते थे, लेकिन अंग्रेजियत का असर जिस पर उन दिनों में होता था, वो कुछ भी बोलता और लिखता था। ज्यादातर कांग्रेस नेताओं को भी लगने लगा था कि अंग्रेज ही हमारे उद्धारक हैं। 1892 में पाँचवें बंबई प्रांतीय सम्मेलन में अध्यक्षता करने का अवसर मिला। पूना में हुआ यह सम्मेलन नवंबर महीने में हुआ था। अध्यक्षता करते हुए फिरोजशाह मेहता ने हिंदुओं और अंग्रेजों की तुलना करते हुए एक दिलचस्प दावा अपने भाषण में किया, "There are three supreme ideas of mankind, the family, the nation and humanity. The Hindu and the Greek ruler thought of the first, the Roman empire of the second; but the British nation accepts the last and highest as its ruling idea."[10]

ऐसे विचारों पर कौन उँगली नहीं उठाएगा। हालाँकि यह नहीं पता चल पाया कि उस वक्त किसी ने एतराज किया था कि नहीं। लेकिन इससे यह तो पता चलता है कि वो ये मानते थे कि हिंदू राष्ट्र या मानवता के बारे में बिल्कुल चिंता नहीं करता था। वो भूल गए कि इस महान् देश में कभी पारसियों को भी हिंदू राजाओं

ने ही आश्रय दिया था। भले ही उन्हें हिंदुओं के ग्रंथों और वसुधैव कुटुंबकम् जैसे विचारों का पता न हो, अर्थशास्त्र तब तक न मिला हो, लेकिन शिवाजी, महाराणा प्रताप, बाजीराव जैसे शासकों के बारे में तो पता होना चाहिए था, वो कौन से अपने परिवार के लिए इतने बड़े साम्राज्यों के खिलाफ अपनी जान पर खेल गए थे? जाहिर है, यह विचार उनकी अंग्रेजों के प्रति अति वफादारी और अज्ञानता का प्रमाण था।

हालाँकि फिरोजशाह मेहता का नाम इसलिए भी याद रखा जाता है, क्योंकि शुरुआती परिषदों में, 1892 के काउंसिल सुधारों में, आधुनिक लोकतांत्रिक प्रक्रियाओं को शुरुआती स्तर पर आगे बढ़ाने में उनका अहम योगदान था। लेकिन अगर इसे अंग्रेजों से लड़ाई कहा जाएगा, स्वतंत्रता पाने का संघर्ष कहा जाएगा तो शायद उनके ये विचार जानकर आज की पीढ़ियों को सहमत कर पाना मुश्किल ही होगा।

REFERENCES

1. Official Website of Indian National Congress, https://www.inc.in/leadership/past-party-presidents/pherozeshah-mehta.
2. Satya Ke Prayog by MK Gandhi, Translator-Kashinath Trivedi, Page No.-186-187, Publisher : Sarv Sewa Sangh.
3. Indian Politics, Page No.-40, Contributor : Indian National Congress, Publisher : G.A. Natesan.
4. Indian Politics, Page No.-40, Contributor : Indian National Congress, Publisher : G.A. Natesan.
5. Speeches and Writings of the Honourable Sir Pherozeshah M. Mehta by Pherozeshah Mehta, Page No.-305-306, Editor : Sir Chirravoori Yajneswara Chintamani, Contributor : Sir Dinshaw Edulji Wacha, Publisher : Indian Press.
6. Inaugural Addresses by Presidents of the Indian National Congress, Page No.-101, Editor : Dinakara Vi□□u Gokhale, Publisher : N.M. & Company.
7. Speeches and Writings of the Honourable Sir Pherozeshah M. Mehta by Pherozeshah Mehta, Page No.-311, Editor : Sir Chirravoori Yajneswara

Chintamani, Contributor : Sir Dinshaw Edulji Wacha, Publisher : Indian Press.

8. Inaugural Addresses by Presidents of the Indian National Congress, Page No.-103, Editor : Dinakara Vi⍰⍰u Gokhale, Publisher : N.M. & Company.
9. Inaugural Addresses by Presidents of the Indian National Congress, Page No.-103, Editor : Dinakara Vi⍰⍰u Gokhale, Publisher : N.M. & Company.
10. Speeches and Writings of the Honourable Sir Pherozeshah M. Mehta by Pherozeshah Mehta, Page No.-325, Editor : Sir Chirravoori Yajneswara Chintamani, Contributor : Sir Dinshaw Edulji Wacha, Publisher : Indian Press.

□

इस अध्यक्ष ने कहा था, 'ह्यूम के कृतज्ञ हमारे बच्चे ही नहीं बच्चों के बच्चे भी होंगे'

1891 का अधिवेशन कांग्रेस का सातवाँ अधिवेशन था और अध्यक्षता उस व्यक्ति ने की, जो 1885 में कांग्रेस के पहले अधिवेशन में सम्मिलित हुए 72 प्रतिनिधियों में से एक था। मद्रास प्रांत के जाने-माने वकील पी. आनंदचार्लू। बदलते समय के साथ कांग्रेस में भी बदलाव आ रहे थे और ए.ओ. ह्यूम को लग रहा था कि कांग्रेस अपने सही रास्ते पर नहीं है, हाथों से फिसलती जा रही है। 1890 के कलकत्ता अधिवेशन में केवल 677 कांग्रेस प्रतिनिधियों का आना और नागपुर के 1891 के अधिवेशन में भी संख्या 812 तक ही पहुँचना, कोई उत्साहवर्धक नहीं था। दरअसल पहले अधिवेशन में 72, दूसरे में 406, तीसरे में 607, चौथे में 1248 और पाँचवें में 1889 प्रतिनिधि इन वार्षिक सम्मेलनों में सम्मिलित हुए थे, यानी लगातार बढ़ते जा रहे थे, लेकिन जिस तरह 1890 में संख्या एकदम से एक-तिहाई के करीब यानी 677 रह गई और फिर तमाम प्रयासों के बावजूद अगले अधिवेशन में केवल 812 तक ही पहुँची, ह्यूम की निराशा स्वाभाविक थी। ए.ओ. ह्यूम इसे देखकर निराश था, उसने कहा भी, "Shall the Congress exists as it has existed in the past, or shall it pronounce its doom?"[1] ह्यूम ने यह तक कहा कि अब कुछ साल कांग्रेस का अधिवेशन भारत में होना ही नहीं चाहिए, बल्कि लंदन में होना चाहिए।

यों भी शुरुआती तीन साल यानी 1887 तक तो सब ठीक ही चल रहा था, कांग्रेस अधिवेशनों में वफादारी की शपथ खा रही थी, अंग्रेजी राजपरिवार का गुणगान कर रही थी और कुछ माँगें रख रही थी, लेकिन भारत में काम करने वाले

अंग्रेज अधिकारियों को अब तक तानाशाह पूर्ण तरीके से प्रशासन चलाने की आदत सी पड़ गई थी। आजादी की माँग भले ही कांग्रेस न करे, लेकिन उसके नेता जो भी थोड़ी बहुत प्रशासन की कमियाँ बताकर अपनी माँगें रखने लगे थे, उनका देश-विदेश की मीडिया में छपना और उस पर जवाब देना भी उन्हें बुरा लगने लगा था। ये वो लोग थे, जो ह्यूम की तरह 1857 जैसी क्रांति का दोहराव रोकने का उद्देश्य नहीं समझ पा रहे थे, दूसरे शब्दों में कहें तो प्रेशर कुकर से सीटी के जरिए जो गरम हवा समय-समय पर बाहर निकल रही थी, तब उसका ताप बरदाश्त करने की आदत उनकी खत्म हो गई थी, सो 20 पेज का पत्र ए.ओ. ह्यूम को संयुक्त प्रांत (यू. पी.) के लेफ्टिनेंट गर्वनर ऑकलेंड कॉल्विन ने लिखा कि कांग्रेस अपने उद्देश्य से भटक गई है तो जवाब में ह्यूम ने भी 60 पेज का जवाब दिया।[2]

फिर ह्यूम ने एक चेतावनी भी कांग्रेस नेताओं के लिए जारी कर दी कि लगता है, अब मेरे जाने का वक्त आ गया है। ऐसे में कांग्रेस के 1891 अधिवेशन के अध्यक्ष पी. आनंदचार्लू पर एक दबाव सा बन गया था। इसलिए उन्होंने अपने अध्यक्षीय संबोधन में ए.ओ. ह्यूम की न केवल चेतावनी की चर्चा की, बल्कि विस्तार से ह्यूम के उस प्रस्ताव की भी चर्चा की कि कांग्रेस का अधिवेशन लंदन में होना चाहिए। इस मौके पर जुटे देश भर के प्रतिनिधियों को बताया कि कांग्रेस कैसे लंदन में अपना आधार मजबूत कर रही है, एक लंदन कमेटी बनाई है, और कैसे आम जनता व हाउस ऑफ कॉमंस के जनप्रतिनिधियों के बीच जाने की योजना बना रही है।

ह्यूम को खुश करने के लिए अपने अध्यक्षीय संबोधन में पी. आनंदचार्लू ने ए.ओ. ह्यूम के लिए कहा था, "हम ही नहीं हमारे बच्चे भी आपके कृतज्ञ रहेंगे, केवल बच्चे ही नहीं उनके बच्चे भी।" उनके शब्दों में, "He has thus earned not only our love and gratitude, but I hope also the love and gratitude of children and children's children."[3] आगे की लाइनों में चार्लू ने उस वक्त कांग्रेस के महासचिव पद पर आसीन ए.ओ. ह्यूम की देश छोड़ने की ही नहीं, कांग्रेस के पदों से भी इस्तीफा देने की चेतावनी की चर्चा की और कहा कि ये हमारे लिए चौंकाने वाला है।

दरअसल ह्यूम भी परेशान था कि जिस तरह से कांग्रेस को आगे बढ़ते देखने को उसने सोचा था, वो उस तरह नहीं जा रही थी। लोगों को यह भी लगता है कि ह्यूम ने कांग्रेस को ब्रिटिश सरकार पर अपने निजी दबाव के टूल की तरह इस्तेमाल करने के लिए खड़ा किया था। लेकिन कांग्रेस के नेता अंग्रेजों से अच्छे व निजी रिश्ते

बनाकर कोई बड़ी पदवी लेकर समाज में अपनी इज्जत को बाकियों से ऊपर रखने में ही व्यस्त थे। ऐसी कांग्रेस तो अंग्रेजी शासन पर किसी भी तरह का दबाव डालने की सूरत में नहीं थी। जनता के आक्रोश को फिर कैसे कम किया जाएगा। शुरुआत में तो गांधीजी ने भी 'कैसर ए हिंद' जैसी पदवियाँ अंग्रेजों से ले ली थीं। लेकिन रायबहादुर, कंपेनियन ऑफ ऑर्डर जैसी तमाम पदवियाँ लेने वाले आनंदचार्लू जैसे तमाम कांग्रेस नेताओं ने गांधीजी की तरह आंदोलन में उनको वापस कर उन पर दबाव नहीं बनाया।

तो ह्यूम ने ही पहल की, उसका मानना था कि आक्रोश लोगों का निकलना ही चाहिए, नहीं तो बड़ी क्रांति में बदल जाएगा। सो उसने देश भर की यात्रा की, छोटे-से-छोटे गाँव में गया, 12 भाषाओं में सैकड़ों परचे छपवाकर बाँटे, लेकिन स्थानीय अंग्रेज अधिकारियों को यह रास नहीं आ रहा था। तभी तो वो उस पर नाराज हो रहे थे, कभी कांग्रेस को राजनीतिक रूप देने की सलाह देने वाले लॉर्ड डफरिन ने भी ह्यूम पर सवाल उठा दिए थे, लेकिन ह्यूम आश्वस्त था कि वो इस सबसे अंग्रेजी साम्राज्य का ही भला कर रहा है।

पी. आनंदचार्लू उन 72 कांग्रेस प्रतिनिधियों में शामिल थे, जो कांग्रेस के स्थापना वाले पहले अधिवेशन में शामिल हुए थे। उनका जन्म मद्रास रेजीडेंसी के कत्तामांची के एक ब्राह्मण परिवार में हुआ था, कत्तामांची चित्तूर को तिरुपति से जोड़ने वाले हाईवे पर है, आजकल आंध्र प्रदेश के चित्तूर का उपनगर है। उन्होंने वकालत के क्षेत्र में किस्मत आजमाई और बहुत जल्द ही मद्रास हाईकोर्ट के जाने-माने वकीलों में उनकी गिनती होने लगी।

उनको कई मामलों में श्रेय दिया जाता है कि उन्होंने मद्रास में शुरुआत की, उनके चैंबर में ही पहली बार 1899 में एडवोकेट एसोसिएशन की नींव रखी गई। अंग्रेजी सरकार ने उन्हें कई पदवियाँ दीं, जिनमें राय बहादुर और 'कंपेनियन ऑफ द इंडियन एंपायर' (सी.आई.ई.) प्रमुख हैं। शुरुआत से ही उनका रुझान पत्रकारिता और राजनीति में भी था। उस दौर की पत्रिकाओं 'नेटिव पब्लिक ओपिनियन' और 'मद्रासी' में लगातार लिखा करते थे। 'द हिंदू' अखबार की नींव रखने में उनकी भी अहम भूमिका रही। लंबे समय तक वो उसमें लिखते भी रहे। एक लिटरेरी सोसाइटी की स्थापना की, दक्षिण की जानी-मानी संस्था 'मद्रास महाजन सभा' की भी स्थापना की।

जो लोग कहते हैं कि जनसंघ, आर.एस.एस. या बी.जे.पी. के आने के बाद से देश में गंगा-जमुनी संस्कृति पर खतरा पैदा हो गया है, उनको 1891 यानी

आजादी से भी 56 साल पहले के कांग्रेस अधिवेशन के सभापति पी. आनंदचार्लू के अध्यक्षीय संबोधन की ये लाइनें पढ़नी चाहिए, "We have accomplished the great and palpable fact that the Hindu and Mohammedan populations of this country-long separated from one another-long divided by parochial differences-long kept apart and estranged from ne another by sectional and sectarian jealousies-have at last recognised one another as members of a single brotherhood."[4]

क्योंकि पिछले 7 साल से कांग्रेस लगातार ये कोशिश कर रही थी कि मुसलिमों को कांग्रेस से जोड़ा जाए और मुसलिम अध्यक्ष मनोनीत करने के बावजूद कोई विशेष लाभ नहीं हुआ था, वह इसी संदर्भ में यह बात कह रहे थे, लेकिन उनके बयान से एक और अर्थ साफ निकलता है कि 1891 में भी कांग्रेस के मंच से यह कहा जा रहा था कि दोनों समुदाय हिंदू-मुसलिम लंबे समय से एक-दूसरे से अलग हैं, दूर हैं।

कांग्रेस को राष्ट्रीय संगठन न मानने वालों पर बरसे

जब 1891 में वे कांग्रेस के नागपुर अधिवेशन के सभापति चुने गए तो उन्होंने अपने संबोधन में उन लोगों की जमकर आलोचना की, जो कांग्रेस को एक 'नेशनल' संगठन नहीं मानते थे। उन्होंने कहा, "A desultory controversy was raised round the word nationality, a controversy at once learned and unlearned, ingenious and stupid, etymological and ethnological."[5] उनका कहना था कि 'राष्ट्रीयता' शब्द को लेकर एक घृणित विवाद खड़ा किया गया, एक साथ सीखा और अनसीखा, सरल और बेवकूफी भरा, व्युत्पत्ति संबंधी और नृवंशविज्ञान संबंधी विवाद। फिर एक लंबी सफाई उन्होंने दी, यह तक कहा कि मेरी नजर में राष्ट्रीयता को संस्कृत शब्द 'प्रजा' से जोड़कर देखा जाना चाहिए, जो राजा या शासकों से जुड़ी रहती है।

अपने अध्यक्षीय संबोधन में पी. आनंदचार्लू ने यह बताने की कोशिश की कि हम पर अंग्रेजी सरकार नहीं, बल्कि अंग्रेजी जनता राज कर रही है, इसके लिए उन्होंने पुराने कांग्रेस अध्यक्ष रहे एक अंग्रेज जॉर्ज यूल के एक बयान का उदाहरण दिया, वो बयान था, "The Government in India has no power, the council in London has no power, The House of Commons has the power, but it refuges or neglects to exercise it." हालाँकि इस बात पर आपत्ति जताई जा सकती है कि हाउस ऑफ कॉमंस के तमाम सदस्यों के ईस्ट इंडिया कंपनी और भारत से तमाम सारे व्यक्तिगत स्वार्थ जुड़े हुए थे, उनके आई.सी.एस. बच्चे भारत में काम कर रहे थे, उनका निवेश ईस्ट इंडिया कंपनी और रेलवे में लगा हुआ था, ऐसे में आम ब्रिटेन की जनता को कोई लेना-देना नहीं था। बल्कि आम जनता के लिए तमाम सुविधाएँ यहाँ के पैसे पर उपलब्ध करवाई जा रही थीं, भारत के हर शहर और हिल स्टेशंस में अंग्रेजों के लिए क्लब और गेस्ट हाउस आरक्षित कर दिए गए थे। इतना सस्ता कच्चा माल वहाँ के लोगों के लिए जा रहा था, वहाँ से महँगे में बना हुआ माल, कपड़े आदि भारत आ रहे थे। उनके सैन्य अभियानों का खर्च भारत से जा रहा था, जिससे उनके टैक्स की बचत भी हो रही थी।

लेकिन होगा सब ब्रिटिश झंडे 'यूनियन जैक' के ही तले

पी. आनंदचार्लू ने जोर देकर कहा कि हम ब्रिटिश जनता को अपनी बात समझाएँगे, अपने दु:ख-दर्द साझा करेंगे, हाउस ऑफ कॉमंस में अपनी बात उठाएँगे तो हमें और रियायतें मिलेंगी और हम बाकी ब्रिटिश प्रजा की तरह अधिकारों की माँग भी कर सकेंगे। इसलिए लंदन में भी कांग्रेस की एक इकाई खड़ी की गई है। इस अभियान को एकदम से खारिज भी नहीं किया जा सकता, भारत के लिए वहाँ से दबाव पड़ना तो शुरू हुआ ही था, लेकिन अपने संबोधन में आनंदचार्लू ने साफ कर दिया गया कि यह सब होगा ब्रिटिश झंडे यूनियन जैक के नीचे ही, उनके शब्दों में, "It seems to me that the cumulative force of all these considerations points unmistakably to the absolute necessity to translating ourselves to London with the Congress banner over our heads, emblazoned with the figure of the Union Jack."[6]

यूनियन जैक की छाया तले यह सब क्यों होगा, इसके लिए भी उन्होंने बड़ा दिलचस्प बयान दिया। भाषा बदलने से अर्थ न बदल जाए, इसलिए सीधे उनके शब्दों में पढ़िए, "As much for indicating our aims and objects as for fanning away from the delegates, assembled under its (Union Jack's) shade, all the noxious exhalations from those foul mouths which impute to us seditious intentions and anti-English proclivities as if, forsooth, The leader of the congress who are the outcome of the British rule and whose very existence depends on the maintenance of the British power in India, could be so irrational as to adopt the suicidal policy of lopping off the very branch on which they stand."[7]

उन्होंने यह स्वीकारा कि कांग्रेस पर गद्दार और देशद्रोही होने के आरोप लगते थे, इसलिए यूनियन जैक की छाया तले यह सब सोचा गया। साफ था कि उस वक्त की कांग्रेस न तो अंग्रेजों की गद्दार दिखना चाहती थी और न ही देशद्रोही अर्थात् अंग्रेज विरोधी। इन्हीं आरोपों की बात करते हुए उन्होंने यह भी कहा कि कांग्रेस के नेता जो ब्रिटिश शासन के परिणाम हैं और जिनका अस्तित्व भारत में ब्रिटिश सत्ता के रखरखाव पर निर्भर करता है, वे इतने तर्कहीन कैसे हो सकते हैं कि वे जिस शाखा पर खड़े हैं, उसी शाखा को काटने की आत्मघाती नीति अपना सकते हैं।

आखिर में बात 'वफादारी' की

आपके लिए दिलचस्प है बतौर कांग्रेस अध्यक्ष पी. आनंदचार्लू के अध्यक्षीय संबोधन का उपसंहार, "Gentlemen, I am deeply thankful to you for the patient and indulgent attention you have accorded to me. Our British rulers have indeed withheld from us the privilege of demonstrating our love and loyalty towards our sovereign lady, the Empress Queen, by fighting her battles as volunteers under the British flag, but we have still some consolation left in the fact that "Peace bath her victories no less renowned than those of war."[8]

इस तरह उन्होंने अपने संबोधन के उपसंहार की शुरुआत ही ब्रिटिश रानी के प्रति अपने प्यार और वफादारी प्रदर्शित करने को विशेषाधिकार बताते हुए एक शिकायत सी की और उसका अंत भी इस बात पर जोर डालकर किया कि हम सही व संवैधानिक तरीकों से ही अपने अधिकार माँगते रहेंगे।

REFERENCES

1. History of the Freedom Movement in India (1857-1947) by SN Sen, Page No.-68, Publisher : New Age International (P) Limited).

2. Allan Octavian Hume : Father of the Indian National Congress by William Wedderburn, Page No.-68, Publisher : T. Fisher Unwin).
3. Indian Politics, Page No.-54, Contributor : Indian National Congress, Publisher : G.A. Natesan.
4. The Encyclopedia of Indian National Congress : The age of reforms, Page No.-58, Editor : A. Moin Zaidi, Publisher : S Chand).
5. Eminent Indians on Indian Politics, Page No.-408, Editor : Chunilal Lalubhai Parekh, Publisher : Printed at the Education Society's Steam Press.
6. Indian Politics, Page No.-58, Contributor : Indian National Congress, Publisher : G.A. Natesan).
7. Indian Politics, Page No.-58-59, Contributor : Indian National Congress, Publisher : G.A. Natesan.
8. Inaugural Addresses by Presidents of the Indian National Congress. Page No.-122, Compiler : Dinakar Vi⍰⍰u Gokhale, Publisher : N.M. & Company.

□

भारतीय कॉल गर्ल्स और चीनी नागरिकों का भला सोचने वाला कांग्रेस अध्यक्ष

अल्फ्रेड वेब को आंदोलनकारी चरित्र विरासत में मिला, पिता रिचर्ड डेविस वेब एंटी स्लेवरी ग्रुप से जुड़े हुए थे और यूरोप में इस आंदोलन को खड़ा करने में उसकी प्रमुख भूमिका थी। वह एक ऐसे ईसाई धार्मिक समूह 'क्वैकर' का भी सदस्य था, जो ईस्टर, क्रिसमस जैसे त्योहार नहीं मनाता है। खानदानी प्रिंटिंग प्रेस के जरिए भी तमाम तरह के आंदोलनों को परिवार ने समर्थन और मदद दी। अल्फ्रेड वेब आयरलैंड से था और यही वो वजह थी, जिसके चलते उसे भारत और भारतीयों से सहानुभूति थी। आयरलैंड को भी इंग्लैंड ने अपने कब्जे में ले लिया था, तभी से आयरलैंड में भी आजादी की माँग उठ रही थी और भारत की तरह वो लड़ाई दो मोर्चों पर थी, यानी अहिंसात्मक ढंग से होमरूल की माँग करके और दूसरी तरफ आइरिश क्रांतिकारी, जो दशकों बाद भी इतने खतरनाक थे कि उन्होंने भारत में अंतिम वायसराय लुईस माउंटबेटन के लौटने के बाद एक दिन उसकी बोट में बम लगाकर मार डाला था।[1]

1801 से आयरलैंड इंग्लैंड के यूनाइटेड किंगडम ऑफ ग्रेट ब्रिटेन का हिस्सा बन गया था। 1922 के बाद आजादी मिली भी तो उत्तरी आयरलैंड को ब्रिटेन के हाथों खोकर। इस दौरान कुछ सीटें आयरलैंड को लंदन के हाउस ऑफ कॉमंस में मिली हुई थीं, ऐसी ही एक सीट वेस्ट वाटरफोर्ड पर हुए एक उपचुनाव में अल्फ्रेड वेब फरवरी 1890 में चुनकर सांसद बना था। 2 साल बाद आम चुनाव हुए तो वो फिर उसी सीट से फिर जीत गया।

चूँकि पूरा परिवार राजनीति में था और ब्रिटेन के खिलाफ होमरूल आंदोलन चला रहा था, सो भारत के समर्थन में आना ही था, वैसे भी वो चाहता था कि

भारत और आयरलैंड जैसे उपनिवेशों को जल्दी-से-जल्दी होमरूल का मौका मिले, ताकि बाद में वो देश आजाद हो सकें। अल्फ्रेड वेब लगातार उन अंग्रेजी अधिकारियों के खिलाफ भी अभियान चलाता रहा, जो ब्रिटिश उपनिवेशों में अंग्रेजी कानून का मजाक उड़ाकर अपनी जेबें भरने में लगे थे और व्यापार के दौरान तमाम गलत रास्ते अपना रहे थे। अल्फ्रेड वेब चीन के लोगों को अफीम का आदी बनाने की रणनीति के खिलाफ तो था ही, भारत जैसे देशों में दवाई आदि के अलावा किसी और उद्देश्य के लिए अफीम की ज्यादा खेती के खिलाफ भी था।

भारत घूमने आया और कांग्रेस अध्यक्ष बन गया!

ऐसे में उसकी दोस्ती उस वक्त कांग्रेस के पितामह दादाभाई नौरोजी से लंदन में हो गई थी, दोनों कई मुद्दों पर अंग्रेजीराज के एकदम खिलाफ थे। 1894 में जब उसको दादाभाई नौरोजी की तरफ से मद्रास अधिवेशन की अगुआई करने का प्रस्ताव मिला तो वह मना नहीं कर पाया। हालाँकि बहुत लोगों का यह भी कहना रहा है कि उसको दादाभाई से दोस्ती के चलते यह मौका मिला। 1870 से 1950 तक ब्रिटेन को बनाने में जिन साउथ एशियंस का योगदान रहा, उनके बारे में दिलचस्प जानकारी सहेजने वाला एक डाटा बेस ने अल्फ्रेड वेब का परिचय देते हुए लिखा है कि—"During a visit to India in 1894 he was elected President of the Indian National Congress." यानी भारत दौरे पर आया था और कांग्रेस अधिवेशन के अध्यक्ष बना दिया गया।[2]

हालाँकि उससे पहले दादाभाई नौरोजी आदि ने जो ब्रिटेन में कांग्रेस की शाखा खोली थी, उसका सदस्य भी अल्फ्रेड वेब को बना दिया था। आयरलैंड के हितों को लेकर काफी सतर्क रहते था अल्फ्रेड वेब, जब 23 मार्च, 1893 को लंदन की संसद् में किसी ने रिवॉल्वर्स से होने वाली मौतों और घायल होने वालों की जानकारी माँगी थी तो मुश्किल होने के बावजूद होम सेक्रेटरी ने कहा था कि मैं कोशिश करूँगा, तब फौरन वेब ने पूछा था कि यही आश्वासन क्या आप आयरलैंड के केसों को लेकर दे सकते हैं? हालाँकि इसका उत्तर मिला था कि इसका जवाब चीफ सेक्रेटरी देंगे।[3]

ब्रिटिश संसद् में केवल आयरलैंड से जुड़ा सवाल ही नहीं, भारत से जुड़े मुद्दों पर भी काफी मुखर रहना अल्फ्रेड की आदत में था, अल्फ्रेड वेब की इस बात के लिए दाद देनी पड़ेगी कि उसने कई मुद्दों को वहाँ उठाया और भारत से जुड़े

मुद्दे तो काफी दिलचस्प थे, जो आपको उस वक्त की समस्याओं के इतिहास में ले जा सकते हैं। 1864 में लंदन की संसद् में एक एक्ट लाया गया था, 'कंटेजियस डिजीज एक्ट' यानी संक्रामक रोग कानून। इस एक्ट में प्रावधान था कि अगर आर्मी या नेवी के ठिकानों, कैंपस या उनके आसपास कोई कॉल गर्ल पकड़ी जाती है तो उसका परीक्षण किया जाएगा, अगर वो संक्रामक रोग से ग्रस्त है तो उसको 'लॉक हॉस्पिटल' में तीन महीने तक रहना पड़ेगा, जिसको बाद में बढ़ाकर एक साल कर दिया गया। यह एक तरह की कैद थी, जहाँ उसका इलाज भी होना था।

हालाँकि कोई भी कारवाई नेवी या आर्मी के अफसरों पर नहीं होनी थी। बाद में फ्लोरेंस नाइंटिगेल ने इसका काफी विरोध भी किया। इंग्लैंड के पूरे साम्राज्य में इसे लागू कर दिया गया, विरोध के बाद कानून वापस भी हुआ, फिर से लगाया गया, सो काफी चर्चा में रहा। तो इस एक्ट को लेकर भारत में एक ट्रिब्यूनल बनाया गया था, जिसको लेकर 17 अप्रैल, 1893 को अल्फ्रेड वेब ने भी चिंता जताई और लंदन की संसद् में एक सवाल पूछा था कि वो ट्रिब्यूनल क्यों बनाया गया है? और वो वहाँ क्या काम करेगा?[4]

ऐसे ही चीन के लोगों को किस तरह से ब्रिटेन ने अफीम के नशे का आदी बना दिया था और कैसे भारत में अफीम के उत्पादन को 10 गुना तक पहुँचा दिया था, यह किसी से छुपा नहीं है, लेकिन अल्फ्रेड वेब ने इसके खिलाफ लंदन में हाउस ऑफ कॉमंस में केवल आवाज ही नहीं उठाई, बल्कि एक रिजोल्यूशन भी 30 जून, 1893 को लेकर आए। इस पूरे रिजोल्यूशन में उसने विस्तार से बताया कि कैसे अंग्रेज भारत के मालवा क्षेत्र में जबरन ब्रिटिश अफीम की खेती करवा रहे हैं, जिससे वहाँ बाकी की फसलें बरबाद हो रही हैं, उसने माँग की कि केवल दवाइयों के उद्देश्यों से अफीम का उत्पादन करवाया जाए और बाकी बंद करवा दिया जाए।

वेब ने इसमें चीन के मामले को भी उठाया। अल्फ्रेड वेब ने कहा, "This House is of opinion that the system by which the Indian opium revenue is raised is morally indefensible, and would urge upon the Indian Government that they should cease to grant licences for the cultivation of the poppy, and for the sale of opium in British India except to supply the drug for medical purposes, and that they should at the same time take measures to arrest the transit of opium through British territory."[5]

भारतीय की हत्या की सजा 100 रुपए जुरमाना

तीसरा और सबसे अहम जो भारत से जुड़ा मुद्दा अल्फ्रेड वेब ने हाउस ऑफ कॉमंस में उठाया, वो जुड़ा था अंग्रेजों के भारतीयों पर कितने भी अत्याचारों के बावजूद भारत में अंग्रेज जजों का उन पर मामूली जुरमाना लगाकर ही छोड़ देना, यहाँ तक कि हत्या के मामलों में भी। 14 अगस्त, 1893 को ऐसे ही दो केसों को लेकर अल्फ्रेड वेब ने संसद् में सवाल पूछा, पहला केस किसी जॉन रग्बी का था, जिसने अपने भारतीय नौकर को लात मार-मारकर जान से मार डाला था। उस पर जज ने केवल 100 रुपए का जुरमाना लगाकर छोड़ दिया था और दूसरा केस एक और अंग्रेज पर एक राजपूत महिला से बलात्कार का था। उसको भी बाइज्जत बरी कर दिया था। इस पर अंडर सेकेटरी ऑफ स्टेट फॉर इंडिया मिस्टर जी. रसेल ने जवाब दिया था, पहले केस को सेकेटरी ऑफ स्टेट ने संज्ञान में लिया है, वो इसकी जाँच करवाएँगे, दूसरे यानी बलात्कार के केस में उसे बताया गया है कि इस केस में जज के फैसले के खिलाफ जाने का कोई आधार नहीं बनता है।[6]

ऐसा नहीं था कि अल्फ्रेड वेब ने यह केस छोड़ दिया, फिर 9 नवंबर, 1893 को यह सवाल उठाया और प्रगति के बारे में संसद् में ही पूछा तो उन्हीं अंडर सेकेटरी ने जवाब दिया, "The Secretary of State has received information that the punkah coolie having fallen asleep at his post, Private Rigby jumped out of bed and gave him one or more blows on the body. The medical evidence showed that the cause of death was rupture of the spleen, which was in such a state that the slightest blow might have broken it, and there were no external marks of violence." सो रग्बी को 100 रुपए जुरमाना या तीन हफ्ते की कैद दी गई थी, उसने जुरमाना भर दिया, जिसे पीड़ित के परिवार को दे दिया गया।

रेप केस पर फिर कह दिया कि कोई ग्राउंड नहीं है तो अल्फ्रेड वेब ने फिर पूछा, "Is it true the Judge's Charge did show a strong bias in favour of the accused?" इस पर अंडर सेकेटरी का जवाब था, "No doubt the Judge summed up in favour of the accused, but he does not admit that he showed any bias." अकेली यह घटना दिखाती है कि 'ह्वाइट मैन बर्डन थ्योरी' यानी 'श्वेत व्यक्ति का बोझ' का राग गाकर शेखी बघारने वाले अंग्रेजों में बेशर्मी और पक्षपात मामूली भारतीय अंग्रेज कर्मचारी से लेकर जजों और लंदन की संसद् में बैठे जिम्मेदार अधिकारियों तक वायरस की तरह घुसा हुआ था।

यह भी जान लें कि उस वक्त कांग्रेस कोई राजनीतिक पार्टी नहीं थी, बल्कि कई संस्थाओं का एक संयुक्त मंच था, जिसके बैनर तले सारी बड़ी भारतीय संस्थाएँ साल में एक बार मिला करती थीं। सो इसमें हैरत की कोई बात नहीं कि कोई कांग्रेस का अध्यक्ष बना तो उसे पूरे साल भारत में रहने की जरूरत नहीं थी, क्योंकि उस वक्त केवल एक अधिवेशन के लिए ही अध्यक्ष बनाया जाता था, यह कहीं बाद में जाकर हुआ कि वो पूरे साल भर के लिए कांग्रेस के सांगठनिक कार्यक्रम चलाने लगा। सो उस दौर में एक आयरिश एक्टिविस्ट और अंग्रेजी सांसद का अध्यक्ष बनना कोई हैरत की घटना नहीं थी, वो इस तरह तीसरा अंग्रेज था, जो भारत में कांग्रेस के अध्यक्ष पद पर आया। खासतौर पर तब जबकि कांग्रेस को अंग्रेजों ने ही एक खास उद्देश्य के लिए खड़ा किया था।

मद्रास अधिवेशन में बतौर अध्यक्ष अल्फ्रेड वेब के नाम का प्रस्ताव रखते हुए एस. रामास्वामी मुदलियार ने कहा था, "In our choice of a President to rule this great Assembly we shall be giving practical testimony of our anxious desire to knit in the closest bonds of union and fellowship, with our Western brethren, under whose benign guidance an all-wise and beneficent Providence has placed us. I have therefore to propose the name of one who has evinced a very deep concern for the welfare of the people of this country and has always made the cause of the masses the chief aim of his life and who, in his own words, 'is the solider in political warfare to go to any land whenever ordered.'"[7]

मद्रास अधिवेशन में अपने अध्यक्षीय भाषण में बोलते हुए अल्फ्रेड वेब ने कहा था, "Politics are amongst the most ennobling, most comprehensive spheres of human activity, and none should eventually be excluded from their exercise. There is much that is sad, much that is deplorable about them. Yet they remain, and ever will remain. The most effective field upon which to work for the good of our fellows. The political atmosphere, that which we here hope to breathe, is one into which no thought of "greed or lust, or low ambition" should enter. We desire the good of all. We work for all."[8]

ए.ओ. ह्यूम के करीबी अंग्रेज का अफेयर आ गया विवादों में

हालाँकि अल्फ्रेड वेब का कांग्रेस अध्यक्ष चुना जाना कांग्रेस के उन नेताओं को बुरा लग रहा था, जो लंदन या कलकत्ता में अंग्रेज अधिकारियों या सांसदों आदि के संपर्क में नहीं रहता था। कांग्रेस के पहले अध्यक्ष व्योमेश चंद्र बनर्जी ने भी उनके चयन पर एतराज जताया था। उसके बाद भारत में जनमे एक और अंग्रेज बैरिस्टर व कांग्रेस संस्थापक ए.ओ. ह्यूम के करीबी ई. नॉर्टन को लेकर भी मद्रास अधिवेशन में विवाद हो गया। उसका एक महिला से अफेयर था, महिला के पति ने तलाक के केस में उसको भी वादी बना दिया। उनको कांग्रेस ने मद्रास अधिवेशन की स्वागत समिति में रखा था, सारे अखबारों में खबरें छपने लगीं। पहले कलकत्ता और बाद में तमाम अन्य कांग्रेस समितियों ने उनके खिलाफ प्रस्ताव पारित करना शुरू कर दिया।[9]

उनको अधिवेशन में एक संकल्प भी पारित करना था, लेकिन कई लोगों के बहिष्कार के चलते अधिवेशन के सभापति अल्फ्रेड वेब ने उनको बोलने से रोक दिया। उस घटना का असर यह हुआ कि ह्यूम समेत जितने भी अंग्रेज कांग्रेस में उन दिनों तक सक्रिय थे, उनको किनारे किए जाने की शुरुआत हो गई और अगले दस साल तक किसी भी अंग्रेज या विदेशी को कांग्रेस अध्यक्ष का पद नहीं मिला।

अपने अध्यक्षीय संबोधन के उपसंहार में अल्फ्रेड वेब ने कहा, "Two convictions before all others press themselves in upon me; the one, the greatness of the mission of the United Kingdom in this land, apart from its inception and much of its history. The other, that this Congress movement, is the necessary and logical outcome, the richest fruit of that noble mission of which we English, Scotch and Irish people should be proud."[10] कुल मिलाकर भारतीयों को खुशी और राहत देने वाली तमाम बातें करने के बाद अंत में वो अंग्रेजी साम्राज्य के मिशन की महानता और इस मिशन में अंग्रेजों का सबसे बेहतरीन फल यानी कांग्रेस पर अंग्रेजों की तरफ से गर्व भी जता गए।

REFERENCES

1. Mountbatten : The Official Biography by Philip Ziegler, Page No.-699 Publisher : Weidenfeld & Nikoson History.

2. The Open University South Asian Database, https://www.open.ac.uk/researchprojects/makingbritain/content/alfred-webb.
3. UK Parliament's Debates, 23 March, 1893, Volume-10, cc884-5 https://api.parliament.uk/historic-hansard/commons/1893/mar/23/the-misuse-of-revolvers#S4V0010P0 _18930323_HOC_160.
4. UK Parliament's Debates, 17 April, 1893, Volume-11, cc444-5 https://api.parliament.uk/historic-hansard/commons/ 1893/apr/17/contagious-diseases-act-in-india#S4V0011P0_ 18930417_HOC_89
5. UK Parliament's Debates, 30 June, 1893, Volume-14, cc591-634 https://api.parliament.uk/historic-hansard/commons/1893/jun/30/indian-opium-revenue#S4V0014P0 _18930630_HOC_167
6. UK Parliament's Debates, 14 August, 1893, Volume-16, cc109 (https://api.parliament.uk/historic-hansard/commons/1893/aug/14/outrages-on-indian-natives#S4V00 16P0_18930814_HOC_1
7. Portraits and Profiles of the Presidents of the Indian National Congress by Amin Ahmed Zaidi, Page No.-42, Publisher : Publication Department, Indian Institute of Applied Political Research
8. 100 Glorious Years Indian National Congress, 1885-1985 by Rafiq Zakaria, Page No.-193, Publisher : Reception Committee, Congress Centenary Session 1985.
9. Indian Nationalism and The Early Congress by John R McLane, Page No.-128, Publisher : Princeton University Press.
10. Indian Politics, Page No.-113, Contributor : Indian National Congress, Publisher : G.A. Natesan.

□

इनकी संस्था का नाम कांग्रेस से नहीं जुड़ता तो बचपन में ही मर जाती कांग्रेस

बंगाल के कई लेखक दावा करते आए हैं कि कांग्रेस को खड़ा करने के पीछे सबसे बड़ा हाथ जिस भारतीय का था, वह थे सुरेंद्र नाथ बनर्जी, जो गांधीजी के गुरु थे। गोपाल कृष्ण गोखले और सरोजिनी नायडू के संरक्षक के तौर पर जाना जाता है सुरेंद्र नाथ बनर्जी को। वो दो-दो बार कांग्रेस के सभापति रहे, लेकिन आज राष्ट्रीय फलक पर उन्हें बहुत कम लोग ही जानते हैं, गांधीजी के मुख्य भूमिका में आने के बाद वो एकदम से नेपथ्य में चले गए थे। जबकि कहा जाता है कि वो अपनी संस्था को कांग्रेस में विलय न करते तो कांग्रेस बचपन में ही मर गई होती।

सुरेंद्र नाथ बनर्जी शुरू से ही काफी प्रतिभा के धनी थे, लेकिन अपने साथ हुए अन्याय के चलते उनका भरोसा अंग्रेजी व्यवस्था से टूट गया। उस वक्त देश में सबसे प्रतिष्ठित परीक्षा होती थी आई.सी.एस., सिविल सर्विस ऑफिसर बनने का रास्ता, उन्होंने उसे पास कर लिया, लेकिन जन्म की तारीख को लेकर कोई मुद्दा निकालकर उनको मना कर दिया गया। मामला इंग्लैंड की अदालतों में चला, उसमें उनको राहत तो मिली, लेकिन 1871 में फिर से परीक्षा देनी पड़ी और वो फिर से पास हुए। तब जाकर उनको सिलहट असिस्टेंट मजिस्ट्रेट के पद पर नियुक्ति मिली। इस तरह दो बार आई.सी.एस. की परीक्षा पास करने वाले वे पहले भारतीय थे।

लेकिन फिर बहुत जल्द ही एक मामूली सी गलती को लेकर उन्हें फिर से जॉब से हटा दिया गया। तीन से चार साल हो गए थे बनर्जी को आई.सी.एस. के चक्कर में, नौकरी लगी भी तो बहाना बनाकर हटा दिया गया। बनर्जी पूरी अंग्रेजी व्यवस्था के उस वक्त खिलाफ हो गए। जब 1877 में ब्रिटिश प्रधानमंत्री ने भारतीयों के लिए आई.सी.एस. अधिकारी बनने की उम्र 21 साल से घटाकर 19 साल कर

दी तो बनर्जी ने काफी रोष जताया। उनके साथ भी कई कदम ऐसे जुड़े हैं, जो उनसे पहले किसी ने नहीं उठाए। वो पहले ऐसे नेता थे, जो भारत में जनमत जुटाने के लिए रेल यात्रा पर निकल गए थे, बीसियों साल गांधीजी ने ऐसा किया था। इस रेल यात्रा में बनर्जी लाहौर, अमृतसर, अलीगढ़, बनारस, कानपुर, लखनऊ, इलाहाबाद और दिल्ली गए। अगले साल ऐसी ही रेल यात्राएँ उन्होंने बॉम्बे और मद्रास प्रेसीडेंसी के लिए कीं।

कांग्रेस का आधार बनी उनकी संस्था

बनर्जी ने बतौर अंग्रेजी प्रोफेसर एक नौकरी तो कर ली, लेकिन साथ ही एक संस्था भी शुरू कर दी, 'इंडियन नेशनल एसोसिएशन', इसमें उनकी सहायता आनंद मोहन बोस ने की थी। आई.सी.एस. की परीक्षाओं में ज्यादा-से-ज्यादा भारतीय छात्र जाएँ, उनको कोई परेशानी न आए और अंग्रेजी अन्याय के खिलाफ विरोध किया जाए, ऐसे कुछ उद्द्देश्य उस संस्था के थे। माना जाता है कि यही संस्था कांग्रेस का आधार बनी। 1883 में इसका पहला अधिवेशन हुआ, देश भर से 100 से अधिक प्रतिनिधियों ने इसमें हिस्सा लिया। यह अधिवेशन कलकत्ता में हुआ और बड़ी दिलचस्प बात है कि इसकी तारीखें 28 दिसंबर से 30 दिसंबर थीं, जैसे कांग्रेस की तारीखें होती हैं। जाहिर है, इस संस्था से भी ह्यूम ने कुछ प्रेरणा ली होगी, लेकिन कभी उसका श्रेय नहीं दिया।

इसका दूसरा अधिवेशन भी कलकत्ता में ही हुआ था और दिलचस्प बात यह है कि यह 1985 में हुआ था, बनर्जी की संस्था की तारीखें थीं 25 से 27 दिसंबर और बंबई में कांग्रेस अधिवेशन 28 दिसंबर से शुरू था। नतीजा ये हुआ कि सुरेंद्र नाथ बनर्जी फौरन मुंबई के अधिवेशन में नहीं जा पाए, लेकिन 1886 से 1917 तक (कराची के 1913 के अधिवेशन को छोड़कर) लगातार कांग्रेस अधिवेशनों में आते रहे। कांग्रेस के उदय के बाद बनर्जी ने कांग्रेस में अपनी संस्था का विलय कर दिया, लेकिन उन्हें कांग्रेस अध्यक्ष बनने का मौका मिला दस साल बाद यानी 1895 में और उसके बाद 1902 में। उन्होंने रिपन कॉलेज भी कलकत्ता में स्थापित किया था, जिसे आज 'सुरेंद्र नाथ बनर्जी कॉलेज' के नाम से ही जाना जाता है।

एक दौर में वे गांधी के उदय से पहले इतने बड़े नेता हो गए थे कि जब कोर्ट की अवमानना के मामले में उन्हें गिरफ्तार किया गया तो पुणे, लाहौर, आगरा, फैजाबाद और अमृतसर जैसे देश के कई शहरों में गिरफ्तारी के खिलाफ विरोध प्रदर्शन हुए थे। उन्होंने एक अखबार भी शुरू किया था 'बंगाली', उसी में छपे एक

लेख के चलते उनकी गिरफ्तारी हुई थी। आलम ये था कि लोग उनके नाम सुरेंद्र नाथ बनर्जी को बदलकर 'सरेंडर नॉट बनर्जी' कहने लगे थे। माना जाता है कि गिरफ्तार होने वाले वे पहले भारतीय पत्रकार थे।

यों नेपथ्य में चले गए बनर्जी

दरअसल सुरेंद्र नाथ बनर्जी उन दिनों बंगाल में अपने भाषणों के चलते बड़ा नाम बन गए थे, कैसे कानूनी दायरे में रहते हुए अंग्रेजों का विरोध किया जाए और सख्त संदेश भी दिया जाए, बनर्जी को अच्छे से आता था। उस वक्त के बड़े वक्ताओं में उनकी गिनती होती थी, लेकिन समय के साथ उनकी धार कुंद होती चली गई। चाहे 1909 के मिंटो मार्ले सुधार हों या फिर गांधीजी के असहयोग आंदोलन से विरोध जताना, या फिर बंगाल की सरकार में मंत्री बन जाना, ऐसे सारे कदमों से उनकी छवि पर असर पड़ा और धीरे-धीरे वे कांग्रेस की नई पीढ़ी के लिए अप्रासंगिक हो गए।

1919 में उन्होंने एक नई संस्था स्थापित की, नेशनल लिबरेशन फाउंडेशन। 1921 में इंपीरियल काउंसिल के सदस्य चुने गए और उसी साल 'नाइट' से भी नवाजा गया। 1923 में बंगाल में वे एक स्थानीय चुनाव बी.सी. रॉय से हार गए और वो सदमा फिर झेल नहीं पाए। कांग्रेस के दो-दो बार अध्यक्ष रहने के बावजूद गांधीजी के समय की कांग्रेस से उनका तालमेल नहीं बैठा और ऐसे सुरेंद्र नाथ बनर्जी का नाम एकदम से नेपथ्य में चला गया। आज कांग्रेस के नेताओं से पूछिए, कितने उनका नाम भी जानते हैं।

अंग्रेजों के सैन्य खर्च पर उठाए तीखे सवाल

1995 के पूना अधिवेशन के अपने अध्यक्षीय संबोधन में सुरेंद्र नाथ बनर्जी ने कांग्रेस की प्रगति, 1987 के प्रस्ताव से विचाराधीन कांग्रेस के संविधान के लिए बनाई गई पूना कमेटी जैसे कई मुद्दों पर अपनी राय रखी, लेकिन सबसे दिलचस्प था तेजी से बढ़ते अंग्रेजी सेना के खर्चे पर सवाल उठाना। शोध छात्रों के लिए इसमें दिए गए सैन्य खर्च के आँकड़े काफी दिलचस्प हो सकते हैं कि कैसे 1857 में भारतीयों की जेब पर 2 लाख 40 हजार सैनिकों की अंग्रेजी सेना का खर्च कितना था और कैसे वो तेजी से बढ़ता चला गया।

सैन्य खर्चे के बारे में विस्तार से बताते हुए बनर्जी ने कहा, "At the time of Indian Mutiny with an army of 2,40,000 men, the military expenditure of the country came up to 11 Crore of Rupees. In 1864, with a reduced army expenditure was 14 Crore of Rupees...in 1895-96 it is 20 Crore of Rupees exclusive of exchange."[1]

ऐसे में आपके लिए यह जानना भी बनता है कि 1857 के जिस साल का जिक्र अपने अध्यक्षीय भाषण में सुरेंद्र नाथ बनर्जी ने किया, उस साल हुए देश के प्रथम स्वतंत्रता संग्राम के बारे में वे क्या सोचते थे। 17 अप्रैल, 1978 को कलकत्ता के टाउन हॉल में द वर्नाकुलर प्रेस एक्ट के विरोध में आयोजित एक सभा में उन्होंने कहा था, "In those dark days (Of Mutiny), when the country was in flames, when the British Empire was tottering to its foundations, when the contagion of rebellion was spreading like wild-fire over an American prairie; in those dark, stern and awful days."[2] कोई भी संदर्भ हो, किसी भी समय दिया गया भाषण हो, सुरेंद्र नाथ बनर्जी ने 1857 की क्रांति को लेकर जब भी भाषण दिया, उन्हें 'डार्क डेज' ही बताया, गलत ही बताया, केवल सिपाही विद्रोह ही बताया। कभी उसे समर्थन नहीं दिया, आजादी की लड़ाई नहीं बताया।

लेकिन सुरेंद्र नाथ बनर्जी ने अपने संबोधन में अंग्रेज अधिकारियों के अनावश्यक रूप से बढ़ते खर्चे पर तीखे सवाल उठाए, भारत की बढ़ती गरीबी, कॉटन पर आयात कर, भारत के औद्योगिक विकास में आ रही दिक्कतों, ब्रिटिश कांग्रेस कमेटी, शाही आयोग की सीमित बैठकों, भारतीय युवाओं के लिए रोजगार के अवसरों की कमी जैसे व्यावहारिक मुद्दों की भी बात की, साथ में हिंदू-मुसलिम विवाद और कांग्रेस की अंदरूनी कलह पर भी चर्चा की। इसके साथ ही उन्होंने आई.सी.एस. परीक्षा को लंदन के साथ-साथ भारत में करवाने की भी माँग की। हिम्मत के साथ उन्होंने मंच से कह भी दिया कि पब्लिक सर्विस कमीशन की रिपोर्ट में जो अनुशंसाएँ आई हैं, उनमें कुछ भी नहीं है।

आजादी के बाद की पीढ़ियों के लिए सबसे दिलचस्प उनके संबोधन का एक शीर्षक हो सकता है। यह शीर्षक था, "India's Loyalty to The British Throne." उन्होंने साफ कहा, "I decline to discuss the charge of disloyalty which used to he brought against ns in the early days of the Congress movement... Are we then Her Majesty's Constitutional Opposition in this country? I hardly think so. Our position is not analogous to that of a Parliamentary Opposition."[3]

इनके संबोधन का एक और शीर्षक इसी कड़ी का हिस्सा था, 'Faith in British Justice and Generosity.' तो एक शीर्षक था, 'Trust In England.' इस शीर्षक के तहत उन्होंने कैसे इंग्लैंड की दिल से तारीफ की, उसे उनके ही शब्दों में पढ़िए, "England is our political guide and our moral preceptor in the exalted sphere of political duty. English history has taught us those principles of freedom which we cherish with our lifeblood. We have been fed upon the strong food of English constitutional freedom. We have been taught to admire the .eloquence and genius of the great masters of English political philosophy."[4]

अगली बार सुरेंद्र नाथ बनर्जी कांग्रेस के अध्यक्ष 1902 के अहमदाबाद अधिवेशन में चुने गए थे। अहमदाबाद में यह पहली बार था कि कोई कांग्रेस अधिवेशन वहाँ रखा गया था। हालाँकि शुरुआत में उन्होंने पिछले कुछ समय से देश में व्याप्त अकाल की चर्चा की, लेकिन जल्द ही उन्हें दिल्ली दरबार पर आना पड़ा। 1902 खत्म हो रहा था और अंग्रेजी सरकार 1903 में होने वाले दिल्ली दरबार की तैयारियों में जुटी थी और शायद यह कांग्रेस पर दवाब रहता था कि वो इंग्लैंड के राजा, रानी या ताज के प्रति सम्मानजनक तरीके से बयान जारी करें। सुरेंद्र नाथ बनर्जी ने भी अपने अध्यक्षीय संबोधन में कहा।

उन्होंने कहा, "The one feeling which is predominant in the breast of every true congressman, which shapes and colours his political conviction and might be said to constitute the key-note of his political creed, is love and reverence for his sovereign and his country."[5] उन्हें अनुमान नहीं रहा होगा कि ब्रिटिश शासक की ऐसी चरण वंदना आने वाली पीढ़ियों में उनकी छवि को धुँधला कर सकती है। हालाँकि यह मजबूरी जैसा कम और उनकी निजी सोच जैसा ज्यादा लगता था। मानो ये सब नेता मान चुके हों कि वो लोग गुलाम नहीं हैं, बल्कि ब्रिटिश प्रजा हैं, जो किसी मद्दे पर अपने राजा से माँग पूरी करने को कह रहे हों। इस संबोधन में मुखर्जी ने ब्रिटिश शासकों की भरपूर प्रशंसा की, लेकिन साथ ही वो यह भी याद दिलाना नहीं भूले कि 1858 की घोषणा में रानी ने भारत के नागरिकों को

भी ब्रिटिश साम्राज्य का नागरिक कहते हुए उनसे भेदभाव न होने की बात की थी।

उनका यह संबोधन मोटे तौर पर यूनिवर्सिटीज कमीशन पर केंद्रित था, जाहिर है, विस्तार से उन्होंने जो उस वक्त की शिक्षा व्यवस्था के बारे में बताया, वो आज के शोधकर्ताओं के लिए काफी उपयोगी हो सकता है। नौकरियों, अकाल, सैन्य खर्च पर उनके द्वारा दिए गए आँकड़े भी सहेजने लायक हैं।

REFERENCES

1. Speeches and Writings of Hon. Surendranath Banerjea by Sir Surendranath Banerjea, Page No.-42, Publisher : G.A. Natesan & Company.
2. Speeches and Writings of Hon. Surendranath Banerjea by Sir Surendranath Banerjea, Page No.-242, Publisher : G.A. Natesan & Company.
3. Speeches and Writings of Hon. Surendranath Banerjea by Sir Surendranath Banerjea, Page No.-91, Publisher : G.A. Natesan & Company.
4. Speeches and Writings of Hon. Surendranath Banerjea by Sir Surendranath Banerjea, Page No.-95, Publisher : G.A. Natesan & Company.
5. The Indian National Congress Containing an Account of Its Origin and Growth, Full Text of All the Presidential Addresses, Page No.-615, Publisher : G.A. Natesan.

□

इस अध्यक्ष ने कहा था 'सूरज के नीचे अंग्रेजी राष्ट्र से ज्यादा ईमानदार और मजबूत राष्ट्र अस्तित्व में ही नहीं'

"A more honest or sturdy nation does not exist under the sun than this English nation."[1]

सोचिए, इस तरह की लाइनें अगर कांग्रेस के अधिवेशन में मंच से कांग्रेस का अध्यक्ष ही अपने अध्यक्षीय संबोधन में बोलेगा तो कम-से-कम यह तो मान लीजिए कि देश की आजादी की बात तो कर ही नहीं पाएगा। इसको समय और परिस्थिति के हिसाब से समझेंगे तो इससे कांग्रेस की स्थापना के शुरुआती दशकों में उनके नेताओं की मानसिकता समझने में भी फायदा होगा, सोचिए, इस अवधि में कई बार कांग्रेस अध्यक्ष पद पर अंग्रेज भी विराजमान हुए थे, लेकिन यह बयान 1896 में कलकत्ता (आज का कोलकाता) अधिवेशन में सभापति रहीमतुल्ला सयानी ने दिया था, तैयबजी के बाद कांग्रेस अध्यक्ष बनने वाले दूसरे मुसलिम नेता। केवल इन्हीं दो मुसलिम नेताओं ने कांग्रेस की स्थापना वाले पहले अधिवेशन में भी हिस्सा लिया था और इन्हीं दोनों ने मुसलिमों को कांग्रेस से जोड़ने में अहम भूमिका निभाई थी।

अंग्रेजों से ज्यादा मुश्किल था मुसलिमों को साथ लाना

कांग्रेस के सफर में अंग्रेजों के खिलाफ जंग लड़ने से भी ज्यादा मुश्किल काम था मुसलिमों को इस जंग में साथ लाना। सोचिए, कांग्रेस का पहला अधिवेशन 1885 में हुआ तो 72 प्रतिनिधियों में से केवल दो मुसलमान थे। ऐसे में उन दो मुसलमानों को भी अपने तबके में कितना विरोध झेलना पड़ा था, वो रहीमतुल्ला

मोहम्मद सयानी ही बेहतर जानते थे। रहीमतुल्ला उच्च शिक्षित वकील थे, खोजा मुसलमान थे और प्रगतिशील विचारों के थे।

रहीमतुल्ला के दादा कच्छ (गुजरात) के समृद्ध व्यापारी थे, उनके पिता मो. सयानी ने उन्हें मुंबई के एलफिंसटन कॉलेज में एडमिशन दिलवा दिया। 1869 में जब रहीमतुल्ला ने एम.ए. किया तो वह एम.ए. करने वाले देश के पहले मुसलमान थे और दावा किया जाता है कि अगले 25 साल तक एम.ए. करने वाला कोई मुसलमान सामने आया भी नहीं। ऐसे में बॉम्बे यूनिवर्सिटी के अंग्रेज कुलपति अलेक्जेंडर के वो चहेते भी बन गए, क्योंकि वो कई तरह की प्रतियोगिताओं में अकसर अवार्ड या ट्रॉफी जीतते थे। फिर उन्होंने एल.एल.बी. किया, यूनिवर्सिटी सीनेट में चुने गए, सिंडिकेट के भी सदस्य रहे, फिर बाद में एलफिंसटन कॉलेज के ट्रस्टी भी चुने गए। ऐसे में धीरे-धीरे बॉम्बे में उनकी पहचान बनने लगी थी।

जब खोजा मुसलिमों या इसमाइलियों के कानूनों में सुधार के लिए अंग्रेजी सरकार ने 1874 में एक आयोग बनाया था तो दो सदस्य अंग्रेज थे और तीसरे रहीमतुल्ला सयानी। फिर उन्हीं के सुझाव पर इमाम आगा अली और समुदाय के तीन और चर्चित चेहरों को उस आयोग में लिया गया। इससे उनकी साख और बढ़ती चली गई। 1878 में जब उन्होंने सोलिसीटर की परीक्षा पास की तो जस्टिस तैयब अली के भाई कमरुद्दीन तैयब अली के पार्टनर बन गए। फिर 'अंजुमन-ए-इसलाम' से जुड़ने और कई तरह के सामाजिक कार्यक्रमों में जुड़े, जो उन्हें मुंबई के शैरिफ पद तक ले गया, वो भी उस साल में जब कांग्रेस की नींव रखी गई, यानी 1885 में।

ऐसे में देश की आजादी का सवाल तो कहीं था नहीं, लेकिन अलग-अलग समूहों, समुदायों के हितों के नाते काफी नेता जुड़े थे, ऐसे में रहीमतुल्ला सयानी भी धीरे-धीरे मुसलिमों के नेता के तौर पर ही उभरे, लेकिन उनको कांग्रेस की ताकत का भी अनुमान हो रहा था, दूसरे समुदायों से एकजुटता दिखाने की जरूरत भी लग रही थी। यह अलग बात थी कि मुसलिम मुद्दे उनके लिए कभी भी गौण नहीं रहे।

अध्यक्षीय संबोधन में मुसलिम मुद्दों को 9 हिस्सों में बाँटा

जब 1896 में उन्हें कलकत्ता में कांग्रेस अधिवेशन का सभापति चुना गया तो उन्होंने अपने अध्यक्षीय भाषण को 9 बड़े हिस्सों में मुसलिमों से जुड़े मुद्दों को बाँटा। इस अधिवेशन में उनके अध्यक्षीय भाषण के मुसलिमों से जुड़े विषय बिंदुवार जानिए[2]—

- कांग्रेस और मुसलमान
- भारतीय विरोध को लेकर सैयद अहमद खान के विचार
- मुसलमानों के साथ ब्रिटिश हमदर्दी
- कांग्रेस को लेकर मुसलिमों के एतराज
- मुसलमानों के एतराजों का जवाब
- इसलाम के आधारभूत सिद्धांत
- मुसलिम शिक्षा
- मोहम्मडन मोरल कोड
- मुसलिम और इंग्लिश एजुकेशन

ऐसे में बड़ी बात यही थी कि उन्होंने 17 बिंदुओं में मुसलिमों को समझाया कि कांग्रेस को लेकर आपके एतराज गलत हैं। यहाँ तक कि कांग्रेस के जरिए प्राप्त सत्ता में मुसलिमों के लिए आरक्षण तक की माँग उस वक्त उठी थी। किसी हाजी मोहम्मद इस्माइल खान ने यह सुझाव दिया कि कांग्रेस को यह नियम बना देना चाहिए कि लेजिस्लेटिव काउंसिल्स, डिस्ट्रिक्ट बोर्ड्स और म्युनिसिपैलिटीज में जो भी सीटें मिलें, वो हिंदू और मुसलिमों में बराबर-बराबर बाँटी जानी चाहिए तो रहीमतुल्ला खान ने उनको भी जवाब दिया कि जब कांग्रेस में न तो बराबर की संख्या में मुसलमान ही आए और न ही बराबर के जोश से आए तो बराबर की सीटें कैसे दी जा सकती हैं।

'अंग्रेजों से दुश्मनी क्यों ?'

लेकिन अपने अध्यक्षीय संबोधन में जितना उन्होंने मुसलिमों को कांग्रेस को लेकर सफाई दी, उससे ज्यादा अंग्रेजों को लेकर सफाई दी, अंग्रेजी को लेकर दी। कहा कि जब मुसलमान ग्रीक, लैटिन जैसी विदेशी भाषाएँ सीखते आए हैं तो अंग्रेजी से दुश्मनी क्यों ? जबकि अब यह हमारे प्रशासन की भाषा है। उन्होंने संबोधन में मोहम्मद साहब की उस बात का जिक्र भी किया, जिसमें उन्होंने अपना उत्तराधिकारी बताने से मना करके उसको जनता के ऊपर छोड़ दिया था। उसके बाद खलीफा आम सहमति से चुना गया, फिर उनके वंश को भी लोग आम सहमति से चुनते रहे और कहा कि अंग्रेजी सरकार भी वहाँ जनप्रतिनिधित्व से ही चुनती आई है।

आज के कांग्रेसी अंग्रेजों की तारीफ में उनके संबोधन की ये लाइनें पढ़ लें तो भौचक्के रह जाएँगे। उन्होंने इस संबोधन में कहा, "It is not true that the Congress movement is a movement in opposition to

Government. It is a movement for the purpose of expressing the grievances of the subjects to Government in a legal and constitutional manner, and for the purpose of asking Government to fulfil promises made by Government, of its own free will and pleasure; in fact, it is the duty of all truly loyal subjects—subjects desirous of seeing the Government maintained in its power—to inform Government of their own wants and wishes, as it is also the duty of Government to ascertain the wants and wishes of subjects; and indeed, those subjects who will not keep the Government well informed of their own wants and wishes cannot be called true friends of Government."[3]

यानी यह आंदोलन अंग्रेजों के खिलाफ नहीं है, हम तो कानूनी और संवैधानिक दायरे में रहकर केवल अपनी शिकायतें व माँगें रख रहे हैं, ताकि सरकार से उनके वादों को पूरा करने के लिए कह सकें और खुद को सरकार के सच्चे दोस्त भी लिख रहे हैं तो कांग्रेस का रवैया इसी तरह लचीला हुआ करता था और एक तरह से ऐसे बयान कांग्रेस को लेकर सेफ्टी वॉल्व सिद्धांत की पुष्टि भी करते हैं, सारा गुस्सा एक अधिवेशन में निकल जाता था और देश के सर्वश्रेष्ठ दिमाग ही अंग्रेजी सरकार का बचाव भी करते थे।

'सर सैयद ने कहा, 'अंग्रेजों के साथ सच्ची वफादारी दिखाओ'

उन्होंने इस संबोधन में अलीगढ़ मुसलिम यूनिवर्सिटी (ए.एम.यू.) के संस्थापक सैयद अहमद खान के अंग्रेजों की शान में दिए गए एक भाषण का भी जिक्र किया, उसकी कुछ लाइनें पढ़िए, "Here am I, a servant of Government, speaking out plainly to you in this public meeting. My attachment to Government was proved, as many of you know, in the eventful year of the Mutiny. It is my firm conviction—one which I have invariably expressed, both in public and in private—that the greater the confidence of the people of India in the Government, the more solid the foundation upon which the present Government rests; and the more mutual friendship is cultivated between your rulers and yourselves, the greater will be the future benefit to your country. Be loyal in your hearts, place every reliance upon your rulers, speak out openly, honestly, and respectfully all your grievances, hopes, and fears, and you may be quite sure that such a course of conduct will place you in the enjoyment of all your legitimate rights; and that this is compatible—nay, synonymous—with true loyalty to the State, will be upheld by all whose opinion is worth hearing."

हालाँकि रहीमतुल्ला के समर्थक और कांग्रेस की आधिकारिक वेबसाइट भी उनकी इस बात के लिए काफी तारीफ करते हैं कि कैसे रहीमतुल्ला ने उस वक्त आर्थिक मुद्दों को लेकर अंग्रेजी सरकार को आईना दिखाया था, कांग्रेस की वेबसाइट लिखती है—'His presidential address hailed by a contemporary journal as the "best delivered so far" was notable for the close attention it paid to the economic and financial aspects of the British rule in India'[4], कांग्रेस की वेबसाइट का इशारा उस वक्त पड़े अकाल को लेकर था, लेकिन आप उस अध्यक्षीय भाषण को पढ़ेंगे तो पाएँगे कि जितने शब्द और समय मुसलिम विषयों या अंग्रेजों को सफाई देने, अंग्रेज-मुसलिम विषय समझाने, उनकी तारीफ करने और क्वीन विक्टोरिया के गोल्डन जुबली समारोह को रहीमतुल्ला ने दिया था, उसका चौथाई भी इस विषय को नहीं दिया था।

रहीमतुल्ला के अध्यक्ष काल में ही हुआ पहला वंदे मातरम् गान

हालाँकि रहीमतुल्ला की अगुआई में हुए इस अधिवेशन को एक और वजह से जाना जाता है, और वो है कि यह पहला कांग्रेस अधिवेशन था, जिसमें राष्ट्रीय गीत 'वंदे मातरम्' को पहली बार गाया गया था। हालाँकि पूरा नहीं गाया गया था, लेकिन इतिहास में तो ये अधिवेशन इस वजह से भी दर्ज है।[5]

रहीमतुल्ला सयानी के राजनीतिक कॅरियर की शुरुआत 1876 में मुंबई म्युनिसिपल कॉरपोरेशन के सदस्य चुने जाने से हुई। जब मुंबई के तेजपाल गोकुलदास संस्कृत कॉलेज में कांग्रेस की स्थापना के साथ पहला अधिवेशन हुआ, तब मुंबई (तब की बंबई) के शैरिफ थे रहीमतुल्ला। वो कई बार बॉम्बे लेजिस्लेटिव काउंसिल के सदस्य रहे, इंपीरियल लेजिस्लेटिव काउंसिल के सदस्य भी बने।

कांग्रेस ने भी पहले अधिवेशन के बाद 1886 में उन्हें पब्लिक सर्विस से जुड़े सवालों से जुड़ी एक कमेटी का सदस्य बनाया।

उनका समाज भी उन्हें काफी मानता है, खोजा इसमाइली लाइब्रेरी को समृद्धता के सबसे ऊँचे मुकाम पर लाने का काम उन्होंने किया, तभी उसकी स्थापना से लेकर अपनी मौत तक वो उसके प्रेसीडेंट पद पर काबिज रहे। इसमाइलियों के बीच जितने तरह के समाजसेवा कार्यक्रम या समाज की भलाई के कार्यक्रम उन्होंने शुरू किए, किसी ने नहीं किए। 6 जून, 1902 को उनकी मृत्यु हो गई।

दिलचस्प तथ्य ये है कि ये मशहूर रेडियो उद्घोषक अमीन सयानी के दादाजी भी थे।

REFERENCES

1. The History of the Indian National Congress : 1885-1935. Volume-1. by Bhogaraju Pattahi Sitaramayya, Page No.-61, Publisher : Padma Publications.
2. Congress President Rahimtulla Sayani's Presidential Speech in Kolkata Session 1896-http://www.columbia.edu/itc/mealac/pritchett/00litlinks/sayani_congress_1896/index.html.
3. Congress President Rahimtulla Sayani's Presidential Speech in Kolkata Session 1896-http://www.columbia.edu/itc/mealac/pritchett/00litlinks/sayani_congress_1896/index.html.
4. Official Website of Congress https://inc.in/leadership/past-party-presidents/rahimatullah-m-sayani.
5. Vande Mataram The Song Perennial by Amrendra Laxman Gadgil, Page No.-55, Publisher : Gokul Prakashan.

□

केरल से पहला अध्यक्ष, लॉर्ड कर्जन का करीबी और गांधीजी का दुश्मन, अक्षय कुमार ने निभाया रोल

2019 में राहुल गांधी केरल से सांसद का चुनाव लड़ने और लोकसभा चुनावों में उनकी पार्टी की हार देखने के बाद अध्यक्ष पद से विमुख हो गए, ऐसे में सी. शंकरन नायर, यानी चेत्तूर शंकरन नायर का नाम इसलिए समकालीन पीढ़ी के लिए दिलचस्प हो जाता है, क्योंकि वे केरल से बनने वाले पहले कांग्रेस अध्यक्ष थे, जोकि अब शायद मुमकिन ही नहीं है। शशि थरूर ने 2023 में हाथ आजमाकर भी देखा था। शंकरन 1897 में महाराष्ट्र के अमरावती में कांग्रेस अधिवेशन में अध्यक्ष चुने गए थे। पलक्कड़ में पैदा हुए शंकरन भी कांग्रेस के ज्यादातर अध्यक्षों की तरह उन दिनों वकालत करके ही राजनीति में आए थे। उन्होंने मद्रास हाईकोर्ट से वकालत के कॅरियर की शुरुआत की और शुरुआत से ही सरकार से उनके अच्छे रिश्ते थे, मालाबार से जुड़े एक केस की जाँच समिति में रहे, फिर महाधिवक्ता बनाए गए, कार्यकारी जज भी रहे।

कांग्रेस की राजनीति से दूरी बनाने के बाद वो 1908 से 1915 तक हाईकोर्ट के जज भी रहे। एक कलेक्टर के मर्डर केस में वो अंग्रेज चीफ जस्टिस और दूसरे अंग्रेजी जज के साथ बेंच में शामिल रहे, जो उस वक्त तक किसी भारतीय के लिए बड़ी बात मानी जाती थी। दरअसल अंग्रेज भारतीयों पर भरोसा ही नहीं करते थे, खासतौर पर यूरोपियों से जुड़े मामलों में तो बिल्कुल नहीं। कांग्रेस अध्यक्ष का पद छोड़ने के बाद तो वे अंग्रेजी सरकार के लाड़ले हो गए थे, जिस लॉर्ड कर्जन का बंग-भंग के फैसले के चलते हर भारतीय ने विरोध किया था, वो उसके काफी करीबी लोगों में शामिल थे।

कर्जन ने उन्हें एक यूनिवर्सिटी कमीशन का सदस्य तो बनाया ही, 1904 में उन्हें खुद अंग्रेजी साम्राज्य के राजा ने 'कंपेनियन ऑफ इंडियन एंपायर' नियुक्त किया और 1912 में 'नाइट' की उपाधि से भी नवाजा गया। 1915 में वायसराय की इंपीरियल काउंसिल का सदस्य चुना गया, लेकिन इसके चलते अकसर निशाने पर भी आते थे, सो 1919 में अंग्रेजों के बनाए भारतीय संविधान में मोंटेग्यू-चेम्सफोर्ड' सुधारों के तहत कुछ संशोधन भी सुझाए, जो माने भी गए और 1919 में जलियाँवाला बाग हत्याकांड के विरोध में इंपीरियल काउंसिल से इस्तीफा भी दिया।

गांधीजी से खुलकर की दुश्मनी, लिखी पुस्तक 'गांधी और अराजकता'

तब तक गांधीजी का उदय भारतीय राजनीति के फलक पर हो चुका था, शंकरन लंदन चले गए और वहाँ इंडियन काउंसिल ऑफ स्टेट्स के सदस्य बन गए, लेकिन गांधीजी की राजनीति उन्हें कतई नहीं भायी और गांधीजी का अचानक और तेजी से उभार उन्हें खलने लगा। शायद गांधीजी के खिलाफ पहली बार कोई इतने बड़े कद का नेता खुलकर सामने आया था, 1922 में लंदन में ही उन्होंने गांधीजी की छवि को तार-तार कर देने वाली एक पुस्तक लिख डाली, जिसका नाम था 'Gandhi And Anarchy (गांधी और अराजकता)'। उन्होंने इस पुस्तक की भूमिका में लिख डाला, "Non-cooperation as advocated by Mr. Gandhi may be a weapon to be used when constitutional methods have failed to achieve our purpose. Non-violence and passive suffering will lead to bloodshed or be unfruitful of any satisfactory results."[1]

यह शायद इकलौती पुस्तक थी, जो उन्होंने अपनी जिंदगी में लिखी थी। 1922 में प्रकाशित हुई इस पुस्तक में नायर ने गांधीजी के सारे सिद्धातों की जमकर आलोचना की, चाहे वह उनकी स्वराज की अवधारणा हो, अहिंसा का सिंद्धांत, असहयोग का आह्वान या फिर खिलाफत आंदोलन का समर्थन करना। ऐसे में कई लोगों ने उन्हें ब्रिटिश एजेंट तक कहा, वैसे भी नायर ने जलियाँवाला बाग हत्याकांड के बाद रवींद्रनाथ टैगोर की तरह 'नाइट' की उपाधि को लौटाने से परहेज बरता। इंपीरियल काउंसिल से इस्तीफा भी दिया तो तीन महीने बाद जुलाई 1919 में।

1897 में मद्रास में उन्हें प्रांतीय सम्मेलन में सभापति चुना गया था और उसी साल उन्हें अमरावती में कांग्रेस के राष्ट्रीय अधिवेशन का भी सभापति चुन लिया

गया। पंडित नेहरू के कांग्रेस अध्यक्ष बनने तक वो कांग्रेस के सबसे युवा सभापति या अध्यक्ष थे। गांधी युग शुरू होते ही वे लंदन चले गए, 1925 तक वो लंदन में ही रहे, 1928 में वायसराय ने उन्हें उस केंद्रीय समिति में सदस्य चुना, जो साइमन कमीशन से बात करने के लिए बनाई गई थी। इसी कमेटी की रिपोर्ट के आधार पर बाद में अंग्रेजों ने डोमिनियन स्टेट्स का प्रस्ताव भारतीयों के सामने रखा था। कुछ समय तक नायर महाराजा होल्कर के प्रधानमंत्री भी रहे थे।

लेकिन डायर के खिलाफ लिखना भारी पड़ गया

लेकिन जो किताब सी. शंकरन नायर ने गांधीजी के खिलाफ लिखी थी, उसमें उन्होंने जलियाँवाला बाग हत्याकांड के लिए जनरल डायर और पंजाब के तत्कालीन गर्वनर माइकल ओ डायर की भी आलोचना कर दी। उन्होंने लिखा, "And in view of the fact that in the matter of the events of the April 1919 both the said Governments have grossly neglected or failed to protect the innocent people of the Punjab and punish officers guilty of unsoldierly and barbarous behavior towards them and have exonerated Sir Michael O'Dwyer who proved himself directly or indirectly responsible for the most official crimes and callous to the sufferings of the people placed under his administration, and that the debate in the House of Lords betrayed a woeful lack of sympathy with the people of India and showed virtual support of the systematic terrorism and frightfulness adopted in the Punjab and that the latest Vice regal pronouncement is proof of entire absence of repentance in the matters of the Khilafat and the Punjab."[2]

यहीं नहीं रुके सी. शंकरन नायर, उन्होंने माइकल ओ डायर के खिलाफ यह भी लिखा, "सुधारों (मोंटेग्यू चेम्सफोर्ड) से पहले कोई भी लेफ्टिनेंट गर्वनर, एक अकेला व्यक्ति, पंजाब में जिन अत्याचारों को हम बखूबी जानते हैं, को बिना कोई सजा पाए अंजाम दे सकता है।" नायर के शब्दों में, "Before the Reforms under a Lieutenant-Governor, a single individual, the atrocities in the Punjab which we know only too well, could be committed almost with impunity."[3] उनकी पुस्तक में एक पूरा

अध्याय ही पंजाब के अत्याचारों के ऊपर लिखा गया था, नाम था 'The Punjab Atrocities'। शायद उन्हें अनुमान भी नहीं होगा कि जो पुस्तक गांधीजी के खिलाफ लिखी गई थी, वह डायर के खिलाफ लिखने के लिए चर्चा में आएगी।

लेकिन यहीं दिक्कत हो गई। माइकल ओ डायर ने उन पर मुकदमा कर दिया, 1924 में किंग्स की बेंच ने 11–1 से डायर पर लगे सारे आरोपों को खारिज कर दिया। उसके बाद भी चूँकि जूरी के एक सदस्य ने उनके हक में फैसला दिया, नायर के पास एक प्रावधान के तहत मौका था कि वो दोबारा ट्रायल करवा सकते थे, लेकिन उन्होंने नहीं किया। लेकिन माइकल ओ डायर ने उन पर 7000 डॉलर के हरजाने का मुकदमा कर दिया, नायर ने माफी नहीं माँगी और न ही उन्हें चुनौती दी और हरजाना देना पड़ा। ऐसे में नायर का पीछा हटना किसी की समझ नहीं आया था। हालाँकि यह संदेश गया कि एक तरफ गांधीजी के चाहने वाले उनसे नाराज हो गए थे, दूसरी तरफ वो अंग्रेजों की नाराजगी भी नहीं झेलना चाहते थे।

उनके दामाद और भारत के पहले विदेश सचिव के.पी.एस. मेनन ने डायर पर उनके मुकदमे को लेकर अपनी किताब में काफी तारीफ की है। बाद में उन्हीं के परिवार के रघु पलट व पुष्पा पलट ने इस पूरे केस व अदालत की काररवाई पर एक पुस्तक लिख डाली, 'The Case that shook the Empire'। इस पुस्तक के आधार पर ही करण जौहर ने अक्षय कुमार, माधवन और अनन्या पांडेय को लेकर एक मूवी का ऐलान कर दिया, जो सी. शंकरन नायर की जीवनी पर बनी फिल्म की तरह प्रचारित की जा रही है (इन लाइनों को लिखने तक)। यह अलग बात है कि नायर ने नाइट की उपाधि नहीं लौटाई और बाद में डायर पर दोबारा ट्रायल भी नहीं माँगा, उसको लेकर उनकी काफी आलोचना उन दिनों हुई थी। वैसे यह जान लें कि के.पी.एस. मेनन शिवशंकर मेनन के रिश्ते में नाना लगते हैं, जो मनमोहन सिंह की सरकार में राष्ट्रीय सुरक्षा सलाहकार थे। सो पूरे परिवार में काफी लोगों का सिविल सर्विस और राजनीति से गहरा ताल्लुक रहा है।

जया जेटली भी उनकी दूर की रिश्तेदार हैं। जया जेटली के पिता के.के. चेत्तूर आई.सी.एस. ऑफिसर थे और जापान में भारत के पहले राजदूत थे। शंकरन के एक दामाद प्रिवी काउंसिल में भी जज रहे थे, सर सी. माधवन नायर उनका नाम था और चेन्नई में काफी इज्जत से उनका नाम लिया जाता है। उनकी बेटी सरस्वती और के.पी.एस. मेनन के बेटे आर.एम. पालत तमिलनाडु की जस्टिस पार्टी से जुड़े रहे। ऐसे में केवल दो ऐसी बातें थीं, जिनके चलते उनके दामाद, बेटियाँ और बाकी रिश्तेदार जिंदगी भर या तो सफाई देते रहे और तर्क देते रहे कि उनका

आकलन ठीक से नहीं हुआ, एक तो गांधीजी की मुखालफत और दूसरी अंग्रेजी व्यवस्था में कंधे-से-कंधा मिलाकर काम करना और तमाम तरीके के पुरस्कार लेना। कांग्रेस पार्टी ने भी अपनी वेबसाइट पर उनके बारे में लिखा है, "He was, however, not a fanatic nationalist who was blind to what was good in other people. Thus he admired the British democratic institutions, patriotism, and industry. At the same time he courageously pointed out the harmful effects of British rule on the Indian economy."[4]

कांग्रेस अधिवेशन में इनके अध्यक्षीय भाषण का पहला शीर्षक था, 'डायमंड जुबली ऑफ क्वीन विक्टोरिया'। इससे साफ पता चलता है कि उस वक्त कांग्रेस के लिए अंग्रेजीराज के फरमान कितने जरूरी होते थे। उनके संबोधन के पहले पैराग्राफ की कुछ लाइनें पढ़िए, "We have witnessed and we have taken part in the celebrations of the Diamond Jubilee of the reign of our Empress. We rejoice with our fellow-subjects of this vast empire in the prosperity of that reign. We exult in our acquisition of political rights during this period. We blessed Her Majesty for her message in 1858 of peace and freedom when the occasion invested it with a peculiar significance."[5]

1857 के स्वतंत्रता सेनानियों पर नायर के अंग्रेजी सुर

आज आप 1857 की क्रांति को भारत के प्रथम स्वतंत्रता संग्राम के तौर पर जानते हैं, ऐसे मौके पर उस जंग में जिन हजारों वीर योद्धाओं ने अपनी जान गँवाई, उनको याद करने के बजाय कांग्रेस अध्यक्ष शंकरन नायर जिन अंग्रेजों के जुल्मों के विरुद्ध यह क्रांति हुई, उनकी महारानी के उस संदेश को याद कर रहे हैं, जो इस क्रांति को कुचलने के बाद दिया गया। उन्होंने आगे कहा, "While Englishmen in India inflamed by race animosity and the recollection of the sepoy mutiny, which ignorance still calls the Indian Mutiny, were calling for terrible reprisals, the unasked, forgetting and forgiving, issued her gracious proclamation. It was a stern reproof to those who then clamored for indiscriminate vengeance: it continues to-day a standing rebuke to those of her European subjects who would deny us the right of equal citizenship. She is to us the living embodiment of what is good in British Supremacy, and we may feel assured that her anxiety in our behalf which she manifested in 1858, her kindly regard shown on every subsequent occasion, both in tome of joy and affections, but continue unabated for the rest of her life."[6]

उन्हें सिपाही विद्रोह को भारतीय विद्रोह कहने वालों से कितनी परेशानी थी, इस संबोधन में आप समझ सकते हैं। जब सावरकर ने 1857 के इस विद्रोह को भारत का पहला स्वतंत्रता संग्राम कहा तो सोचिए, कांग्रेस के तत्कालीन नेताओं पर क्या गुजरी होगी, लेकिन इसी संबोधन से यह भी समझा जा सकता है कि उस वक्त अंग्रेजी शिक्षा पाने वाला, उनके देश में पढ़कर भारत आने वाला भारतीय प्रबुद्ध वर्ग कैसी सोच रखता था। ऐसा नहीं लगता था कि वो अंग्रेजों के अत्याचार से दुःखी होकर ऐसा बोल रहे थे, बल्कि उन्होंने अंग्रेजों के प्रभुत्व को हृदय से स्वीकार कर लिया था। उनके आत्मविश्वास और भारत के प्राचीन गौरव में उनका विश्वास दोनों ही बुरी तरह हिल गए थे और मन में कहीं-न-कहीं अपने-अपने परिवार की बेहतरी का भी उद्देश्य था।

ब्रिटेन की महारानी को घोषित कर दिया 'अवतार'

क्योंकि इससे आगे जो शंकरन नायर ने कहा, उस पर तो आज के कांग्रेस नेताओं को भी शर्म आ जाएगी, शंकरन नायर ने ब्रिटेन की महारानी को अवतार ही घोषित कर दिया। उन्होंने कहा, "Throughout our land her name is venerated. In almost every language the story of her life has been written and sung, and in years to come her name will rightly find a place in the memory of our descendants along with those great persons whose virtues have placed them in the ranks of Avtars born into this world for the benefit of this our holy land."[7]

नायर ने गिनाए अंग्रेजीराज के लाभ

उनके अध्यक्षीय भाषण का दूसरा हिस्सा 'British Rule In India' अगर शशि थरूर पढ़ लेंगे तो फिर कभी अंग्रेजों की माँद में जाकर उनको ललकारने का साहस नहीं जुटा पाएँगे। उन्होंने अपने तर्कों से समझाया कि भारत में अंग्रेजीराज

का होना क्यों जरूरी है, इसके क्या-क्या लाभ हैं, पढ़िए "We also know that British rule cleared the way to progress and furnished with the one element, English education, which was necessary to rouse us from the torpor of the ages and bring about the religions, Social and political regeneration which the country stands so much in need of."[8] मैकाले के बयान को लेकर आज हम आलोचना करते हैं, लेकिन कांग्रेस अध्यक्ष की इस सोच का क्या करेंगे?

'अंग्रेज भारत को छोड़कर चले गए तो क्या होगा?'

उनके भाषण का अगला हिस्सा भारतीयों को डराने वाला है कि अगर अंग्रेज भारत को छोड़कर चले गए तो क्या होगा? उन्होंने कहा, "We are also aware that decline of the British supremacy, we shall have anarchy, war and rapine. The Mohmedans will try to recover their lost supremacy, Hindu races and chiefs will fight amongst themselves. The lower casts who have come under the vivifying influence of western civilization are scarcely likely to yield without a struggle to the domination of the higher castes. And we have Russia and France waiting for their opportunities."[9]

सी. शंकरन नायर ने यह भी आगाह किया कि इंग्लैंड ही भारतवासियों की असली उम्मीद है। उनके शब्दों में, "It should not be forgotten for a moment that real links that bind us indissolubly to England is the hope, the well founded hope and belief, that with England's help we shall, and under her guidance alone, we can attain National unity and National freedom."[10] यानी अंग्रेजों के ही राज में हम राष्ट्रीय आजादी (तब पता नहीं इसके मायने क्या थे) और राष्ट्रीय एकता प्राप्त कर सकते हैं। भाषण का अगले हिस्से का शीर्षक ही आपके लिए हैरानी भरा हो सकता है, 'Indian Aspirations Under England's Training.' मानो अंग्रेजी सरकार ने ही उनको लिखकर दिया हो।

'असली आजादी अंग्रेजी राष्ट्र की सरकार में ही मुमकिन'

अपने संबोधन में 'Self Government In India' शीर्षक के तहत उनकी मूल माँग थी कि अंग्रेजीराज का नागरिक होने के नाते उनको भी अंग्रेजों की तरह

सारे अधिकार मिलने चाहिए। उन्होंने यहाँ तक मान लिया कि वो इससे पहले अपने हिंदू व मुसलिम शासकों के गुलाम थे, लेकिन असली आजादी अंग्रेजों के राज में ही मिलेगी। उनके शब्दों में, "Slavery, we had under our old rulers, Hindu and Mohamedan, we may get it again under any despotic European or Asiatic Government. But we know that real freedom is possible only under the government of the English nation, nurtured in liberty, hating every form of tyranny and willing to extend the blessings of representative government to those capable of using it wisely in the interests of freedom and progress."[11]

सोचिए, जिस रामराज्य की बात करते गांधीजी अघाते नहीं थे, उसे भी नहीं छोड़ा इन महोदय ने, सारे हिंदू शासकों में उन्होंने मौर्य, गुप्त, चोल, विजयनगर, शिवाजी, महाराणा प्रताप, बाजीराव जैसे राजाओं को भी सम्मिलित कर लिया, क्या उनके राज में रहने वाली जनता गुलाम थी? वो यहीं नहीं थमे, उनके संबोधन के अगले शीर्षक 'Western influence on Indian Social and Religious Progress' के तहत बोलते हुए उन्होंने जमकर हिंदू धर्म की कमियों की चर्चा की और सारे सुधारों के लिए अंग्रेजों को धन्यवाद दिया। उन्होंने उन दिनों पड़े भीषण अकाल की भी चर्चा की, लेकिन अंग्रेजी सरकार को इसके लिए घेरने के बजाय मदद के लिए धन्यवाद दिया।

हालाँकि उन्होंने यह माँग भी की कि ब्रिटेन अपने बड़े सैन्य खर्चों को भारत के बजट से निकालता है, जबकि यह ब्रिटिश सरकार के कोष से जाना चाहिए। कानून और नियमों के मामले में यूरोपीय लोगों को मिल रही ज्यादा तवज्जो की तरफ भी उन्होंने ध्यान खींचा, रानी की उद्घोषणा की याद दिलाते हुए उन्होंने कहा कि हम भी ब्रिटिश राज में हैं तो अंग्रेजों की तरह हमें भी बराबर के अधिकार मिलने चाहिए। लेकिन पूना में हुए प्लेग में जिस तरह अंग्रेज सैनिकों ने बदतमीजियाँ कीं, लोगों को जबरन घर से निकाला, उसको लेकर उन्होंने स्पष्ट तौर पर अपनी नाराजगी इस संबोधन में व्यक्त की। हालाँकि चापेकर बंधुओं का जिक्र तक न करना सालने वाला था। लेकिन तिलक पर देशद्रोह के मुकदमे को लेकर उन्होंने रोष जरूर जताया। यह अलग बात है कि अपना अध्यक्षीय संबोधन उन्होंने अंग्रेजों के प्रति अपनी स्वामिभक्ति की कसमें खाते हुए खत्म किया।

REFERENCES

1. Gandhi and Anarchy (Preface) by Sir Chettur Sankaran Nair, Publisher : Prabhat Prakashan.
2. Gandhi and Anarchy by Sir Chettur Sankaran Nair, Page No.-24, Publisher : Outlook Verlag.
3. Gandhi and Anarchy by Sir Chettur Sankaran Nair, Page No.-48, Publisher : Outlook Verlag.
4. https://www.inc.in/leadership/past-party-presidents /c-sankaran-nair.
5. Indian Politics (1898), Page No.-205, Contributor : Indian National Congress, Publisher : G.A. Natesan.
6. The Indian National Congress Containing an Account of Its Origin and Growth, Full Text of All the Presidential Addresses (1909), Page No.-374, Publisher : G.A. Natesan.
7. Indian Politics (1898), Page No.-205, Contributor : Indian National Congress, Publisher : G.A. Natesan.
8. Indian Politics (1898), Page No.-206, Contributor : Indian National Congress, Publisher : G.A. Natesan.
9. Indian Politics (1898), Page No.-206, Contributor : Indian National Congress, Publisher : G.A. Natesan.
10. Indian Politics (1898), Page No.-206, Contributor : Indian National Congress, Publisher : G.A. Natesan.
11. The Encyclopedia of Indian National Congress : 1896-1900, Gathering storms, Page No.-210, Editor : A. Moin Zaidi, Publisher : S. Chand.

□

गणित का जादूगर कांग्रेस अध्यक्ष, 'तीन दिन के तमाशे' वाली से साल भर सक्रिय

आनंद मोहन बोस भी बंगाली थे और वकील भी, लंदन में पढ़ाई करके लौटे बैरिस्टर भी, यानी कांग्रेस अध्यक्षों की शुरुआती लीक पर ही थे, अलग था तो यह कि वो पहले (और शायद आखिरी भी) भारतीय 'रैंगलर' थे, जबकि कैंब्रिज यूनिवर्सिटी के ऐसे 16वें छात्र थे। रैंगलर यानी वो छात्र, जो अपने तीसरे साल में कैंब्रिज यूनिवर्सिटी में मैथमेटिकल ट्राइपोज में फर्स्ट क्लास ऑनर के साथ पास करता है। यह ब्रिटेन में गणित की सबसे ऊँची डिग्री थी, इसलिए अंग्रेज भी चौंक गए थे। एक और मामले में वो कांग्रेस अध्यक्ष बनने वाले बंगाली वकीलों से अलग थे, उन पर ब्रह्म समाज आंदोलन का काफी प्रभाव था और बाद में श्रीवंत शास्त्री के साथ मिलकर आदि ब्रह्म समाज के लिए काफी काम किया।

उनके बारे में एक और खास बात यह है कि उनकी शादी मशहूर वैज्ञानिक जगदीश चंद्र बोस की बहन स्वर्णप्रभा देवी से हुई थी और दोनों ने ही केशव चंद्र सेन के प्रभाव में आकर ब्रह्म समाज की दीक्षा ले ली थी, लेकिन जब केशव चंद्र सेन ने अपनी ही नाबालिग बेटी की शादी कर दी तो आनंद बोस जैसे तमाम युवाओं मसलन उमेश चंद्र दत्ता, शिवनाथ शास्त्री आदि ने उनसे अलग होकर साधारण ब्रह्म समाज की स्थापना कर दी। आनंद मोहन बोस इसके पहले अध्यक्ष चुने गए और इसी आंदोलन की पहल से 1879 में कलकत्ता के सिटी कॉलेज की स्थापना हुई और बाद में ऐसी ही कई शैक्षिक संस्थाओं के जुड़ने के चलते और स्थापना के चलते उनकी गिनती बंगाल के प्रमुख शिक्षाविदों में होने लगी थी।

उन्हें शिक्षा आयोग का सदस्य भी चुना गया था। कहा जाता है कि रिपन ने

उन्हें आयोग की अध्यक्षता का प्रस्ताव दिया था, लेकिन उन्होंने मना कर दिया। हालाँकि सदस्य बनने के लिए राजी हो गए थे। तब इस आयोग का अध्यक्ष हंटर को बनाया गया था। तभी यह 'हंटर आयोग' कहलाया। 1879 में ही उन्होंने साधारण ब्रह्म समाज का छात्र संगठन 'छात्र समाज' भी खड़ा कर दिया था।

हालाँकि इंग्लैंड यात्रा ने उनकी भी जिंदगी और कॅरियर की दशा-दिशा बदल दी, वो गणित के जादूगर थे, एक इंजीनियरिंग कॉलेज में कुछ दिन गणित के प्रोफेसर के बतौर पढ़ाने के बाद उनको 10 हजार रुपए की प्रेमचंद रायचंद स्कॉलरशिप मिली लंदन की कैंब्रिज यूनिवर्सिटी में पढ़ने के लिए, वहाँ पर गणित पढ़ने गए थे, लेकिन बाद में बैरिस्टर बन गए। इसी शिप में उनके साथ बाबू केशव चंद्र सेन भी लंदन गए थे। कैंब्रिज यूनिवर्सिटी में वे कुछ समय के लिए स्टूडेंट यूनियन के प्रेसीडेंट भी रहे।

वहीं उनकी मुलाकात सुरेंद्र नाथ बनर्जी से हुई, जो कलकत्ता आकर हमेशा उनके अभिभावक की तरह बने रहे। इंग्लैंड में ही उन्होंने 'इंडिया सोसाइटी' की स्थापना की, 'इंडियन एसोसिएशन' के सेक्रेटरी तो वो 1884 तक बने रहे, बाद में इसके अध्यक्ष भी चुने गए। वे शिशिर कुमार घोष की संस्था 'इंडियन लीग' से भी जुड़े हुए थे। सुरेंद्र नाथ बनर्जी के साथ उन्होंने भी कांग्रेस के पहले ही अधिवेशन में हिस्सा लिया, लेकिन कांग्रेस के अध्यक्ष वो 1898 में बने, यानी 14वें साल में। जब कांग्रेस ने अपनी कमेटी 'द ब्रिटिश कमेटी फॉर पॉलटिकल प्रोपेगेंडा इन इंग्लैंड' बनाई तो ए.ओ. ह्यूम, दादाभाई नौरोजी, आर.सी. दत्त के साथ आनंद मोहन बोस को भी इसमें शामिल किया गया था।

1874 में जब सुरेंद्र नाथ बनर्जी को भेदभावपूर्ण तरीका अपनाकर अंग्रेजों ने आई.सी.एस. से उनको बेदखल कर दिया तो आनंद मोहन बोस ने उनका पूरा साथ दिया था। दोनों ने मिलकर 'इंडियन एसोसिएशन' बनाई, और आई.ई.सी.ए. में भारतीयों की उम्र बढ़ाने को लेकर आंदोलन भी चलाया था। 1886 में उन्हें सरकार की तरफ से बंगाल लेजिस्लेटिव काउंसिल में मनोनीत किया गया, 1895 में वो कलकत्ता यूनिवर्सिटी की तरफ से मनोनीत हुए।

उनका कांग्रेस अध्यक्ष चुना जाना भी दिलचस्प है। 1897 में उनकी तबीयत काफी खराब हो गई, कहा गया कि उनके लिए जर्मनी का मौसम अच्छा रहेगा, कुछ समय वहाँ रहने के बाद वो लंदन चले गए। इस दौरान अपने बच्चों का भी एडमिशन उन्होंने वहीं करवा दिया। लंदन में एक बार फिर वो कांग्रेस की ब्रिटिश कमेटी में सक्रिय हो गए। कई सारे मामलों को उन्होंने उठाया, कई सभाएँ कीं और

कई महीने बाद जब भारत लौटे तो कांग्रेस ने उन्हें 1898 के मद्रास अधिवेशन का अध्यक्ष चुन लिया।

उस वक्त की कांग्रेस के नेताओं की सोच क्या थी, इस मद्रास अधिवेशन की स्वागत समिति के प्रमुख सुभा राव पंतुलु के एक वक्तव्य से समझ सकते हैं। दरअसल उस साल 1857 की क्रांति के चालीस साल पूरे हुए थे। उनका वक्तव्य था, "Today the elite of Indian leaders, prosperous in their profession, respected by their fellow countrymen, meet year after year to strengthen the foundation of the same rule which in 1857 ignorant and misguided people to overthrow" और ये भी कहा, 'So long as the congress would last, the events of 1857 will not occur again."[1]

यानी "जब तक कांग्रेस रहेगी, 1857 जैसी घटनाएँ दोबारा नहीं होंगी।" 1898 में उन्होंने ये वही लाइनें बोलीं, जिसके लिए 13 साल पहले ए.ओ. ह्यूम ने कांग्रेस की स्थापना के बारे में सोचा था। वैसे मद्रास अधिवेशन में सबसे खास यह हुआ कि अब तक जो कांग्रेस तीन दिनों का एक जमावड़ा हुआ करता था, उसको संगठित रूप देने का एक प्रस्ताव पारित हुआ कि कैसे कांग्रेस को एक ऐसा संगठन बनाया जाए, जो साल भर काम करे, उसकी प्रदेश कमेटियाँ हों आदि। इससे पहले 1887, 1894 और 1895 में भी ऐसे प्रस्ताव पारित हुए थे, लेकिन योजना लागू नहीं हो पाई थी। केवल कुछ ताकतवर नेताओं की एक विषय समिति ही बन पाई, जो अधिवेशन चलाने के नियम-कानून, किसको बोलना है, किसको नामांकित करना है, जैसे मुद्दों पर ही नियम बना पाई या अपनी चलाती रही। लेकिन इस बार यह प्रस्ताव जोरदार तरीके से रखा गया।[2]

जिसका सीधा नतीजा 1899 के अगले अधिवेशन में देखने को भी मिला, जब कांग्रेस का पहला संविधान सामने आया। कांग्रेस की संरचना को अब तीन भागों में बाँट दिया गया था, अखिल भारतीय कांग्रेस कमेटी, प्रांतीय कांग्रेस कमेटियाँ और स्टैंडिंग कमेटी। हालाँकि मद्रास के एक प्रतिनिधि रत्ना पिल्लई ने 1899 के ही लखनऊ अधिवेशन में कांग्रेस के इस तीन दिन के जमावड़े के गिरते स्तर को 'तीन दिन का क्रिसमस तमाशा' तक बोल डाला था।[3]

यह आनंद मोहन बोस की बदकिस्मती थी कि उसी साल कुख्यात लॉर्ड कर्जन को वायसराय नियुक्त किया गया था, जो भविष्य में बंग-भंग के खलनायक के तौर पर सामने आया। लेकिन इस अधिवेशन में आनंद मोहन बोस ने लॉर्ड कर्जन की नियुक्ति का स्वागत करते हुए कहा था, "Let a nation which is Christian endeavor truly to show the ideal of Christ, to carry out the divine command of doing to others what they would have wished done to themselves in the exercise of its power in its attitude towards Indian aspirations.[4] सोचिए, आज की तारीख में इस तरह की तारीफ वो भी ईसाइयत से जोड़कर कोई कांग्रेस का नेता कर सकता है क्या?

उससे भी ज्यादा दिलचस्प है कांग्रेस की वेबसाइट पर आनंद मोहन बोस के परिचय में लिखी गई ये लाइनें—"Under his enlightened direction, the Sadharan Brahmo Samaj, of which he was a joint founder (1878) not only became a church and a congregation but also an active centre for the spread of education and social uplift." इधर जिस लॉर्ड कर्जन का इतना जोरदार स्वागत कांग्रेस अधिवेशन के सभापति के तौर पर आनंद मोहन बोस ने मद्रास अधिवेशन में किया था, उसने जल्द ही कांग्रेस को लेकर अपने इरादे स्पष्ट कर दिए थे। लॉर्ड कर्जन ने दो साल बाद ही कांग्रेस को लेकर 1900 में भारत सचिव हैमिल्टन को एक पत्र में लिखा था, "The Congress is tottering to its fall and one of my greatest ambitions while in India is to assist it to a peaceful demise.[5]

कर्जन का यह कहना कि कांग्रेस अपने पतन की तरफ बढ़ रही है और भारत में रहते मेरी महानतम महत्त्वाकांक्षा है कि मैं इसकी शांतिपूर्ण मृत्यु में सहायक बनूँ। ये लाइनें यह भी बताती हैं कि अंग्रेजों के बीच भी कांग्रेस को लेकर तमाम मतभेद थे। आनंद मोहन बोस का स्वदेशी आंदोलन के साथ-साथ बंग-भंग आंदोलन में भी बड़ा अहम रोल था, लेकिन तब वो काफी बीमार थे। ऐसे में कोलकाता के फेडरेशन हॉल के शिलान्यास के वक्त 1905 की विशाल सभा में उनका लिखा ओजस्वी भाषण रवींद्रनाथ टैगोर ने पढ़ा था, "This Federation Hall, the foundation stone of which is being laid today, not only on this spot of land but on our moistened and tearful hearts, is the visible symbol of this spirit of union, the memorial to future generations yet unborn of this unhappy day and of the unhappy policy which has attempted to separate us into two parts."[6]

बाद में इसी भाषण को 1947 के भारत विभाजन से जोड़कर लोगों ने उन्हें याद किया, लेकिन फिर वो ज्यादा दिन जिंदा नहीं रह पाए और 20 अगस्त, 1906 को इस दुनिया को अलविदा कह गए। 13 सितंबर, 1847 को जिस जिले में वो

पैदा हुए थे, यानी मेमन सिंह, वो न अब भारत में ही है और न ही पाकिस्तान में, बल्कि बांग्लादेश में है।

लेकिन कांग्रेस की वर्तमान और भावी पीढ़ी के नेताओं, कार्यकर्ताओं और शुभचिंतकों को आनंद मोहन बोस की मद्रास अधिवेशन में अध्यक्षीय भाषण की ये पंक्तियाँ शर्मिंदा कर सकती हैं, जिसमें उन्होंने ब्रिटिश राज को अपना दोस्त बताते हुए, उन्हें अपने भविष्य की सबसे बड़ी उम्मीद बताया था और कामना की थी कि ब्रिटिश राज यों ही चलता रहे, मजबूत होता रहे। उनकी अपनी लाइनें पढ़िए, "We are friends to British rule, it is because of our highest hopes for the future, and not our hopes only but hopes for generations to come, are indissolubly bound up with the continuance of that rule, with the strengthening and the bettering of that rule…."[7]

REFRENCES

1. Report of the Fourteenth I.N.C., Madras 1898, Page No.-11.
2. Development of the Congress Constitution by Nagoji Vasudev Rajkumar, Page No.-5.
3. Moderates and Extremists in the Indian National Movement, 1883-1920 by Daniel Argov, Page No.-83.
4. Report of The Fourteenth I.N.C. Madras, 1898, Page No.-33.
5. Curzon to Hamilton, EUR.MMS.510-6, 19 November, 1900.
6. India, Challenge and Response, Unity in Variety : Bengal, India & the World, 1906 1994 • Volume-1 by Arun Bose, Page No.-3.
7. The Encyclopaedia of Indian National Congress : 1896-1900, Gathering storms by A. Moin Zaidi, Page No.-328, Publisher : S Chand.

□

अकाल प्रबंधन की नाकामी पर जिसने अंग्रेजों को दिखाया आईना, लेकिन मरते दम तक अंग्रेजी शासन पर आस्था

कुछ लोगों में प्रतिभा कूट–कूटकर भरी होती है, लेकिन अगर वो प्रतिभा उन्हीं लोगों की सेवा में लगातार लगी हो, जो देश को लूट रहे हैं तो ऐसी प्रतिभा व्यर्थ है। यह रोमेश या रमेश चंद्र दत्त या आर.सी. दत्त को जरा देर से समझ आया और जब आया तो उन्होंने आखिरी पारी में जितनी सेवा देश की हो सकती हो, उनके लोगों की हो सकती हो, वो की। एक बंगाली डिप्टी कलेक्टर के बेटे, जिसके परिवार ने ईस्ट इंडिया कंपनी के साथ बिजनेस में काफी धन कमाया था कि मंजिल आई.सी.एस. (वर्तमान में आई.ए.एस.) बनना थी, वो बन भी गए, 27 साल अंग्रेजीराज की सेवा भी की, लेकिन जब अपने लोगों के प्रति कर्तव्य की सुध आई तो बीच में ही नौकरी छोड़ी और साहित्य, इतिहास और सबसे ज्यादा आर्थिक क्षेत्र में उन्होंने काम किया।

वे प्रेसीडेंसी कॉलेज कलकत्ता में पढ़े, ज्यादातर क्लासेज में टॉप ही करते थे। लंदन में 1869 में सत्येंद्र नाथ टैगोर के बाद वो दूसरे भारतीय थे, जो आई.सी.एस. की परीक्षा पास कर सिविल सर्विस अधिकारी बने। इसी साल सुरेंद्र नाथ बनर्जी ने भी परीक्षा पास की थी, लेकिन उनकी उम्र किसी दस्तावेज में अलग लिखी थी और उनका मामला फँस गया था। एक ही साल में सुरेंद्र नाथ बनर्जी और बिहारी लाल गुप्ता के साथ वो लंदन गए थे। शायद इसी मित्रता के चलते उनके लिए कांग्रेस में आना आसान रहा, क्योंकि उनकी सेवानिवृत्ति तक सुरेंद्र नाथ बनर्जी कांग्रेस का बड़ा चेहरा बन चुके थे। उन्होंने अपने अध्यक्षीय संबोधन में यह बताया भी, “Gentlemen, When In October last I received through my friend Mr. Bounerjee, your kind invitation to preside at this meeting of the Indian National

Congress, I confess, I received it with some degree of surprise and some degree of hesitation and misgiving."[1]

आर.सी. दत्त पहले भारतीय थे, जिनको अंग्रेजी सरकार ने कलेक्टर नियुक्त किया था। कई जिलों में कलेक्टर रहे और बाद में डिवीजनल कमिश्नर बनने वाले पहले भारतीय भी बने। इस दौरान उन्होंने अंग्रेजी कार्यप्रणाली को बखूबी समझा और उनकी नीयत को भी, कैसे वो भारतीय दौलत की लूट की बदौलत फल-फूल रहे थे, वो भी देखा, साथ में ये भी समझे कि कैसे बदनीयती से वो ब्रिटिश मैन्युफैक्चरिंग कंपनीज को बढ़ावा देने के लिए भारतीय उद्योग-धंधों को पूरी तरह मिटाने पर तुले हुए थे।

हालाँकि 27 साल तक अंग्रेजों की सेवा करना यह भी बताता है कि आसानी से उनके विचार नहीं बदले होंगे। 1897 में रिटायर होने के बाद भी वे लंदन यूनिवर्सिटी के कॉलेज में इतिहास पढ़ाने चले गए। तब वो महज 49 साल के ही थे और उड़ीसा के कमिश्नर पद पर थे। लंदन में ही उन्होंने 'इकोनॉमिक नेशनलिज्म' पर अपनी मशहूर थीसिस पूरी की। वहाँ से 1904 में लौटे तो बड़ौदा के महाराज ने उन्हें राज्य के दीवान बनने का प्रस्ताव दिया, उन्होंने स्वीकार कर लिया। बड़ौदा के महाराजा ने उन्हें जो उपाधि दी, वो थी 'अमात्य', ये अधिकारी मौर्य साम्राज्य में काफी ताकतवर पद पर होता था। अकाल से जूझते बड़ौदा को ऐसे अधिकारी की जरूरत भी थी, वित्त और कर से जुड़े सारे विभागों का काम आर.सी. दत्त को दे दिया गया और उन्होंने उसे बखूबी निभाया भी।[2]

कांग्रेस ने उन्हें 1899 के लखनऊ अधिवेशन का सभापति बनाया था। हालाँकि उससे पहले वो बंगिया साहित्य परिषद् के पहले अध्यक्ष भी बने, जबकि रवींद्रनाथ टैगोर जैसे कद्दावर उपाध्यक्ष थे। कांग्रेस ने उन दिनों कई सभापति ऐसे भी बनाए थे, जो भले ही जनता के बीच जाकर, वर्षों से कांग्रेस से जुड़े रहकर काम न कर रहे हों, लेकिन वो प्रतिष्ठित हों, आर.सी. दत्त कांग्रेस के ऐसे ही अध्यक्ष थे, तभी तो लंदन में रहते हुए भी उन्हें चुना गया था। अकसर वे इंग्लैंड और भारत के बीच झूलते रहते थे।

लेकिन दत्त का नाम सबसे ज्यादा इसलिए जाना जाता है कि दादाभाई नौरोजी के बाद यह खुलासा करना कि ब्रिटिश साम्राज्य ने कैसे भारत को चरणवार लूटा, इसका विस्तार से अध्ययन करना और फिर उसे तथ्यों के साथ पूरी दुनिया के सामने लाना, कोई छोटा काम नहीं था। 1902 में उनकी किताब आई 'द इकोनॉमिक हिस्ट्री ऑफ ब्रिटिश इंडिया', दो हिस्सों में आई यह किताब न केवल भारतीयों के लिए आँखें खोल देने वाली थी। वरन् कभी भारत न आने वाली नई अंग्रेजी पीढ़ी के लिए भी यह

जानकारी हैरतअंगेज थी। खेती बंदोबस्त से लेकर इंडस्ट्री तक की एक-एक नीति और कैसे भारतीय आर्थिक व्यवस्था की कमर तोड़कर अपनी जेबें भरी गईं, उसको विस्तार से इसमें समझाया गया। कैसे भारतीय हस्तकलाओं और उद्योगों को बरबाद करके भारतीयों को खेतिहर मजदूर और कच्चा माल उपजाने का चरागाह बनाने की साजिश को अंजाम दिया गया था, इस किताब से बखूबी जाना जा सकता है।

इस किताब में दत्त ने तमाम तरह के उपाय भी सुझाए कि कैसे भारतीय मिलों से उत्पादन शुल्क हटा लिया जाए, किसानों पर भूमिकर की दरें कम करके बाकी टैक्स हटा लिये जाएँ और भारत में अंग्रेजी फौजों का खर्च कम करके, ब्रिटेन में मौजूद फौजों का खर्च भारत के कोष से रोका जाए आदि। लेकिन उसके बाद तमाम अंग्रेज और अंग्रेजपरस्त उनके आलोचक बन गए, लेकिन इसी किताब के बारे में गांधीजी ने अपनी किताब 'हिंद स्वराज' में उल्लेख किया है, जब उनसे पूछा गया कि आप मशीनों के विरोध में क्यों हैं तो गांधीजी ने बताया कि कैसे आर.सी. दत्त की किताब पढ़कर उन्हें पता चला कि मैनचेस्टर ने कैसे भारत को बरबाद कर दिया है, न मशीनों की झपट पड़ती और न भारत की कारीगरी खत्म होती।' किताब पढ़कर उनकी आँखें नम हो गईं। गांधीजी के शब्दों में, "When I read Mr. Dutt's Economic History of India, I wept as I think of it again my heart sickens, It is machinery that has impoverished India. It is difficult to measure harm that Manchester has done to us."[3]

उन्होंने इतिहास की भी कई किताबें लिखीं, सांस्कृतिक इतिहास में उनकी रुचि यह भी दरशाती है कि धीरे-धीरे अंग्रेजों की जातिगत श्रेष्ठता की टीस उनके अंदर भी पलने लगी थी। उन्होंने ऋग्वेद का बाँग्ला अनुवाद किया, रामायण और महाभारत का भी संक्षिप्त अनुवाद किया। सोचा जा सकता है कि तब तक उन्हें समझ आने लगा था कि भारतीय इतिहास, संस्कृति कितनी समृद्ध है और सैकड़ों साल की गुलामी में स्वाभिमान भूल चुके भारतीयों को इसके बारे में बताना कितना जरूरी है।

हालाँकि कई जिलों में जिलाधिकारी रहते हुए उन्हें अकाल राहत की नाकाम व्यवस्था और उससे जुड़े घोटालों के बारे में बखूबी पता था, सो रिटायरमेंट के बाद उनकी पहली किताब अकाल से जुड़ी बदइंतजामी और बदनीयत को लेकर ही आई, नाम था 'फेमाइंस एंड लैंड असेसमेंट इन इंडिया'। उन्होंने इसमें सवाल उठाया कि 1858 से जब से ब्रिटिश रानी के हाथ में सत्ता आई, अगले 40 साल में भारत को क्यों 10 बड़े अकालों से जूझना पड़ा, जिनमें करीब डेढ़ करोड़ भारतीयों को अपनी जान गँवानी पड़ी।

जबकि अंग्रेजी गोदाम अनाज से लबालब रहे। उन्होंने तथ्यों के साथ भारतीय किसानों को इसके लिए जिम्मेदार ठहराने वाले ब्रिटिश तर्कों को अपने तथ्यों से एक-एक करके खारिज कर दिया। अकाल की बदइंतजामी को लेकर उनकी एक किताब ही है, 'Open Letters to Lord Curzon On Famines and Land Assessment In India.' उनके इस खुलासे के चलते खुद लॉर्ड कर्जन को उस वक्त आधिकारिक बयान जारी करना पड़ा था।

लेकिन अपने अध्यक्षीय वक्तव्य में उन्होंने उस लॉर्ड कर्जन की जमकर तारीफ की, यह बात बंग-भंग के उसके फैसले से पाँच साल पहले की बात है। आर.सी. दत्त ने 1899 के लखनऊ अधिवेशन में कहा, "I honestly believe that no viceroy ever come out to India with a more sincere desire to woek for the good of the people, and with the help and co-operation of the people."[4]

हालाँकि वो अंग्रेजी व्यवस्था में रहकर उसमें सुधार के हिमायती थे और उन्होंने सभापति रहते हुए लखनऊ के जिस अधिवेशन में 1899 में अपनी प्रेसीडेंशियल स्पीच में कहा भी कि अंग्रेजी नीतियों की खामियों को उजागर करके कांग्रेस एक तरह से अंग्रेजी सरकार की ही सेवा कर रही है, उन्होंने कहा था, "There are local bodies in different parts of India which give expression to the people's views on local questions; but this National Congress is the only body in India which seeks to represent the views and aspirations of the people of India as a whole in the large and important, and if I may use the word, Imperial questions of administration. Therefore, this National Congress is doing a service to the Government the value of which cannot be overestimated, and which I feel certain is appreciated by the Government itself."[5]

अपने अध्यक्षीय संबोधन में सबसे पहले आर.सी. दत्त ने पिछले कांग्रेस अध्यक्ष आनंद मोहन बोस का टेलीग्राम संदेश पढ़ा था, बीमारी के चलते वे आ नहीं पाए थे। उनके संदेश से पता चलता है कि निजी संदेशों में भी कांग्रेस के वरिष्ठ नेता उन दिनों अंग्रेज शासकों के लिए आशीर्वाद जैसी बातें लिखते थे, वो संदेश था—"Most keenly and deeply regret cannot attend from illness. God bless the Congress, the city of Lucknow, and our beloved motherland and bless our Rulers and gracious Sovereign . May your labors be fruitful, May all India unite in loving, loyal, ardent service to the ancient and glorious land that gave us birth and rejoice in working and suffering for her sake."[6]

अपने अध्यक्षीय संबोधन में उन्होंने स्पष्ट तरीके से बिना लाग-लपेट के कहा कि जिस वक्त लंदन में दो साल पहले यानी 1897 में जब महारानी का समारोह आयोजित किया जा रहा था, तमाम भारतीय राजा और अमीर भारतीय वहाँ सज-धजकर जश्न मना रहे थे तो लंदन में बात हो रही थी कि भारत अगर अच्छे से प्रशासित हो रहे देशों में हैं तो वहाँ इतने अकाल क्यों पड़ते हैं? उन्होंने 1897 की दो और बुरी घटनाएँ अकाल के अलावा गिनाईं, जिनमें लाखों भारतीयों ने जान गँवाई थी, वो था उत्तर-पश्चिम सीमांत प्रांत की सीमा पर अफगान लड़ाकों से जंग, जिसमें सारागढ़ी की लड़ाई भी शामिल थी और प्लेग का प्रकोप भी।

उन्होंने कहा कि और अंग्रेज सरकार ने क्या किया? 60 साल से हम जिस प्रेस की आजादी का लाभ उठा रहे थे, प्रेस पर 1898 के एक्ट से प्रतिबंध लगा दिए, उनके शब्दों में, "Government thought it wise to restrict that liberty of the press which we in India had enjoyed for over 60 years."[7]

उन्होंने अपने अध्यक्षीय संबोधन में साफ कहा कि भारत में जितने भी अकाल पड़े हैं या आगे पड़ने वाले अकालों के लिए भी ब्रिटिश अधिकारियों की नीतियाँ, नीयत और लापरवाही जिम्मेदार है, वरना अच्छी योजना से देशवासियों को हर बार के अकाल से बचाया जा सकता है। लेकिन भारत में तैनात ब्रिटिश अधिकारी ऐसा करना नहीं चाहते हैं। बावजूद इसके उन्होंने भविष्य की प्रगति की बातें करते हुए स्पष्ट किया कि मैं इसके लिए ब्रिटिश सरकार में आस्था रखता हूँ और मैं इसी आस्था में जिया, काम किया और इसी आस्था के साथ मर जाना भी चाहता हूँ।

उनके शब्दों में, "I have been somewhat of an optimist all my life. I have a belief in progress, I have faith in the British Government, I have lived and worked in that faith and I should like to die in that faith."[8]

अपने संबोधन के आखिर में उन्होंने तीन बातों पर जोर दिया कि वो भारतीयों के जीवन से इन्हें कम करना चाहते हैं, Distress (तनाव), Discontent

(असंतोष) और Deaths (मौतें) यानी अकाल से होने वाली मौतें; लेकिन शायद वक्त की मजबूरी या मन की आस्था, वो ये कहना भी नहीं भूले कि एक सेवानिवृत्त सरकारी और भारत सरकार का आस्थावान अधिकारी होने के नाते मैं इसे अपना कर्तव्य समझता हूँ कि नए और बेहतर तरीकों को अपनाने के लिए आवाज बुलंद करूँ, ताकि उसके जरिए अपने देशवासियों को अकाल व उससे होने वाली मौतों से बचा सकूँ, जिससे भारत में ब्रिटिश शासन और भी मजबूत होगा।

REFERENCES

1. The Indian National Congress Containing an Account of Its Origin and Growth, Full Text of All the Presidential Addresses, Page No.-446, Publisher : G.A. Natesan.
2. Report on the Administration by Baroda (1906), Page No.-7, Publisher : Printed at the Times Press.
3. Hind Swaraj Indian Home Rule by M. K. Gandhi (2014), Page No.-84, Sarva Seva Sangh Prakashan.
4. Speeches and Papers on Indian Questions, 1897 to 1900 by Romesh Dutt, Page No.-118, Publisher : Elm Press.
5. The Indian National Congress Containing an Account of Its Origin and Growth, Full Text of All the Presidential Addresses, Page No.-450, Publisher : G.A. Natesan.
6. The Indian National Congress Containing an Account of Its Origin and Growth, Full Text of All the Presidential Addresses, Page No.-445, Publisher : G.A. Natesan.
7. The Indian National Congress Containing an Account of Its Origin and Growth, Full Text of All the Presidential Addresses, Page No.-452, Publisher : G.A. Natesan.
8. From the foundation to the Silver jubilee; containing full text of the presidential addresses from 1885 to 1910 by Indian National Congress, Page No.-421, Publisher : G.A. Natesan & Company.

□

वीर सावरकर को सजा देने वाले जज भी बने अध्यक्ष, 'असहयोग आंदोलन' को कर दिया था खारिज

यह सन् 1885 की बात है, 28 दिसंबर का दिन, मुंबई की सेठ गोकुल दास संस्कृत पाठशाला में एक ऐतिहासिक सम्मेलन हो रहा था, कांग्रेस की स्थापना का सम्मेलन। ऐसे में एक प्रतिनिधिमंडल ठीक उसी दिन लंदन से वहाँ पहुँचता है, वो भारतीय, जो लंदन के चुनावों से ठीक पहले अंग्रेजी जनता और नेताओं के सामने अपना पक्ष रखने और भारत के समर्थन में जनमत तैयार करने गए हुए थे। उस प्रतिनिधिमंडल में एक ऐसा व्यक्ति भी शामिल था, जो एक दिन कांग्रेस का अध्यक्ष बनता है और अगले साल ही उस पद से ही नहीं, कांग्रेस से भी इस्तीफा दे देता है, बल्कि राजनीति से भी संन्यास ले लेता है। नारायण गणेश चंदावरकर नाम था उनका, जिन्हें एन.जी. चंदावरकर के नाम से ज्यादा जाना जाता है।

दरअसल चंदावरकर को महादेव गोविंद रानाडे का दायाँ हाथ समझा जाता है, वह भी उनकी तरह ही वकालत की पढ़ाई करने के बाद वकील बन गए थे और जज बनने की इच्छा थी, साथ ही जितनी संस्थाएँ रानाडे ने स्थापित की थीं, या जिनसे जुड़े हुए थे, उनमें वो हाथ बँटाते थे और रानाडे की मौत के बाद उन्होंने वो संस्थाएँ सँभाली भी। प्रार्थना समाज को तो आजीवन चलाते रहे भी।

रानाडे की ही तरह वो भी बंबई के एलफिंसटन कॉलेज के फेलो रहे थे। रानाडे ने कांग्रेस की स्थापना में योगदान दिया तो चंदावरकर भी कांग्रेस से स्थापना से पहले ही जुड़ गए थे। तभी तो उनको उस तीन सदस्यीय कमेटी में लंदन भेजा गया था, जो कांग्रेस की स्थापना के दिन वापस लौटी थी। तीनों सदस्य अलग-अलग प्रेसीडेंसी का प्रतिनिधित्व करते हुए भेजे गए थे। चंदावरकर बॉम्बे प्रेसीडेंसी से थे,

सलेम रामास्वामी मुदलियार मद्रास प्रेसीडेंसी से थे और तीसरे सदस्य मनमोहन घोष बंगाल प्रेसीडेंसी से थे।[1]

वहाँ इस प्रतिनिधिमंडल ने लगभग सभी पार्टियों के अलग-अलग क्षेत्रों से चुनाव लड़ रहे उम्मीदवारों के पास अपना संदेश भिजवा दिया था कि वो भारत को और ज्यादा स्वायत्तता और सैन्य खर्चों में कटौती आदि मुद्दों पर अपनी माँगें रखना चाहते हैं और उनके विचार जानना चाहते हैं। हालाँकि बहुत लोगों ने मिलने के लिए समय नहीं दिया, फिर भी वो इंग्लैंड और स्कॉटलैंड की कई सभाओं में गए और चैंबरलेन व चर्चिल जैसे मशहूर चेहरों से मिलने का, चर्चा का उन्हें वक्त मिला।

चूँकि कांग्रेस समेत कई संगठनों में उनका जुड़ाव रानाडे के साथ होने के चलते था, ऐसे में उनका मिजाज भी रानाडे जैसा होना स्वाभाविक ही था, यानी अंग्रेजों का ज्यादा विरोध नहीं करना। उनकी सरपरस्ती में रहकर ही स्वराज के अवसर ढूँढ़ना और कुप्रथाओं व सामाजिक बुराइयों के खिलाफ व लोगों के सामाजिक, आर्थिक उत्थान के लिए काम करना। रानाडे तब बंबई हाईकोर्ट के जज थे, उनके बाद एक पद खाली हुआ तो, उस जज की कुरसी पर चंदावरकर को ही चुना गया। ऐसे में 1913 तक वो इसी पद को सँभालते रहे, प्रार्थना समाज जैसी संस्थाओं से जुड़े रहे, लेकिन कांग्रेस जैसी राजनीतिक संस्थाओं और राजनीति से संन्यास ले लिया।

सावरकर को दो आजीवन कारावास की सजा देकर बन गए खलनायक

लेकिन उनको यह नहीं पता था कि वहाँ वो एक ऐसा फैसला भी लेंगे, जो इतिहास में उनके बाकी सारे कामों के मुकाबले ज्यादा बड़ा हो जाएगा और वो था विनायक दामोदर सावरकर के केस का फैसला। चाहे अनंत कन्हेरे ने नासिक के कलेक्टर जैक्सन को मारा हो या कर्नल वाइली को मदन लाल धींगरा ने, पूरी योजना वीर सावरकर की ही थी। यहाँ तक कि खुदीराम बोस ने अपना बम जिस मैन्युअल से बनाया था, उस मैन्युअल को भी लंदन से किसी तरह सावरकर ने ही भिजवाया था। ऐसे में सावरकर को जब लंदन से गिरफ्तार किया गया तो भारत लाते वक्त वो फ्रांस के पास बाथरूम के होल से निकलकर समुद्र में कूद गए और तैरते हुए फ्रांस की धरती पर पहुँच गए, लेकिन बदकिस्मती कि उनके साथी समय से नहीं पहुँचे और वो फिर से ब्रिटिश गिरफ्त में आ गए।

ऐसे में बंबई में उन पर मुकदमा चला तो बॉम्बे हाईकोर्ट चीफ जस्टिस बेसिल

स्कॉट के नेतृत्व में स्पेशल ट्रिब्यूनल बना, जिसमें जस्टिस हीटन के अलावा इकलौते भारतीय जज थे नारायण गणेश चंदावरकर और सबको पता ही है, तीनों जजों ने एकमत से फैसला दिया और सावरकर को दो-दो आजीवन कारावास के लिए पोर्ट ब्लेयर जेल भेज दिया गया। जाहिर है, जिन देशवासियों को भारतीय जज से कुछ उम्मीदें रही भी होंगी तो वो पूरी नहीं हुईं।[2]

कांग्रेस अधिवेशन में सावरकर की रिहाई के लिए लाया गया प्रस्ताव

सावरकर और चंदावरकर का एक और कनेक्शन खासा दिलचस्प है और इस रिश्ते से भी कांग्रेस जुड़ी है। वो यह कि जिस साल कांग्रेस ने अपने अधिवेशन में एन.जी. चंदावरकर की मौत के बाद उन्हें श्रदांजलि दी, उसी अधिवेशन में वीर सावरकर को इतने दिन काला पानी की सजा में रखने के लिए निंदा की गई और उनकी रिहाई की माँग की गई और उनके परिवार के प्रति संवेदनाएँ बाकायदा प्रस्ताव लाकर दी गईं। इस प्रस्ताव का मूल पाठ पढ़िए, "This Congress condemns the continued incarceration of Vinayak Damodar Savarkar and expresses its sympathy with Dr N.D. Savarkar and other members of his family."[3]

सबसे विशेष था विनायक दामोदर सावरकर की तारीफ में मौलाना मौहम्मद अली का बयान, जो उन्होंने प्रस्ताव के समर्थन में दिया था। बताया कि कैसे विनायक सावरकर इतनी मुश्किलें झेल रहे हैं और सरकार का यह करना गलत है। यह अधिवेशन था 1923 का काकीनाडा अधिवेशन। उसी साल 14 मई को एन.जी. चंदावरकर की मृत्यु हो गई थी और उसी साल चौतरफा दवाब के बाद कांग्रेस ने तय किया कि इस साल सावरकर के लिए ब्रिटिश सरकार से रिहा करने की अपील का प्रस्ताव लाया जाएगा। दिलचस्प बात है कि इस अधिवेशन के वक्त गांधीजी जेल में थे और अधिवेशन की अध्यक्षता खिलाफत आंदोलन शुरू करने वाले और मुसलिम लीग के अध्यक्ष रह चुके मौलाना मोहम्मद अली जौहर ने की थी।[4]

वकालत करने के बाद रानाडे के संपर्क ने उन्हें काफी सामाजिक बना दिया था। उन्हीं की तरह वो भी विभिन्न संस्थाओं के माध्यम से समाज सुधार में जुट गए। चूँकि उस वक्त तक कांग्रेस केवल सालाना मिलन था, आज की तरह के राजनीतिक दल की तरह नहीं थी, वो तो बाकी समय दूसरी संस्थाओं को देते थे। ऐसे में रानाडे के साथ कंधे-से-कंधा मिलाकर वे दोनों ही मोर्चों पर काम करते रहे।

बीच में ही छोड़ दी कांग्रेस और पद

दिसंबर 1900 के लाहौर अधिवेशन में चंदावरकर को कांग्रेस का अध्यक्ष भी चुना गया, लेकिन 1901 में अचानक रानाडे की मौत हो गई तो अंग्रेज सरकार ने उन्हें रानाडे की जगह बॉम्बे हाईकोर्ट का जस्टिस नियुक्त कर दिया, इधर रानाडे की तमाम संस्थाएँ उन्हीं को सँभालनी थीं। तब से प्रार्थना सभा तो उन्होंने आजीवन सँभाली। ऐसे में उन्होंने कांग्रेस के अध्यक्ष पद से इस्तीफा देने के बाद राजनीति से ही संन्यास ले लिया और अगले 12 साल न्यायिक सेवा को ही समर्पित कर दिए। इसी दौरान चूँकि वो गर्वनर की एडवाइजरी काउंसिल में भी थे, सो बॉम्बे यूनिवर्सिटी के कामकाज की जिम्मेदारी भी उन पर आ गई थी, उन्हें बॉम्बे यूनिवर्सिटी का पहला भारतीय कुलपति भी चुन लिया गया था।

जब डायर ने की अपनी किताब में तारीफ

1913 में वहाँ से रिटायर होने के बाद वो इंदौर चले गए, जहाँ इंदौर के राजघराने ने उन्हें प्रधानमंत्री नियुक्त कर दिया। वी.सी., हाईकोर्ट जज, कांग्रेस अध्यक्ष और फिर इंदौर के प्रधानमंत्री जैसे एन.जी. चंदावरकर के विविधतापूर्ण कार्यों में दक्षता की तारीफ बतौर आई.सी.एस. ऑफिसर अपनी जॉब से तुलना करते हुए पंजाब में जलियाँवाला बाग के दौरान लेफ्टिनेंट गर्वनर रहे माइकल ओ डायर ने भी अपनी किताब 'इंडिया आई न्यू इट' में की थी।[5]

लेकिन जल्दी ही चंदावरकर इंदौर में अपना नया पद छोड़कर वापस बंबई लौटे। तब तक कांग्रेस दो धड़ों में विभाजित हो चुकी थी। नरम दल और गरम दल की यह गरमी 1907 के सूरत अधिवेशन से शुरू हुई थी और 1916 के लखनऊ अधिवेशन से थोड़े तार जुड़ने शुरू हुए थे। तब तक गांधीजी भी भारत लौटकर वापस आ चुके थे, लेकिन 1918 में मतभेदों के जारी रहने के चलते ऑल इंडिया मॉडरेट कॉन्फ्रेंस स्थापित हुई तो दिनशा वाचा और सुरेंद्र नाथ बनर्जी जैसे उस दौर के दिग्गज नेताओं के साथ वे नेता और निर्देशक की भूमिका में आ गए। 1920 में उन्होंने बॉम्बे में जलियाँवाला बाग की जाँच के लिए बनी हंटर कमेटी की रिपोर्ट के खिलाफ हुई सभा की अध्यक्षता की।

गांधीजी के 'असहयोग' शब्द को ही कर दिया खारिज

उनके भाषण के बाद इस सभा में महात्मा गांधी ने प्रस्ताव प्रस्तुत किया। गांधीजी यों चंदावरकर को सम्मान से 'सर' कहकर बुलाते थे, लेकिन चंदावरकर

गांधी के विरोध के तरीकों, असहयोग आंदोलन या सविनय अवज्ञा आंदोलन के तरीकों को पसंद नहीं करते थे और उन पर बोले भी। जब चंदावरकर ने अपने एक मेनीफेस्टो में ये लिखा कि हमारे किसी भी धर्म या धार्मिक ग्रंथ में असहयोग जैसी परिकल्पना नहीं है तो उस मैनिफेस्टो पर हस्ताक्षर करने वाले उनके अलावा फिरोजशाह मेहता, जमनादास द्वारका दास, बी.सी. दलवी, एन.एम. जोशी आदि थे। उस वक्त यह मैनिफेस्टो 30 जुलाई, 1920 को 'द बॉम्बे क्रॉनिकल' में छपा था।[6]

गांधीजी ने उसके बाद इस मेनीफेस्टो को अपने लेख में साफ खारिज कर दिया और गुजराती अखबार 'नवजीवन' में सिलसिलेवार ढंग से अपने लेख में इस बात का खंडन किया कि असहयोग हमारे शास्त्रों या धार्मिक ग्रंथों में नहीं है। केवल गीता या बाकी हिंदू धर्मों के ग्रंथों से नहीं, उन्होंने कुरान, बाइबल, बौद्ध धर्म आदि से भी असहयोग के उदाहरण दिए।[7] इससे यह तो तय हो गया कि गांधीजी भले ही क्रांतिकारियों या गरम दल को नरम लगते हों, लेकिन वो अपनी बातों पर अडिग थे। हालाँकि कांग्रेस की आधिकारिक वेबसाइट कहती है कि बाद में गांधीजी ने चंदावरकर की चेतावनी भी सुनी और 'सविनय अवज्ञा अभियान' को 1921 में वापस ले लिया।[8]

ये चंदावरकर का कद था, जिनकी बात गांधीजी भी पूरी तरह नजरअंदाज नहीं कर पाए थे, लेकिन उनके लिए कांग्रेस एक समाज सेवा और सुविधा का मसला ही था, एक मिलने-जुलने का मंच था। नहीं तो कौन होगा, जो जज बनने के लिए कांग्रेस अध्यक्ष का पद ही बीच में छोड़ जाएगा। यों वह अंग्रेजों के खिलाफ कोई भी बड़ा आंदोलन, जिसके लिए सड़कों पर उतरना पड़े, इसके एकदम खिलाफ थे।

इसलिए गांधीजी को आंदोलन वापस लेने पर मजबूर किया। हालाँकि वो यह भी नहीं चाहते थे कि अंग्रेजों का भारत में राज अनंत काल तक रहे, लेकिन वो अंग्रेजीराज के गुणों की तारीफ खूब करते थे। रानाडे तो कहा करते थे कि अंग्रेजी भाषा के चलते ही हमें इतनी ज्ञान प्राप्ति हुई है। रानाडे की स्थापित संस्था नेशनल सोशल कॉन्फ्रेंस को भी बाद में चंदावरकर ने ही सँभाला था।

ऐसे में चंदावरकर भी अंग्रेजीराज का खुलकर विरोध करने वालों में नहीं थे, बल्कि गांधीजी की तरह ही खुद को उनकी प्रजा मानते थे और चाहते थे कि अंग्रेज सरकार ही उनकी शिकायतें सुनकर प्रजा की तरह दूर करें। 1919 के एक्ट के जरिए जब काउंसिल सुधार हुए तो नारायण चंदावरकर को बॉम्बे लेजिस्लेटिव काउंसिल का अनाधिकारिक अध्यक्ष नामांकित कर दिया गया था और मरते दम तक वो इस पद पर रहे।

REFERENCES

1. Hazell's Annual Cyclopedia, Volume-1 (1886), Page No.-245, Publisher : Hazell, Watson and Viney.
2. The Criminal Law Journal of India, 1932, Page No.-264, Publisher : Law Printing Works.
3. Parliamentary Papers Volume-11 By Great Britain. Parliament. House of Commons, Page No.-315, Publisher : H.M. Stationery Office.
4. Kakinada Session Report, Page No.-2 https://cultural.maharashtra.gov.in/english/gazetteer/VOL-VI/VOL_VI_201_230.pdf.
5. India I knew it by Michael O'Dwyer, 1925, Page No.-30, Publisher : Constable and Company.
6. The Bombay Chronicle, 30 July, 1920, Publisher : The Bombay Chronicle.
7. Collected Works of Mahatma Gandhi, Volume-21, Page No.-126, Publisher : Publication Division, Govt. of India.
8. https://inc.in/leadership/past-party-presidents/n-g-chandavarkar.

□

आँकड़ों और तथ्यों के बाजीगर दिनशॉ एडुल्जी वाचा से गांधीजी थे काफी नाराज

दिनशॉ एडुल्जी वाचा कांग्रेस के उस अधिवेशन के अध्यक्ष थे, जिस अधिवेशन में पहली बार गांधीजी ने हिस्सा लिया था। तीन दिन के इस अधिवेशन में गांधीजी ने जो देखा, उससे वो इतने ज्यादा निराश हुए कि कांग्रेस की छवि ही उनकी नजरों में गिर गई थी। 1901 का यह अधिवेशन कलकत्ता में हुआ था, गांधीजी मुंबई से जिस ट्रेन से चले, उसी में एक विशेष डब्बा (सैलून) मुंबई के बड़े वकील और कांग्रेस के नेता फिरोजशाह मेहता के लिए भी लगाया गया था। गांधीजी को भी एक स्टेशन तक़ उनके इस सैलून में जाने का मौका मिला। उस सैलून में जिस कदर हताशा उन्होंने मेहता और वाचाजी की बातों में देखी, उन्हें अचरज हुआ। हालाँकि वो कांग्रेस के आम कार्यकर्ता और उनके नेताओं के राजसी ठाटबाट के अंतर को भी इस यात्रा में महसूस कर रहे थे। इन नेताओं की कलकत्ता में भव्य स्वागत की भी चर्चा उन्होंने अपनी आत्मकथा में की है।

गांधीजी ने ही खोल दी कांग्रेस अधिवेशन में अभिजात्य कांग्रेसियों की पोल

दरअसल 1901 का यह वो दौर था, जब गांधीजी दक्षिण अफ्रीका से पहली बार परिवार समेत विदा लेकर वापस आ गए थे। उन्होंने मन बना लिया था कि बंबई (मुंबई) में रहकर वकालत करनी है और देशसेवा करनी है। इसके लिए वो परिवार को मुंबई छोड़कर अगले महीने ही कलकत्ता (कोलकाता) के कांग्रेस अधिवेशन के लिए रवाना हो गए, लेकिन कलकत्ता के इस अधिवेशन में गांधीजी को वहाँ कांग्रेस के कार्यकर्ताओं से काफी निराशा हुई थी कि कैसे वो काम को एक से दूसरे, दूसरे से तीसरे पर सरकाते थे। कोई भी काम किसी को बता दो, वो आगे वाले पर

टाल देता था। जो प्रतिनिधि के तौर पर भाग ले रहे थे, वो अपने को स्वयंसेवकों से ऊपर समझते थे, कोई भी काम खुद से नहीं करना चाहते थे। कई कांग्रेसी नेता तो अपने कोट के बटन तक बंद करने के लिए अपने सचिव या स्वयंसेवक को आदेश देते थे।

गांधीजी ने लिखा है कि कैसे कांग्रेस के उस अधिवेशन में छुआछूत साफतौर पर देखी जा सकती थी। यहाँ तक कि एक ही अधिवेशन में कई रसोई चल रही थीं। तमिलों के लिए भी अलग से रसोई थी, रसोई भी क्या चटाइयों को चारों तरफ से इस तरह लटका दिया गया था कि कोई बाहर से उनका खाना पकता तक न देख सके। अंदर आग और धुआँ बुरी तरह भरा हुआ था, लेकिन वो किसी की बुरी नजर अपने खाने पर पड़ने देने को कतई तैयार नहीं थे।[1]

गांधीजी लिखते हैं, सबसे ज्यादा मुश्किल काम था, किसी से सफाई करवाना, पूरे मैदान में पानी भरा हुआ था, गांधीजी ने स्वयंसेवकों से कहा कि आओ, साफ करते हैं। लेकिन सबने यह कहकर मना कर दिया कि यह हमारा नहीं, बल्कि भंगी का काम है। इतना ही नहीं, शौचालय काफी कम थे और उनको साफ करने वाला कोई नहीं था तो मौका देखकर लोग कमरों के सामने वाले मैदान को ही गंदा कर आते थे। गांधीजी ने झाड़ू लेकर खुद ही मैदान के साथ-साथ शौचालयों तक की सफाई की, तब कुछ स्वयंसेवक उनकी मदद को आए, लेकिन नेता या प्रतिनिधि कोई नहीं आया। गांधीजी ने लिखा है कि अगर यह बैठक उस गंदगी में दो दिन से ज्यादा चलती तो यह निश्चित था कि वहाँ बीमारी फैल जाती।

बिना पढ़े-समझे कांग्रेस अधिवेशन में होते थे प्रस्ताव पास

गांधीजी ने अधिवेशन में एक प्रस्ताव भी रखा था, जो पास भी हो गया। दक्षिण अफ्रीका पर वो प्रस्ताव था, जिसे केवल गोखले ने पढ़ा था, लेकिन किसी और को वहाँ सुनना-समझना भी नहीं था। फिरोजशाह मेहता ने गोखले से बस इतना पूछा, आपने पढ़ लिया है न? उन्होंने कहा—हाँ, तो बोले, फिर ठीक है, लेकिन गांधीजी ने बाद में लिखा कि वहाँ जो भी प्रस्ताव रखा जाता था, वो सर्वसम्मति से पास हो जाता था। कोई ढंग से प्रस्ताव पर चर्चा भी नहीं करता था। प्रस्ताव का विरोध करने का कोई सवाल ही नहीं था तो हर प्रस्ताव पर हाथ उठता ही था, समझ में आए या नहीं। उनका भी सर्वसम्मति से बिना समझे ही पास हो गया।[2]

हालाँकि बाद में दिनशॉ वाचा ने उनका लिहाज करते हुए पाँच मिनट बोलने के लिए भी दिए थे। इसलिए गांधीजी के मुताबिक उनको प्रस्ताव पास होने की कोई

खुशी नहीं हुई, लेकिन जिस तरह गांधीजी ने इस कांग्रेस अधिवेशन का वर्णन किया है, उससे पता चलता है कि स्थापना के 16 साल बाद भी कांग्रेस बस तीन दिन साल में एक जगह जुटने भर का नाम था। ज्यादातर औपचारिक कार्यक्रम ही वहाँ होते थे, कोई भी बड़ा फैसला नहीं लिया जाता था।

दिनशॉ वाचा या डी.ई. वाचा पारसी व्यापारी थे, कॉटन इंडस्ट्री से जुड़े हुए थे, 1915 में इंडियन मर्चेंट्स चैंबर के अध्यक्ष भी बने थे। फिरोजशाह मेहता और दादाभाई नौरोजी से उनकी गहरी छनती थी। कांग्रेस के संस्थापक सदस्य थे, तमाम सामाजिक कार्यक्रमों में हिस्सा लेते थे, अंग्रेज सरकार के एकदम विरोधी नहीं थे, लेकिन उसकी कमियों को उजागर करने के पक्षधर थे। बॉम्बे म्युनिसिपैलिटी में 40 साल तक सक्रिय रहे थे। दिनशॉ इंपीरियल काउंसिल के भी गैर-आधिकारिक सदस्य रहे। वे मिल ऑनर्स एसोसिएशन व बॉम्बे इंप्रूवमेंट ट्रस्ट से भी लंबे समय तक जुड़े रहे थे। हालाँकि अर्थव्यवस्था से जुड़े मामलों में उनकी गहरी रुचि और समझ थी, उनको बेहतर तरीके से समझ आता था कि अंग्रेज अधिकारी किस तरह भारत के पैसे को हर तरीके से लूटकर यहाँ के लोगों का हक मार रहे हैं और इनमें से कई मामलों की जानकारी तो लंदन की संसद् तक को नहीं थी।

ह्यूम की तानाशाही पर उठाया सवाल

दिनशॉ अकेले ऐसे व्यक्ति थे, जिनके निशाने पर एक बार कांग्रेस के संस्थापक यानी ए.ओ. ह्यूम ही आ गए थे। उन्होंने ए.ओ. ह्यूम के लिए जो लाइनें प्रयोग कीं, उनकी तब बहुत चर्चा हुई थी। दरअसल वे कांग्रेस के हर मामले में ह्यूम के दखल को सही नहीं मानते थे, उन्हें लगता था कि ह्यूम हर मामले में निचले स्तर तक के प्रबंधन में शामिल होते हैं और इसके कुछ दुष्प्रभाव होते हैं, हालाँकि उन्होंने ह्यूम की तारीफ भी की, लेकिन फिर भी ह्यूम को तानाशाह कहने से नहीं चूके, "Because he is indispensable...[Hume] ought not to behave as a tyrant... He thinks in all matters he must have the upper hand."[3]

इससे आप समझ सकते हैं कि कांग्रेस कैसे उसी देश के एक व्यक्ति ने स्थापित की, जिसने हमें गुलाम बना रखा था और कैसे उसने सबको यह बताया कि ब्रिटेन की अंग्रेज सरकार और भारत में चल रही अंग्रेजों की सरकार में फर्क है। उन्होंने बताया कि आप भारतीय भी उसी लंदन की अंग्रेजी सरकार की प्रजा हैं और वो सबकी सुनती है, उसके लिए कोर्ट, प्रिवी काउंसिल जैसे तरीके होते हैं। इसलिए आपके भी वही अधिकार हैं, जो लंदन में रहने वाली प्रजा के हैं। सो अगर

उनके अधिकारी यहाँ जुल्म करते हैं और आपको लंदन की प्रजा जैसे अधिकार नहीं देते हैं तो वैसे ही लड़िए, जैसे वो लड़ते हैं, यानी बिना हथियार उठाए, अपनी माँगें रखकर, प्रतिवेदन या ज्ञापन देकर या फिर कुछ मामलों में कोर्ट या काउंसिल्स का रास्ता अपनाकर।

लेकिन इस वाकये से यह भी पता चलता है कि कैसे कांग्रेस के नेता यह महसूस करने लगे थे कि ए.ओ. ह्यूम ने उनको एक मंच तो दिया है, तरीका तो बताया है, लेकिन वह दखल जरूरत से ज्यादा देने लगे हैं। सो यह एक किस्म की परिपक्वता थी, जो समय के साथ कांग्रेसी नेताओं के अंदर आने लगी थी, लेकिन आजादी की माँग की परिपक्वता आने में काफी समय लगा। इस दौर में दादाभाई नौरोजी के बाद दिनशॉ वाचा जैसे लोगों ने यह भी समझा कि कैसे अंग्रेजी साम्राज्य धीरे-धीरे भारत को आर्थिक रूप से शोषित कर रहा है। भारत समेत कई देशों में मौजूद उनकी सेना के खर्चे, अधिकारियों के खर्चे और उनके भ्रष्टाचार के काम भारत को खोखला कर रहे हैं, गरीब बना रहे हैं।

हालाँकि नौरोजी के बाद पूर्व सिविल सर्विस अधिकारी और 1899 में कांग्रेस अधिवेशन के अध्यक्ष रहे रोमेश चंद्र दत्ता की 'इकोनॉमिक हिस्ट्री ऑफ इंडिया' की चर्चा भारत के आर्थिक शोषण पर होती रही है, लेकिन गोपाल कृष्ण गोखले और डी.ई. वाचा का भी योगदान भूलना नहीं चाहिए। जब 1995 में ब्रिटिश सरकार ने भारत में होने वाले खर्चों की जाँच के लिए एक कमीशन बनाया—'रॉयल कमीशन ऑन द एडमिनिस्ट्रेशन ऑफ एक्सपेंडिचर ऑफ इंडिया' यानी वेल्बी कमीशन (Welby Commission) तो उसमें लॉर्ड वेल्बी के अलावा चमन व टी.आर. बुकानन और भारतीय हितों के प्रतिनिधि के तौर पर विलियम वेडरबर्न (पूर्व कांग्रेस अध्यक्ष), दादाभाई नौरोजी और विलियम एस. कैने को रखा गया। दादाभाई इस तरह के शाही आयोग में सदस्य मनोनीत होने वाले पहले भारतीय थे।

अंग्रेजी आयोग को बताया, कैसे हो रहा आर्थिक शोषण

इस आयोग में गवाही के लिए भारत से चार व्यक्तियों को बुलाया गया, गोपाल कृष्ण गोखले, डी.ई. वाचा, सुरेंद्र नाथ बनर्जी और जी. सुब्रामण्यम अय्यर। गोखले को दक्कन सभा की तरफ से और वाचा को बॉम्बे प्रेसीडेंसी एसोसिएशन की तरफ से भेजा गया था। इन सभी लोगों ने भारत में अंग्रेज अधिकारी कैसे भारत को आर्थिक रूप से शोषित करके उसे और गरीब बना रहे हैं और उनके तरीके ब्रिटिश कानून के भी खिलाफ हैं, यह बखूबी साबित भी किया। 1900 में जब इस कमीशन की रिपोर्ट

आई तो तमाम उदाहरण सामने आए कि कैसे 1858 में बनी 'रेड सी एंड इंडिया टेलीग्राफ लाइन कंपनी' में 11 मिलियन पाउंड स्टर्लिंग निवेश किए गए, कुछ दिन बाद ही टेलीग्राफ लाइन टूट गई और कंपनी बंद हो गई। लेकिन अगले 50 साल तक वो कंपनी अपनी पूँजी पर 4.15 फीसदी का ब्याज लेती रही।

1896 में जब कांग्रेस का अधिवेशन हुआ तो डी.ई. वाचा का अभिनंदन अधिवेशन के अध्यक्ष रहीमतुल्ला सयानी ने उन्हें 'मास्टर ऑफ फैक्ट एंड फिगर्स' कहकर इन शब्दों के साथ किया, "Let me add here that my indefatigable friend Mr. D.E. Wacha has been elected by the Bombay Presidency Association to proceed to England and to give his evidence before the Royal Commission, and I have no doubt whatever that, zealous and hard working as he has been throughout his life in the cause of our country, and a master as he is of the facts and figures regarding Indian finance, his evidence will be of very great use to us and assist the Commission in coming to the right conclusion."[4]

अप्रैल 1897 में जब वाकई में 'फैक्ट्स और फिगर्स' के साथ डी.ई. वाचा ने कमीशन के सामने अपनी माँगें रखीं तो वो भी दंग रह गए, जाहिर है, मिलिट्री खर्चों और सरप्लस के इस्तेमाल पर सबसे ज्यादा निशाना था। इस उदाहरण से समझिए, उन्होंने बताया कि कैसे एक ब्रिटिश सैनिक पर भारत में 891 रुपए खर्च होता है तो उसके मुकाबले रूस में 800 रुपए, जर्मनी में 720, फ्रांस में 668, जापान में 648 और ऑस्ट्रिया में केवल 528 रुपए ही खर्च किए जाते हैं। इसी तरह उन्होंने 10 साल का रेलवे का हिसाब भी कमीशन के सामने रखा कि कैसे हर साल 9, 89, 333 रुपए का नुकसान हो रहा है।[5]

और यह सारा खर्च अंग्रेजी अधिकारियों की जेब में जा रहा है, जो कि भारत के निवासियों पर खर्च होना चाहिए था, उनकी बेहतरी के लिए। दिलचस्प बात थी कि 1901 के कलकत्ता अधिवेशन में उनका पूरा संबोधन भी भारत की अर्थव्यवस्था और मिलिट्री, रेलने आदि में अंग्रेजी रारकार के आँकड़ों पर सवाल उठाने वाला था। हालाँकि बड़ा फोकस गुजरात और दक्कन में पड़े अकाल, सरकार के राहत कार्यों आदि पर था।

इस संबोधन से आप उस वक्त की कांग्रेस और उसके नेताओं की सोच आदि का अच्छा विश्लेषण कर सकते हैं कि कैसे अपने अध्यक्षीय संबोधन में क्वीन

विक्टोरिया की उसी साल मौत पर जो लंबी श्रद्धांजलि में उनकी तारीफों के कसीदे डी.ई. वाचा ने पढ़े वो आज की पीढ़ी, को चौंका सकते हैं, उससे भी ज्यादा नए राजा के दिल्ली दरबार का ऐलान और स्वागत से जुड़ी जो बातें उनकी शान में कही गईं, वो भी हैरान कर सकती हैं।

लेकिन वाचा ने फिर भी सबसे पहली श्रद्धांजलि महादेव गोविंद रानाडे जैसे कांग्रेस के कद्दावर नेता को दी, जो उनके लिए भी एक तरह से निजी क्षति थी, फिर दूसरी क्वीन विक्टोरिया को, 25 करोड़ की अकाल राहत के लिए ब्रिटिश सरकार की तारीफ तो की, लेकिन अलग-अलग क्षेत्रों में पैसे का कैसा दुरुपयोग होता है, अपने आँकड़ों के जरिए वो भी ब्रिटिश सरकार को दिखा दिया। ऐसे में नई पीढ़ी को, खासतौर पर इतिहास व अर्थशास्त्र के छात्रों के लिए उनके भाषणों में काफी कुछ काम के आँकड़े मिल सकते हैं।

अपने अध्यक्षीय संबोधन में दिनशॉ वाचा ने सबसे पहले महादेव गोविंद रानाडे के साथ-साथ ब्रिटेन की महारानी विक्टोरिया को श्रद्धांजलि दी, दोनों की ही उसी साल जनवरी में मृत्यु हुई थी, लेकिन महारानी विक्टोरिया के गम में उनकी ये लाइनें आपके लिए दिलचस्प होंगी, "In every part of the country, memorials are being raised which are destined, like those ancient monoliths of the Great Ashoka of happy memory, to perpetuate her name so long as the sun and moon endure. But more than monuments of marble and bronze, it may be hesitatingly observed that the name of Victoria the good will live for ages to come in the hearts and affections of the Indian people."[6] वे इस बात से भी काफी दु:खी दिखे कि 64 साल तक भारत पर राज करने के बावजूद महारानी कभी भारत दौरे पर नहीं आ पाई थीं।

उन्होंने अपने संबोधन में प्रिंस ऑफ वेल्स के किंग अल्फ्रेड के तौर पर राजतिलक को लेकर भी करीब पाँच मिनट बोला और इसे भारत का सौभाग्य बताया और इसे कांग्रेस का कर्तव्य बताया कि वे एक जगह इकट्ठे होकर उन्हें बधाई देने का कार्यक्रम आयोजित करे। तब जाकर वह अकाल को लेकर अपनी बात रख पाए, बचकर बोलते हुए भी वे यह कहने से नहीं चूके कि "सरकार ने हमें बताया है कि 25 करोड़ रुपए अकाल राहत में खर्च हुए हैं, जिनमें से 17 करोड़ 25 लाख का सीधा खर्च है तो हम उन्हें बताना चाहते हैं कि यह खर्च लोगों के अरबों के नुकसान के आगे कुछ भी नहीं है।" बावजूद इसके उन्होंने कहा कि जितना अच्छा

राहत कार्य इन दो अकालों में हुआ है, पहले कभी नहीं हुआ, हमें इंग्लैंड से और उनके सहयोगी देशों से काफी मदद भी मिली है।

उन्होंने अकाल के दौरान बॉम्बे प्रेसीडेंसी प्रशासन द्वारा हैजे को न पहचानने, उसे किसी और बीमारी से जोड़ देने के चलते जो जनहानि हुई, उसके लिए भी अपने संबोधन में जिम्मेदार ठहराया। उन्होंने साफ-साफ कहा कि अकाल राहत के लिए बनाए गए नियम अकाल नहीं खत्म कर सकते, बल्कि दूरदृष्टि के साथ उठाए गए कदम अकाल को रोक सकते हैं।

डी.ई. वाचा का यह भाषण इतिहास, पत्रकारिता, आर्थिक जगत्, सैन्य विज्ञान सभी तरह के छात्रों के लिए उपयोगी हो सकता है। कैसे उन्होंने कृषि से लेकर रेलवे तक, जमीनों से होने वाली आय से लेकर सैन्य खर्च तक, उस वक्त के भारत का खाका खींचा है, वो भी इतने सटीक आँकड़ों के साथ कि हर कोई हैरत में पड़ गया। उन्होंने एक-एक इलाके की रेलवे लाइन कितने नुकसान में चल रही है, विस्तार से बताया, कितनी किस इलाके की जमीनी आय है, सैन्य खर्चा है, कितना विदेश चला जाता है, कितना बोझ भारतीयों पर पड़ता है, एशिया में गरीबी की स्थिति क्या है, भारत में गरीबी घटने के बजाय बढ़ती क्यों जा रही है, कई बिंदुओं पर आँकड़ों के साथ उन्होंने जब ये तथ्य रखे तो ऐसा लगा कि कोई नेता नहीं, बल्कि आर्थिकी का विशेषज्ञ बोल रहा है।

लेकिन अंत में उन्होंने उस वायसराय लॉर्ड कर्जन की काबिलियत पर भरोसा जताया, जो बाद में बंग-भंग के फैसले के चलते भारतीयों और कांग्रेस के लिए खलनायक बन गया, उनके शब्दों में, "I am sure you will agree with me that Viceroy Lord Cuzon, whose zeal for the advancement of the general welfare of our people is beyond all praise and whose uniform sympathy and burning desire to hold the scales even and render us all that justice on more than one matter, which is our due and for which we have been knocking at the door of government these many years, are un questionable."[7]

REFERENCES

1. An Autobiography : The Story of My Experiments With Truth, From Floating Press by Mahatma Gandhi, Page No.-357.
2. An Autobiography : The Story of My Experiments

With Truth, From Floating Press by Mahatma Gandhi, Page No.-365.

3. Dadabhai Naoroji Correspondence : pt. 1. Correspondence with D.E. Wacha, 4-11-1884 to 23-3-1895 by Dadabhai Noroji, R.P. Patwardhan, Page No.-178.
4. Presidential Address of Rahimtulla Sayani in 1896 Congress Session, http://www.columbia.edu/itc/mealac/pritchett/00litlinks/sayani_congress_1896/sayani2435.html.
5. Speeches and Writings of Sir Dinshaw Edulji Wacha by Sir Dinshaw Edulji Wacha, Publisher : G.A. Natson & Company, Page No.-16.
6. From the foundation to the Silver jubilee; containing full text of the presidential addresses from 1885 to 1910, Page No.-450 by Indian National Congress, Publisher : G.A. Natesan & Company.
7. From the foundation to the Silver jubilee; containing full text of the presidential addresses from 1885 to 1910, Page No.-529 by Indian National Congress, Publisher : G.A. Natesan & Company.

□

इंग्लैंड में सांसद का चुनाव लड़ने वाला पहला भारतीय, फ्लोरेंस नाइटिंगेल ने भी किया समर्थन

अगर घर में पहले से कोई व्यक्ति किसी क्षेत्र में है तो आने वाली पीढ़ियों के लिए थोड़ी आसानी हो जाती है। लालमोहन घोष के साथ भी ऐसा ही हुआ, उनके बड़े भाई मनमोहन घोष बंगाल के जाने-माने व्यक्तित्व थे। भारत में वकालत करने वाला पहला बैरिस्टर उन्हीं को माना जाता है और कांग्रेस के सह संस्थापकों में भी मनमोहन शामिल थे। ऐसे में चाहे लंदन जाकर बैरिस्टरी की पढ़ाई करनी हो या फिर इंडियन एसोसिएशन से जुड़ना और चाहे कांग्रेस से जुड़ना, लालमोहन ने भाई का रास्ता ही पकड़ा। हालाँकि वो 1903 में कांग्रेस के अध्यक्ष चुने गए तो भाई से एक तरह से एक कदम आगे निकल गए।

दोनों घोष भाई बंगाल के कृष्णानगर के रहने वाले थे, उनके पिता बंगाल सरकार की न्यायिक सेवा में थे, सो परिवार तो काफी प्रभावशाली था ही, वकालत का पेशा भी एक तरह से विरासत में मिला। मनमोहन घोष तो उन दो पहले व्यक्तियों में शामिल थे, जो आई.सी.एस. की परीक्षा देने भारत से लंदन गए, दूसरे सत्येंद्र नाथ टैगोर थे। पहले तो 1862 में समुद्र यात्रा करने वालों को काफी विरोध झेलना पड़ता था, दूसरे तमाम अंग्रेज नस्लवादी सोच के चलते नहीं चाहते थे कि कोई भारतीय आई.सी.एस. पास करे।

बावजूद इसके वो गए, आई.सी.एस. परीक्षा में उनके साथ भेदभाव भी हुआ, लेकिन सत्येंद्र नाथ टैगोर किसी भी तरह कामयाब होकर पहले भारतीय आई.सी.एस. बन गए, मनमोहन घोष रह गए। इंग्लैंड से बैरिस्टरी का कोर्स करने के बाद वो कलकत्ता (कोलकाता) में वकालत करने लगे, उनसे पहले दो-तीन लोगों ने

ही लंदन से यह कोर्स किया था, लेकिन मनमोहन घोष को कलकत्ता हाईकोर्ट का पहला प्रेक्टिसिंग बैरिस्टर माना जाता है।

इन दोनों भाइयों का एक दिलचस्प रिश्ता महर्षि अरविंद से भी है, अरविंद के पिता डॉ. के.डी. घोष रंगपुर में असिस्टेंट सर्जन थे और मनमोहन घोष उनके मित्र थे। दोनों की पत्नियों का नाम एक ही था—स्वर्णलता। जब अरविंद की माँ स्वर्णलता गर्भवती हुईं तो रंगपुर मलेरिया और फिर उसके बाद हैजे की मार से जूझ रहा था, सो अरविंद के पिता ने पत्नी को मनमोहन घोष के घर कलकत्ता भेज दिया और वहीं अरविंद का जन्म 1872 में हुआ।[1]

एक और दिलचस्प जानकारी यह है कि अरविंद घोष के एक बड़े भाई भी थे, तीन साल बड़े इस भाई का नाम उनके पिता डॉ. के.डी. घोष ने अपने मित्र के नाम पर मनमोहन घोष रखा था, यानी पत्नियों के नाम मिलते थे, दोस्त के नाम पर बेटे का नाम भी रख दिया था।

लेकिन लालमोहन घोष का नाम किसी भी भारतीय को इतिहास में जानना इसलिए जरूरी है कि वो लंदन सिर्फ पढ़ने के लिए नहीं गए थे, वो पहले ऐसे भारतीय भी थे, जिन्होंने ब्रिटेन की संसद् के लिए चुनाव लड़ा। तब तक दादाभाई नौरोजी ने भी नहीं सोचा था कि वो इतने वर्षों से लंदन इंडियन सोसाइटी, या ईस्ट इंडिया एसोसिएशन या फिर द इंडियन सोसाइटी जैसी संस्थाओं को चला रहे हैं, लेकिन कभी चुनाव लड़ने के बारे में नहीं सोचा। हालाँकि, बाद में लालमोहन घोष ने ही उनके लिए जमीन तैयार की और एक दिन दादाभाई नौरोजी पहले भारतीय सांसद बन गए थे।

लालमोहन घोष लिबरल पार्टी के टिकट पर लंदन की डेप्टफोर्ड सीट पर एक बार नहीं, बल्कि दो-दो बार चुनाव लड़े। हालाँकि, दोनों बार हार गए।[2] हालाँकि पार्टी की तरफ से उनको पहले ग्रीनविच सीट के लिए चुना गया था। 1885 में हारने के बावजूद उनको 47.5 फीसदी वोट पहली बार मिलना बड़ी बात थी, दूसरी बार भी उसी सीट से उनको 45.3 फीसदी वोट मिले थे। सबसे खास था फ्लोरेंस नाइटिंगेल जैसी हस्ती का उनके समर्थन में आना। फ्लोरेंस नाइटिंगेल ने उन्हें पत्नी के साथ घर भी बुलाया।[3]

मनमोहन घोष राजा राममोहन राय, फिर केशव चंद्र सेन, सुरेंद्र नाथ बनर्जी और सत्येंद्र नाथ टैगोर जैसे तमाम मशहूर लोगों के संपर्क में रहे और भारतीय सामाजिक व्यवस्था में सुधार के लिए लगे रहे, अपना घर तक उन्होंने एक स्कूल के लिए दान में दे दिया। पहले इंडियन एसोसिएशन के गठन में अहम भूमिका निभाई

और फिर कांग्रेस के। 1890 में कांग्रेस के कलकत्ता अधिवेशन की स्वागत समिति के अध्यक्ष भी बनाए गए। ऐसे में लालमोहन घोष को उनके बनाए रास्ते और रिश्तों का काफी फायदा मिला और वो भी इंग्लैंड से बैरिस्टरी का कोर्स करने के बाद उन्हीं की तरह कलकत्ता में वकालत करने लगे तथा इंडियन एसोसिएशन से जुड़ गए और बाद में कांग्रेस से भी।

1879 में पहली बार लालमोहन घोष जनता की कुछ माँगें लेकर ब्रिटिश एसोसिएशन की तरफ से लंदन गए थे और ब्रिटिश नागरिकों का ध्यान भारत की जनता की समस्याओं की तरफ खींचा। 1880 जुलाई में उन्हें उस कमेटी का सदस्य बनाया गया था, जिसे सिविल सर्विस में भारतीयों की उम्र बढ़ाने के साथ-साथ प्रेस एक्ट और आर्म्स एक्ट को निरस्त करने के लिए अभियान छेड़ना था। दरअसल अंग्रेजों ने सिविस सर्विस के लिए उम्र 21 से घटाकर 19 कर दी थी, जिसके खिलाफ सुरेंद्र नाथ बनर्जी ने एक आंदोलन शुरू किया था, जिससे लालमोहन घोष भी जुड़ गए थे।

उन्हीं दिनों अंग्रेजी सरकार इल्बर्ट बिल अपनी संसद् में लेकर आई, दरअसल इसके जरिए एडमिनिस्ट्रेशन और ज्यूडीशियरी में भारतीयों को भी यूरीपोय जजों की तरह अधिकार देने की योजना थी। इससे पहले जब 1836 में मैकाले इस तरह का बिल लेकर आया था तो उसका काफी विरोध हुआ था। लेकिन इस बार दोनों तरफ से बोलने वाले लोग थे, यानी विरोधी भी और समर्थक भी।

तब तक किसी यूरोपीय का मुकदमा भारतीय जज नहीं सुन सकता था। उस वक्त तक कांग्रेस के नेता आजादी की बात सोचते भी नहीं थे, वो तो खुद को अंग्रेजी प्रजा मानते थे और उन्हीं के बराबर अधिकार माँगते थे। लालमोहन घोष भी ऐसा ही सोचते थे, अंग्रेजीराज से अलग होने का खयाल तो एक बार भी उनके दिलोदिमाग में आया तक नहीं था, कम-से-कम किसी सार्वजनिक मंच से तो उन्होंने कभी नहीं कहा।

उस वक्त वायसराय लॉर्ड रिपन था, अपेक्षाकृत उदार था, सो भारत में रिपन के लिए मुश्किल न हो, इसलिए कोई बड़ा विरोध प्रदर्शन वहाँ नहीं किया गया, बल्कि लालमोहन घोष को लंदन भेजा गया, ताकि वो ब्रिटिश जनता और बुद्धिजीवियों को इस बिल के समर्थन के लिए तैयार करें तथा वहाँ के सांसदों पर दवाब बनाएँ और लालमोहन घोष को इस काम के लिए जाना भी जाता है।

लेकिन एंग्लो-इंडियंस इस बिल से बिफर गए, एंग्लो-इंडियंस महिलाओं ने तो काफी विरोध प्रदर्शन किया, कलकत्ता टाउन हॉल में एक एंग्लो-इंडियन

एच.एच.एच. ब्रॉन्सन ने भारतीय महिलाओं को लेकर काफी भद्दी बातें बोलीं तो लालमोहन घोष ने एक अच्छे वक्ता की तरह उन्हें जमकर लताड़ लगाई और ऐसे में लालमोहन घोष की प्रतिष्ठा काफी बढ़ गई थी। कहा जाता है कि वह लालमोहन घोष थे, जिन्होंने बंगाल में पहली बार बंग-भंग आंदोलन के लिए बहिष्कार का नारा दिया, 1903 के मद्रास अधिवेशन में जब वे कांग्रेस अध्यक्ष बने तो प्राइमरी एजुकेशन को अनिवार्य करने की बड़ी बात कही।[4]

मद्रास का अधिवेशन इसलिए भी खास था, क्योंकि लालमोहन घोष ने दादाभाई नौरोजी के बाद कांग्रेस के सबसे कद्दावर पारसी नेता फिरोजशाह मेहता को अध्यक्षीय भाषण में ही आईना दिखा दिया था। दरअसल शुरुआत में कांग्रेस के लगभग डेढ़ दशक तक ए.ओ. ह्यूम का भी कांग्रेस पर दबदबा था, उनकी बात आखिर में किसी भी विवाद को निपटाने के लिए काफी थी। ए.ओ. ह्यूम का यह दबदबा इंग्लैंड में इतने साल रहकर दो बार चुनाव लड़ने वाले लालमोहन घोष को अच्छा नहीं लगा था और एक बार तो 1895 में वो कलकत्ता में अपनी नई पार्टी खोलने की योजना में ही जुट गए थे।

इधर फिरोजशाह मेहता ने भी कांग्रेस से दूरी बना रखी थी, लेकिन वो दिनशॉ वाचा जैसे नेताओं के जरिए कांग्रेस पर अपनी पकड़ बनाए रखते थे। उनको शंकरन नायर ने 1898 के मद्रास अधिवेशन में बुलाने का न्योता भी भेजा था, लेकिन वो ऐन वक्त पर नहीं आए। फिर 1903 के मद्रास अधिवेशन में विजय राघवाचारी ने उन्हें फिर बुलावा भेजा तो वो राजी हुए। राघवाचारी ए.ओ. ह्यूम के करीबी थे और उसी का वास्ता देकर उन्होंने मेहता से अपील की थी कि ह्यूम के जाने के बाद कांग्रेस में कई धड़े बन गए हैं, आपको आना चाहिए।

इधर दादाभाई नौरोजी जैसा सम्मान और कोई पारसी नेता कांग्रेस में नहीं पा सका था, फिरोजशाह मेहता की इज्जत तो बहुत नेता करते थे, लेकिन उनके निरंकुश रवैये से परेशान भी थे। जब वो 1903 के अधिवेशन में आए तो जो गरम दल उनके 1898 के अधिवेशन में न आने से ही नाराज था, और नाराज हो गया, पहले विषय समिति (सब्जेक्ट कमेटी) की मीटिंग में विवाद हुआ, फिर लालमोहन घोष ने अपने अध्यक्षीय भाषण में उनको आड़े हाथों ले लिया और उनके तानाशाही रवैये पर सवाल उठाए।[5]

लेकिन उससे भी ज्यादा दिलचस्प बात यह हुई कि अध्यक्षीय संबोधन की कुछ कॉपियाँ, जो प्रकाशित होकर आई थीं, उनमें से एक फिरोजशाह मेहता ने भी ढूँढ़ी, क्योंकि उनको किसी ने बता दिया था कि आपके खिलाफ कोई वक्तव्य अध्यक्ष

लालमोहन घोष के द्वारा दिया जा सकता है। वे लालमोहन घोष से अनौपचारिक तौर पर मिले और उनको 'राजनीतिक योगी' कह दिया। उनके भाषण में अपनी आलोचना की जानकारी का जिक्र किए बिना कुछ सुझाव भी दिए। इसी के चलते सबको धन्यवाद देने के फौरन बाद लालमोहन घोष ने उनको निशाने पर लेते हुए राजनीतिक योगी वाली बात से ही शुरुआत की और उनके द्वारा फिरोजशाह मेहता को तानाशाह कहने पर भी इतना असर नहीं हुआ, बल्कि लोग हँसते रहे।

उन्होंने शुरुआत कुछ इस तरह से की, "It has pleased my Honourable friend, Mr. Mehta, to refer by anticipation to some observation in my inaugural address . He calls me a political yogee . But if political activity has its value, political yogism. as my friend calls it and which I prefer to describe as though and meditation, is not without its uses, Mr. Mehta adds that having been a yogee for some time. I have been labouring under some delusions. He assures us that their have been no difference in our camp worth speaking off. I may be so, I have no personal knowledge of these matters but is I have laboured under any delusions, I have atleast the consolation knowing my delusions were shared by some of the leading newspaper."[6]

हालाँकि यह अधिवेशन काफी कम उपस्थिति के होने से भी चर्चा में आया था। मेहता से जुड़े इस पूरे विवाद से गोखले का नाम भी जुड़ा है, गोपाल कृष्ण गोखले पहली बार इसी अधिवेशन में महासचिव नियुक्त किए गए थे। उन्होंने कैसे भी मामला सँभाला। लेकिन दोनों गुटों के बीच आग बुझी नहीं और सूरत अधिवेशन 1907 में तो हाथापाई, जूतेबाजी की नौबत तक आ गई थी। 1904 के अधिवेशन में तो लोकमान्य तिलक ने यहाँ तक कह दिया था कि मेहता, सुरेंद्र नाथ बनर्जी, आनंदचार्लू आदि को पार्टी का काम लंदन में बढ़ाने के लिए कुछ साल वहीं चले जाना चाहिए[7], इससे भी दूसरा गुट काफी नाराज हुआ था। हालाँकि यह विवाद लंबा चला और गांधीजी के दक्षिण अफ्रीका से लौटने के बाद ही नई कांग्रेस का उदय हो पाया, दोनों गुटों में एका हुआ।

लेकिन लालमोहन घोष कांग्रेस का वो उदय नहीं देख पाए, जब वो अपनी रीढ़ की हड्डी में आई समस्या से बुरी तरह परेशान हो गए, 1909 में ही उनकी मौत हो गई। हालाँकि बंग-भंग के दौरान ही भारत में 'लाल-बाल-पाल' की अगुआई

में एक गरम दल का उदय होने लगा था और पूर्व के कांग्रेस नेताओं की सोच कि 'भारत अंग्रेजों के राज में ही खुश है' जैसी सोच से बाहर निकलकर तिलक जैसे नेता यह भी कहने लगे कि स्वराज हमारा जन्मसिद्ध अधिकार है।

ऐसे में आज की भारतीय पीढ़ी को लालमोहन घोष जैसे नेता उस दौर में तमाम उपलब्धियों के बावजूद आकर्षित नहीं करते, क्योंकि वो अंग्रेजीराज में ही खुश रहने जैसे विचार को समझ नहीं पाते और उस दौर के नेताओं के लिए शायद आजादी की बात सोचना भी आसान नहीं था। लेकिन उस दौर की जितनी भी माँगें थीं, उनको रखने से वो नहीं चूकते थे, लालमोहन घोष ने भी अकाल से लेकर भुखमरी तक, तिब्बत से लेकर भारतीय न्यायिक व्यवस्था में नस्लीय भेदभाव तक सारी माँगें रखी थीं।

REFERENCES

1. http://sri-aurobindo.in/images/other/item_00962_e.html.
2. Bengal Politics in Britain by Faruque Ahmed, Page No.-24.
3. http://transpont.blogspot.com/2012/02/history-corner-indian-candidate-for.html.
4. Emergence of Modern Bengali Elite, A Study of Progress in Education, 1854-1917 by Dipak Kumar Aich, Page No.-19.
5. Indian Nationalism and the Early Congress by John, R. Mclane, Page No.-170.
6. Congress Presidential Addresses : 1901-1911, Editor : A. Moin Zaidi Page No.-191, Publication Department, Indian Institute of Applied Political Research.
7. Indian Nationalism and the Early Congress by John, R. Mclane, Page No.-171.

□

लाला लाजपत राय पर प्रतिबंध लगाने वाला अध्यक्ष, श्यामजी कृष्ण वर्मा से थी चिढ़

"The ideal of an Indian patriot is the establishment of a federation of free and separate States, the united states of India, placed on a fraternal footing with the self-governing colonies, each with its own local autonomy, cemented together under the aegis of Great Britain."[1]

ये शब्द थे कांग्रेस के 1904 बॉम्बे अधिवेशन के अध्यक्ष हेनरी कॉटन के, जो उन्होंने तमाम दिग्गज कांग्रेसी नेताओं के समक्ष अपने अध्यक्षीय संबोधन में दिए थे। यह शायद पहली बार था कि कोई अंग्रेज कांग्रेस के मूल ध्येय को सामने रख रहा था और वो भी उसके अध्यक्ष के तौर पर। कांग्रेस के सभी नेता इससे सहमत भी थे और बाद में इसी ध्येय को मान लिया गया कि 'ग्रेट ब्रिटेन के संरक्षण में भारतीयों का स्वशासन लाना'। जबकि आज की तारीख में कांग्रेस अपनी वेबसाइट पर 1904 के अधिवेशन में इस तरह की बातों का कोई जिक्र नहीं करती। बल्कि लॉर्ड कर्जन के कदमों तले मृत पड़े हुए शेरों के साथ पाँच लाइनें लगा रखी हैं—"At its Bombay Session, the Congress protested the violation of rules by Lord Curzon as he used revenues from India for his forward policy in Tibet. The Congress also recorded its emphatic protest against the Curzon administration's proposal to divide Bengal, a province which was at the forefront of the anti-British struggle."[2]

क्या-क्या हुआ था उस अधिवेशन में, वो भी जानेंगे, पहले कांग्रेस का ध्येय बताने वाले इस अंग्रेज अध्यक्ष हेनरी कॉटन के बारे में थोड़ा जान लेते हैं।

हेनरी कॉटन के दादा ईस्ट कंपनी के डायरेक्टर थे, उस वक्त के कई व्यापारी ईस्ट इंडिया कंपनी में डायरेक्टर थे। दादा भारत में इतना आते-जाते थे कि हेनरी के पिता का जन्म भी यहीं हुआ और खुद हेनरी का भी, शायद माँ भी जन्म से भारतीय थीं। यह एक बड़ी वजह थी कि वो शुरुआत से ही भारत के लोगों को ब्रिटिश राज में ज्यादा अधिकार दिलवाने के हिमायती रहे। कांग्रेस ने भी बंग-भंग आंदोलन की अगुआई के लिए लॉर्ड कर्जन जैसे सख्त वायसराय के सामने एक अंग्रेज को ही उस साल अपना अध्यक्ष चुना, हेनरी 1904 में कांग्रेस अधिवेशन के सभापति चुने गए।

हेनरी की पाँच पीढ़ियाँ रहीं भारत में

हेनरी कॉटन का जन्म उस वक्त के मद्रास प्रांत के कुंभकोणम में हुआ था, जो तंजौर जिले में पड़ता है। लेकिन तीन साल बाद ही यानी 1948 में हेनरी को लंदन भेज दिया गया, पढ़ाई वहीं हुई और फिर सिविल सर्विस की तैयारी की, 1867 में आई.सी.एस. पास करके पहली नौकरी मिली मिदिनापुर में, जहाँ विलियम जेम्स हर्शेल उनके जूनियर थे, जो उस वक्त स्थानीय मजिस्ट्रेट थे। जेम्स को दुनिया भर में फिंगर प्रिंट्स टेक्नोलॉजी को आगे बढ़ाने के लिए जाना जाता है। कहा जाता है कि हेनरी की पाँच पीढ़ियों ने भारत की सेवा की थी।

हेनरी को वर्षों तक सरकार के कई पदों पर तैनाती मिली, कई जिलों में काम करने के बाद कई विभागों का सचिव बनाया गया और 1896 में हेनरी को जिम्मेदारी मिली आसाम के चीफ कमिश्नर की, 1897 में जब आसाम में बड़ा भूकंप आया तो हेनरी ने पूरी ताकत लगा दी, ताकि विस्थापित और प्रभावित लोगों को कोई परेशानी न हो। मार्च 1900 में जब लॉर्ड कर्जन ने वहाँ का दौरा किया तो उसने हेनरी की काफी तारीफ भी की, लेकिन हेनरी उसी वक्त लॉर्ड कर्जन को समझ चुके थे, जिसे केवल ब्रिटिश हितों की चिंता थी, भारतीयों की नहीं।

बंग-भंग आंदोलन का मुखिया एक अंग्रेज

1902 तक हेनरी इस पद पर रहे, और फिर सीधे भारतीयों के हितों में लग गए, तब उन्हें क्या पता था कि कांग्रेस लॉर्ड कर्जन के खिलाफ एक दिन बंग-भंग आंदोलन में हेनरी को ही अपना चेहरा बना देगी। 10 जनवरी को कलकत्ता के टाउन हॉल में बंग-भंग आंदोलन की नींव रखने के लिए जो सभा बुलाई गई थी, उसकी अध्यक्षता हेनरी कॉटन ने की थी। 1901 में हेनरी ने कॉटन कॉलेज ऑफ गोवाहाटी भी स्थापित किया था।

हालाँकि हेनरी कॉटन 1885 में ही न्यू इंडिया का सपना देखने लगे थे, उन्होंने एक किताब भी लिखी थी, जिसको नाम दिया था 'न्यू इंडिया या इंडिया इन ट्रांजीशन'। इसमें उन्होंने इंडियन होमरूल को अपना समर्थन दिया, जिसके चलते उन्हें अपनी ही सरकार, अपने ही लोगों के निशाने पर आना पड़ा था। तिब्बत पर अटैक के मसले और बंगाल विभाजन को लेकर उन्होंने लॉर्ड कर्जन का जमकर विरोध किया। हालाँकि कांग्रेस से वो एक-दो साल ही जुड़े रहे, उसके बाद वो लंदन वापस चले गए और 1906 में लिबरल पार्टी से चुनाव लड़कर नॉटिंघम ईस्ट से सांसद बने। लेकिन वहाँ भी वो लगातार अंग्रेजों के खिलाफ भारतीयों के समर्थन में अपनी आवाज बुलंद करते रहे, यह अलग बात है कि भारत की आजादी की बात उनके दिलोदिमाग में भी कहीं नहीं थी।

स्वामी विवेकानंद ने की तारीफ

लेकिन भारतीय संस्कृति के प्रति कॉटन का जन्म से भारतीय होने के नाते गहरा लगाव था, एक बार स्वामी विवेकानंद शिलांग जा रहे थे। बीमार होने पर उनके सहयोगियों ने आवोहवा बदलने के लिए शिलांग जाने की सलाह दी थी। स्वामी विवेकानंद के अमेरिका में भाषण के बाद उन्हें सारे यूरोपीय जानने लगे थे, ऐसे में आसाम के तत्कालीन चीफ कमिश्नर हेनरी कॉटन को उनके बारे में जानकारी मिली तो मिलने जा पहुँचे। स्वामीजी के सहयोगी उनसे भाषण देने से बचने को कह रहे थे, लेकिन कॉटन ने काफी अनुरोध किया और स्वामीजी के लिए एक सभा वहीं रखी गई।

इस सभा में तमाम यूरोपीय अधिकारियों को कॉटन ने बुलाया था, सभी ने स्वामीजी को धन्यवाद दिया। हेनरी ने स्वामीजी की खराब तबीयत को देखते हुए एक डॉक्टर को भी मदद के लिए बुला लिया था। हेनरी कॉटन को इस बात का काफी आश्चर्य था कि अमेरिका, यूरोप में घूमकर आ चुके स्वामी विवेकानंद इन पहाड़ियों पर क्या कर रहे हैं। तब स्वामीजी ने उन्हें कामाख्या मंदिर और तांत्रिक संतों के बारे में बताया था कि कैसे वो शंकराचार्य के पंथ से ही जुड़े हो सकते हैं। हालाँकि स्वामीजी को उनका स्वभाव काफी अच्छा लगा था।[3]

एक बार गांधीजी भी स्वामी विवेकानंद से मिलने बेलूर के आश्रम में पहुँचे थे, लेकिन तबीयत खराब होने के चलते स्वामी विवेकानंद ने उनसे मिलने से इनकार कर दिया था। उन दिनों गांधीजी साउथ अफ्रीका से बीच में कांग्रेस के अधिवेशन के लिए भारत आए थे और कलकत्ता में काली मंदिर में भी गए थे।

एक दौर वो आया जब साउथ अफ्रीका से भारत आते वक्त गांधीजी लंदन

में रुके और वहाँ विदाई हुई तो सर हेनरी कॉटन ने ऐसे वक्त में उनको वो लिखा, जिसे गांधीजी में ही उस वक्त सारी उम्मीदें नजर आ रही थीं। हेनरी कॉटन ने लिखा था, "Mr. Gandhi had practically won the battle he had been fighting and was returning to India to resume, as they all hoped, the practice of his profession under happier auspice that it has been his fate to enjoy in South Africa and to meet the thousands of his countrymen by whom his name would never be forgotton."

1906 में गांधीजी साउथ अफ्रीका के भारतीयों की कुछ माँगें लेकर जब लंदन आए थे तो दादाभाई नौरोजी के साथ-साथ सर हेनरी कॉटन से भी मिले थे। बाद में कॉटन उनकी माँगों को लेकर मार्ले से मिले भी थे। किंग्स कॉलेज, लंदन से ग्रैजुएशन करने के बाद हेनरी ने 1867 में बंगाल सिविल सर्विस जॉइन की थी।

आसाम में चाय के बागानों के अंग्रेज मालिक भारतीय मजदूरों की हत्या तक कर देते थे, लेकिन ज्यूरी उनको मामूली जुरमाना लगाकर छोड़ देती थी। ऐसे में हेनरी ने भारतीयों की आवाज यहाँ उठाई। जिसका जिक्र 1903 के मद्रास अधिवेशन के अपने अध्यक्षीय भाषण में लालमोहन घोष ने खुद किया था।[4]

लंदन में कांग्रेस की एक ब्रिटिश कमेटी भी थे। 1889 में स्थापित हुई इस कमेटी में दादाभाई नौरोजी का अहम रोल था, 1890 में 'इंडिया' नाम से एक मासिक जर्नल छापा जाने लगा। बाद में यह साप्ताहिक हो गया। हेनरी कॉटन को भी इस पत्र का संपादक बनने का मौका मिला।

हेनरी के कई भारतीय परिवारों से अच्छे रिश्ते बन गए थे, जिनमें टैगोर (ठाकुर) परिवार, डब्ल्यू.सी. बनर्जी, आर.सी. दत्त और सुरेंद्र नाथ बनर्जी जैसे कांग्रेस नेताओं के अलावा दरभंगा के महाराजा भी शामिल थे। 1885 में उन्हें कलकत्ता यूनिवर्सिटी का फेलो चुन लिया गया और बाद में कलकत्ता म्युनिसिपल कॉरपोरेशन के लिए भी निर्विरोध चुन लिये गए थे।

1904 के अधिवेशन में तिब्बत और बंगाल के मुद्दे तो अध्यक्षीय भाषण में हेनरी कॉटन ने उठाए ही थे, हेनरी कॉटन और पूर्व अध्यक्ष विलियम वेडरबर्न ने यह भी प्रस्ताव रखा कि कांग्रेस के एक प्रतिनिधिमंडल को स्वशासन की अपनी माँग को लेकर लंदन भी भेजा जाना चाहिए, ताकि ब्रिटिश जनता के बीच वो अपने मुद्दे को लेकर राय बना सकें। इसी के चलते 1905 में गोपाल कृष्ण गोखले और लाला लाजपत राय को लंदन भेजा गया था।

लॉर्ड कर्जन ने मिलने से कर दिया साफ इनकार

16 फरवरी, 1905 के दिन लंदन के हाउस ऑफ कॉमंस में आइरिश पॉलिटिकल पार्टी से जुड़े सांसद स्विफ्ट मेकनिल ने एक दिलचस्प सवाल पूछा था, और यह सवाल भारत सचिव विलियम ब्रॉड्रिक के लिए था, उन्होंने पूछा था कि क्या हेनरी कॉटन, जो भारत के वायसराय लॉर्ड कर्जन से मिलकर कांग्रेस अधिवेशन में पारित हुआ प्रस्ताव निजी तौर पर मिलकर सौंपना चाहते थे, को लॉर्ड कर्जन ने मिलने से साफ इनकार कर दिया था? यह भी पूछा कि "If so, whether, having regard to the record of Sir Henry Cotton as an Indian administrator, this action of the Viceroy of India has the sanction of the Imperial Government."[5]

तब भारत सचिव ब्रॉड्रिक ने इस बात का जवाब देते हुए उन्हें कहा था, "मेरे पास इस बात की कोई आधिकारिक सूचना नहीं है, लेकिन जितनी मेरी जानकारी है कि बाद में कर्जन के निजी सचिव ने हेनरी कॉटन को एक पत्र लिखकर इसकी वजहों की जानकारी दी थी कि वो क्यों कांग्रेस के अध्यक्ष के तौर पर उनसे आधिकारिक रूप से नहीं मिल सकते थे और यह पत्र वहाँ अखबारों में छप चुका है।" उन्होंने यह भी कहा कि मुझे नहीं लगता है कि हमें वायसराय के इस फैसले पर कोई एतराज करना चाहिए।

इस पूरी घटना से यह पता चलता है कि अंग्रेजी अधिकारियों के बीच विचारधारा के स्तर पर और निजी स्तर पर भी कई तरह के मतभेद थे और इन मतभेदों के चलते वो कांग्रेस के मंच को भी इस्तेमाल करते थे और टूल के तौर पर कांग्रेस को भी। यह अलग बात है कि आज कांग्रेस तिब्बत में भारतीय धन खर्च करने और बंगाल विभाजन के खिलाफ प्रस्ताव को ही इस अधिवेशन का 'टेक अवे' घोषित करती है, लेकिन सच यह भी है कि वायसराय ने वो प्रस्ताव पढ़ा तक नहीं था।

जबकि तब भी सुरेंद्र नाथ बनर्जी जैसे कांग्रेस नेता ने अध्यक्ष पद के लिए हेनरी कॉटन का नाम प्रस्तावित करते हुए कहा था, "जब हम लोग निराशा के दौर से गुजर रहे हैं, आप इस परिस्थिति में हमारे लिए बचावकर्ता के तौर पर आए हो।" उनका इशारा कांग्रेस में चल रही गुटबंदियों की तरफ था। फिरोजशाह मेहता ने हेनरी कॉटन के आने पर अपनी स्थिति फिर से मजबूत कर ली थी।

तभी तो हेनरी कॉटन ने अपने अध्यक्षीय संबोधन में कांग्रेस के नेताओं को अलग से कुछ लाइनें बोली थीं, "You Cannot all be leaders...Captains and generals are few in numbers, the plan and campaign designed by them but success is assured by obedience and discipline of the rank and file." इस भाषण में हेनरी ने नौरोजी, मेहता, सुरेंद्र नाथ बनर्जी, डब्ल्यू.सी. बनर्जी, शंकरन नायर, दिनशॉ वाचा और गोखले जैसे उदारवादी नेताओं को काफी ऊँचे कद का नेता बताते हुए ए.ओ. ह्यूम और विलियम वेडरबर्न की अगुआई में लंदन की ब्रिटिश कांग्रेस कमेटी को उनकी कामयाबी के लिए अपरिहार्य बताया था।[6]

जब हेनरी कॉटन ने लगाया लाला लाजपत राय पर प्रतिबंध

ग्रेट ब्रिटेन के संरक्षण में ही स्वशासन को ध्येय घोषित करने वाले इन अंग्रेज अधिकारियों को कांग्रेस के उन नेताओं से भी समस्या थी, जो उसके इतर सोचते थे। हेनरी कॉटन जिस तरह से लाला लाजपतराय के खिलाफ आए थे, उसके बारे में भी कम लोगों को ही पता लगने दिया गया है। लाला लाजपत राय गरम दल के थे, जब 1905 में लंदन पहुँचे तो उससे पहले उन्होंने भारत में अंग्रेज सरकार के खिलाफ कड़ा वक्तव्य दिया।

फिर लंदन में भी यह तय था कि उनसे पहले जाते रहे कांग्रेस के प्रतिनिधिमंडलों की तरह वो लिबरल्स के बजाय हेनरी हिंडमैन के सोशल डेमोक्रेटिक फेडरेशन से सहयोग लेंगे, नतीजा यह हुआ कि लाला लाजपतराय की अगवानी के लिए ब्रिटिश कांग्रेस कमेटी की तरफ से कोई नहीं आया, उन्हें लेने आए श्यामजी कृष्ण वर्मा, सावरकर के संरक्षक और लंदन में क्रांतिकारियों की मदद के लिए इंडिया हाउस बनवाने वाले श्यामजी कृष्ण वर्मा। उन्होंने होमरूल सोसाइटी भी बनाई थी।

लंदन में लाला लाजपत राय का पहला सार्वजिनक भाषण नेशनल डेमोक्रेटिक लीग के कार्यक्रम में था, श्यामजी कृष्ण वर्मा ने भी उस सभा को संबोधित किया, वर्मा ने भारतीयों के लिए होमरूल का प्रस्ताव भी इस कार्यक्रम में रखा, जिसे लाला लाजपत राय ने अपना समर्थन भी दिया। लेकिन हेनरी कॉटन को जब पता चला तो वो काफी नाराज हुआ और ब्रिटिश कांग्रेस कमेटी में एक प्रस्ताव रखकर लाला लाजपत राय को सेंसर कर दिया और उन्हें कांग्रेस का आधिकारिक प्रतिनिधि तक मानने से मना कर दिया. जब लाला लाजपत राय ने यह कहकर विरोध जताया कि कांग्रेस प्रतिनिधि होने का यह मतलब बिल्कुल नहीं है कि मैं अपने निजी विचार कहीं नहीं रख सकता तो हेनरी कॉटन का प्रस्ताव वापस ले लिया गया।[7]

श्यामजी कृष्ण वर्मा से भी थी चिढ़

हालाँकि वो लाला लाजपत राय से इसलिए भी गुस्सा थे, क्योंकि उन्हें श्यामजी कृष्ण वर्मा पसंद नहीं थे, जो उनकी नजर में थोड़े 'अतिवादी' थे। एक बार तो

श्यामजी कृष्ण वर्मा के अखबार 'इंडियन सोशलियोजिस्ट' ने सीधे-सीधे हेनरी कॉटन को ही निशाने पर ले लिया था, उस लेख को पढ़कर हेनरी कॉटन का पारा आसमान पर पहुँच गया था।

इस लेख की लाइनें पढ़िए, "Many people in India are demanding independence, so Sir Cotton calls them extremists. But in England too there is another political movement that can be called 'Extremist.' They recently had a huge meeting in Hyde Park. Large number of English women have joined this new movement. They want political rights at par with men (The Suffragette movement). Miss Emmeline Pankhurst spoke at the meeting at Hyde Park. She said, We know that pitiable condition of women in England is a result of our political slavery. We want political freedom and men folk to co-operate with us for achieving it. But if they do not give us that freedom, we are quite capable of snatching it from their hands. If we wish we can bring England to a halt within a day and seize our political freedom. Listen fellow countrymen, an Englishwoman is saying this and we call ourselves moderate Indian men!! Never again should any country grind under slavery".

हालाँकि 1904 का अधिवेशन इसलिए भी खास था, क्योंकि इसी अधिवेशन में कांग्रेस के लिए नए संविधान का प्रस्ताव भी पारित किया गया और संविधान का प्रारूप बनाने के लिए एक समिति भी बनाई गई, जिसमें पंजाब से लाला लाजपत राय व हरकिशन लाल, बंगाल से सुरेंद्र नाथ बनर्जी, अंबिका चरण मजमूदार और एस. सिन्हा, बॉम्बे से फिरोजशाह मेहता, गोखले और दिनशॉ वाचा, मद्रास से शंकरन अय्यर और मदनमोहन मालवीय संयुक्त प्रांत से रखे गए थे।

हेनरी कॉटन की तारीफें करते नहीं अघाते थे कांग्रेस के नरम दल के नेता, उन्हें कांग्रेस पार्टी को बचाने वाला कहते थे, लेकिन असलियत क्या थी, यह अंग्रेजों की ही बाकी पार्टी के नेता बताते थे। कांग्रेस ने यह इतिहास कभी नहीं बताया, लेकिन बी.जे.पी. ने अपनी वेबसाइट पर वीर सावरकर के न्यूज लैटर्स को सहेज रखा है, जिसमें एक जगह जिक्र मिलता है कि कैसे 1909 के नए साल के भाषण में सोशल

डेमोक्रेट्स पार्टी के नेता हिंडमैन ने कहा कि हेनरी कॉटन और विलियम वेडरबर्न भारतीयों के साथ धोखेबाजी कर रहे हैं।

उन्होंने कहा था, "As you say, efforts for your freedom need to be practised in Hindusthan. The huge amount of money that your moderate leaders spend in England is a waste. The British Raj is already looting huge amount of your wealth to England. And yet you pay huge amounts of your money, hoping that some retired civil servants who served in India, will fight for you in England. Sir Henry Cotton and Wedderburn make you false promises and you believe in them. This is all deception. I know what our countrymen are like and must therefore appeal to you not to get deceived."[8] दिलचस्प बात है कि हेनरी कॉटन ही नहीं, विलियम वेडरबर्न भी कांग्रेस अध्यक्ष रहे हैं।

REFERENCES

1. Report of the Twentieth I.N.C. Bombay, 1904, Page No.-37.
2. https://inc.in/brief-history-of-congress/1895-1905.
3. The Complete Works of Swami Vivekananda by Swami Vivekanand, Volume-7, Page No.-207.
4. Lal Mohan Ghosh's Presidential Address, Report of the nineteenth I.N.C. Madras, 1903, Page No.-26.
5. https://api.parliament.uk/historic-hansard/commons /1905/feb/16/ the-viceroy-and-the-indian-national.
6. Moderates and Extremists in the Indian National Movement, 1883-1920 by Daniel Argov, Page No.-102.
7. The Collected Works of Lala Lajpat Rai by Lala Lajpat Rai, Bal Ram Nanda, Volume-5, Page No.-351.
8. http://library.bjp.org/jspui/bitstream/123456789/ 291/1/NEWSLETTERS%20FROM%20LONDON. pdf-Nine.

□

राष्ट्रवादियों के गले की फाँस 'जादवपुर यूनिवर्सिटी' की आधारशिला रखनेवाला नेता

जब यह लेख लिखा जा रहा है तब यानी 2023 में देश में पिछले 9 साल से मोदी की अगुआई में राष्ट्रवादियों की सरकार है। धीरे-धीरे संघ परिवार से जुड़ी शक्तियों ने 'राष्ट्रवादी' ब्रांड कामयाबी से अपना लिया है, ऐसे में जवाहरलाल यूनिवर्सिटी (जे.एन.यू.) के बाद देश में दूसरी यूनिवर्सिटी अगर कोई है, जो राष्ट्रवादियों के गले की फाँस बनी हुई है तो वो है पश्चिम बंगाल की जादवपुर यूनिवर्सिटी और इस यूनिवर्सिटी की स्थापना का श्रेय जाता है कांग्रेस अध्यक्ष रहे रासबिहारी घोष को।

रासबिहारी घोष कांग्रेस के दो बार अध्यक्ष चुने गए, 1907 के मशहूर सूरत अधिवेशन में, जिसमें गरम दल यानी लाल-बाल-पाल का धड़ा अलग हो गया था। दूसरी बार अगले ही साल यानी 1908 के मद्रास अधिवेशन में। हालाँकि पहला वाला तो बस उस फूट और विवाद के लिए ही गिना जाता है। रासबिहारी आज के बर्धवान जिले के रहने वाले थे, जो तब बाँकुरा जिले में आता था। बाकी कांग्रेसी नेताओं की तरह उन्होंने भी कानून के क्षेत्र में पढ़ाई की, डॉक्टर्स ऑफ लॉ की डिग्री ली। कांग्रेस से जुड़े तो सही, लेकिन कोई भी विद्रोही कदम लेने के सख्त खिलाफ थे। अंग्रेजीराज के समर्थक थे, बस सुधार चाहते थे। इसलिए अंग्रेजी सरकार से मिलने वाले सम्मानों से भी उन्हें कोई गुरेज नहीं था।

अंग्रेजी सरकार ने उन्हें कंपेनियन ऑफ द ऑर्डर ऑफ द इंडियन एंपायर, कंपेनियन ऑफ द ऑर्डर ऑफ द स्टार ऑफ इंडिया नियुक्त किया, 1915 में 'नाइट' की उपाधि भी दी गई; इतना ही नहीं, वे काउंसिल ऑफ इंडिया के सदस्य भी थे, जो सीधे वायसराय को सलाह देती थी। रासबिहारी घोष अंग्रेजीराज के समर्थक जरूर थे, लेकिन भारतीय समाज में जारी बुराइयों के खिलाफ उन्होंने जो भी बन सकता था, किया। कलकत्ता यूनिवर्सिटी में विज्ञान की पढ़ाई के लिए उन्होंने एक

कोष बनवाया और अपनी जेब से उस दौर में 10 लाख रुपए उस कोष में दान दिए। 1913 में यह काफी बड़ी रकम हुआ करती थी, उसके बाद उन्होंने जादवपुर में नेशनल काउंसिल ऑफ एजुकेशन की स्थापना के लिए 13 लाख की बड़ी रकम दान में दी। यही काउंसिल बाद में जादवपुर यूनिवर्सिटी के रूप में तब्दील हो गई।

दरअसल गांधीजी की तरह गोखले का प्रभाव रासबिहारी पर भी पड़ा था, वो उनके राष्ट्रीय शिक्षा के आंदोलन से जुड़ गए थे। वैसे भी वो लगातार कलकत्ता यूनिवर्सिटी के सिंडिकेट से जुड़े हुए थे। यानी तब जादवपुर यूनिवर्सिटी भी इसी राष्ट्रीय शिक्षा को बढ़ावा देने के लिए शुरू की गई थी। रासबिहारी स्वदेशी आंदोलन से भी जुड़े, लेकिन कांग्रेस से जुड़ने से परहेज करते रहे। 1905 में पहली बार वो बंग-भंग आंदोलन में कलकत्ता के टाउन हॉल की सभा से चर्चा में आए, अगले साल यानी 1906 में कलकत्ता में अधिवेशन हुआ तो वे उसकी स्वागत समिति के चेयरमैन बनाए गए। अगले साल ही सूरत में उन्हें अध्यक्ष बना दिया गया और फिर 1908 में भी वही चुने गए।

हालाँकि कांग्रेस और स्वदेशी आंदोलन से जुड़ने का उनका तरीका काफी उदार था, वे भारतीय माल को बढ़ावा देने के पक्षधर थे, लेकिन विदेशी माल का विरोध या विदेशियों के प्रति नफरत नहीं चाहते थे। उन्होंने 'वंदे मातरम् मैच फैक्ट्री' को पैसों से भी मदद की। हालाँकि वो अंग्रेजी व्यवस्था के पुरजोर समर्थक थे और उन्हें यकीन था कि धीरे-धीरे इंग्लैंड उन्हें ज्यादा-से-ज्यादा स्वायत्ता दे देगा। भारत में अंग्रेजीराज उनके हिसाब से एक तरह से आशीर्वाद था।

अंग्रेजों से थी उनको बड़ी भारी उम्मीद

उनका यह बयान देखिए, "I can never think that England will ever retrace her steps or forget her duty to India. She came not as a conqueror but as a deliverer with the ready acquiescence of the people, to heal and settle, to substitute order and good government for disorder and anarchy...That task has now been accomplished...and it only remains for England now to fit us gradually for that autonomy which she has granted to her colonies."[1]

1908 में मद्रास अधिवेशन की अध्यक्षता करते हुए भी उन्होंने अंग्रेजों से नाराजगी जताने के बजाय भारत और ग्रेट ब्रिटेन के अच्छे होते संबंधों की

महत्ता के बारे में बताया, "We are now on the threshold of a new era. An important chapter has been opened in the history of the relations between Great Britain and India-a chapter of constitutional reform which promises to unite the two countries together in closer bonds than ever. A fair share in the government of our own country has now been given to us."[2]

उस वक्त तक विरोध करने के लिए कांग्रेस में कोई गरमदलीय नेता भी नहीं बचा था, 1916 में तिलक आदि लखनऊ अधिवेशन में ही वापस आए, तिलक वैसे भी मांडले जेल में थे। एक तरह से 1907 से लेकर 1916 तक कांग्रेस सुषुप्तावस्था में चली गई और इसी दौरान क्रांतिकारी गतिविधियों के चलते अंग्रेज राजधानी को कलकत्ता से दिल्ली लाने पर मजबूर हो गए। कांग्रेस ने तभी से पटरी पर लौटना शुरू किया, जब 1915 में गांधीजी भारत आए।

जब-जब कांग्रेस के सूरत अधिवेशन के बारे में जिक्र होगा, रासबिहारी घोष का भी जिक्र होगा। यों तो बंग-भंग के साए में हुए 1905 के बनारस अधिवेशन से ही गरम दल और नरम दल के बीच तलवारें खिंचने लगी थीं, लेकिन 1907 में यह दरार सतह पर आ गई। गरम दल वाले तिलक या लाला लाजपत राय को कांग्रेस अध्यक्ष बनाना चाहते थे, लेकिन गोखले की अगुआई में नरम दल वालों की सीक्रेट मीटिंग हुई, तिलक को रोकने के लिए अधिवेशन का स्थान नागपुर से बदलकर सूरत कर दिया गया, क्योंकि नागपुर में तिलक की मर्जी के बिना कुछ भी होना नामुमकिन था। चाल कामयाब रही।

लेकिन सूरत में गरम दल वालों ने लाला लाजपत राय के नाम का ऐलान कर दिया, नरम दल वालों ने न केवल रासबिहारी घोष के नाम का ऐलान किया, बल्कि तिलक जब बोलने को उठे तो मदन मोहन मालवीय ने तिलक को बोलने तक का मौका नहीं दिया। कांग्रेस के इतिहास में फिर वो हुआ, जो आप आजकल की राजनीति में देखते हैं, यानी अंडे, जूते, टमाटर, कुरसियाँ फेंकी गईं, मंच पर किसी ने एक मराठा जूता फेंका, जो पहले दिग्गज नेता सुरेंद्र नाथ बनर्जी के गाल से टकराया, फिर फिरोजशाह मेहता को जाकर लगा।[3]

अधिवेशन में पुलिस बुला ली गई। नरम दल वालों ने स्वदेशी, स्वराज, विदेशी वस्त्रों का बहिष्कार जैसे गरम दल वालों को प्रस्तावों को भी गिरा दिया। गरम दल वालों को किनारे लगा दिया गया, लेकिन वो अपने दम पर ऐसा नहीं कर पाते, अंग्रेजी सरकार ने भी उनका साथ दिया, मौका देखते ही सभी गरमदलीय नेताओं पर

मुकदमे लाद दिए गए, तिलक को राजद्रोही लेख लिखने के एक मामले में 6 साल के लिए जेल भेज दिया गया। कई और बड़े नेताओं को भी गिरफ्तार कर लिया गया। इसी अधिवेशन में कांग्रेस ने एक नया संविधान भी स्वीकार किया, जिसमें अंग्रेजों के राज में ही रहकर ज्यादा-से-ज्यादा सुधारों, ज्यादा अधिकारों के लिए लड़ने का लक्ष्य तय कर लिया गया।

हालाँकि इस पूरी घटना को लोकमान्य तिलक से ही जोड़कर देखा जाता रहा है, लेकिन अरविंद घोष नेपथ्य में रहकर गरम दल वालों को जोड़ने का काम कर रहे थे। सूरत जैसे नरमदलीय प्रभाव वाले शहर में भी उनके प्रयास जारी थे, उन्होंने ही एक नेशनलिस्ट पब्लिक कॉन्फ्रेंस भी बुलाई और अध्यक्षता की। दरअसल अरविंद को ये खबर लग चुकी थी कि नरमदलीय नेता कांग्रेस का नया संविधान इस अधिवेशन में लाना चाहते हैं और उसके जरिए गरमदलीय नेताओं को नियंत्रित करके इस हालत में ला दिया जाएगा, जिससे कि वो कभी भी कांग्रेस में बहुमत में आने की स्थिति में नहीं आ पाएँगे।

युवा गरमदलीय नेता, खासतौर पर महाराष्ट्र के, यह तय कर चुके थे कि अगर नया संविधान लागू हो गया तो वो कांग्रेस को तोड़ देंगे। हालाँकि, तिलक को इसकी खबर नहीं थी, लेकिन शायद अरविंद घोष को थी। तिलक अध्यक्ष के मामले से जुड़े एक रिजोल्यूशन को लेकर मंच पर गए और उन्हें रोक दिया गया। तिलक ने विरोध किया तो कई स्थानीय युवा कुरसियाँ उठाने लगे, मानो पहले से तैयार थे, तभी मराठा युवक गुस्से में आए थे।

गरमदलियों को ऐसे दिखाया बाहर का रास्ता

उसके बाद उदारवादियों ने अधिवेशन निलंबित कर दिया और एक नेशनल कॉन्फ्रेंस में नए संविधान को लागू कर गरमदलीयों को बाहर कर दिया। लाला लाजपत राय तिलक से मिले और बताया कि सरकार ने तय किया है कि कांग्रेस अगर टूटी तो गरमदलीयों के खिलाफ कड़ी काररवाई की जाएगी। तिलक को समझ आ चुका था कि अभी लोग तैयार नहीं हैं कि सरकार के खिलाफ सख्त तेवर अपनाए जाएँ। तिलक एक बार को उदारवादियों का साथ देने के लिए तैयार भी हो गए थे, लेकिन फिर सरकार ने उनके अखबारों पर लगाम लगानी शुरू की और तिलक के लेखों को लेकर उन पर केस चलाया गया। जिन्ना ने उनका केस लड़ा, लेकिन तिलक को सजा हुई और उन्हें मांडले (बर्मा) जेल भेज दिया गया।

लेकिन चूँकि रासबिहारी घोष का अध्यक्षीय संबोधन इस पूरे हंगामे से पहले ही

हो चुका था, इसलिए संबोधन कांग्रेस के इस अंतर्विरोध पर केंद्रित नहीं था। हालाँकि अंदरूनी स्तर पर विवाद चल रहा था तो उन्होंने इस बारे में अपने संबोधन में बात जरूर की। अपने अध्यक्षीय संबोधन में घोष ने एक विषय लिया, 'Division In The Congress Camp'. उनका कहना था कि कांग्रेस में दो तरह के लोग हैं, एक वो जो संवैधानिक तरीकों में विश्वास रखते हैं और दूसरे वो जिन्होंने अपना विश्वास उनसे खो दिया है। उन्होंने सभी को मंच से एक ही संदेश दिया, "We must not forget that the National Congress is definitely committed only to constitutional methods of agitation to which it is fast moored and if the new party does not approve of such methods and cannot work harmoniously with the old, everybody must admit it has no place within the pale of the Congress."[4]

यहाँ भले ही न्यू पार्टी जैसा शब्द उन्होंने कांग्रेस के ही गरम दल के लिए प्रयोग किया था, लेकिन इसी संबोधन में उनकी चिंता पिछले साल हुए मुसलिम लीग के गठन को लेकर भी झलकी, भले ही नाम नहीं लिया। उन्होंने संभावित नई पार्टी के मैदान में उतरने को लेकर कहा कि अंग्रेजी सरकार सारे सुधारों को नई पार्टी के आगमन से जोड़कर लगातार टाले चली जा रही है।

पूर्वी बंगाल में हिंदुओं पर मुसलिम क्रूरता का भी उल्लेख

आजकल के कांग्रेसियों के लिए अपने इस पूर्व अध्यक्ष रासबिहारी घोष के अध्यक्षीय भाषण का यह हिस्सा जानना बेहद जरूरी है। घोष लॉर्ड कर्जन के बंग-भंग के निर्णय को लेकर नाराजगी जता रहे थे, इसी दौरान उन्होंने इसका दुष्प्रभाव भी बताया कि मुसलिम बाहुल्य राज्य हो जाने की वजह से वहाँ क्या हो रहा है। उन्होंने दीवानगंज के स्पेशल मजिस्ट्रेट, जो मुसलिम था, की रिपोर्ट के अंश पढ़े, "There was not the least provocation for rioting, the common object of the rioters was evidently to molest the Hindus."[5]

इसी रिपोर्ट में आगे कहा गया था कि "आरोपियों ने मुसलिमों के बीच एक नोटिस पढ़कर सुनाया था, जिसमें कहा गया था कि अंग्रेज सरकार और ढाका के नवाब का आदेश है कि हिंदुओं के उत्पीड़न और उनका सामान लूटने पर किसी को सजा नहीं दी जाएगी। इसलिए काली माँ की मूर्ति तोड़ने के बाद मुसलमानों द्वारा हिंदुओं की दुकानों में भी जमकर लूटपाट की गई।"[6]

जमालपुर के एस.डी.एम. बार्नीविले का भी घोष ने अपने संबोधन में जिक्र किया, उन्होंने भी इस बात का दावा अपनी रिपोर्ट में किया कि मुसलमानों ने ड्रम बजाकर कहा कि उन्हें सरकार ने हिंदुओं को लूटने की अनुमति दी है, रिपोर्ट के शब्दों में, "Some Mussalmans proclaimed by beat of drum that the government had permitted them to loot the Hindus."[7]

और इसी अंग्रेज मजिस्ट्रेट की रिपोर्ट का जिक्र एक दूसरे केस में भी घोष ने अपने संबोधन में किया, "And in the Hargilchar abduction case, the same Magistrate remarked that the outrages were due to the announcement that the government had permitted the Mahomedans to marry Hindu Widows in Nikka (H) Form."[8] सोचिए, क्या गुजरी होगी उन हिंदुओं, पर जिनकी दुकानें लूटी गई होंगी और जिन विधवाओं के साथ जबरन दुराचार के बाद बलात् निकाह किया गया होगा। इन बातों पर आप संदेह इसलिए भी नहीं कर सकते, क्योंकि एक अंग्रेज मजिस्ट्रेट की रिपोर्ट है और दूसरी मुसलिम मजिस्ट्रेट की और इनका उल्लेख समूचे कांग्रेस अधिवेशन के सामने उनके तत्कालीन अध्यक्ष रासबिहारी घोष कर रहे हैं।

मुसलिम दंगाइयों के कुख्यात 'रेड पैंफलेट' का भी जिक्र किया कांग्रेस अध्यक्ष ने

रासबिहारी घोष ने कहा कि मुसलिमों के हिंदुओं पर अत्याचारी होने के पीछे पूर्वी बंगाल में हिंदुओं द्वारा मुसलिमों के तथाकथित बहिष्कार की बात को जिम्मेदार ठहराती है अंग्रेज सरकार, लेकिन इनमें से किसी भी रिपोर्ट में अधिकारियों ने उसका जिक्र नहीं किया। उस 'लाल परचे' में भी नहीं, जिसमें तमाम मुसलिमों के बीच बाँटा गया था। उस परचे में लिखा था, "Arise, Awake...do not read in the same school with Hindus. Do not buy anything from a Hindu shop. Do not touch any article manufactured by Hindu hands. Do not give any employment to a Hindu. Do not accept any degrading office under a Hindu. You are ignorant, but if you acquire knowledge, You can at once send all Hindus Jehannum (Hell)..."[9] यह उन लाइनों का आधा हिस्सा भर है, जो उस परचे में से रासबिहारी घोष ने कांग्रेस अधिवेशन में पढ़ा था। दिलचस्प बात है कि खुद उन्होंने इन लाइनों के लिए 'जिहाद' शब्द का प्रयोग किया था।

1857 इनके लिए भी 'डार्क एज' ही था

अरसे तक कांग्रेस यह मानती रही कि 1857 की लड़ाई को प्रथम स्वतंत्रता संग्राम तो दूर स्वतंत्रता संग्राम कहना भी गलत है, कांग्रेस के नेता उसे 'डार्क एज' और सिपाहियों का विद्रोह, इंडियन म्यूटिनी जैसे शब्दों के साथ ऐसे बताते थे, मानो भारतीयों ने कोई गलती कर दी हो। रासबिहारी घोष ने भी उसका जिक्र ऐसे ही किया।

उन्होंने अपने अध्यक्षीय संबोधन में अंग्रेजी प्रेस की आलोचना में ये लाइनें बोलीं, तब जिक्र आया, "A large section of the English Press also sought to create enmity between the two races by stirring up the memory of the dark age of the Indian Mutiny, stained with so many crimes and so much carnage and the London Times, true to its traditions, recounted the old story with embellishments in order to embitter our rulers against us."[10] यानी उस वक्त के उन जैसे कांग्रेस नेता यह मानते थे कि 1857 में विद्रोहियों ने तमाम अपराध और नरसंहार किए थे। इन्हीं दिनों सावरकर अपनी पुस्तक '1857 का स्वातंत्र्य समर' लिखने में व्यस्त थे।

'हम शिक्षित भारतीय अंग्रेजों के वास्तविक शत्रु नहीं'

रासबिहारी घोस ने अपने संबोधन में बाकायदा एक विषय का शीर्षक ही रखा, 'Who are the Enemies of England?' दूसरी लाइन में ही उन्होंने स्पष्ट कर दिया, "Not certainly the educated classed who represent the better minds of India." दरअसल मार्ले ने कुछ समय पहले 'Enemies of England' शब्द का प्रयोग किया था। इसमें उन्होंने स्पष्ट कर दिया कि शिक्षित भारतीय यानी कांग्रेस अंग्रेजीराज में ही अपना भला देख रही है, असली दुश्मन तो वो अधिकारी हैं, जो भारत में अपनी मनमानी करके अंग्रेजों की प्रतिष्ठा को लगातार धूमिल कर रहे हैं।

मैकाले का सपना पूरा हुआ, कांग्रेस अध्यक्ष ने मनाई खुशी

अकसर अंग्रेजीदाँ लोगों का व्यंग्य में 'मैकाले की संतानें' कहकर मजाक उड़ाया जाता रहा है। लेकिन आजादी से पहले कांग्रेस नेता कुछ अलग तरीके से सोचते थे, रासबिहारी घोष ने तो कहा, भारतीयों के पश्चिमी आदर्श और साहित्य अपना लेने से मैकाले का सपना ही पूरा हो गया है। उनके शब्दों में, "Men nurtured on western ideals and literature must be animated by new aspirations which must be satisfied. The time that Macaulay – the most glorious day for England–has now arrived."[11]

अपने संबोधन के समापन में रासबिहारी घोष ने साफ कहा कि भले ही हमारी प्रगति धीमी हो रही हो, हमें आस नहीं खोनी चाहिए। उन्होंने कहा, "मैं फिर से कहता हूँ कि संवैधानिक प्रतिरोध के तरीकों से ही हमारे उद्देश्य पूरे हो सकते हैं, सरकार को पूरी तरह अकेले छोड़कर नहीं। सार्वजनिक तौर पर बहिष्कार प्रशासन को पूरी तरह पंगु बना देगा और कानून व्यवस्था की स्थिति उस वक्त कल्पना से परे होगी।

'अंग्रेज चले गए तो त्राहि-त्राहि मच जाएगी'

कुछ इस तरह का ही डर उन्होंने अपने संबोधन में अंग्रेजों के भारतीयों को इसी हाल में छोड़कर चले जाने पर भी दिखाया था कि अंग्रेज अभी चले जाएँ तो पूरे देश में त्राहि-त्राहि मच जाएगी। उस वक्त तक शायद उनको भारतीयों की क्षमता पर विश्वास ही नहीं बचा था। उनके शब्दों में, "Suppose your movement is successful and English retire from the country, leaving the people to stew in their own juice. Imagine the chaos and disorder into which the whole country would be immediately plunged."[12]

'हम कहलाने के लिए नहीं, वास्तव में बनना चाहते हैं SONS OF EMPIRE'

इस संबोधन में रास बिहारी बोस ने न केवल बंग-भंग को वापस लेने की माँग की, कर्जन को गलत ठहराया, बल्कि कांग्रेस की तरफ से कुछ माँगें भी कीं, जैसे सैन्य खर्चे को कम करना, प्रदेशीय सभाओं से लेकर वायसराय काउंसिल्स तक में भारतीयों को ज्यादा हिस्सा देना आदि। उन्होंने यह तक कह डाला कि हम 'Sons Of Empire' केवल कहलाना नहीं वास्तव में होना भी चाहते हैं, उनके शब्दों में, "I repeat we are not crying for the moon, I repeat, that all we ask is that our country should take her rightful place among the nations under the aegis of England. We want in reality and not in mere name to be the Sons of Empire. Our ambition is to draw closure to England and to be absorbed in that Greater

Britain in which we have now no place."[13] इसके साथ ही उन्होंने कहा कि हमारा उद्द्देश्य ब्रिटिश साम्राज्य के तहत स्वायत्तता पाना है, पूर्ण स्वतंत्रता पाना नहीं और इंग्लैंड इसे पाने में हमारी मदद करेगा तो समूचे विश्व में उसका नाम चमचमाता रहेगा।"

एक साल की जगह दो साल रहे अध्यक्ष

सूरत अधिवेशन तो आपसी झगड़े के चलते अधूरा ही हुआ था, बीच में ही स्थगित करना पड़ा था, लेकिन तकनीकी रूप से रास बिहारी घोष अध्यक्ष चुने जा चुके थे, ऐसे में सूरत अधिवेशन शून्य मान लिया गया। सो 23वाँ अधिवेशन मद्रास में किया गया। अगली बार के लिए भी रास बिहारी घोष स्वत: ही अध्यक्ष थे, लेकिन उससे पहले सम्मेलन समिति की बैठक अप्रैल 1908 में इलाहाबाद (प्रयागराज) में हुई, जिसमें कांग्रेस का नया संविधान भी तैयार किया गया। उसके बाद इस संविधान के तहत 1908 का अधिवेशन मद्रास (चेन्नई) की माउंट रोड पर स्थित एलिंसटन ग्राउंड में आयोजित किया गया।

इस अधिवेशन में शायद सबसे बड़ा और इकलौता मुद्दा सूरत की फूट ही थी, सो अपने अध्यक्षीय भाषण में रास बिहारी घोस ने उससे ही शुरुआत की और बताया कि कैसे कुछ लोग राजनीतिक आत्महत्या करना चाहते हैं और इस विवाद की शुरुआत कैसे बंग-भंग आंदोलन के दौरान विदेशी वस्त्रों के बहिष्कार की कुछ लोगों के विरोध से हुई, वो नहीं चाहते थे कि सरकार नाराज हो। लेकिन इतना बताते-बताते उन्होंने पहले पाँच मिनट में ही एकदम स्पष्ट कर दिया कि कांग्रेस ब्रिटिश साम्राज्य की वफादार है, उसके साथ वफादारी में किसी भी कीमत पर समझौता नहीं करेगी, विरोध के केवल संवैधानिक तरीके अपनाएगी।

रास बिहारी घोष के शब्दों में, "Our National Congress has, I need hardly remind you, from the very beginning strictly adhered to constitutional methods of agitation and has never discouraged disloyalty of any sort or kind. It is true like, all other institutions, it has passed through the inevitable process of evolution, but it has never, never faltered in its loyal devotion to the Empire, and in Surat it has remained firm to its creed and refused to purchase unity at the price of principle and loyalty."[14] आज का युवा इन लाइनों को पढ़ ले तो कैसे मान लेगा कि कांग्रेस ने देश की आजादी की

लड़ाई लड़ी थी? और शायद यह भी न समझ पाए कि उस दौर के देश के सबसे पढ़े-लिखे लोगों की ऐसी क्या मजबूरियाँ रही होंगी कि वो अंग्रेजीराज में ही रहकर तरक्की पाना चाहते थे, आजादी की बात तो उनके दिमाग में आती भी नहीं थी, आती भी थी तो सार्वजनिक चर्चा करने से डरते थे।

वफादारी और निष्ठा पर आगे बोलते हुए उन्होंने सीधे लोकमान्य तिलक के गरमदलीय साथियों पर यह कहते हुए निशाना साधा, "We do not wear our loyalty on our sleeves, for it is above all suspicion. To doubt our loyalty is to doubt our sanity. We condemn from the bottom of our hearts all seditions movements and we condemn anarchism most, because it is opposed to the laws of God as well as of man."[15] उनका निशाना केवत तिलक जैसे लोग नहीं थे, बल्कि उस वक्त के सक्रिय क्रांतिकारी यानी सावरकर, मदन लाल ढींगरा, अनुशीलन समिति के क्रांतिकारी, रास बिहारी बोस, बाघा जतिन, प्रफुल्ल चाकी, खुदीराम बोस आदि भी थे।

इस बार उनका भाषण काफी छोटा था, चूँकि कांग्रेस में विभाजन के चलते कई नेता मौजूद भी नहीं थे और मुख्य मुद्दे ही कांग्रेस का नया संविधान, अलग होने वाले लोग, कांग्रेस के तौर-तरीके, अंग्रेजों से संबंधों का भावी स्वरूप, क्रांतिकारियों और गरमदलियों को लेकर इन उदारवादियों की सोच बन गए थे, सो संबोधन का ज्यादातर हिस्सा इन्हीं सबको समर्पित था।

REFERENCES

1. The Indian National Congress Containing an Account of Its Origin and Growth, Full Text of All the Presidential Addresses, Page No.-12, Publisher : G.A. Natesan.
2. A National Biography for India Containing Biographical Sketches with Portraits of All Indian Great Men and Women by Jyotis Chandra Das Gupta, Page No.-236.
3. Constitutional History of India by R. R. Sethi, Vidya Dhar Mahajan, Published by Chand Publishers, Page No.-357.
4. The Indian World Volume-6, (1907), Contributor : Prithwis Chandra Ray, Publisher : Cherry Press.

5. The Modern Review-Volume 6 by Ramananda Chatterji, Page No.-222, Publisher : Modern Review Office.
6. The Indian Review-Volume 16 by G.A. Natesan, Page No.-509.
7. The Modern Review-Volume 6 by Ramananda Chatterji, Page No.-222, Publisher : Modern Review Office.
8. The Indian National Congress Containing an Account of Its Origin and Growth by G.A. Natesan, Page No.-868.
9. From the foundation to the Silver jubilee; containing full text of the presidential addresses from 1885 to 1910 by Indian National Congress, Page No.-754.
10. The Indian World, Volume-6 (July 1907), Page No.488, Publisher : Cherry Press.
11. The Indian National Congress Containing an Account of Its Origin and Growth by G.A. Natesan, Page No.-910.
12. The Indian National Congress Containing an Account of Its Origin and Growth by G.A. Natesan, Page No.-892.
13. The Indian World, Volume-6 (July 1907), Page No.-493, Publisher : Cherry Press
14. The Indian National Congress Containing an Account of Its Origin and Growth, Full Text of All the Presidential Addresses, Page No.-898, Publisher : Prithwis Chandra Ray.
15. The Indian National Congress Containing an Account of Its Origin and Growth, Full Text of All the Presidential Addresses, Page No.-907, Publisher : Prithwis Chandra Ray.

□

विभाजन का खतरा भाँपने वाले पहले कांग्रेस अध्यक्ष, लेकिन कम्युनल अवार्ड के मुद्दे पर छोड़ी पार्टी

ऐसे समय में जबकि अंग्रेजों ने मार्ले–मिंटो सुधारों के रूप में आधिकारिक रूप से दूसरी बार (बंग–भंग के बाद) देश के विभाजन की नींव डाल दी थी, कांग्रेस ने ऐसे चेहरे को अध्यक्ष के तौर पर चुना, जो मुसलिम अलगाववाद को सबसे पहले भाँप चुका था, वे थे पंडित मदन मोहन मालवीय। मालवीयजी बाद में हिंदू महासभा की स्थापना से भी जुड़े और उसके अधिवेशनों के आठ बार अध्यक्ष भी रहे, 4 बार सामान्य अधिवेशनों के और चार बार विशेष अधिवेशनों के। तमाम बार गौरक्षा सम्मेलनों के अध्यक्ष भी रहे।

लेकिन गांधीजी और कांग्रेस से उनका जुड़ाव कभी खत्म नहीं हुआ। कांग्रेस के तमाम दिग्गजों ने मुसलिमों को साथ लेने की मजबूरी के चलते हिंदू संगठनों पर सवाल उठाए, उन्हें सांप्रदायिक बताया, यहाँ तक कि क्रांतिकारियों के तौर–तरीकों की तो गांधीजी तक ने आलोचना की, लेकिन मदन मोहन मालवीय कांग्रेस में वे अकेले व्यक्ति थे, जो हिंदू संगठनों और क्रांतिकारियों को गुपचुप मदद करते रहे, हर तरह से समर्थन करते रहे। यहाँ तक कि तमाम कांग्रेसियों के विरोध के बावजूद भगत सिंह की फाँसी को रोकने के लिए दया याचिका लेकर इंग्लैंड की सबसे ऊँची अदालत प्रिवी काउंसिल तक गए, लेकिन उनकी यह याचिका खारिज हो गई थी। 14 फरवरी, 1931 को यह इस केस की आखिरी याचिका थी, जो खारिज हुई और 23 मार्च को भगत सिंह, सुखदेव व राजगुरु को फाँसी दे दी गई थी।

4 बार कांग्रेस अध्यक्ष बनने का रिकॉर्ड

मदन मोहन मालवीय के बारे में यह एक दिलचस्प तथ्य है कि स्वतंत्रता से पहले वे चार बार कांग्रेस अध्यक्ष चुने गए थे, किसी भी कांग्रेसी नेता के लिए यह अनूठा रिकॉर्ड था। हालाँकि मौलाना आजाद सारे नेताओं के जेल में होने के चलते अधिवेशन न हो पाने की वजह से 1940 से 1946 तक बिना चुने अध्यक्ष रहे थे। पहली बार मालवीयजी को वह मार्ले-मिंटो सुधारों वाले साल यानी 1909 में चुना गया था, दूसरी बार वे 1918 में तब अध्यक्ष चुने गए, जब महात्मा गांधी कांग्रेस में सक्रिय हो गए थे, कांग्रेस के दोनों गुट करीब आ गए थे और गांधीजी ने मुसलमानों को साथ लेने के लिए उनके नेताओं की कई बातों पर झुकना शुरू कर दिया था।

1931 में उन्होंने लंदन के गोलमेज सम्मेलन में भाग लिया और अगले साल डांडी के नमक सत्याग्रह आंदोलन के चलते दिल्ली में गिरफ्तार कर लिया गया था। फिर सरोजिनी नायडू की गिरफ्तारी के चलते उनको तीसरी बार कांग्रेस अध्यक्ष चुन लिया गया था। अगले साल 1933 में कलकत्ता अधिवेशन में वे फिर से अध्यक्ष चुने गए तो यह चौथी बार था।

बनाई कांग्रेस नेशनलिस्ट पार्टी

बावजूद इसके, बावजूद गांधीजी के इतना विश्वस्त होने के, उन्होंने कांग्रेस से इस्तीफा दे दिया था और वजह बना था इंग्लैंड के तत्कालीन प्रधानमंत्री राम्से मैकडोनाल्ड द्वारा घोषित किया गया कम्युनल अवार्ड। कांग्रेस में उनके मतभेद हुए और माधव श्रीहरि अणे (बापूजी अणे) के साथ मिलकर कांग्रेस से इस्तीफा दे दिया। फिर उन्होंने कांग्रेस नेशनलिस्ट पार्टी की स्थापना की और 1934 के चुनावों में केंद्रीय विधानसभा में 12 सीटें भी जीतीं।

काशी में देश के सबसे बड़े आवासीय विश्वविद्यालय बनारस हिंदू विश्वविद्यालय की स्थापना करना आसान काम नहीं था, लेकिन उनका संकल्प कांग्रेस के तत्कालीन नेताओं की सोच से भी बड़ा था। उनकी विद्वत्ता कांग्रेस के अधिवेशनों में भी झलकती थी, अंग्रेजी प्रभाव से ओतप्रोत कांग्रेसियों को उन्होंने 1918 के अधिवेशन में मुंडको उपनिषद् में उल्लेखित 'सत्यमेव जयते' का मूलमंत्र दिया था।

'इस युवक की आवाज में भारत माँ की आवाज'

युवा मदन मोहन ने सबसे पहले 1886 में कलकत्ता में हुए कांग्रेस के दूसरे अधिवेशन में भाग लिया था, कांग्रेस के अध्यक्ष दादाभाई नौरोजी भी 'प्रतिनिधि

संस्थाओं की स्थापना' प्रस्ताव के मुद्दे पर उनके संबोधन को सुनकर दंग रह गए थे। तब उन्होंने कहा था, "इस युवक की आवाज में भारत माँ की आवाज झलक रही है।" उनके संबोधन के दौरान पूरे 22 बार तालियाँ बजी थीं, जबकि वो पहली बार बोल रहे थे।

कालाकांकर के राजा रामपाल सिंह भी युवा मदन मोहन की विचारों की स्पष्टता और वाक् क्षमता से इतने प्रभावित हुए कि उनको अपने अखबार 'हिंदोस्तान' के संपादक का पद दे दिया। 1887 से 1889 तक इस पद पर रहने के बाद मदन मोहन अपनी वकालत की पढ़ाई पूरे करने चले गए और पहले जिला अदालत में और फिर हाईकोर्ट में वकालत करने लगे। इस दौरान भी वो कई पत्र-पत्रिकाओं के साथ जुड़े रहे, लेख लिखते रहे, 'इंडियन ओपिनियन' के संपादक रहे। 1907 में 'अभ्युदय' और 1909 में मोतीलाल नेहरू की मदद से 'लीडर' प्रकाशित किया।

1924 में 'हिंदुस्तान टाइम्स' जब बंद होने के कगार पर था, मालवीयजी ने लाला लाजपत राय, एम.आर. जयकर और उद्योगपति घनश्याम बिरला की सहायता से अखबार को बंद होने से बचा लिया, 50 हजार की रकम इकट्ठी की, जिसमें सबसे ज्यादा मदद बिरला ने की। 1924 से 1946 तक 'हिंदुस्तान टाइम्स' के चेयरमैन रहे, 1936 में फिर से हिंदी अखबार 'हिंदोस्तान' शुरू किया। लेकिन सनातन संस्कृति को बनाए रखने में उनका लगातार ध्यान रहता था, 1933 में बनारस हिंदू विश्वविद्यालय से एक पत्रिका 'सनातन धर्म' का भी प्रकाशन शुरू किया। अंग्रेजों के कड़े प्रेस कानूनों के खिलाफ भी समय-समय पर आवाज उठाई।

अविरल गंगा समझौते के सूत्रधार

मालवीयजी जितने कांग्रेस और हिंदू महासभा से जुड़े रहे, उससे भी ज्यादा वो सामाजिक क्रियाकलापों में सक्रिय थे, 1919 से 1938 तक बी.एच.यू. के कुलाधिपति थे। भारत स्काउट्स और गाइड्स की स्थापना में उनकी प्रमुख भूमिका थी, 1912 से लगातार 1928 तक इंपीरियल लेजिस्लेटिव काउंसिल या वायसराय की काउंसिल में रहे। गंगा के लिए भी काफी काम उन्होंने किया, गंगा पर बाँध बनने के विरोध में उन्होंने गंगा महासभा की स्थापना की। ब्रिटिश सरकार को गंगा को लेकर एक समझौता करने को मजबूर किया, जिसे 'अविरल गंगा रक्षा समझौता' कहा गया, हरिद्वार में हर की पौड़ी पर गंगा आरती की परंपरा की शुरुआत की।

शुद्धीकरण और दलित उद्धार, सनातन समाज की सेवा में उन्होंने ये दो बड़े कार्यक्रम वृहद स्तर पर चलाए। हरिजन सेवक संघ की स्थापना के बाद 1933 में

इसकी अध्यक्षता की, छुआछूत का काफी विरोध किया, उनके लिए वो मंत्रदीक्षा कार्यक्रम लेकर आए। वृंदावन में गाय माता की सेवा के लिए श्री मथुरा वृंदावन हसनंद गोचर भूमि संगठन की स्थापना भी की थी।

गांधीजी के इतने करीबी होने के बावजूद जहाँ उन्हें लगता था, वे अपने मन की बात सुनते थे और वही करते थे। चौरी-चौरा कांड के बाद जब गांधीजी ने हिंसा के विरोध में असहयोग आंदोलन वापस ले लिया, मालवीयजी ने चौरी चौरा कांड में गिरफ्तार हुए लोगों का मुकदमा लड़ा और उनमें से 156 लोगों को सजा से बचा लिया, कइयों की फाँसी को आजीवन कारावास में बदला। भगत सिंह के मुद्दे पर जब गांधीजी ने हाथ खींच लिये, मालवीयजी लगातार उनको फाँसी से बचाने का प्रयास करते रहे, हस्ताक्षर अभियान चलाया और प्रिवी काउंसिल तक गए, वहाँ जाकर याचिका खारिज होने से आखिरी उम्मीद टूटी थी।

'मार्ले-मिंटो सुधारों से पूरा देश निराश, सिवाय कुछ मुसलिमों के'

जब पहली बार 1909 के लाहौर अधिवेशन में मालवीयजी कांग्रेस अध्यक्ष बने तो शुरुआती संबोधन में ही उन्होंने हैरानी व्यक्त की कि उन्हें इस कम उम्र में कांग्रेस अध्यक्ष चुना गया था। लेकिन यह उनकी किस्मत थी या बदकिस्मती, उसी साल से देश विभाजन के बीच मार्ले-मिंटो सुधारों के तहत डालने की प्रक्रिया की शुरुआत हो गई। ऐसे में चूँकि मामला सनातन भारत के भविष्य से जुड़ा था, मालवीयजी कांग्रेस के मंच से पुरजोर विरोध करने से नहीं चूके और सबसे पहले अपने संबोधन में उन मुसलिम नेताओं को निशाने पर लिया, जो मुसलिमों के लिए अलग से सीटों की व्यवस्था पर काफी खुश थे।

उन्होंने स्पष्ट कहा, "मार्ले-मिंटो सुधारों ने पूरे देश को निराश किया, सिवाय कुछ मुसलिमों के। वो ऐसे मौके पर यह याद करवाना कांग्रेस को नहीं भूले कि कांग्रेस का विरोध शुरुआत में कुछ मुसलिमों ने ही किया था।" उन्होंने कहा, "It is sad to recall that as Congress continued to grew in strength and influence, some of our Mohomedan fellow subjects of Aligarh School and some members of the landed aristocracy came forward openly to oppose it."[1]

उन्होंने अपने संबोधन में भारत सचिव मार्ले और उदारवादी वायसराय मिंटो के पुराने कामों की तारीफ करते हुए कहा कि कांग्रेस को उनसे बहुत उम्मीदें थीं, लेकिन अंग्रेजी नौकरशाही के कुछ लोगों ने उनको अपनी ताकत खोने के डर से

प्रभावित किया और अचानक से एक मुसलिम दल खड़ा कर दिया गया और 1909 के सुधारों में मुसलिमों की सीटें आरक्षित कर दी गईं, जमींदारों के लिए भी विशेष प्रावधान किया गया।

उन्होंने बड़ी हिम्मत के साथ कहा, "इन दोनों वर्गों के कुछ लोगों को छोड़कर पूरे देश के विचारशील लोगों ने इसकी निंदा की। उनका स्वागत नहीं हो सका, क्योंकि वो इसके लायक नहीं थे।" उनके शब्दों में, "Those proposals met with a general condemnation from thoughtful men of all over the county, excepting, off course, some among the landlords and the Mahomedans. They could not meet a welcome because they didn't deserve it." हालाँकि मार्ले-मिंटो सुधारों पर बोलना शुरू करते ही उन्होंने साफ कर दिया था कि कुछ मुसलमान दोस्तों के अलावा इनसे कोई खुश नहीं है। उनके शब्दों में, "The Regulations, on the other hand, which were published nearly five weeks ago, have, I am sorry to say, created widespread disappointment and dissatisfaction, except in the limited circle of a section of our Moslem friends."[2]

मुसलिम लीग का दोहरा चेहरा

1909 अधिवेशन के अपने अध्यक्षीय संबोधन में उन्होंने न केवल अपने उन मुसलिम दोस्तों के बारे में बताया, जिन्होंने एक नहीं तीन-तीन वोट डाले थे, बल्कि मुसलिम लीग के भी दोगले चेहरे का परदाफाश किया, जिसने यह संकल्प लिया था कि गैर-मुसलिम के वोटों से उनके प्रतिनिधि चुनकर नहीं जाएँगे। उनके शब्दों में, "Our astute friends of the Moslem League swore that none of them would seek an election to the councils through the votes of non-Moslems. When the regulation were passed, they lost no time in cancelling resolution of their League and put forward their candidates to contest every seat for elections were to be made by mixed electorate."[3]

मुसलिमों को जनसंख्या से ज्यादा दी गई सीटें

मालवीयजी ने खुलासा किया कि कैसे मार्ले-मिंटो सुधारों में मुसलिम आरक्षण के जरिए जितनी उनकी जनसंख्या है, उससे कहीं ज्यादा सीटें उनको दी गई हैं, वो

भी केवल मुसलिम वोटों के जरिए। संयुक्त प्रांत की 26 सीटों में से 4 सीट केवल मुसलिमों के लिए आरक्षित थीं, वोट भी मुसलिम ही दे सकेंगे, खड़े भी वही हो सकेंगे। लेकिन मुसलिम बाकी सीटों पर भी उतरे और उनमें से दो सीटें और जीत लीं। इसके अलावा भी अंग्रेज सरकार ने दो मुसलिम अपनी तरफ से नामांकित कर दिए, इस तरह 26 में से आठ मुसलिम चुनकर आ गए, जो उस वक्त उनकी जनसंख्या के मुकाबले कहीं ज्यादा प्रतिनिधित्व था। मालवीयजी ने आगे कहा, "It looks more like a case of allowing the majority to be driven to a corner by the minority. What makes the matter worse, however, is that this advantage has been reserved only to the favored minority or our Mahomedan fellow-subjects. No such protection has been extended to the Hindu minorities in the Punjab, and Eastern Bengal and Assam."[4]

मुसलिमों को 3000 रुपए सालाना आयकर पर वोट का अधिकार, बाकी को नहीं

इन पंक्तियों को लिखे जाने के वक्त 2023 में विधि आयोग ने समान नागरिक संहिता के लिए सुझाव माँगे हैं, अब से 114 साल पहले अंग्रेज सरकार ने असमान नागरिक संहिता की शुरुआत मुसलिमों के पक्ष में की थी। हालाँकि, मुसलिम शासन में तो यह सब था ही। सबसे पहले मालवीयजी ने 1909 के अपने संबोधन में यह सवाल उठाया कि मुसलिमों को 3000 रुपए का सालाना आयकर देने या इतना ही भू-राजस्व देने पर वोट का अधिकार मिल जाता है तो हिंदू, पारसी, जैन, बौद्ध, सिखों, यहाँ तक कि ईसाइयों को भी यह अधिकार तीन लाख का आयकर देने या इतना ही भू-राजस्व देने पर भी वोट करने का अधिकार क्यों नहीं मिलता? इसी तरह एक मुसलिम स्नातक को पाँच साल बाद वोट का अधिकार मिल जाता है तो बाकी धर्मों के लोगों को स्नातक के 30 साल बाद भी वोट देने का अधिकार क्यों नहीं मिलता? उन्होंने दिलचस्प खुलासा किया, 1907 और 1908 में कांग्रेस के अध्यक्ष पद तक पर रहे रास बिहारी घोष को भी वोटिंग का अधिकार नहीं है।[5]

सुनाई वशिष्ठ-विश्वामित्र की कहानी

मुसलिमों के तुष्टीकरण पर नाराजगी जताने के बावजूद मालवीयजी ने इस बात पर अपने संबोधन में खुशी जताई कि प्रिवी काउंसिल में एक भारतीय मुसलमान

अमीर अली को चुना गया है। साथ में उन्होंने मार्ले-मिंटो सुधारों के लिए महर्षि विश्वामित्र और वशिष्ठ की कहानी भी सुनाई कि कैसे क्षत्रिय विश्वामित्र को ऋषि वशिष्ठ ने ब्राह्मण का दर्जा नहीं दिया तो उनके 100 पुत्रों को विश्वामित्र ने मार दिया, और जब उन्हें मारने पहुँचे तो सुना कि वो अपनी पत्नी से उनकी ब्राह्मण बनने की तपस्या की तारीफ कर रहे हैं। इसे सुनकर झुक गए विश्वामित्र और वशिष्ठ ने उन्हें ब्राह्मण मान लिया और कहा कि अब आप क्षत्रियों जैसे वेग में बात नहीं कर रहे। कहा कि जब मार्ले-मिंटो के सुधार अच्छे होंगे, तरीके अच्छे होंगे तो हम भी उनका समर्थन करेंगे।

चूँकि पिछले दो साल तिलक, बिपिन चंद्र पाल और लाला लाजपत राय जैसे कांग्रेस नेताओं का गरमदलीय गुट कांग्रेस से बाहर हो गया था। इस गुट के बारे में माना जाता था कि ये चुपचाप क्रांतिकारियों की मदद भी करते हैं, सावरकर को लंदन 1906 में श्यामजी कृष्ण वर्मा ने फेलोशिप देकर बुलाया था तो यह तिलक की अनुशंसा वाले पत्र पर यह निर्णय लिया था। ऐसे में सावरकर के दो शिष्यों मदन लाल धींगरा ने लंदन में और नासिक में अनंत कन्हेरे ने अंग्रेज अधिकारियों की हत्या कीं। बाद में भले ही उन्होंने भगत सिंह के लिए दया याचिका भेजी, लेकिन जैसा कि उस वक्त कांग्रेस का रिवाज था, मालवीयजी ने भी उनकी हिंसात्मक कारवाई की निंदा की। बावजूद इसके उनके संबोधन की आखिरी लाइनें ये बताने के लिए थीं कि बतौर हिंदू मैं नहीं चाहता कि मुझे मुसलिम, ईसाई या और किसी धर्म के व्यक्ति से ज्यादा मिले, लेकिन यह भी नहीं चाहूँगा कि मेरे साथ भी भेदभाव हो।

अपने संबोधन में उन्होंने लॉर्ड कर्जन और लॉर्ड लिटन की काफी आलोचना की, लॉर्ड रिपन की जमकर तारीफ की, लॉर्ट लिटन के जाने के बाद उनका आना, काली अँधेरी रात के बाद सुबह का आना बताया। सिविल सर्विस में भारतीय प्रतिनिधित्व बढ़ाने की माँग के साथ-साथ कई प्रदेशों संयुक्त प्रांत, पंजाब, पूर्वी बंगाल और आसाम में एक्जीक्यूटिव काउंसिल बनाने की माँग भी की।

पूना समझौते में मालवीयजी की भी भूमिका

यों गांधी-आंबेडकर के पूना समझौते में मालवीयजी की अहम भूमिका रही और अनसूचित जाति, जनजातियों के लिए 147 सीटें आरक्षित कर दी गई थीं, इस समझौते पर मालवीयजी के भी हस्ताक्षर हुए थे। सवर्ण जातियों को साधने में उन्होंने कड़ी मेहनत की थी। इस समझौते से हिंदुओं को एक तो कर लिया गया, लेकिन अभी भी मुसलिमों, सिखों, ईसाई, एंग्लो इंडियंस, यूरोपियंस आदि को भी आरक्षण

का प्रावधान था, जिस पर कांग्रेस ने विकल्प खुला रखा था, किंतु मालवीयजी इससे सहमत नहीं हो पा रहे थे। उनका कहना था कि कांग्रेस को इसका स्पष्ट विरोध करना चाहिए, कांग्रेस राजी नहीं हुई तो उन्होंने जुलाई 1934 में कांग्रेस से इस्तीफा देकर कांग्रेस नेशनलिस्ट पार्टी बना ली।

इससे पहले मोतीलाल नेहरू को उन्होंने समझाया था कि स्वराज पार्टी के चुनाव लड़ने से हिंदू हितों को नुकसान होगा, वो नहीं माने तो 1926 के चुनावों में उन्होंने लाला लाजपत राय के साथ इंडिपेंडेंट कांग्रेस पार्टी बना ली थी, बाद में फिर कांग्रेस में आ गए थे।

दिल्ली अधिवेशन में लीग का साथ

1918 के अधिवेशन में वे दूसरी बार कांग्रेस अध्यक्ष चुने गए थे। नई दिल्ली में हुए इस अधिवेशन से पहले तीन बड़ी बातें हुई थीं, एक तो राजधानी को कलकत्ता से दिल्ली लाया जा चुका था, दूसरे प्रथम विश्वयुद्ध लगभग खत्म हो चुका था और तीसरे 1916 के लखनऊ समझौते के जरिए कांग्रेस और मुसलिम लीग हाथ मिला चुके थे, केवल मुसलिम लीग ही नहीं, बल्कि कांग्रेस के गरम दल की भी कांग्रेस में वापसी हो चुकी थी। ऐसे में मालवीयजी ने बार-बार लीग के साथ हुए समझौते की बात अपने अध्यक्षीय संबोधन में की और अंग्रेजों से माँग की कि दोनों पक्षों की संयुक्त माँग को पूरा किया जाए।

इस मौके पर उन्होंने भारतीयों के धैर्य की भी तारीफ की कि कैसे कांग्रेस के गठन के बाद पिछले 33 साल से भारत का शिक्षित समाज लगातार अंग्रेजीराज में निष्ठा कायम रखते हुए इंतजार कर रहा है कि स्वशासन मिले। इस मौके पर उन्होंने यह भी जताया कि कैसे चार साल के अंदर प्रथम विश्वयुद्ध में भारतीयों के करों का करोड़ों रुपए स्वाहा हो गया और एक लाख से भी अधिक भारतीय सैनिकों ने अपनी जान न्योछावर कर दी। फ्रांस को तो भारत का शुक्रगुजार होना चाहिए, जो भारतीय सैनिकों ने उसकी इतनी मदद की।

आँकड़े देते हुए प्रथम विश्वयुद्ध में उन्होंने इस तरह भारतीय योगदान को बताया, "The full value of the contributions of the princes and people of India in money and resources remains to be calculated. But we know that it amounts to over two hundred millions, or three hundred crores. As regards our contributions in men, the Secretary of State for India stated the other day in Parliament that 1, 161, 789 Indians had been recruited since the war began, and 1, 215, 338 men had been sent overseas from India, and that of those 101, 439 had become casualties."[6]

मालवीयजी ने इस संबोधन में अमेरिका की प्रशंसा करते हुए ब्रिटेन से उसे कुछ सीखने की सलाह दी, जो केवल विश्व शांति के लिए विश्वयुद्ध में उतरा। उन्होंने कहा कि शांति वार्त्ता में किसी भारतीय की उपस्थिति के वादे को तो ब्रिटिश सरकार ने पूरा किया, लेकिन जनता के चुने हुए प्रतिनिधियों के बजाय सिविल सर्विस अधिकारी एस.पी. सिन्हा को चुना, राज्यों की तरफ से बीकानेर के राजा को चुना। उन्होंने इन दोनों को बधाई देते हुए कहा, "But it will remain a matter for regret that British India will not be represented at this great Conference by a person appointed by the Government on the recommendation of the elected representatives of the people."

'हम अपना देश क्यों नहीं सँभाल सकते'

इसी संबोधन में पहली बार था कि किसी कांग्रेस अध्यक्ष ने यह कहने का दम दिखाया कि हम भारतीय अपना स्वशासन अच्छे से सँभाल सकते हैं, क्योंकि इससे पहले ज्यादातर यही कहते आए थे कि अंग्रेजों के चले जाने पर भारत में अराजकता फैल जाएगी। उन्होंने यह भी कहा कि अभी भी तिहाई भारत भारतीय राज्य ही सँभाल रहे हैं और ब्रिटिश भारत के मुकाबले बेहतर शासन चला रहे हैं। उन्होंने कहा, "Are a people who can produce scientist like Sir J.C. Bose, a poet like Sir Rabindra Nath Tagore, lawyers like Sir Bhashyam Iyengar and Sir Rash Behari Ghosh, administrators like Sir T. Madhava Row and Sir Salar Jung, Judges of the High Court like Sir Syed Mahmood and Telang, patriots and public men like Dadabhai Naoroji, Ranade Pheroze Shah Mehta and G.K. Gokhale, industrialists like J.N. Tata and his worthy son Sir Dorab Tata and a servant of humanity like Mr. M.K. Gandhi and soldiers who have rendered a good account of themselves in all the theatres of war, unfit for self-government in their domestic affairs? I hope that the insult of such an assumption will no longer be added to the injury that is being done us by being kept out of our birthright to self-government, and that the principle of self-determination will be extended to India."[7]

खिलाफत के मुद्दे पर गांधीजी का विरोध

हालाँकि बाद में उन्होंने खिलाफत को समर्थन देने पर गांधीजी से विरोध भी जताया। 1923 के हिंदू महासभा अधिवेशन में बोलते हुए उन्होंने कहा था, "When the irresponsible element of Muslims will realise that we can react to the policy of tit for tat they would never venture to attack us."[8]

बावजूद इसके गांधीजी उनसे, उनकी सादगी से, उनकी लोकप्रियता से हमेशा प्रभावित रहे, 1919 के अमृतसर के अधिवेशन में दोनों को एक ही कमरा मिला था, उस अनुभव के बारे में गांधीजी ने लिखा था, "Pandit Malaviyaji had harboured me in his own room. I had a glimpse of the simplicity of his life on the occasion of the foundation ceremony of the Hindu University; but on this occasion, being in the same room with him, I was able to observe his daily routine in the closest detail, and what I saw filled me with joyful surprise. His room presented the appearance of a free inn for all the poor. You could hardly cross from one end to the other. It was so crowded. It was accessible at all odd hours to chance visitors who had the licence to take as much of his time as they liked. In a corner of this crib lay my charpai in all its dignity."[9]

REFRENCES

1. The Encyclopedia of Indian National Congress Volume-5 by A. Moin Zaidi, Page No.-496, Publisher : S Chand.
2. Congress Presidential Addresses: 1901-1911, Page No.-379, Editor : A. Moin Zaidi, Publisher : Publication Department, Indian Institute of Applied Political Research.
3. The Constitutional History of India : 1858-1919 by Anil Chandra Banerjee, Page No.-369, Publisher : Macmillan Company of India.

4. Indian Constitutional Documents, Volume-2 by Anil Chandra, Banerjee, Page No.-178, Publisher : Mukherjee & Company.
5. Indian Constitutional Documents, Volume-2 by Anil Chandra, Banerjee, Page No.-178, Publisher : Mukherjee & Company.
6. From the Silver to the Golden jubilee; containing full text of the presidential addresses from 1911 to 1934 By Indian National Congress, Page No.-380, Publisher : G.A. Natesan & Company.
7. From the Silver to the Golden jubilee; containing full text of the presidential addresses from 1911 to 1934 by Indian National Congress, Page No.-401, Publisher : G.A. Natesan & Company.
8. The Mahratta, Volume-22, Page No.-416, Published in 1923.
9. Young India, Volume-10 (1928), Page No.-429, Contributor : Mahatma Gandhi, Publisher : Navajivan Publishing House.

□

ऐसा अध्यक्ष, जो अल्पसंख्यक आरक्षण के था सख्त खिलाफ, गोहत्याओं के खिलाफ उठाई आवाज

बिशन नारायण डार कश्मीरी पंडित थे, लेकिन चूँकि पिता सरकारी सेवा में उत्तर प्रदेश के बाराबंकी में मुंसिफ के पद पर तैनात थे तो उनका जन्म भी वहीं हुआ था। बिशन नारायण भी कानून की पढ़ाई करने इंग्लैंड गए तो उनका झुकाव भी ब्रिटिश न्याय व्यवस्था की तरफ था, लेकिन वो भारतीयों को भी वही अधिकार दिलाना चाहते थे, जो उनकी अंग्रेजी प्रजा को मिलते थे। ऐसे में जब मुसलिमों के लिए पृथक् निर्वाचन क्षेत्र का प्रस्ताव आया तो खुलकर उन्होंने विरोध किया। कहा कि विधानसभाएँ देश के हर वासी के लिए होनी चाहिए, उनको सांप्रदायिक आधार पर आरक्षित करने से भेदभाव ही बढ़ेगा।

शुरुआती कांग्रेसी नेता आमतौर पर वकील हुआ करते थे, इंग्लैंड में पढ़ने जाते थे तो अंग्रेजी व्यवस्था के मुरीद हो जाते थे, वहीं पर उनकी मुलाकात अन्य भारतीयों से होती थी, जो उन्हें प्रभावित करते थे। गांधी, नेहरू और पटेल तक यह दौर जारी रहा। ये सब देश वापस लौटकर देशवासियों के लिए आजादी के बजाय अंग्रेजी व्यवस्था में ही भारतीयों को ज्यादा अधिकार दिलाने की जंग लड़ते थे। बिशन नारायण को भी लालमोहन घोष और चंद्रावरकर जैसे नेता वहाँ मिले, उनके चाचा शंभूनाथ पंडित कलकत्ता हाईकोर्ट के पहले जज चुने गए थे, सो सामाजिक प्रभाव का लाभ भी मिला।

फिर सुरेंद्र नाथ बनर्जी जैसे नेताओं ने प्रभावित किया तो वो कांग्रेस से जुड़ गए और सामाजिक आंदोलनों के साथ राजनीतिक गतिविधियों में भी सक्रिय हो गए

और 1911 के कलकत्ता अधिवेशन में कांग्रेस के अध्यक्ष भी चुने गए। दिलचस्प यह था कि बतौर देश की राजधानी कलकत्ता में कांग्रेस का यह आखिरी अधिवेशन था, बल्कि कुछ दिन पहले राजधानी दिल्ली स्थानांतरित होने का दिल्ली दरबार में ऐलान हो भी चुका था। एक और दिलचस्प बात यह है कि इसी अधिवेशन में पहली बार रवींद्रनाथ टैगोर (ठाकुर) ने गीत 'जन-गण-मन' गाया गया था, जो बाद में राष्ट्रगान बना।

क्या जन गण मन का 'भारत भाग्य विधाता' ब्रिटेन का राजा था?

लेकिन इसको लेकर काफी विवाद हुआ, आरोप लगाए गए कि इस गीत की लाइनों में 'भारत भाग्य विधाता' शब्द दरअसल ब्रिटेन के महाराजा जॉर्ज पंचम को खुश करने के लिए प्रयोग किया गया है। यह तक कहा गया कि रवींद्रनाथ पर अंग्रेजों का दवाब था। इसकी वजह भी थी, उन दिनों दिल्ली दरबार के लिए किंग जॉर्ज अपनी पत्नी के साथ भारत आए भी हुए थे, लेकिन रवींद्रनाथ ठाकुर ने लंबे समय तक इस विवाद पर चुप्पी साधे रखी।

1937 में पुलिन बिहारी दास को लिखे एक पत्र में उन्होंने अपनी बात रखी थी, लिखा था, "अंग्रेजी सरकार में मेरे एक करीबी दोस्त ने मुझसे किंग जॉर्ज की विजय के लिए एक गीत लिखने की फरमाइश की थी, लेकिन मुझे इस बात से एकदम धक्का सा लगा, यह धक्का ही गुस्से में बदल गया और वो गुस्सा इसी गीत में निकला और मैंने बताया कि इस देश की भाग्य विधाता तो जनता है।"[1] हालाँकि सदी बीत जाने के बावजूद लोग इस विवाद को अकसर फिर से उखाड़ लेते हैं कि क्यों सफाई देने में 26 साल लगाए, क्यों उन्हें दो साल बाद ही नोबेल पुरस्कार मिल गया? लेकिन रवींद्रनाथ ठाकुर के इतने विराट् व्यक्तित्व के चलते गंभीर व्यक्ति इस विवाद से बचते हैं।

उन दिनों मुगल सत्ता का प्रभाव अभी भी शिक्षा व्यवस्था पर था, सो बिशन नारायण डार ने भी उर्दू, फारसी में अपनी शुरुआती पढ़ाई की और बाद में अंग्रेजी में। अवध में वकालत करने के साथ ही उन्होंने 1892 के कांग्रेस अधिवेशन में पहली बार हिस्सा लिया। उन्हें एक बेहतरीन वक्ता माना जाता था, इंपीरियल लेजिस्लेटिव काउंसिल का सदस्य रहते हुए उन्होंने कई बार सरकारी नीतियों की आलोचना की। वो अंग्रेजों की हिंदू-मुसलिम बँटवारे की नीति और इसके लिए मुसलिम तुष्टीकरण के फैसलों को भाँपने वाले शायद पहले नेता थे।

मुसलिम आरक्षण के प्रखर आलोचक, गो हत्याओं पर तैयार की रिपोर्ट

तभी तो 1890 में उन्होंने मुसलिमों को विधानसभाओं में आरक्षण देने की अंग्रेजी प्रस्ताव की यह कहते हुए पुरजोर आलोचना की, "The Legislative Council is a body where national interests ought to be represented and where all sectarian interests and class bias should be excluded. The object of a National Assembly is only to discuss those matters which are common to the whole Indian Nation. On principle therefore, I object to any clause for the representation of minorities."[2]

वे पहले कांग्रेस अध्यक्ष थे, जो भारत में बहुसंख्यक हिंदुओं की भी समस्याओं को समझने की कोशिश कर रहे थे, पहले मुसलिम आक्रमणकारी फिर अंग्रेजी सत्ताधारियों के जुल्मों के असली भुक्तभोगी तो वही थे, ऐसे में उन्होंने न केवल अल्पसंख्यक आरक्षण के प्रयासों का विरोध किया, बल्कि 1893 में जब आजमगढ़ में गो-हत्या को लेकर दंगे हुए, हिंदुओं का साथ देने से कांग्रेस के नेता परहेज बरतने लगे, ऐसे में बिशन नारायण खुलकर साथ आए. आजमगढ़ के इन दंगों में हिंदुओं का भारी उत्पीड़न हुआ था, अभी भी तमाम सरकारी पदों पर मुसलिम अधिकारी ही थे, उनकी सुनवाई हो सके, इसलिए बिशन नारायण ने उनके मुकदमे अपने सिर ले लिये और कई केस मुफ्त लड़कर उनको न्याय दिलवाने की भरपूर कोशिश की। साथ ही उस वक्त के राष्ट्रीय अखबारों में हिंदुओं के साथ हुई इस ज्यादती का खुलासा करने वाले लेख भी लिखे।

वो राजा रामपाल सिंह के अखबार 'कालाकांकर' में भी लिखते थे, जहाँ गोरक्षा संबंधी लेख लगातार छपते थे और राजा खुद गोरक्षा सभाओं की अध्यक्षता करते थे, बिशन नारायण के ऊपर राजा का काफी प्रभाव था। 1893 के आजमगढ़ दंगों की जाँच दो कांग्रेस नेताओं लखनऊ के गंगा प्रसाद वर्मा और पंडित बिशन नारायण ने की और अपनी रिपोर्ट में बताया कि कैसे प्रशासन के उकसावे पर मुसलमानों ने अत्यधिक गो हत्याएँ कीं, जिससे दंगे की पृष्ठभूमि बनी। बिशन नारायण ने एक पर्चा भी छापा, 'An Appeal to the English Public on Behalf of the Hindus of the N.W.-P. and Oudh.'[3], इससे उत्तर-पश्चिम प्रांत के उप-राज्यपाल चार्ल्स क्रास्थवेट काफी नाराज हुए और बिशन नारायण के खिलाफ वायसराय को 8 मई, 1894 को एक खत लिखा कि उनके खिलाफ कारवाई करनी चाहिए।

उनका लिखना लगातार जारी रहा, 1910 में जब उन्होंने 'लीडर' अखबार में एक लेख 'वर्तमान राजनीतिक हालात' शीर्षक से लिखा तो सरकार ने एडीटर और पब्लिशर दोनों के खिलाफ काररवाई की। उन दिनों विदेश जाना भी आसान नहीं था, समुद्री यात्रा करने के खिलाफ सारी जातियाँ बहिष्कार करने का आदेश जारी कर देती थीं। न केवल बिशन नारायण को बल्कि बाद में गांधीजी को भी उनकी जातियों के ठेकेदारों को उनकी जातियों ने बहिष्कृत कर दिया था। यह भी खासा दिलचस्प था कि हड़प्पा के जमाने से जिस देश में समुद्री यात्राओं का चलन था, उस देश के लोग कैसे कालांतर में समुद्री यात्राओं के विरोधी होते चले गए। हालाँकि 1887 में बिशन नारायण ने वापस आकर उस धर्मसभा के खिलाफ आवाज उठाई और अपनी एक धर्मसभा शुरू करने का ऐलान कर दिया, जो बाद में 'बिशन सभा' कहलाई।

इंग्लैंड के राजा-रानी के स्वागत में कांग्रेस अधिवेशन में पढ़े गए कसीदे

1911 का अधिवेशन केवल राजधानी के तौर पर कलकत्ता में कांग्रेस का आखिरी अधिवेशन ही नहीं था, बल्कि इसलिए भी खास था कि उसी साल बल्कि उसी महीने दिसंबर में ही दिल्ली का तीसरा दरबार लग चुका था। 7 से 16 दिसंबर के इस दिल्ली दरबार में ब्रिटेन के महाराजा जॉर्ज पंचम अपनी महारानी मैरी के साथ आए हुए थे। इसी दौरान 12 दिसंबर को नई राजधानी नई दिल्ली की आधारशिला भी रखी गई थी। जबकि कांग्रेस का अधिवेशन 26 से 28 दिसंबर तक था।

तो सबसे पहले कांग्रेस के अधिवेशन में उन्हीं के लिए कसीदे पढ़े गए थे, पूरा प्रस्ताव पढ़िए, जिसका शीर्षक था, 'Welcome To Their Majesties.' इस प्रस्ताव को वहाँ पढ़कर सुनाया गया था, "That this Congress in humble duty respectfully tenders its most loyal homage to the Throne and Person of their Imperial Majesties, the King-Emperor and the Queen-Impress, and feels confident that their visit to India will be productive of lasting benefit to the people of this country."[4]

इसके तुरंत बाद दूसरा प्रस्ताव (संकल्प) भी ब्रिटेन के महाराजा की शान में ही पढ़ा गया और उनको पुरजोर धन्यवाद दिया गया कि उन्होंने बंग-भंग के 1905 के फैसले को बदल दिया था। फिर एक तीसरा प्रस्ताव पढ़ा गया, वो भी ब्रिटेन के महाराजा की शान में था, लेफ्टिनेंट गर्वनर के तहत बिहार और उड़ीसा को एक अलग प्रांत बनाने के ऐलान के लिए उनको धन्यवाद दिया गया। इतना ही नहीं,

अलग-अलग प्रस्तावों में राजा-रानी से प्रेस एक्ट और सैडीशियस मीटिंग एक्ट खत्म करने, राजनीतिक कैदियों को रिहा करने, आर्मी में भारतीयों के लिए उच्च पद भी खोलने आदि की विनती की गई। यह सब दूसरे दिन की काररवाई में हुआ था।

'महानतम शासक का स्वागत जिसने हम पर राज किया'

लेकिन पहले दिन की काररवाई में स्वागत समिति के मुखिया भूपेंद्र नाथ बसु ने कलकत्ता आने से पहले जो ब्रिटेन के महाराजा की शान में कसीदे पढ़े, उसे पढ़कर टी.वी. और सोशल मीडिया के दौर के सारे कांग्रेस नेता भी हैरत में पड़ जाएँगे। केवल कुछ लाइनें उनके अंग्रेजी के संबोधन से ही बिना अनुवाद के पढ़िए, "We shall soon be welcoming to our city the greatest sovereign whom India has ever witnessed. (पूरी सभा इस बात पर तालियाँ बजा उठी)...a sovereign whose Indian empire extends beyond those ancient pillars which still testifies to the greatness and beneficence of Ashoka's mighty rule. For the first time we realize through the visible symbol of sovereignty, our close and intimate association with a world-wide empire and for the first time is opened to us the vista of a long though strenuous career in onwards march of the nations, we fell that we are no longer sheltered under the over-hanging arches of Himalayas, but are being drawn into a great and expensive stream into which flow the tributaries of powerful nationalities, For the first time we feel the birth of a new life, the awakening of a new desire, that if we must take our place in the ranks of men, we must be reborn as a nation, forgetting the seclusion and isolation of days that are gone."[5]

जब कांग्रेस के इस अधिवेशन के अध्यक्ष बिशन नारायण डार का अध्यक्षीय संबोधन हुआ तो उसमें ब्रिटेन के महाराज और महारानी की ही स्तुति वंदना भरी हुई थी। शुरुआत की कुछ लाइनें आप उनके ही शब्दों और भाषा में यहाँ पढ़ सकते हैं, "Gentlemen, my first duty as well as my proudest privilege and your President to-day is to tender on behalf of this great assembly and all those whom it represents, a most loyal and heart-felt homage and welcome to their most gracious Majesties King Emperor George V and Queen-Empress Marry, on their coming visit to this great city-the first city of their Eastern Empire."[6]

कांग्रेस अध्यक्ष ने गिनाईं जब भारत में 'ब्रिटिश उपलब्धियाँ'

इतना ही नहीं, बिशन नारायण डार ने अपने अध्यक्षीय भाषण में अंग्रेजों की तारीफ में एक अलग से उपखंड जोड़ा, जिसका शीर्षक दिया गया, 'British Achievements in India', अंग्रेज जब चाहें इस भाषण का अपने हक में इस्तेमाल कर सकते हैं। शुरुआत उन्होंने राजा-रानी की यात्रा से ही की, जो एक दिन बाद यानी 30 दिसंबर को ही कलकत्ता आने वाले थे। उसके बाद जो बोला, उसका कुछ अंश उनके ही शब्दों व भाषा में पढ़िए, "The Countless blessings we enjoy under British Rule-specially the last 50 years of our direct connections with the British Crown have been marked by great and lasting benefits to the Indian people." उन्होंने आगे कहा, "Peace, Order and perfect security of life and property have been secured to us to a degree never known to the old Roman Empire and even now not to be seen anywhere beyond the limits of the British Empire."[7]

इस भाषण में ऐसा लगता है कि उन्होंने हर बात का श्रेय अंग्रेजीराज को दे दिया, रेलवे से लेकर पोस्ट ऑफिस व्यवस्था तक, टेलीग्राफ व्यवस्था ले लेकर विधायी कार्यों की सभाओं तक, समाज सुधारों से लेकर अंग्रेजी शिक्षा व्यवस्था तक, न केवल विलियम बेंटिक की तारीफ की, बल्कि आजादी के बाद जिस मैकाले से बच्चा-बच्चा चिढ़ता है, उसकी भी तारीफों के पुल डार साहब ने बाँध दिए। यह भाषण आज किसी भी कांग्रेस नेता को सुनाकर पूछा जाए कि जब सबकुछ अच्छा चल रहा था तो आपने अंग्रेजों से कौन सी आजादी की लड़ाई लड़ी थी तो उसको भी जवाब देने में दिक्कत हो जाएगी। लेकिन यह सच है कि तब के नेता यही सोचते थे कि अंग्रेज हमारी बेहतरी के लिए हम पर राज करने आए हैं।

विरोधाभास यह था कि उनसे पहले दादाभाई नौरोजी अच्छी तरह से अपने 'ड्रेन ऑफ वैल्थ' सिद्धांत से यह समझा चुके थे कि अंग्रेजों ने रेल जैसी सुविधाएँ अपने लिए शुरू की थीं, ताकि कच्चा माल तेजी से दूर-दराज के जंगलों से मँगाकर

पोर्ट या हवाई अड्डे तक तेजी से पहुँचा जा सके, और ब्रिटेन भेजा जा सके, उसी तेजी से रेडीमेड कपड़े आदि ब्रिटेन की फैक्टरियों में तैयार माल ट्रेन के जरिए भारत के कोने-कोने में बिकने भेजा जा सके। कहीं विद्रोह होने पर फौज भी ट्रेन से जल्दी पहुँच सकती थी। टेलीग्राफ आदि सुविधाएँ भी उन्हीं की सहूलियत के लिए बनी थीं। यों इसी अधिवेशन में गांधीजी और ट्रांसवाल (दक्षिण अफ्रीका) के भारतीय समुदाय को दक्षिण अफ्रीकी प्रांत में एशियाई विरोधी कानून को निरस्त करवाने के लिए बधाई दी गई।

सबसे दिलचस्प है इस सेक्शन के संबोधन में बोली गई उनकी आखिरी लाइन, "England is the only Country that knows how to govern those who cannot govern themselves." अर्थात् "इंग्लैंड अकेला ऐसा देश है, जो उन देशों पर शासन करना जानता है, जो खुद पर शासन करना नहीं जानते।" सोचिए, 1911 में ही 4 जुलाई को वीर सावरकर को इसी अंग्रेजीराज के खिलाफ साजिश रचने के आरोप में 50 साल के काला पानी की सजा हुई थी और अंग्रेजी जज ने उन्हें अंग्रेजी साम्राज्य का सबसे खतरनाक दुश्मन करार दिया था।

REFERENCES

1. Return from exile by Ashis Nandy, Page No.-87, Publisher : Oxford University Press.
2. Indian Political Associations and Reform of Legislature, 1818-1917 by Bimanbehari Majumdar, Page No.-349, Publisher : Firma K. L. Mukhopadhyay.
3. An Appeal to the English Public on Behalf of the Hindus of the N.W.-P. and Oudh by Bishan Narayan Dar, Publisher : G.P. Varma and Brothers Press.
4. How India Wrought for Freedom The Story of the National Congress Told from Official Records by Annie Besant, Page No.-543, Publisher : Theosophical publishing house.
5. The Encyclopaedia of Indian National Congress : 1911-1915, In search of a creed, Page No.-169, Editor : A Moin Zaidi, Publisher : S Chand.
6. From the Silver to the Golden jubilee; containing full

text of the presidential addresses from 1911 to 1934 by Indian National Congress, Page No.-4, Publisher : G.A. Natesan & Company.

7. From the Silver to the Golden jubilee; containing full text of the presidential addresses from 1911 to 1934 by Indian National Congress, Page No.-11, Publisher : G.A. Natesan & Company.

□

विक्टोरिया मेमोरियल बनवाने वाला अध्यक्ष, गोखले गुरु लेकिन गांधीजी के चलते इस्तीफा

रघुनाथ मुधोलकर महाराष्ट्र के रहने वाले थे, वकील थे और उनका भी रवैया वही था, पुराने अध्यक्षों वाला यानी अंग्रेजों से और ज्यादा अधिकारों की माँगें करना, सामाजिक कुरीतियों से लड़ना और अंग्रेजीराज व्यवस्था को बेहतर मानते हुए उसको और बेहतर बनाने के लिए उसकी कमियाँ बताना। रघुनाथ महाराष्ट्र के धुले में जनमे थे, बाद में पढ़ने मुंबई चले गए। मुंबई के एलफिंस्टन कॉलेज के लिए उन्हें फेलोशिप मिली। वकालत की पढ़ाई की और वकील भी बन गए। गोपाल कृष्ण गोखले के संपर्क में आए और कांग्रेस से 1988 में जुड़ गए। 1912 में बाँकीपुर, पटना के अधिवेशन में वो कांग्रेस के शीर्ष पर पहुँचे और अधिवेशन के सभापति चुने गए।

उनको अंग्रेजी सरकार से मिलीं 'राय बहादुर' और 'कंपेनियन ऑफ दी ऑर्डर ऑफ इंडियन एंपायर' जैसी दो बड़ी उपाधियों से आप अनुमान लगा सकते हैं कि अंग्रेजों के मन में उनके लिए कितना सम्मान रहा होगा और उसकी वजह भी थी, उन्हें अंग्रेजों के संसदीय लोकतंत्र में काफी भरोसा था और न्याय व्यवस्था में भी, लेकिन वो ब्रिटिश नौकरशाही और आर्थिक नीतियों से खुश नहीं थे। जो लोग गांधीजी के गुरु गोपाल कृष्ण गोखले के विचारों को समझते होंगे, उससे वो समझ सकते हैं कि उनको मानने वाले नरमदलीय और नरमदलीय ही थे।

उन्हें अंग्रेजों की व्यवस्था में काफी फायदे भी नजर आते थे, वो क्रांतिकारियों की तरह झटके से गुलामी की जंजीरें तोड़ने के क्रांतिकारी विचार के हिमायती नहीं थे, हिंसात्मक तरीकों से तो कतई नहीं। बावजूद इसके वो कांग्रेस अधिवेशन के

सभापति पद तक पहुँचे तो इससे उस वक्त की कांग्रेस की मनोस्थिति और कार्यक्रमों के बारे में भी समझना आसान होगा।

वकालत की पढ़ाई के बाद उन्होंने अमरावती में प्रैक्टिस शुरू की, उस वक्त उस कोर्ट में कांग्रेस से जुड़े दो और बड़े चेहरे थे, गणेश श्रीकृष्ण (जी.एस.) खापर्डे और मोरोपंत विश्वनाथ जोशी। गणेश श्रीकृष्ण तिलक खेमे से जुड़े हुए थे, लाल-बाल-पाल की तिकड़ी से उनके गहरे रिश्ते थे। वो तिलक का केस लड़ने के लिए लंदन की प्रिवी काउंसिल तक गए थे। साईं बाबा की भी उन्होंने उस वक्त मदद की थी, उनसे काफी करीबी थी।

जबकि मोरोपंत विश्वनाथ जोशी थोड़े उदारवादी थे, गांधीजी के आने के बाद वो कांग्रेस छोड़कर इंडियन लिबरल पार्टी में चले गए थे। गांधीजी का कांग्रेस में आना शायद आर.एन. मुधोलकर को भी नहीं भाया था, वो भी 1917 के बाद उदारवादी खेमे में चले गए थे। ऐसे में यह जानना दिलचस्प होगा कि गांधीजी भी उन्हीं की तरह गोपाल कृष्ण गोखले को ही अपना राजनीतिक गुरु मानते थे और गोखले ही थे, जो उन्हें लगातार दक्षिण अफ्रीका से भारत आने की सलाह देते रहे।

मुधोलकर की विचारधारा भले ही उदार हो, लेकिन भारतीयों के लिए वो अपने तरीके से अपनी आवाज उठाते रहे, 1890 में जब कांग्रेस का एक प्रतिनिधिमंडल भारतीयों की समस्यायों को उठाने के लिए लंदन भेजा गया तो उन्हें भी उसका सदस्य चुना गया। वो भारतीय हिंदू समाज में सुधार के लिए भी लगातार लड़ते रहे, छुआछूत, विधवा विवाह के खिलाफ और महिला शिक्षा के लिए उनकी लड़ाई महाराष्ट्र के लोग बखूबी जानते हैं। उन्होंने कई संस्थाओं की स्थापना की, कई सारी इंडस्ट्रीज की स्थापना में भी मदद की और तकनीकी शिक्षा को बढ़ावा देने के भी हिमायती रहे।

उन दिनों भारतीयों के लिए भी सुप्रीम कोर्ट लंदन की प्रिवी काउंसिल हुआ करती थी, लेकिन प्रिवी काउंसिल तक पहुँचने वाले केस हाईप्रोफाइल ही होते थे, उनमें अच्छी फीस मिलती थी। 1920 में उनका आखिरी केस शायद होल्कर महाराजा के चचेरे भाई तात्या साहिब होल्कर का हो सकता है, जिसके लिए वो प्रिवी काउंसिल गए थे। उनके बेटे जनार्दन ने भी मुंबई के एलफिंस्टन कॉलेज से ही वकालत की पढ़ाई की, अमरावती से ही कोर्ट प्रैक्टिस शुरू की, लेकिन वह बहुत जल्द ही सैशन जज चुन लिये गए और देश की आजादी के बाद 1960 से 1966 के बीच सुप्रीम कोर्ट में जज भी रहे।

आर.एन. मुधोलकर अकाल राहत के कामों में तो जुटे ही, कांग्रेस के संविधान का ड्राफ्ट बनाने में भी उनकी मदद ली गई। 1887, 1894 और 1895 में कुछ ड्राफ्ट

बनाए गए थे, लेकिन वो लागू करने लायक नहीं लगे, तमाम आपत्तियाँ उठती रहीं। 1898 में कांग्रेस ने अपने संविधान के लिए एक उपसमिति बनाई, जिसका सचिव मुधोलकर को बनाया गया, ताकि एक कार्यवाहक जैसा संविधान बनाया जा सके। उन्होंने एक ड्राफ्ट बनाया भी, अगले साल ही 1899 के लखनऊ अधिवेशन में इसे कुछ संशोधनों के साथ स्वीकार भी कर लिया गया।[1]

महारानी विक्टोरिया का मेमोरियल बनवाया

उस वक्त के कांग्रेस नेताओं की आप सोच को इस घटना से भी समझ सकते हैं कि जब क्वीन विक्टोरिया की जब 1901 में मौत हो गई तो बरार प्रांत (आज यह क्षेत्र महाराष्ट्र के विदर्भ में शामिल है) में विक्टोरिया की याद में एक ऑल इंडिया मेमोरियल बनाने के लिए आंदोलन शुरू हो गया। देश में विक्टोरिया के तमाम स्मारक उसी समय के हैं। आर.एन. मुधोलकर ने बरार प्रांत के लिए यह जिम्मेदारी अपने सिर ले ली और एक विक्टोरिया मेमोरियल टेक्निकल इंस्टीट्यूट के लिए चंदा जुटाओ अभियान शुरू कर दिया।[2] हालाँकि इंस्टीट्यूट बनने के बाद भारतीयों को भी इसका लाभ मिला।

ऐसे बने कांग्रेस अध्यक्ष

मुधोलकर की कांग्रेस अध्यक्ष बनने की राह आसान नहीं थी। 1907 में जब तिलक और गोखले समर्थक गरम दल और नरम दल में बँट गए तो गोखले गुट कांग्रेस पर हावी हो गया और लाल-बाल-पाल ने कांग्रेस से दूरी बना ली। ऐसे में मुधोलकर गोखले गुट के साथ थे। 1909 में जब मार्ले-मिंटो रिफॉर्म्स के बाद इंडियन काउंसिल एक्ट के तहत जब मुसलिमों के लिए अलग से निर्वाचन क्षेत्रों का ऐलान हो गया तो कांग्रेस लगातार आगा खाँ जैसे मुसलिम नेताओं को साधने में लग गई। गोखले ने आगा खाँ को 1911-12 में कांग्रेस के अध्यक्ष पद तक पर बैठाने का प्रस्ताव दिया, लेकिन आगा खाँ पहले ही तुर्की के मुद्दे पर कट्टर मुसलिमों के निशाने पर था, उसने मना कर दिया। तब जाकर आर.एन. मुधोलकर को कांग्रेस के उस 27वें अधिवेशन का अध्यक्ष चुना गया था।

उस अधिवेशन में मुधोलकर का अध्यक्षीय भाषण भी उसी हिंदू-मुसलिम समझौते के इर्द-गिर्द ही घूमता रहा था, बाद में जब गरम दल के नेता तिलक लखनऊ अधिवेशन में साथ आए तो मुसलिम लीग से भी कांग्रेस का समझौता हो गया और एक संयुक्त अधिवेशन हुआ था। लेकिन उसकी नींव पटना के बाँकीपुर अधिवेशन में मुधोलकर के समय ही रख गई थी।

मुधोलकर ने अपने अध्यक्षीय भाषण में कहा था, "In view of existing circumstances, on the expediency of adopting communal representation. A resolution was actually passed at the plenary session virtually accepting a separate electorates. As the prospects of Hindu-Muslim Co-operation brightened, the Hindu leaders seemed to swallow their objections to separate electorates. These were the years, when the 'young' party of Muslims politicians, having wrested the control of the Muslim League from its traditional pro-British leadership, was trying to bring it into alignment with Congress. The process of reconciliation between the two parties was hastened by the outbreak of world war in 1914."[3]

गांधीजी से था इस बात पर विवाद

गांधीजी के साथ मुधोलकर की शुरुआत में ही बिगड़ गई, जिसके लिए दोनों ही जिम्मेदार नहीं थे। दरअसल 1911 के कलकत्ता कांग्रेस अधिवेशन में अध्यक्ष के लिए ब्रिटेन की लेबर पार्टी के नेता राम्से मैकडोनाल्ड का नाम तय हुआ था, लेकिन उनकी पत्नी की अचानक तबीयत खराब हो गई। ऐसे में बंगाल कांग्रेस कमेटी ने गांधीजी का नाम तय किया, गांधीजी उन दिनों दक्षिण अफ्रीका में थे, लेकिन गोखले और उनके साथ के कई कांग्रेस नेता उन दिनों गांधीजी की किताब 'हिंद स्वराज' के चलते नाराज थे।

दरअसल उस किताब में गांधीजी ने सविनय अवज्ञा आंदोलन की न केवल दक्षिण अफ्रीका के लिए, बल्कि भारत के लिए भी वकालत की थी, जो उदारवादी गोखले और उनके सहयोगी अंग्रेजों की नाराजगी के डर के चलते चाहते नहीं थे। ऐसे में गांधीजी के नाम पर हिचकिचाहट के बावजूद गोखले ने हामी भर दी और बंगाल कांग्रेस के सचिव को गांधीजी के पास नेटाल भेज दिया। गांधीजी ने अपनी सहमति का तार भी भेज दिया।

लेकिन कांग्रेस के तमाम नेता गांधीजी से नाराज थे, कांग्रेस की प्रांतीय समिति ने गांधीजी की जगह आर.एन. मुधोलकर के नाम का प्रस्ताव रख दिया, इधर बंगाल की प्रदेश कांग्रेस समिति ने गांधीजी की जगह हेनरी कॉटन का नाम प्रस्तावित कर दिया। कहीं वोटिंग में गांधी न हार जाएँ, गोखले ने गांधीजी के नाम के प्रस्ताव को

खारिज कर दिया और उन्हें गांधीजी से माफी माँगनी पड़ गई। ऐसे में उनकी जगह बिशन नारायण को यह मौका मिला और अगले साल मुधोलकर को।[4]

नेहरू की पारी शुरू, पहले ही अधिवेशन में उड़ाया कांग्रेसियों का मजाक

एक और दिलचस्प बात 1912 के बाँकीपुर अधिवेशन की यह थी कि पहली बार इस अधिवेशन में पंडित जवाहरलाल नेहरू ने भाग लिया था। लंदन से लौटने के बाद उनका आधिकारिक तौर पर कांग्रेस से पहला जुड़ाव था, तब उन पर कोई पद नहीं था, वो सामान्य कार्यकर्ता के तौर पर ही इसमें भाग लेने आए थे। हालाँकि गांधीजी से उनकी पहली मुलाकात चार साल बाद, यानी 1916 में हो पाई थी। इस अधिवेशन में भाग लेने के बाद जवाहरलाल नेहरू ने अपनी आत्मकथा में इस अधिवेशन के बारे में जो लिखा है, वो काफी दिलचस्प है, उनके शब्दों में, "I visited, as a delegate, the Bankipore Congress during Christmas 1912. It was very much an English-knowing upper class affair where morning coats and well-pressed trousers were greatly in evidence. Essentially it was a social gathering with no political excitement or tension[5]."

REFERENCES

1. The Indian Nation Builders, Volume-1 by Low Price Publications, Page No.-365, Publisher : Mittal Publications.
2. The Indian Review, Volume-13 (1913), Publisher : G.A. Natesan & Company.
3. Road to Pakistan The Life and Times of Mohammad Ali Jinnah by B. R. Nanda, Page No.-28, Publisher : Taylor & Francis.
4. Gokhale : The Indian Moderates and the British Raj by Bal Ram Nanda, Page No.-416-17, Publisher : Princeton University Press.
5. Jawaharlal Nehru An Autobiography : with Musings on Recent Events in India by Jawaharlal Nehru, Page No.-27, Bodley Head.

□

कांग्रेस का यह अध्यक्ष टीपू सुल्तान की नातिन का नाती था

जब भी कर्नाटक में टीपू सुल्तान जयंती मनाने की बात आती है, तलवारें खिंच जाती हैं। बी.जे.पी. किसी भी सूरत में टीपू को हीरो मानने को तैयार नहीं होती, उसे लाखों हिंदुओं के कत्ल और धर्मांतरण का दोषी ठहराती है, जबकि कांग्रेस की मुश्किल ये है कि वो अपने इस संकल्प से पीछे नहीं हट सकती। ऐसे में बी.जे.पी. की नई पीढ़ी को जब यह भी पता चल जाए कि कांग्रेस का एक राष्ट्रीय अध्यक्ष तो टीपू सुल्तान का सीधा वंशज ही था, टीपू सुल्तान के बेटे की बेटी का नाती तो कांग्रेस के लिए और मुश्किलें खड़ी हो जाएँगी।

इन जनाब का नाम था नवाब सैयद मोहम्मद बहादुर, जिन्हें सैयद बहादुर के नाम से भी जाना जाता है। 1913 के कराची के कांग्रेस अधिवेशन में इन्हें अध्यक्ष चुना गया था और इस तरह ये तीसरे मुसलमान थे, जो इस पद पर पहुँचे। उनसे पहले बदरुद्दीन तैयबजी और रहीमतुल्ला एम. सयानी इस पद पर रह चुके थे। मुसलिम लीग के पहले वार्षिक अधिवेशन के लिए कराची को ही 1907 में चुना गया था और वजह उस अधिवेशन में बताई गई थी कि मीर कासिम ने सबसे पहले सिंध पर ही आक्रमण किया था, कराची सिंध की राजधानी के तौर पर प्रसिद्ध रही है।

नवाब सैयद बहादुर मीर हुमायूँ जाह बहादुर के बेटे थे, जोकि दक्षिण भारत का काफी धनी व्यापारी था। हुमायूँ जाह शहजादी शाहरुख बेगम का बेटा था, जो सुल्तान यासीन की बेटी थी और यासीन टीपू सुल्तान का चौथा बेटा था। यह खासा दिलचस्प है कि सैयद बहादुर और उनके पिता मीर हुमायूँ जाह बहादुर दोनों ही अंग्रेजी न्याय और शासन व्यवस्था के हिमायती थे और भारत को आजाद कराने के बजाय उसको अंग्रेजीराज में ही थोड़ी ज्यादा स्वायत्ता के समर्थक थे और सैयद

बहादुर के बारे में यह जानकारी खुद कांग्रेस पार्टी की वेबसाइट पर उन्हीं के उस भाषण से दी गई है, जो उन्होंने 1913 के कराची अधिवेशन में दिया था।

तभी तो अंग्रेजों ने पिता-पुत्र दोनों को सम्मानित भी किया था, पिता हुमायूँ बहादुर, जो 1866 से 1892 तक मद्रास लेजिस्टलेटिव काउंसिल के सदस्य थे, को अंग्रेजों ने 1893 में इंपीरियल लेजिस्लेटिव काउंसिल का सदस्य बनवा दिया। जबकि 1880 में हुमायूँ को क्वीन विक्टोरिया ने 'कंपेनियन ऑफ द ऑर्डर ऑफ दी इंडियन एंपायर' से नवाजा था।

अंग्रेजों के प्रति उनकी स्वामिभक्ति और कैसे मुसलिम होने के नाते हुमायूँ को मद्रास लेजिस्लेटिव काउंसिल में रखा गया। उसको लेकर 'मद्रास टाइम्स' ने लिखा था, "In Mir Humayun Jah Bahadur, the Government have always found a loyal and useful citizen, years ago, when it was found necessary to select from among the Mahomedan (Muslim) Community a representative to assist at the council of Fort St. George for making laws and regulations, Mir Humayin Jah Bahadur was pointed at as the fittest man, and was accordingly chosen for the position of a member of the council, which honorable post he has since continued to hold."[1] इतना ही नहीं, अंग्रेज सरकार हुमायूँ से इतनी खुश थी कि मद्रास शहर का म्यूनिसिपैलिटी कमिश्नर भी बना दिया।

1887 में कांग्रेस का तीसरा अधिवेशन हुआ था, यह मद्रास में हुआ था और बंबई के जाने-माने मुसलिम विद्वान् बदरुद्दीन तैयबजी उस अधिवेशन के अध्यक्ष बने थे। पहली बार कोई मुसलिम कांग्रेस अध्यक्ष बनने जा रहा था और बदरुद्दीन तैयबजी भी तभी राजी हुए थे, जब उनके नाम का ऐलान हो गया था। ऐसे में उसे कामयाब बनाने के लिए तमाम बड़े मुसलिम चेहरे भी इस अभियान में जुट गए थे। इन्हीं में से एक प्रमुख चेहरा था हुमायूँ बहादुर का। तब तैयबजी व उनके करीबियों के आग्रह पर हुमायूँ ने कांग्रेस की भी काफी मदद की, खासतौर पर 1887 के अधिवेशन की आर्थिक मदद।

जबकि बेटे सैयद बहादुर पिता की ही तर्ज पर 1900 में मद्रास लेजिस्लेटिव काउंसिल के सदस्य बने, 1905 में इंपीरियल लेजिस्लेटिव काउंसिल की सदस्यता तोहफे में मिली। सैयद बहादुर ने कांग्रेस की सदस्यता 1894 में ली थी, 1896 में मद्रास के पहले मुसलिम शैरिफ बनने का मौका मिला तो अगले ही साल क्वीन

विक्टोरिया का डायमंड जुबली समारोह लंदन में हुआ तो सैयद बहादुर भी शामिल हुए और तोहफे में नवाब की पदवी पाकर नवाब सैयद बहादुर हो गए।

उस वक्त शायद कांग्रेस में अंग्रेजों से दोस्ती, क्वीन विक्टोरिया की खिदमत आदि गलत नहीं मानी जाती थी, क्योंकि अगर कांग्रेस को बुरा लगता तो उन्हें 1913 में आकर कांग्रेस का अध्यक्ष न बनाया जाता और अगर आप यह मानें कि वो बाद में ज्यादा राष्ट्रवादी हो गए थे तो आपका तर्क इस बात से खारिज हो जाता है कि कांग्रेस की वेबसाइट पर उनके आजादी के विरोध में जो विचार लिखे गए हैं, वो उसी कराची अधिवेशन में उनके भाषण का हिस्सा हैं। कांग्रेस कह सकती है कि हमने तो आजादी माँगी ही 1929-30 में थी, उससे पहले तो हमारा ही लक्ष्य आजादी नहीं थी।

1913 के इस कराची अधिवेशन में संख्या भी काफी कम थी और बड़े चेहरे भी अनुपस्थित थे। संख्या कुल 550 थी, जिनमें से 210 तो स्वागत समिति के स्थानीय प्रतिनिधि ही थे। जबकि अनुपस्थित रहने वालों में गोपाल कृष्ण गोखले, फिरोजशाह मेहता, मदन मोहन मालवीय, सुरेंद्र नाथ बनर्जी आदि सभी उस दौर के दिग्गज नेता सम्मिलित थे। अपने संबोधन की शुरुआत में ही उन्होंने 'रॉयल मैसेज' शीर्षक के तहत एक लंबा भाषण दिया, मौका था दिल्ली दरबार के बाद राजा-रानी की भारत से वापस रवानगी का, सबसे पहले बंबई से जाते वक्त राजा ने जो संदेश भारतीयों के नाम दिया था, उसे पढ़कर सुनाया। उसके बाद उन्होंने ब्रिटेन के राजा को 'The Shadow of God on Earth' तक बोल दिया।[2]

इस रॉयल मैसेज के अंत में जो सैयद बहादुर ने लाइनें बोलीं, वो आपको अंग्रेजों के प्रति वफादारी और अगाध विश्वास को दिखाती है। सैयद बहादुर के शब्दों में, "It is matter of common knowledge, that the British Governments are always desirous of lifting up the people under their charge and if we show that we deserve success by working on proper lines, " there is no height to which, under the aegis of the British Crown, we may not rise."[3]

अपने अध्यक्षीय संबोधन में सैयद बहादुर ने कहा कि लीग के नेताओं के साथ मिलकर काम करने की जरूरत है, एक ऐसी योजना बनाने की जरूरत है कि दोनों पक्ष मिलकर काम कर पाएँ। इसके लिए बाकायदा उन्होंने लखनऊ में हुए मुसलिम लीग के सम्मेलन में पास हुए दो प्रस्तावों की चर्चा की कि कैसे देश की तरक्की के लिए वो भी साथ काम करना चाहते हैं। एक काम जिसके लिए वे आज

भी जाने जाते हैं, वो हैं प्राथमिक शिक्षा और तकनीकी शिक्षा, अपने संबोधन में उन्होंने इन दोनों पर भी जोर दिया। वो सभी माँगें उन्होंने भी उठाईं, जो कांग्रेस पहले से भी उठाती रही थी, लेकिन फिर भरे मन से उन्होंने तुर्की और खिलाफत की बात भी रखी कि दुनिया भर के मुसलमानों के लिए खिलाफत का कायम रहना कितना जरूरी है। उनका भाषण मानो शोक से भरा हुआ था, कुछ लाइनें पढ़िए, "The progress of unfortunate Balkan war was anxiously watched by mussalmans of India, its disastrous results causes the greatest concerns and disappointment, the dismemberment of Turkey by depriving her of her European Provinces evoked wide spread regret, in which non muslims also shared and the fate of Muslim states and their treatment by Europe made the deepest and most painful impression."[4]

कांग्रेस की वेबसाइट में उनकी तारीफ में एक बड़ी विरोधाभासी बात भी लिखी है, एक तरफ तो लिखा है कि वो हिंदू-मुसलिम एकता के पैरोकार थे, लेकिन दूसरी तरफ यह भी लिखा है कि वो तुर्की के खलीफा की खिलाफत बचाने के लिए सारे मुसलिमों को एक करने के काम में भी जुट गए थे। इसके चलते वो अंग्रेजों की भी मुखालफत करने लगे थे, खैर, खिलाफत का समर्थन तो मुसलिमों को असहयोग आंदोलन में जोड़ने के लिए गांधीजी ने भी किया था।

उसी को लेकर बाद में राष्ट्रीय स्वयंसेवक संघ की नींव पड़ी, डॉ. हेडगेवार कांग्रेस से अलग हो गए, इधर सावरकर ने भी गांधीजी से खिलाफत की तर्ज पर निजाम के खिलाफ हिंदुओं की नौकरियों के लिए चल रहे आंदोलन में समर्थन माँगा तो गांधीजी का साफ इनकार ही गांधी-सावरकर के रिश्तों में खटास ले आया। लेकिन सैयद बहादुर 1919 में 12 फरवरी को ही इंतकाल फरमा गए।

वैसे सैयद बहादुर अंग्रेजी न्याय व्यवस्था को काफी पसंद करते थे और अंग्रेजी सरकार के खिलाफ किसी भी तरह के क्रांतिकारी कदमों के विरोधी थे। वे अंग्रेजों के खिलाफ तभी गए, जब तुर्की के खलीफा का सवाल उठा और अंग्रेजी सरकार ने नहीं सुनी। ऐसे में वे भी खिलाफत आंदोलन से जुड़ते चले गए। नवाब सैयद मोहम्मद बहादुर 1903 से 'मद्रास महाजन सभा' के अध्यक्ष रहे। वे मद्रास के पहले मुसलिम शेरिफ थे और 1896 में इस पद पर उन्हें नियुक्त किया गया था। सन 1900 में नवाब सैयद मोहम्मद बहादुर को 'मद्रास विधान परिषद्' के लिए और 1905 में 'इंपीरियल विधान परिषद' के लिए नामित किया गया था।

REFERENCES

1. Allen's Indian mail and register of intelligence for British and foreign India 1880,1/6, Page No.-105, Publisher : the Bavarian State Library (4 Eph.pol. 16 h-1880,1/6).
2. From the Silver to the Golden jubilee; containing full text of the presidential addresses from 1911 to 1934 by Indian National Congress, Page No.-115, Publisher : G. A. Natesan & Company.
3. From the Silver to the Golden jubilee; containing full text of the presidential addresses from 1911 to 1934 by Indian National Congress, Page No.-115, Publisher : G. A. Natesan & Company.
4. From the Silver to the Golden jubilee; containing full text of the presidential addresses from 1911 to 1934 by Indian National Congress, Page No.-149, Publisher : G. A. Natesan & Company.

□

सबसे पुराना फुटबॉल क्लब शुरू करने वाला अध्यक्ष कहा, 'अंग्रेज राज करने निमंत्रण पर आए'

इस पूर्व कांग्रेस अध्यक्ष की सबसे बड़ी उपलब्धि आज की तारीख में मानी जाती है तो वो है एशिया का सबसे पुराना फुटबॉल क्लब मोहन बागान की स्थापना, जिसे 'मोहन बागान एथलेटिक क्लब' के नाम से बनाया गया था और उसके पहले प्रेसीडेंट थे भूपेंद्र नाथ बसु। शुरुआती ज्यादातर कांग्रेस अध्यक्षों की तरह वो भी बंगाली थे और वकील भी। वो भी खुद को अंग्रेजी रियाया का हिस्सा मानते थे और आजादी जैसी बात में भरोसा न करके अंग्रेजों से ब्रिटिश जनता जैसी सुविधाएँ और कानून चाहते थे और इसलिए कांग्रेस से जुड़े थे। एक दौर में उन्होंने प्रेस एक्ट का तब विरोध किया, जब केवल मालवीयजी उनके साथ थे, गांधीजी के राजनीतिक गुरु गोखले भी साथ नहीं थे। भूपेंद्र नाथ बसु 1914 के सत्र में कांग्रेस के राष्ट्रीय अध्यक्ष रहे थे।

1911 के अधिवेशन में भूपेंद्र नाथ बसु स्वागत समिति के अध्यक्ष थे, उसी साल कांग्रेस अधिवेशन से कुछ दिन पहले ही ब्रिटेन के महाराजा जॉर्ज पंचम और महारानी मैरी ने दिल्ली दरबार लगाया था। राजधानी कलकत्ता से दिल्ली ले जाने का ऐलान हुआ था। इस अधिवेशन के अगले ही दिन, यानी 30 दिसंबर को राजा रानी कलकत्ता दौरे पर भी आनेवाले थे, लेकिन पहले दिन की कारवाई में स्वागत समिति के मुखिया भूपेंद्र नाथ बसु ने कलकत्ता आने से पहले जो ब्रिटेन के महाराजा की शान में कसीदे पढ़े, उसे पढ़कर टी.वी. और सोशल मीडिया के दौर के सारे कांग्रेसी नेता भी हैरत में पड़ जाएँगे।

'अंग्रेजी राजा अब तक का सबसे महान् शासक'

केवल कुछ लाइनें उनके अंग्रेजी के संबोधन से ही बिना अनुवाद के पढ़िए, "We shall soon be welcoming to our city the greatest sovereign whom India has ever witnessed. (पूरी सभा इस बात पर तालियाँ बजा उठी)...a sovereign whose Indian empire extends beyond those ancient pillars which still testifies to the greatness and beneficence of Ashoka's mighty rule. For the first time we realize through the visible symbol of sovereignty, our close and intimate association with a world-wide empire and for the first time is opened to us the vista of a long though strenuous career in onwards march of the nations, we fell that we are no longer sheltered under the over-hanging arches of Himalayas, but are being drawn into a great and expensive stream into which flow the tributaries of powerful nationalities, For the first time we feel the birth of a new life, the awakening of a new desire, that if we must take our place in the ranks of men, we must be reborn as a nation, forgetting the seclusion and isolation of days that are gone..."[1]

भूपेंद्र नाथ बसु का अंग्रेज राजा के लिए यह कहना कि भारत ने इतना महान् शासक पहले कभी नहीं देखा है, आज की पीढ़ी की समझ से बाहर है कि आखिर ऐसी क्या मजबूरी थी? कांग्रेस अंग्रेजों से आजादी की लड़ाई लड़ रही थी या उनकी खुशामदें कर रही थी। भूपेंद्र नाथ बसु ने भारतीयों की अंग्रेजी राजपरिवार के प्रति स्वामिभक्ति पर भी काफी कुछ बोला। इसके बाद उन्होंने अलग से महारानी मैरी की शान में काफी कुछ कहा और उसके बाद भारत सचिव लॉर्ड क्रेवे की तारीफों के पुल बाँधे। आखिर में वायसराय लॉर्ड हार्डिंग की तारीफ करते हुए कहा कि लॉर्ड हार्डिंग भारतीय इतिहास में विलियम बेंटिक और लॉर्ड कैनिंग की तरह ही जाने जाएँगे।

भूपेंद्र एक तरह से बंग-भंग आंदोलन के दौरान चर्चा में आए थे, प्रखर वक्ता और ब्रिटिश सामान के बहिष्कार में अग्रणी भूमिका निभाने के चलते आंदोलन के प्रमुख चेहरों में शामिल हो गए थे। तब उन्होंने ब्रिटिश सरकार की नाइटहुड की उपाधि को भी लेने से मना कर दिया था। 1904 से 1910 तक बंगाल विधानसभा के सदस्य रहे। 1905 में बंगाल प्रॉविंशियल कॉन्फ्रेंस के अध्यक्ष भी रहे। ऐसे में

गांधीजी जब भारत आए तब भूपेंद्र नाथ बसु के हाथ में ही कांग्रेस की कमान थी, दिसंबर 1914 के मद्रास अधिवेशन में वो अध्यक्ष थे और गांधीजी 1915 में दक्षिण अफ्रीका से लौटकर आए थे। जब चंपारण सत्याग्रह के लिए गांधीजी ने अपना विचार बनाया तो उन्होंने कलकत्ता में राजकुमार शुक्ला को बुलाया, ताकि वहाँ से वो चंपारण निकल सकें। कलकत्ता पहुँचने पर भूपेंद्र नाथ बसु की गाड़ी ही उन्हें लेने आई, उनके घर ही वो रुके और बाद में जब वे चंपारण के लिए निकले तो भूपेंद्र नाथ बसु खुद उन्हें रेलवे स्टेशन छोड़ने आए थे।[2]

लेकिन गांधीजी के विचारों का कोई खास प्रभाव भूपेंद्र नाथ बसु पर पड़ा हो, ऐसा लगता नहीं, क्योंकि उसके बाद वो लगातार कांग्रेस से दूर होते चले गए और फिर अंग्रेज सरकार के कई पदों पर भी रहे। 1917 से 1923 तक वो भारत सचिव की परिषद् के सदस्य रहे। 1923 में उन्हें बंगाल के गर्वनर की कार्यकारी परिषद् का सदस्य बना दिया गया और फिर कलकत्ता यूनिवर्सिटी का कुलपति, उसी पद पर रहते 1924 में उनकी मृत्यु हो गई थी। उनके बाद उनके परिवार से राजनीति में बस उनके नाती कमल बसु आए, जो कलकत्ता के मेयर रहे, लेफ्ट पार्टियों से सांसद रहे। 1962 में जब लेफ्ट के कुछ नेताओं को चीन से रिश्ते रखने के आरोप में गिरफ्तार किया गया तो उनका केस कमल बसु ने ही लड़ा था।

मोहन बागान क्लब और 15 अगस्त से गहरा नाता

भूपेंद्र नाथ बसु उस दौर के उन चंद नेताओं में से थे, जो उच्च शिक्षित थे, विदेशों में उनके संपर्क थे, अंग्रेजी तौर-तरीकों और कानून की समझ थी। इसलिए 1907 में उनको भी बंग-भंग का आदेश रद्द करवाने के लिए लंदन भेजा गया था। 1922 में जिनेवा में हुए अंतरराष्ट्रीय श्रम सम्मेलन में उन्होंने हिस्सा लिया था। लेकिन आज उनकी सबसे बड़ी निशानी मोहन बागान क्लब को ही माना जाता है। 15 अगस्त का दिन, आजादी का दिन भले ही भूपेंद्र नाथ बसु की किस्मत में उसे देखना नहीं था, लेकिन उनके जीवन में भी एक 15 अगस्त था, जो ऐतिहासिक बन गया। 1889 में इसी दिन कलकत्ता की बलराम घोष गली के एक घर में हुई एक मीटिंग में मोहन बागान स्पोर्टिंग क्लब की नींव रखी गई, जिसके पहले अध्यक्ष भूपेंद्र नाथ बसु चुने गए।

टीपू सुल्तान के बेटों से जुड़ी मद्रास अधिवेशन स्थल की याद

जिस अधिवेशन में भूपेंद्र नाथ कांग्रेस के अध्यक्ष चुने गए थे, वो मद्रास में हुआ था। इस सेशन में मद्रास के अंग्रेजी गर्वनर ने भी हिस्सा लिया था, वजह भी थी, प्रथम विश्वयुद्ध शुरू हो चुका था। इसलिए अंग्रेजी सरकार के लिए कांग्रेस का

रुख मायने रखता था और गर्वनर की मौजूदगी में कांग्रेस के नेतृत्व ने उन्हें निराश भी नहीं किया। विशेष बात यह थी कि कांग्रेस अधिवेशन के लिए जिस डोवेटन हाउस को मैदान के चुना गया था, उसे उस व्यक्ति जॉन डोवेटन के नाम पर रखा गया था, जिसके हवाले अंग्रेजी सरकार ने टीपू सुल्तान को मारने के बाद उसके दोनों बेटों को किया था। दरअसल जॉन डोवेटन एक अंग्रेजी सैन्य अधिकारी था, लॉर्ड कॉर्नवालिस ने जिस युद्ध में टीपू सुल्तान को मारा, उस श्रीरंगपट्टनम के युद्ध में जॉन डोवेटन ने भी हिस्सा लिया था।

कुछ समय तक टीपू के दोनों बेटे जॉन की निगरानी में ही रहे थे। डोवेटन हाउस उसी अधिकारी का घर था। इसी परिसर में कांग्रेस अधिवेशन के दो साल बाद एक महिला क्रिश्चियन कॉलेज शुरू कर दिया गया था। यह बात और दिलचस्प तब हो जाती है, जब आपको यह पता चले कि टीपू सुल्तान के एक नाती नवाब सैयद बहादुर को भी कांग्रेस अध्यक्ष के पद पर विराजमान होने का सौभाग्य प्राप्त है, नवाब साहब भी उनसे बस एक साल पहले ही यानी 1913 के कांग्रेस अधिवेशन में अध्यक्ष बने थे, जो 1914 में भी कांग्रेस के महासचिव चुने गए थे।

प्रथम विश्वयुद्ध के चलते ब्रिटिश सरकार ने डिफेंस एक्ट लागू कर दिया था, तमाम राजनीतिक गतिविधियों पर भी लगाम लगा दी गई थी, तिलक भी इसी साल मांडले जेल से बाहर आए थे, लेकिन ज्यादा सक्रिय नहीं हो पाए, लेकिन जैसे ही यह चर्चा चली कि प्रथम विश्वयुद्ध के मौके को भारतीय नेताओं, क्रांतिकारियों को एक अवसर के तौर पर देखना चाहिए, अंग्रेज वहाँ उलझे रहें और हम आजादी की लड़ाई को तेज कर आजादी ले लें, तमाम वरिष्ठ कांग्रेस नेताओं के बयान जारी होने शुरू हो गए। यह भी बहुत दिलचस्प था कि आधिकारिक रूप से अभी तक किसी भी राष्ट्रीय स्तर की बैठक में कांग्रेस ने इस विषय पर कोई चर्चा नहीं की थी।

अंग्रेजों के संकट में हर कोई साथ

दादाभाई नौरोजी ने बयान दिया, Yes...In the noblest sense of the world, a great war would be India's opportunity, opportunity for proving that if in periods of peace she clamours, at time somewhat angrily, for equal rights, in hour of war, she is very ready and anxious to accept equal military risks." इतना ही नहीं, फिर उन्होंने वायसराय को पत्र लिखकर समर्थन भी दे दिया, "This is the greatest struggle for liberty, honor and righteousness will end gloriously to the credit of England and the good of humanity." तीन दिन बाद फिरोजशाह मेहता ने भी बंबई में ऐलान कर दिया, "All races and religions are merged in one general and universal denomination-the proud denomination of loyal and devoted subjects of the British Crown."[3]

बाकी कई नेताओं ने इसी तरह के बयान दिए और गांधीजी, जो 1914 में दक्षिण अफ्रीका से भारत आते हुए इंग्लैंड में रुके थे, उन्होंने तो वहाँ युद्ध में घायल सैनिकों के लिए एक एंबुलेंस इकाई ही शुरू कर दी। ऐसे में कांग्रेस अधिवेशन में क्या होना था, यह पहले से अनुमानित था, फिर भी ब्रिटिश सरकार कोई खतरा लेना नहीं चाहती थी, अपने गर्वनर को मद्रास अधिवेशन में भेजा था।

महामहिम के प्रति ऐसी भक्ति?

1914 में कांग्रेस का पहला रिजोल्यूशन था—"To convey To His Majesty and the King Emperor and the people of England is profound devotion to the throne, Its unswerving allegiance to the British connection, and its firm resolve to stand by the empire at all hazards and at all costs."[4] अर्थात् केवल महामहिम सम्राट् के लिए ही नहीं, बल्कि इंग्लैंड के लोगों के प्रति, सिंहासन के प्रति भी गहरी भक्ति इस संकल्प में व्यक्त की गई। ब्रिटिश संबंधों के प्रति अटूट निष्ठा दरशाई गई और सभी खतरों और हर कीमत पर साम्राज्य के साथ खड़े रहने का दृढ़ संकल्प भी लिया गया। इसे सुरेंद्र नाथ बनर्जी ने रखा था।

कांग्रेस अध्यक्ष ने समझाई 'कांग्रेस की फर्स्ट ड्यूटी'

अपने अध्यक्षीय संबोधन में भूपेंद्र नाथ बसु ने इसे और ज्यादा अच्छे तरीके से स्पष्ट कर दिया कि कांग्रेस अंग्रेजी सरकार के साथ पूरी तरह वफादारी से है। उन्होंने 'आवर फर्स्ट ड्यूटी' को विस्तार से समझाते हुए कहा, "But our first duty to-day must be to express what is upper-most in the minds of us all to convey through our Viceroy to our Gracious Sovereign the whole-hearted loyalty and devotion of his Majesty's Indian subjects to the Throne and the Empire. In this respect, as it is rapidly becoming in many other respects, the Mussulman and the Hindu in India are one: and the reason is obvious."[5]

'भारतीयों पर शासन करने अंग्रेज उन्हीं के निमंत्रण पर आए'

इसके बाद भूपेंद्र नाथ बसु ने एक और विषय अपने अध्यक्षीय संबोधन में रखा, जिसका शीर्षक था, 'British Rule No Challenge To The People', यह शीर्षक ही कांग्रेस की आजादी की लड़ाई के दावे को कम–से–कम उस वक्त में तो साफतौर पर खारिज ही कर देता है। शीर्षक से ही अनुमान लगाया जा सकता है कि क्या–क्या कहा होगा। भूपेंद्र नाथ ने कहा कि यहाँ के लोग, जो यहाँ के प्रशासन से परेशान थे, सबसे पहला और बड़ा निमंत्रण देश पर कब्जे का उन्हीं की तरफ से गया था। उनके शब्दों में, "The first and greatest step in the acquisition of sovereignty was taken at the invitation of the people themselves, harassed under the enfeebled grasp of a decadent administration."[6] उनका कहना था कि युद्धों के बाद हमारे राजाओं के साथ अंग्रेजों ने अच्छी संधियाँ कीं, समान अधिकार दिए, दोनों के बीच मधुर रिश्ते बने।

भूपेंद्र नाथ बसु ने तमाम ऐसी बातें इस संबोधन में कहीं, जो आजादी के बाद की पीढ़ियों की समझ से बाहर हो सकती हैं। ऐसा लगता है, जैसे मानो अंग्रेजों की तारीफ करने की कोई प्रतियोगिता हो रही थी। उन्होंने कहा कि भारत अपनी नई कुंडली लिख रहा है, जो अंग्रेजी साम्राज्य को बचाने के लिए उसके बेटों के खून से लिखी जाएगी। उन्होंने यह भी कहा कि ब्रिटेन का भारत सचिव और भारत के वायसराय भारत के सच्चे सेवक हैं। लॉर्ड हार्डिंग और उसकी पत्नी लेडी हार्डिंग की भूपेंद्र नाथ ने जमकर तारीफ की।

अपने संबोधन के दूसरे हिस्से में उन्होंने भारत की जनता के लिए कांग्रेस की माँगें सामने रखीं, उनमें से ज्यादातर वही थीं, जो पहले के अधिवेशनों में रखी जाती रही थीं। जैसे न्यायपालिका के सर्वोच्च पदों पर भारतीयों की भी नियुक्ति करना, परिषदों में और ज्यादा अधिकार दिलाना, प्रेस पर पाबंदियाँ कम करना, आर्म्स रखने का अधिकार देना, नौकरशाही को लेकर आलोचना आदि।

REFRENCES

1. The Encyclopedia of Indian National Congress : 1911-1915, In search of a creed, Page No.-169, Editor : A Moin Zaidi, Publisher : S Chand.
2. Mahatma Gandhi : The discovery of the Satyagraha-on the threshold by Pyarelal, Sushila Nayar, Page No.-382, Publisher : Navajivan Publishing House.

3. Speeches and writings of Pheroze Shah Mehta by Jeejee Bhoy Page No.-466-67.
4. Gokhale : The Indian Moderates and the British Raj by Balram Nanda, Page No.-446, Publisher : Princeton University Press.
5. The Indian National Congress Containing an Account of Its Origin and Growth, Full Text of All the Presidential Addresses, Page No.-1161, Publisher : G.A. Natesan.
6. Congress Presidential Addresses...First [-second] Series by Indian National Congress, Page No.-157, Publisher : G.A. Natesan & Company.

□

कांग्रेस अध्यक्ष होते हुए भी बने रहे वे अंग्रेजों के सबसे करीबी भारतीय

सत्येंद्र प्रसन्ना सिन्हा उर्फ एस.पी. सिन्हा के नाम में कई सारे 'प्रथम' जुड़े हैं। वे बिहार और उड़ीसा के प्रथम गवर्नर थे, पहले ऐसे भारतीय थे, जो बंगाल के एडवोकेट जनरल बने, पहले ऐसे भारतीय थे, जो वायसराय की एग्जीक्यूटिव काउंसिल में चुने गए, वे पहले ऐसे भारतीय थे, जो ब्रिटेन के उच्च सदन 'हाउस ऑफ लाड्र्स' के सदस्य बने और पहले ऐसे भारतीय थे, जो ब्रिटिश सरकार में मंत्री बने। ये जितने भी पद थे, आजादी से पहले के दिनों में आपको केवल दो वजहों से ही मिल सकते थे, एक आप बहुत ज्यादा योग्य हों, दूसरी और सबसे जरूरी वजह कि आप अंग्रेजों के प्रति पूरी तरह वफादार हों। सत्येंद्र इन दोनों शर्तों को पूरा करते थे। दिलचस्प बात यह भी है कि कुछ पद उन्हें कांग्रेस की अध्यक्षता से पहले मिले और कुछ बाद में, मानो कांग्रेस अध्यक्ष पद भी ऐसे ही सभी पदों में सम्मिलित हो।

आज कांग्रेस पार्टी भी कांग्रेस अध्यक्षों के अपने ऐतिहासिक विवरण में उनके परिचय में यही लिखती है कि सत्येंद्र प्रसन्ना सिन्हा राजनीति में उदारवादी थे, संवैधानिक तरीकों के हिमायती थे और मानते थे कि भारत का राजनीतिक लक्ष्य अंग्रेजी साम्राज्य के तहत ही स्वायत्तता पाने का होना चाहिए। योग्य तो वाकई में वे काफी थे। पश्चिम बंगाल के बीरभूम जिले के रायपुर में उनका जन्म हुआ था, कलकत्ता के प्रेसीडेंसी कॉलेज में पढ़ने के लिए उन्हें स्कॉलरशिप मिली, उसके बाद 1881 में लॉ की पढ़ाई करने के लिए इंग्लैंड चले गए। इंग्लैंड में 50 पाउंड की स्कॉलरशिप मिली, फिर अगले तीन साल के लिए लिंकंस इन बार की स्कॉलरशिप 100 पाउंड की मिली, 1886 में वो कलकत्ता बैरिस्टर बनकर ही लौटे।

कलकत्ता लौटकर वो एक कॉलेज में लेक्चरर हो गए, कानून के छात्रों को पढ़ाने लगे और वकालत की प्रैक्टिस भी करने लगे। 1903 में वे ब्रिटिश भारत

सरकार के स्टैंडिंग काउंसिल मनोनीत हुए, 1905 में बंगाल के पहले एडवोकेट जनरल बने। उस वक्त वे सालाना 10000 पाउंड तक कमाने लगे थे, ऐसे में वे इस पद के इच्छुक नहीं थे, लेकिन मोहम्मद अली जिन्ना और गोपाल कृष्ण गोखले ने उनको समझाया और उन्होंने यह पद ले लिया। 1909 में वायसराय की एग्जिक्यूटिव काउंसिल में कानूनी सदस्य चुने गए। 1896 से ही वे कांग्रेस से जुड़ गए थे और जिस साल उन्हें ब्रिटिश सरकार ने 'नाइट' की उपाधि से नवाजा, उसी साल, यानी 1915 में उन्हें मुंबई अधिवेशन का अध्यक्ष चुना गया। तब तक गांधीजी भी दक्षिण अफ्रीका से लौटकर आए थे। गोखले ने उन्हें एक साल केवल भारत भ्रमण के लिए कहा, ताकि देश को समझ सकें, फिर किसी सार्वजनिक गतिविधि में हिस्सा लें।

उस साल का कांग्रेस अधिवेशन काफी अहम था, इसी साल गोपाल कृष्ण गोखले और फिरोजशाह मेहता जैसे नरमपंथी नेताओं का निधन हो गया था। दादाभाई नौरोजी भी आखिरी सालों में लंदन में ही रहने लगे थे। 1914 में तिलक वर्मा जेल से बाहर आए थे और आते ही उन्होंने होमरूल लीग स्थापित कर ली थी। दूसरी तरफ जिन्ना कांग्रेस और लीग दोनों के सदस्य थे और दोनों का अधिवेशन एक साथ चाहते थे।

इन दिनों मुसलमान भी प्रथम विश्वयुद्ध में तुर्की पर हमले के चलते अंग्रेजों के खिलाफ हो चले थे। तो ऐसे में यह अधिवेशन इसलिए भी खास हो जाता है कि मुसलिम लीग और कांग्रेस ने अपना अधिवेशन एक साथ किया, एक ही जगह पर। एक और खास बात इस अधिवेशन की यह भी थी कि कांग्रेस के संविधान में बदलाव लाया गया, जिससे 1907 के सूरत अधिवेशन में अलग हुआ तिलक गुट का कांग्रेस में वापसी का रास्ता खुल गया। बदलाव यह हुआ कि पिछले अधिवेशन में जहाँ केवल 866 प्रतिनिधियों ने ही हिस्सा लिया था, वहीं 1915 के बंबई अधिवेशन में 2259 प्रतिनिधि आए।[1]

हालाँकि दोनों ही पार्टियों को इस बात पर काफी विरोध का सामना करना पड़ा और यही दोस्ती 1916 के लखनऊ अधिवेशन में बड़ी हो गई, कांग्रेस के भी गरम दल और नरम दल वापस मिल गए। सिन्हा ने अपने अध्यक्षीय भाषण में शिक्षित भारतीयों के लिए सेना में कमीशन, लोगों को सैनिक प्रशिक्षण देने और भारत को और ज्यादा स्वशासन की माँग की। ऐसे में ब्रिटिश सरकार पूरे घटनाक्रम पर नजर बनाए हुए थी, हालाँकि उन्हें सिन्हा पर यकीन था, लेकिन लीग के अध्यक्ष मजरूह उल हक पर ब्रिटिश सरकार को भरोसा नहीं था, बाद में वायसराय लार्ड हार्डिंग सिन्हा के अध्यक्षीय भाषण से भी नाराज हुआ।

यह अलग बात है कि लॉर्ड सिन्हा ने अपने अध्यक्षीय भाषण में अंग्रेजों को खुश करने में कोई कोर–कसर नहीं रख छोड़ी थी। उस वक्त प्रथम विश्वयुद्ध चल रहा था, कांग्रेस उस वक्त तक उदारवादी नेताओं के हाथ में थी और सभी ने यह ये तय कर लिया था कि मुश्किल हालात में अंग्रेजों को परेशानी देने वाले कोई भी कदम नहीं उठाने हैं, बल्कि उनके प्रति अपनी राजनिष्ठा दिखानी है। सिन्हा के इस अध्यक्षीय भाषण की इन लाइनों से आप बेहतर समझ सकते हैं, "There is not I trust, a single person in our camp who expects reforms as the price or reward of our loyalty. It is our earnest hope that the spontaneous outburst of loyalty throughout the country has dispelled for ever all sense of distrust and suspicion between ourselves and our rulers."[2]

गांधी को शुरुआत में ही झटका

सबसे दिलचस्प बात है कि इसी अधिवेशन में सब्जेक्ट कमेटी के लिए गांधीजी के नाम का प्रस्ताव रखा गया था, लेकिन तमाम कांग्रेसी नेता गांधीजी के नाम पर खुश नहीं थे, वोटिंग हुई तो यह प्रस्ताव गिर गया। लेकिन एस.पी. सिन्हा ने अपनी अध्यक्षीय शक्तियों के विशेषाधिकार से उनका नाम सब्जेक्ट कमेटी में शामिल करवा दिया था।[3] गांधीजी को गोखले ने पहले ही बंबई के गर्वनर से मिलवा दिया था और साथ में भारत सेवक समाज में उनका खाता खुलवा दिया था, इस निर्देश के साथ कि गांधीजी सार्वजनिक कार्यों के लिए जो भी धन माँगें, उपलब्ध करवाया जाए। दक्षिण अफ्रीका से आए फीनिक्स के साथियों को उन्होंने स्वामी श्रद्धानंद के गुरुकुल काँगड़ी आश्रम और शांतिनिकेतन में भिजवा दिया था। फिरोजशाह मेहता से तो उनके रिश्ते खास थे ही। ऐसे में वे एक साथ घूमते रहे और 1916 में उनके संपर्क में मोतीलाल नेहरू व जवाहरलाल नेहरू भी आ ही गए थे।

सिन्हा फिर चले अंग्रेजी सरकार के पाले में

उसके बाद सिन्हा ने कांग्रेस को अलविदा कह दिया और 1917 में वे इंग्लैंड चले गए और भारत सचिव मोंटेग्यू के असिस्टेंट बन गए। इससे ऐसा भी लगा कि वो बस कांग्रेस को समझने आए थे। या फिर कांग्रेस में आना भी उनके लिए वैसा ही था, जैसे अंग्रेजी सरकार के साथ काम करना। लंदन में वह कुछ विलियम वेडरबर्न के साथ भी रुके, जो खुद कांग्रेस अध्यक्ष रह चुके थे और ए.ओ. ह्यूम के जीवनीकार भी। अब उनको ब्रिटेन की इंपीरियल वॉर केबिनेट का सदस्य भी बना दिया गया।

1919 में पार्लियामेंट्री अंडर सेक्रेटरी ऑफ स्टेट फॉर इंडिया भी बना दिया गया और 'बैरन' की उपाधि दी गई। आज भी उन्हें बैरन ऑफ रायपुर या फर्स्ट बैरन सिन्हा कहा जाता है। हाउस ऑफ लॉर्ड्स, जो राज्यसभा की तरह उच्च सदन होता है, उसके वो पहले भारतीय सदस्य बन गए। गवर्नमेंट ऑफ इंडिया एक्ट 1919 को हाउस ऑफ लार्ड्स में पास कराने में उनका बड़ा योगदान था।

लेकिन मालवीयजी को उनके नाम पर था एतराज

1918 के दिल्ली अधिवेशन में मदन मोहन मालवीय को विश्वयुद्ध समाप्त होने पर आयोजित शांति सम्मेलन के लिए भारतीय प्रतिनिधि के तौर पर एस.पी. सिन्हा का नाम ही शामिल करने पर एतराज था, उन्होंने कहा था, "We are also thankful that the Government have appointed an Indian-our distinguished countrymen-Sir. S.P. Sinha, to represent her at the Conference. But he has been appointed by the Government of India without any reference to the public. As he has been so appointed, presumably he will represent at the Conference views which are in consonance with the views of that Government. It may be that those views will be in agreement with the views of the Indian public, or it may not be so. We do not know what are the conditions under which Sir S.P. Sinha has been appointed, or what instructions the Government of India have given him."[4]

1920 में सिन्हा भारत लौटे और बिहार और उड़ीसा के पहले गवर्नर बना दिए गए, लेकिन तबीयत खराब होने की वजह से वो कार्यकाल भी पूरा नहीं कर पाए और इस पद को छोड़ दिया। 1926 में सिन्हा वापस इंग्लैंड गए और ब्रिटेन की सबसे बड़ी अदालत प्रिवी काउंसिल की ज्यूडिशियल कमेटी में शामिल हो गए, लेकिन तबीयत खराब होने के चलते फिर भारत वापस लौटे। 4 मार्च, 1928 को बहरामपुर में उनकी मौत हो गई। बाद में उनके बेटे अरुण कुमार सिन्हा को हाउस ऑफ लार्ड्स में चुना गया, जो सिविल सर्विस की परीक्षा पास करने के बाद भारत के बजाय इंग्लैंड में ही रहना पसंद करने लगे थे।

बीरभूम ज़िले के रायपुर में सिन्हा की खानदानी जमींदारी थी, उसी के तहत आता था शांतिनिकेतन, रवींद्रनाथ टैगोर की यूनिवर्सिटी, जिसमें सिन्हा परिवार की

एक इमारत भी है—सिन्हा सदन, जिसको सिन्हा परिवार ने बनवाया था और एक क्लॉक टावर और एक घंटी लगवाई थी, जिससे यूनिवर्सिटी के बच्चे आज तक समय देखते हैं। इसी बिल्डिंग में ऑक्सफोर्ड यूनिवर्सिटी ने रवींद्रनाथ टैगोर को डॉक्टरेट की उपाधि से सम्मानित किया था।

अधिवेशन में यूनियन जैक और वफादारी की गारंटी

1915 के अधिवेशन के लिए एस.पी. सिन्हा के बंबई स्टेशन पर पहुँचने से पहले ही रेलवे की मदद से विशेष इंतजाम किए गए थे। स्वागत के लिए कांग्रेस और लीग दोनों के कार्यकर्ता मौजूद थे तथा विक्टोरिया टर्मिनस के पूर्वी छोर पर एक विशेष मंच तैयार किया गया था, जिसमें ब्रिटेन का झंडा यूनियन जैक ही नहीं लहरा रहा था, बल्कि विश्वयुद्ध में उनके सहयोगी फ्रांस का तीन रंग की पट्टियोंपाला झंडा भी लहरा रहा था। 1915 के कांग्रेस अधिवेशन की रिपोर्ट में यह वाकया कुछ यों लिखा है, "The president's train was timed to arrive at 1.30 pm of the 25th December. A special platform at the eastern extremity of the Victoria terminus station was place at the disposal of reception committee by the railway authority and a batch of Congress volunteers had taken possession of it from an early hour in the forenoon. Flags and buntings, the most prominent among which were the Union Jack and the Tri-coloured Stripes of our Gallant Allies, the French, lined the ceiling in tasteful abundance."[5]

एस.पी. सिन्हा ने कांग्रेस अधिवेशन के अपने अध्यक्षीय संबोधन में यह साफ कर दिया कि हमारे बीच कोई भी ऐसा व्यक्ति नहीं है, जिसकी वजह से अंग्रेजी सरकार थोड़ी सी भी शर्मिंदा हो। उन्होंने यह भी कहा कि जहाँ तक मुझे विश्वास है कि हमारे कैंप में कोई व्यक्ति भी नहीं जो हमारी वफादारी की कीमत पर सुधारों की उम्मीद लगाए बैठा हो, उनके शब्दों में—

We want to make it perfectly clear, if we have not done so a lready, that there is no among us willing to cause the slightest embarrassment to the Government. We seek to make no capital out of the service so ungrudgingly rendered by our countrymen to the empire. There is not, I trust, a single person our camp who expects reforms as the price or the reward of our loyalty.[6]

REFRERENCES

1. The Roles of Mahatma Gandhi in the Indian Nationalist Movemen t, 1915-1922 by Banphot Wīrasai, Page No.-43, Publisher : University of California.
2. Report of the XXX Session of Indian National Congress of Bombay, 1915-16, Page No.-21.
3. The Collected Works of Mahatma Gandhi : Jan.1915-Oct. 19 1 7 (1915 : Jan-1917: Oct.) by Mahatma Gandhi, Page No.-612, Publisher : Publications Division, Ministry of Information and Broadcasting, Govt. of India.
4. (htt p s://www.malaviyamission.org/Speeches-Writings/Speeches-Writings-Detail.php?id=77).
5. Repo r t of the Thirtieth Indian National Congress, 1915, B o mbay by Indian National Congress, Page No.-25 (XXV), Publisher : Joint Honorary Secretary, 30th Indian National Congress.
6. Repo r t of the Thirtieth Indian National Congress, 1915, B o mbay by Indian National Congress, Page No.-21, Publisher : Joint Honorary Secretary, 30th Indian National Congress.

□

इनकी अगुवाई में हुआ कांग्रेस का सबसे पहला और बड़ा मुसलिम तुष्टीकरण

कांग्रेस अब तक 60 से 65 बार टूट चुकी है, अकसर उससे टूटी पार्टियाँ वापस आकर मिल भी जाती हैं, जैसे कि प्रणब मुखर्जी, पी. चिदंबरम, ए.के. एंटनी आदि की पार्टियों के साथ हुआ, वहीं शरद पवार और ममता बनर्जी की पार्टियाँ भी हैं, जो अलग हुईं तो करीब आकर भी मिली नहीं, लेकिन अंबिका चरण मजूमदार की अध्यक्षता में हुआ 1916 का लखनऊ कांग्रेस अधिवेशन कांग्रेस के इतिहास में इस मामले में खासा दिलचस्प स्थान रखता है। एक तो इस अधिवेशन में लोकमान्य तिलक और लाला लाजपत राय जैसे गरमदलीय नेता वापस कांग्रेस में आए, दूसरे मुसलिम लीग और कांग्रेस दोनों ने संयुक्त अधिवेशन एक ही जगह किया, दोनों के बीच पहली बार कोई समझौता हुआ और दोनों ने एक ही तरह की माँगें इस अधिवेशन में रखीं। दिलचस्प यह भी है कि इस सम्मेलन में गांधीजी और जिन्ना दोनों ही मौजूद थे। जिन्ना उन दिनों कांग्रेस में थे।

अंबिका चरण मजूमदार भी कांग्रेस की उसी परंपरा की कड़ी थे, जिनमें अध्यक्ष बंगाली वकील होता है, प्रतिष्ठित परिवार से होता है और देश की आजादी की माँग नहीं करता, बल्कि अंग्रेजी साम्राज्य में ही कुछ ज्यादा रियायतें या अंग्रेजी प्रजा जैसी सुविधाएँ और आजादी माँगता है। लेकिन शायद वो आखिरी कड़ी थे, क्योंकि उसके बाद गांधी युग शुरू हो गया था। हालाँकि गांधीजी के दिशा निर्देशन में भी आजादी की माँग 1929-30 में ही जाकर हो पाई थी, वो भी नेताजी बोस जैसे गरम मिजाज युवाओं के दवाब में।

अंबिका चरण मजूमदार के पिता जमींदार थे, पूर्वी बंगाल के फरीदपुर में पैदा हुए थे, उनके गाँव का नाम था संडिया, जो आज बांग्लादेश में है। उनके

पिता राधा माधव मजमूदार एक अमीर जमींदार थे, अपने क्षेत्र में काफी प्रभाव था उनका। पढ़ाई के दौरान कलकत्ता (कोलकाता) के मेट्रोपॉलिटन इंस्टीट्यूट में उनकी मुलाकात तब के बंगाली नेता सुरेंद्र नाथ बनर्जी से हुई थी, जिनके चलते वो 1886 में हुए कांग्रेस के दूसरे अधिवेशन में भाग लेने आए।

फिर बंगाल की कांग्रेस कमेटी के अध्यक्ष भी बने, प्रदेश कांग्रेस के 1899 के बर्दवान अधिवेशन और 1910 में कलकत्ता अधिवेशन की अध्यक्षता की। फिर बंग-बंग आंदोलन से जुड़ गए, लेकिन उनकी जिंदगी की सबसे बड़ी घटना रही 1916 के लखनऊ कांग्रेस अधिवेशन का उन्हें सभापति चुना जाना और मुसलिम लीग और गरमदलीय नेताओं के जुड़ने से यह अधिवेशन ऐतिहासिक हो गया।

इस अधिवेशन से मुसलिम लीग के जुड़ने की वजह थी अंग्रेजी सरकार द्वारा एक्जीक्यूटिव काउंसिल में आधे भारतीय सदस्यों का चुनाव और विधानसभाओं में ज्यादातर भारतीय सदस्यों के चुनाव का प्रस्ताव लाना। दूसरी तरफ कांग्रेस ने मुसलिम लीग की ऐसी माँग मान ली, जो बाद में भारत-पाकिस्तान विभाजन का आधार भी बन गई और वो माँग थी मुसलमानों के लिए अलग से चुनाव क्षेत्र, जहाँ वोट तो सब देते, लेकिन खड़े होते केवल मुसलमान उम्मीदवार। 1909 के मार्ले-मिंटो सुधारों के नाम पर भारत को प्रतिनिधि संस्थाओं में मुसलिम आरक्षण मिला था।

1916 के अधिवेशन में मुसलिमों के लिए एक-तिहाई सीटें आरक्षित करने की बात पर कांग्रेस राजी हो गई, जबकि मुसलिमों की जनसंख्या एक-तिहाई से कम थी। दिलचस्प बात यह है कि मिंटो-मार्ले के 1909 एक्ट में जब यही प्रावधान किया गया था, तब कांग्रेस ने इसका विरोध किया था। इसी वजह से उस वक्त 1916 का यह अधिवेशन हिंदू-मुसलिम एकता के मील के पत्थर के तौर पर जाना गया। हालाँकि कई लोगों ने इस समझौते का पुरजोर विरोध किया था।[1]

दूसरी तरफ गोपाल कृष्ण गोखले और फिरोजशाह मेहता की मौत के बाद अब तिलक का विरोध करने वाला कोई कांग्रेस में उदारवादी नेता बचा नहीं था। ऐसे में उनकी और उनके साथियों की इस अधिवेशन से वापसी हुई, वो भी पूरे 11 साल बाद, 1907 में वो भी कांग्रेस से अलग हो गए थे।

कांग्रेस और मुसलिम लीग ने मिलकर माँग पत्र तैयार किया और इस तरह से कांग्रेस खिलाफत आंदोलन के समर्थन का आधार बना। इस माँग पत्र से ही शायद पहली बार कांग्रेस ने भी अंग्रेजों से अल्पसंख्यकों की सुरक्षा की माँग की, जो बाद में तुष्टीकरण राजनीति का आधार बन गई। इस अधिवेशन का सबसे दिलचस्प किरदार था अबुल कासिम फजलुल हक का, जो 1916 में मुसलिम लीग का प्रेसीडेंट तो

था ही, कांग्रेस का भी महासचिव था और इस समझौते को करवाने में उसकी बड़ी भूमिका रही थी।

लेकिन उससे भी बड़ी भूमिका तिलक और जिन्ना की मानी गई थी। तब जिन्ना को कांग्रेस में रहते उसी साल मुसलिम लीग का राष्ट्रीय अध्यक्ष चुन लिया गया था तो तिलक, जो सूरत की फूट के अगले साल ही गिरफ्तार होकर मांडला भेज दिए गए थे, 1914 में ही बाहर आए थे। ऐसे में मार्ले-मिंटो सुधारों में पहले ही इस तरह के सांप्रदायिक विभाजन की बात सामने आ चुकी थी, तिलक को यह हिंदू-मुसलमानों को करीब लाने और कांग्रेस के दोनों समूहों को भी एक साथ लाने का मौका लगा। मालवीयजी आदि के विरोध के बावजूद तिलक ने जिन्ना के साथ मिलकर इस विचार को आगे बढ़ाया, जिन्ना उन दिनों तक सांप्रदायिक नहीं हुए थे और तिलक के खिलाफ लगे देशद्रोह के आरोपों में उनके वकील रह चुके थे, इसी के चलते कई मुद्दों पर दोनों की बातचीत होने लगी थी।

भले ही जिन्ना की मदद के चलते उन दिनों तिलक प्रभाव में थे, लेकिन इतना तो समझा जा सकता है कि वे प्रखर हिंदूवादी होने के बावजूद आम मुसलिमों के खिलाफ नहीं थे। इस समझौते के विरोध में आवाजें उठीं तो तिलक ने कहा था, " It has been said that we, Hindus, have yielded too much. The concession that has been made to our Mohommedan brethren in the Legislative Council is really nothing too much. In proportion to the concession that had been made to the Moslems their enthusiasm and warm-hearted support is surely greater. I urge the audience to give effect actively to the resolution adopted by the Congress."[2]

स्पष्ट था कि तिलक इस बात को बड़ी मानकर चल रहे थे कि आखिरकार मुसलिम कांग्रेस के साथ मिलकर देश की लड़ाई लड़ने को तो राजी हुए, इससे पहले कई मुसलिम कांग्रेस अध्यक्ष बनाए जाने के बावजूद कांग्रेस के अधिवेशनों में मुसलिमों की संख्या बढ़ने का नाम ही नहीं ले रही थी। ऐसे में उनको अपनी यही सफलता बड़ी लगी।

सबसे दिलचस्प बात है कि इस समझौते के मुताबिक जो सांप्रदायिक चुनावी व्यवस्था की गई थी, खुद इस अधिवेशन के सभापति अंबिका चरण मजमूदार और पूर्व कांग्रेस अध्यक्ष आर.एन. मुधोलकर इसके खिलाफ थे। मुधोलकर ने बयान दिया कि निजी तौर पर वो इस व्यवस्था के खिलाफ हैं, लेकिन सभी संप्रदायों

का समर्थन लेने के लिए इसे स्वीकार कर रहा हूँ। मजमूदार का बयान आया कि वो निजी तौर पर संयुक्त चुनावी व्यवस्था में आरक्षित सीटों के पक्षधर हैं, लेकिन चूँकि इस समझौते में वो भी एक पक्ष हैं, इसलिए इसका समर्थन कर रहे हैं। यह भी दिलचस्प है कि बिहार के नेता मजरूल हक की तरफ से भी इस व्यवस्था का विरोध किया गया था।

अंबिका चरण मजूमदार के खाते में भले ही कांग्रेस से जुड़ी ये ऐतिहासिक घटना हो, लेकिन निजी जिंदगी में वो खुद को साम्राज्य की प्रजा ही मानते थे, हालाँकि अरसे तक गांधीजी भी उसी लीक पर चले थे। मजूमदार और गांधीजी दोनों ही गोखले से काफी ज्यादा प्रभावित थे, मजूमदार को 'ग्रांड ओल्ड मैन ऑफ फरीदपुर' कहा जाता था, यह नाम उन्हें बंगाल के लेफ्टिनेंट गर्वनर सर जॉन वेडर ने दिया था। उनकी सोच को लखनऊ अधिवेशन में उनके भाषण की इन लाइनों से बखूबी समझा जा सकता है, "Here are our demands which, God willing, are bound to be fulfilled at no distant date. India must cease to be a dependency and be raised to the status of a self-governing state as an equal partner with equal rights and responsibilities as an independent unit of the Empire."[3]

उन्होंने आगे कहा, "India must be governed from Delhi and Simla, and not from Whitehall or Downing Street. The Council of the Secretary of State should be either abolished or its constitution so modified as to admit of substantial Indian representation on it. Of the two Under-Secretaries of State for India one should be an Indian and the salaries of the Secretary of State should be placed on the British estimates as in the case of the Secretary for the Colonies. The Secretary of State for India should, however, have no more powers over the Government of India than those exercised by the Secretary of State for the Colonies in the case of the Dominions. India must have complete autonomy, financial, legislative as well as administrative."[4]

कांग्रेस अधिवेशन में वफादारी का संकल्प (Loyalty Resolution)

उनके भाषण से भी दिलचस्प आज की पीढ़ी को इस अधिवेशन की दो और घटनाएँ लग सकती हैं, पहला ब्रिटिश सरकार के रक्षा मंत्री लॉर्ड किचनर को श्रद्धांजलि और दूसरा एक संकल्प (Resolution), अंग्रेजीराज के प्रति कांग्रेस का लॉयल्टी रिजोल्यूशन यानी वफादारी संकल्प। लॉर्ड किचनर 1909 से 1909 तक भारत में ब्रिटिश सेना के कमांडर रहे थे, यानी बंग-भंग के दौरान लॉर्ड कर्जन ने भारतीयों पर जितने जुल्म किए, उन सबको कार्यान्वित करने वाला प्रमुख अधिकारी। 1914 में प्रथम विश्वयुद्ध के दौरान उसे सेक्रेटरी ऑफ स्टेट फॉर वॉर बना दिया गया था, यानी रक्षा विभाग का केबिनेट मंत्री, रूस के एक अभियान में उसकी उसी साल 5 जून को मौत हो गई तो कांग्रेस के अधिवेशन में उसके लिए शोक प्रस्ताव लाकर उसकी बहादुरी के कसीदे गढ़े गए।

अधिवेशन के दूसरे दिन इस शोक प्रस्ताव के फौरन बाद आया अंग्रेजी सरकार के प्रति लॉयल्टी रिजोल्यूशन यानी स्वामिभक्ति का प्रस्ताव। आप भी पढ़िए वो पूरा प्रस्ताव, "The congress respectfully beg to convey to His Majesty on behalf of the people of india, their deep loyalty and profound devotion to the Throne, unswerving allegiance to the British connection and their firm resolve to stand by the Empire. This Congress praise that the cause of the allies may be crowned with success. The resolution was carried with three cheers to His Majesty the King Emperor, called by the hon, Pandit Gokarn Nath Mishra."[5]

इस रिजोल्यूशन के पारित करने के दौरान वहाँ गांधीजी भी उपस्थित थे। आप इस रिजोल्यूशन को लेकर हैरत में होंगे, लेकिन यह उन दिनों की कांग्रेस के लिए आम बात थी, हर अधिवेशन में ऐसा होता था। रिजोल्यूशन को गौर से देखेंगे तो आप पाएँगे कि कुछ शब्दों की शुरुआत वाक्यों के बीच में भी कैपिटल लेटर्स से की गई है, और वो सारे शब्द अंग्रेजों के प्रति सम्मान से जुड़े हैं, जैसे Throne, His Majesty, Empire, Emperor, King आदि, जबकि इंडिया की स्पेलिंग India है, यानी पहला अक्षर कैपिटल में नहीं है। आप इससे उस वक्त की कांग्रेस के बारे में सोच सकते हैं कि लॉयल्टी के हर अधिवेशन में कसम खाने वाली कांग्रेस उस वक्त के क्रांतिकारियों की एक दो मजबूरियों पर सवाल उठाती है तो इससे पता चलता है कि आज के कांग्रेसियों ने खुद का इतिहास नहीं पढ़ा है। एक और बात

पर इस रिजोल्यूशन में गौर करिए, प्रथम विश्वयुद्ध में ब्रिटेन और उसके मित्र देशों की कामयाबी के लिए प्रार्थना भी की गई है।

गांधीजी के असहयोग आंदोलन का उड़ाया था मजाक

1901 के कांग्रेस अधिवेशन में हिस्सा लेने के बाद गांधीजी फिर से दक्षिण अफ्रीका लौट गए थे, अब फिर से लौट आए थे, यों उनकी भी सही मायने में लखनऊ अधिवेशन से ही कांग्रेस में शुरुआत थी। पहली बार यहीं उनकी मुलाकात जवाहरलाल नेहरू से हुई थी, लेकिन अधिवेशन के अध्यक्ष अंबिका चरण मजमूदार से शायद उनकी बनी नहीं। जब गांधीजी ने असहयोग आंदोलन शुरू किया तो कई और बुजुर्ग नरमदलीय कांग्रेसियों की तरह अंबिका चरण मजमूदार ने भी इसमें हिस्सा नहीं लिया। कहा जाता है कि स्वदेशी आंदोलन में सक्रिय रहने के बावजूद उनका आंदोलनों में भरोसा नहीं था। उन्होंने असहयोग आंदोलन को 'राजनीतिक भूख हड़ताल' बताकर उसका मजाक उड़ाया था।[6]

अपने अध्यक्ष चुने जाने से ठीक पहले यानी 1915 में उन्होंने इंडियन नेशनल कांग्रेस के उदय और प्रगति पर एक किताब भी लिखी, 'इंडियन नेशनल इवोल्यूशन'। 1918 में उन्होंने लिबरल फेडरेशन स्थापित करने में मदद के लिए सक्रिय राजनीति से संन्यास ले लिया, दरअसल वो गोखले और हेनरी कॉटन के काफी करीबी थे। ये सब नरम दलीय नेता थे। तब तक गांधीजी चंपारण और खेड़ा सत्याग्रह से पूरी तरह सक्रिय हो चुके थे और कांग्रेस की कमान अनधिकारिक तौर पर उनके हाथ में आ चुकी थी और वो खिलाफत आंदोलन के समर्थन और असहयोग आंदोलन की नींव तैयार करने में जुट गए थे।

लखनऊ अधिवेशन बाकायदा शुभ मुहूर्त में दोपहर दो बजे शुरू हुआ था, चूँकि प्रथम विश्वयुद्ध का साया था, सो इंग्लैंड और उसके मित्र देशों के राष्ट्रीय ध्वज भी पंडाल में लगाए गए थे। एक बड़ा सा चित्र ऊपर की तरफ से ब्रिटेन के राजा का भी लगाया गया था। ब्रिटिश वफादारी की कसमें हॉल की दीवारों पर कई जगह देखी जा सकती थीं। चूँकि स्वागत समिति के अध्यक्ष पंडित जगत नारायण थे, अधिवेशन की शुरुआत उनके ही संबोधन से हुई। लखनऊ अधिवेशन 'राइफा ए आम क्लब' में हुआ था, जिसे कभी 1860 के दशक में अवध के नवाब ने बनवाया था। लेकिन जब से वो राजा महमूदाबाद के स्वामित्व में आया, उसकी कमेटी दोबारा चुनी नहीं जा सकी और आजकल काफी जर्जर हालत में है।

17 साल बाद कांग्रेस का अधिवेशन दोबारा लखनऊ में हुआ था और इस बात का जिक्र स्वागत समिति के अध्यक्ष पंडित जगत नारायण ने अपने संबोधन में किया भी। उनके संबोधन के बाद सुरेंद्र नाथ बनर्जी ने अधिवेशन के अध्यक्ष के तौर पर अंबिका चरण मजमूदार के नाम का प्रस्ताव रखा, जिसका स्वागत हर्ष ध्वनि से किया गया। उन्होंने अंबिका चरण मजमूदार के साथ न केवल अपने 40 साल पुराने रिश्तों के बारे में बताया, बल्कि यह भी बताया कि एक जन प्रतिनिधि के तौर पर कितना काम अंबिका चरण मजमूदार ने ही किया है। कैसे उन्होंने अपने टाउन फरीदपुर की सूरत बदल दी है, कैसे वहाँ उन्होंने वाटर सप्लाई का एक आधुनिक सिस्टम लगवाया है। उनके इस प्रस्ताव का समर्थन फिर आर.एन. मुधोलकर ने किया। कुछ और लोगों ने भी उनके प्रस्ताव का समर्थन किया।

उसके बाद अंबिका चरण मजमूदार ने अपना अध्यक्षीय संबोधन देते हुए इन शब्दों में 1857 की क्रांति की चर्चा लखनऊ के बहाने की, "Lucknow, the center of great tornado which swept over India in 1857 in which the brave Lawrence and Nicholson fell and where the gallant Havelock sleeps embalmed in the thrilling memories of a Historic siege."[7]

ये वो दौर था, जब कांग्रेस को 1857 की लड़ाई में भी अंग्रेजों की ही वीरता दिखती थी, बेगम हजरत महल की नहीं दिखी, वो भी तब जब इतने सारे मुसलिम लीग के नेता भी उस अधिवेशन में मौजूद थे। कांग्रेस के सूरत अधिवेशन में अलगाववाद और फिर लखनऊ में मिलन को लेकर उन्होंने कहा, "If the united Congress was buried in the debris of the old French garden of Surat, it is re-born today in the Kaiser Bag of Lucknow, the garden of the gorgeous king Wajed Ali Shah."[8]

उसके बाद उन्होंने एजुकेशन, ब्यूरोक्रेसी, सेल्फ गवर्नमेंट, नेशनल मिलीशिया प्रेस एक्ट, आर्म्स एक्ट, सिविल सर्विस में भेदभाव जैसे तमाम मुद्दों पर अपनी राय रखी, फिर आए वो उस मुद्दे पर, जिसके लिए कांग्रेस और मुसलिम लीग का यह संयुक्त अधिवेशन आयोजित किया गया था। अंबिका चरण मजमूदार ने कहा, "The All India Congress Committee and the representatives of Muslim League who recently met in a conference at Calcutta have after two days deliberations in one voice resolved to make a joint demand for a representative government in

India. There are little differences on one or two minor points of detail, but they count for nothing. The vital issue has been solved and the main point has been gained."

इतना ही नहीं, उन्होंने यह तक कहा, "In the Mahomedan State of Hyderabad with a Hindu population of nearly 70 percent and the Hindu state of Kashmir with 60 percent Mahomedan subjects we do not hearing any cow killing riots or moharram disturbances on any ill-feeling between the two communities and one wonders why a different state of things would prevail in British Territories." वो हिंदू और मुसलिमों को लेकर इतने आशावान हो गए कि बोले, "The Hindus and Mussalmand are both of Common Aryan stock while Hindu anthropology traces them to a common descent within the legendary period of their ancient History."

हिंदू-मुसलिम एकता को लेकर उनका उत्साह इतने चरम पर था कि उन्होंने महाभारत से युधिष्ठिर का एक संवाद ही वहाँ बोल डाला। पहले उन्होंने कहा कि क्या फर्क पड़ता है कि अगर दिनशॉ एडुलजी वाचा या सुरेंद्र नाथ बनर्जी या फिर मजरूह उल हक हमें नेशनल असेंबली में प्रतिनिधित्व करते हैं? फिर युधिष्ठिर का एक संस्कृत संवाद दोहराया, जिसका मतलब था, हम पाँच हैं और कौरव सौ हैं, लेकिन एक समान लक्ष्य के लिए हम मिलकर 105 हो सकते हैं।

उसके बाद भी वो फिलीपींस, संविधान संशोधन आदि मुद्दों पर बोलते रहे, कांग्रेस के अधिवेशन में अपनी माँगें भी सरकार के सामने रखीं, जिसमें फोकस इस बात पर था कि भारत की सरकार लंदन या डाउनिंग स्ट्रीट से नहीं चलनी चाहिए, बल्कि दिल्ली और शिमला से चलनी चाहिए, भारत के लोगों का प्रशासन और सिविल सर्विस में ज्यादा-से-ज्यादा हिस्सा होना चाहिए, भारत की अपनी राष्ट्रीय सेना होनी चाहिए आदि।

हम क्रांतिकारी नहीं

इस अधिवेशन में कांग्रेस के दोनों धड़ों की दोस्ती, कांग्रेस-मुसलिम लीग की दोस्ती के अलावा एक और दिलचस्प बात थी, क्रांतिकारियों को लेकर कांग्रेस के बड़े नेता सुरेंद्र नाथ बनर्जी का मंच से एक बड़ा बयान, उन्होंने कहा, "Lord

Chelmsford has observed that it would be his duty to guard the country against revolutionaries tendencies. I think His Excellency may rely with absolute confidence upon the unstinted support of the educated community in this matter. We are not the revolutionaries,"[9] जैसे ही उन्होंने यह आखिरी लाइन बोली, लोगों ने 'नो-नो' का शोर मचाकर उनसे सहमति जताई। उन्होंने आगे कहना जारी रखा, "We are the friends of reforms, because it is the surest safeguard against revolution...God grant that this blunder may not be committer in India, We know it was committed in Ireland. We are anxious that the same mistake may not be repeated hear."[10]

इस बयान में कांग्रेस नेताओं को शिक्षित समुदाय बताकर उन्होंने न केवल क्रांतिकारियों को एक तरह से अनपढ़ बताया, बल्कि साफ कहा कि हम क्रांतिकारी नहीं हैं, इतना ही नहीं, भगवान से प्रार्थना भी कि ऐसी भयानक भूल भारत में न हो, जैसी कि आयरलैंड में हुई है। उन्होंने कांग्रेस की तरफ से वायसराय चेम्सफोर्ड से शिक्षित समुदाय का क्रांति को दबाने में सहयोग का भी वादा किया, इससे आप समझ सकते हैं कि कांग्रेस का उस वक्त क्या चरित्र था और इनके इस रुख के चलते उस दौर के क्रांतिकारियों को क्या-क्या भुगतना पड़ा होगा।

हालाँकि लोकमान्य तिलक ने अपने संबोधन में माना कि लोग आरोप लगा रहे हैं कि इस समझौते के जरिए हिंदू मुसलिमों के आगे झुक गए हैं, लेकिन उन्होंने इसका जवाब देते हुए कहा कि हमारे बीच आपस में कुछ बातों को लेकर मतभेद हैं, लेकिन जब मामला तीसरी पार्टी यानी विदेशी अंग्रेजों का हो तो वो मतभेद किनारे पर रखने ही पड़ेंगे।

इस अधिवेशन की खास बात थी कांग्रेस में गांधी युग की शुरुआत। इस अधिवेशन में दूसरे दिन गांधीजी ने एक रिजोल्यूशन रखा, जो नवाँ था, विषय गिरमिटिया मजदूरों की दुर्दशा पर था, गांधीजी इस प्रथा को रोकना चाहते थे और अगले साल लंदन में हो रहे इससे जुड़े सम्मेलन में सरकार की तरफ से किसी भारतीय को भेजने की माँग कर रहे थे। लोकमान्य तिलक ने भी स्वराज के मुद्दे पर एक रिजोल्यूशन रखा था। इस अधिवेशन में मोहम्मद अली जिन्ना भी मौजूद थे, उनको कांग्रेस ने यहीं ऑल इंडिया कांग्रेस कमेटी के सदस्य के तौर पर अंबिका चरण मजमूदार की टीम में चुना था।

REFERENCES

1. India and Her Domestic Problems, Religion State and Secularism by Panna Lal Dhar, Page No.-169.
2. Lokamanya Tilak, Father of Our Freedom Struggle by Dhananjay Keer, Page No.-365.
3. The Indian Review Volume-18, Editor : G.A. Natesan, Page No.-129, Publisher : G.A. Natesan & Company.
4. https://web.archive.org/web/20090619104202/http: //www.aicc.org.in/new/past-president-detail.php?id=26.
5. The Encyclopaedia of Indian National Congress: 1916-1920, Emergence of Gandhi by A Moin Zaidi, Page No.-109.
6. The Test of Time, My Life and Days by Tamizuddin Khan, Page No.-100.
7. The Indian National Congress, Containing an Account of Its Origin and Growth, Full Text of All the Presidential Addresses by Indian National Congress, Page No.-1225.
8. Indian National Congress Versus the British : 1885-1918 by Manmath Nath Das, Page No.-346.
9. Speeches and Writings of Hon. Surendranath Banerjea by Sir Surendranath Banerjea, Page No.-132, G.A. Natesan & Company.
10. Speeches and Writings of Hon. Surendranath Banerjea by Sir Surendranath Banerjea, Page No.-132, G.A. Natesan & Company.

□

भारत की आजादी माँगने वाली पहली कांग्रेस अध्यक्ष

किसी व्यक्ति के जीवन की दशा उसकी बचपन की परिस्थितियों से भी बहुत हद तक निर्धारित होती है। एनी वुड्स का जीवन भी उन्हीं परिस्थितियों की देन था। केवल पाँच साल की उम्र में उन्होने अपने पिता को खो दिया था। उनकी माँ ने एक बड़े लेखक फ्रेडरिक मरायत की बहन और अपनी मित्र एलन मरायत को अपनी बेटी की पढ़ाई की जिम्मेदारी सौंप दी, एलन उन दिनों एक स्कूल चलाती थीं। जबकि उनकी माँ खुद बेटे हेनरी को उस हैरो स्कूल में पढ़ाने के लिए बोर्डिंग हाउस चलाने लगीं, जिसमें ब्रिटेन के सात-सात प्रधानमंत्री पढ़े हैं, भारत के पहले प्रधानमंत्री जवाहरलाल नेहरू भी। पढ़ाई पूरी होने के बाद एनी अपनी माँ के पास वापस आ गईं। 20 साल की उम्र में 1867 में फ्रेंक बेसेंट से उनकी शादी हुई और नया नाम मिला एनी बेसेंट। पति से उनकी नहीं बनी, पैसे की भी दिक्कत थी और बेटी की गंभीर बीमारी जैसी कई घटनाएँ ऐसी हुईं कि एनी अपने धर्म पर ही सवाल उठाने लगीं। उनका यह रुख उनके पति को पसंद नहीं आ रहा था और पाँच साल बाद दो बच्चों की माँ एनी बेसेंट ने उससे तलाक ले लिया।

यहीं से एनी बेसेंट का यायावर जीवन शुरू हो गया, कभी किसी संगठन से जुड़ीं तो कभी किसी और से, कभी जनसंख्या नियंत्रण के कार्यक्रमों में काम किया तो कभी मजदूरों की हड़तालें करवाईं, कभी महिलाओं के मताधिकार की लड़ाई की तो कभी राष्ट्रीय शिक्षा की। लेकिन उनके मन को शायद कहीं सुकून नहीं मिल रहा था। ऐसे में 1875 में शुरु हुए थियोसॉफी मूवमेंट से जुड़ गईं, जिसका मूल आधार हिंदू धर्म का कर्म और पुनर्जन्म का सिद्धांत था। 1893 में भारत आईं, बाद में उन्हें थियोसोफिकल सोसाइटी का अध्यक्ष चुन लिया गया। धीरे-धीरे भारत में उनका मन रमने लगा। 1916 में होमरूल लीग की स्थापना की, लोकमान्य तिलक जेल

से वापस आ चुके थे, उनके साथ मिलकर देश भर में होमरूल लीग की इकाइयाँ स्थापित कीं। 1917 में उन्हें कांग्रेस अधिवेशन का अध्यक्ष चुना गया।

जवाहरलाल नेहरू भी इंग्लैंड से अपनी पढ़ाई पूरी करके आ चुके थे, उनका एक होम ट्यूटर फर्नीनेंड टी. ब्रुक्स भी पहले एनी बेसेंट का सहयोगी रह चुका था और उनके कहने पर ही उसे आनंद भवन में नियुक्त किया गया था। ऐसे में उनका झुकाव भी होमरूल लीग की तरफ हुआ और जवाहरलाल ने भी होमरूल लीग के कई कार्यक्रमों में भाग लिया। जवाहरलाल ने उनको लेकर लिखा भी है कि गरम दल वाले भी होमरूल लीग की तरफ आकर्षित हो रहे थे, "Mrs. Besant's internment added greatly to the excitement of the intelligentsia and vitalized the Home Rule Movement all over the country. The Home Rule Leagues were attracting not only all the old Extremists who had been kept out of the Congress since 1907 but large numbers of newcomers from the middle classes. They did not touch the masses."[1]

उनके गोद लिये बेटे को इंदिरा गांधी ने बनाया आध्यात्मिक गुरु

एनी बेसेंट के बाद भी उनके परिवार से जवाहरलाल नेहरू की बेटी इंदिरा गांधी का रिश्ता बना रहा। दरअसल एनी बेसेंट ने एक लड़के को गोद लिया था, नाम था जिद्दू कृष्णमूर्ति, जिसे बुद्ध का अवतार और नया मसीहा घोषित कर दिया था। 1920 के दशक के आखिरी सालों में उसे लेकर वे अमेरिका चली गई थीं। हालाँकि उनके जिंदा रहते ही जिद्दू कृष्णमूर्ति ने उनके अवतार वाले सभी दावों को खुद ही खारिज कर दिया था। बाद में इंदिरा गांधी ने एक तरह से उन्हें अपना आध्यात्मिक गुरु बना लिया था और जब भी वो किसी मानसिक परेशानी से जूझ रही होती थीं तो उन्हें ही याद करती थीं।

इंदिरा गांधी की जीवनीकार और पुरानी मित्र पुपुल जयकर खुद भी जिद्दू कृष्णमूर्ति के फाउंडेशन की सदस्य थीं, इसके चलते वो कई बार उनके घर भी रुकते थे। ऐसे में उन्होंने अपनी किताब में इंदिरा की जे. कृष्णमूर्ति से कई मुलाकातों का ब्योरा दिया है। एक मुलाकात में कृष्णमूर्ति ने इंदिरा से कहा था कि मेरी माँ कहती थीं कि तुम्हारे हाथों में चमत्कार है। लेकिन जब एक दिन इंदिरा गांधी उनके कमरे से रोते हुए निकलीं तो उसका जिक्र भी पुपुल ने कुछ इस तरह किया है, "Indira came unexpectedly at 11 o'clock, unaccompanied by her security guards and went immediately to see Krishnamurti. They were together for more than an hour. She came out of the room with tears streaming down her face. Aditi, my grandniece, was reading in the sitting-room; Indira quickly controlled herself, smiled at Aditi and asked her what she was reading. I took her to the car. By then her security staff had arrived and awaited her."[2]

इमरजेंसी के वक्त भी इंदिरा गांधी ने उनसे सलाह ली थी, 'टाइगर की पीठ पर चढ़ तो गई हूँ, लेकिन उतरूँ कैसे यह समझ नहीं आ रहा है।' ऐसे मौकों पर कृष्णमूर्ति अपनी माँ एनी बेसेंट का जिक्र करना नहीं भूलते थे। एनी बेसेंट ने शुरुआती 20 साल भारत में शिक्षा और सामाजिक क्षेत्र में काम किया, 1907 में थियोसोफिकल सोसाइटी की अध्यक्ष चुने जाने के बाद उनकी पहचान पूरे देश में होने लगी। उससे पहले 1893 में शिकागो में हुई वर्ल्ड रिलीजन कांग्रेस में एनी बेसेंट ने थियोसोफिकल सोसाइटी की तरफ से प्रतिनिधित्व किया, जिसे स्वामी विवेकानंद ने भी संबोधित किया था। बेसेंट ने इस संस्था में अपने आप को इसलिए भी झोंक दिया, क्योंकि इसका एक हिस्सा अमेरिका से अलग हो गया और मूल संस्था की जिम्मेदारी बेसेंट पर आ गई, इसका मुख्यालय चेन्नई में है। बनारस सेंट्रल हिंदू स्कूल की स्थापना में उनका बड़ा योगदान था, जिसमें लड़कियों के माता-पिताओं को उनकी जल्दी शादी न करने के लिए मनाना उन दिनों बड़ी बात थी। बाद में मालवीयजी से मिली और बनारस हिंदू यूनिवर्सिटी की परिकल्पना ने साकार लिया। 1922 में एनी बेसेंट ने बंबई में हैदराबाद (सिंध) नेशनल कॉलेजियट बोर्ड स्थापित करने में मदद की। श्रीलंका में एक बुद्धिस्ट स्कूल की भी स्थापना में उन्होंने बड़ी भूमिका निभाई। भारत में कई जगह थियोसोफिकल सोसाइटी की धर्मशालाएँ बनवाईं।

बेसेंट ने इंग्लैंड में इतना कुछ काम राजनीतिक और सामाजिक स्तर पर किया कि उनको गांधीजी की तरह ही अपनी पहचान भारत में बनाने में ज्यादा समय नहीं लगा। बहुत सारी सामाजिक संस्थाओं से वह जुड़ी और बहुत सारे आंदोलनों से भी। उनके साथियों, सहयोगियों की लंबी कहानी है। गांधीजी भी लगातार दक्षिण अफ्रीका की अदालतों में अंग्रेजों के लिए दिक्कतें पैदा कर रहे थे, ऐसे में भारत में उनके बारे में खबरें छपती देख, लोगों का भरोसा उनके साथ जुड़ने लगा था। एनी बेसेंट भारतीय नहीं थीं और भारतीय राजनीति में देर से आईं, लेकिन जब आईं तो तेजी से

काम किया। प्रथम विश्वयुद्ध के दौरान एनी ने होमरूल लीग पर काम करना शुरू किया था और बहुत जल्द उसने लोगों के बीच जगह जमा ली थी। यहाँ तक कि कई साल बाद जेल से रिहा किए लोकमान्य तिलक भी होमरूल लीग से जुड़ गए।

1914 का विश्वयुद्ध शुरू होते ही इंग्लैंड ने भारतीयों से जर्मनी के खिलाफ सहयोग माँगा, जब सारे नेता अंग्रेजों की इस आपदा में नैतिकपूर्वक साथ देने की बात कर रहे थे, एनी बेसेंट शायद पहली थीं, जिनका बयान आया, 'England's need is India's opportunity.' उन्होंने कहा कि यह सही समय है, जब ब्रिटेन भारत को स्वराज दे सकता है। होमरूल लीग भारत में पहली ऐसी राजनीतिक पार्टी थी, जिसने न केवल पहली बार 'होमरूल' की बात की, बल्कि पूरे साल काम करने वाली पार्टी भी बनी। तिलक ने भी गाँव-गाँव घूमकर होमरूल की हजारों शाखाएँ स्थापित की थीं। कार्यक्रम इस तरह आयोजित किए गए कि विरोध, प्रदर्शन एक-एक शाखा में हुआ, अंग्रेजी सरकार घबरा गई। जून 1917 में मद्रास के गर्वनर ने एनी बेसेंट को गिरफ्तार कर लिया। उसके बाद कांग्रेस और मुसलिम लीग ने भी होमरूल लीग के साथ मिलकर इस गिरफ्तारी का विरोध किया। देशी-विदेशी अखबारों में एनी बेसेंट की गिरफ्तारी की खबरें छपने लगीं, ब्रिटेन से भी दवाब पड़ने लगा तो अंग्रेजी सरकार को उन्हें सितंबर 1917 में रिहा करना पड़ा।

कांग्रेस अधिवेशन में 'अंग्रेज राजा की वफादारी की शपथ'

एनी बेसेंट की गिरफ्तारी के विरोध से उनकी लोकप्रियता में एक साथ कई गुना इजाफा हुआ और उसी साल यानी 1917 के कांग्रेस के कलकत्ता अधिवेशन का सभापति चुन लिया गया। लेकिन इस अधिवेशन के दूसरे ही दिन शुरुआती दो संकल्पों (रिजोल्यूशन) में दादाभाई नौरोजी और ए. रसूल को श्रद्धांजलि देने के बाद चेयर की तरफ से 'Loyalty To The Throne' यानी राजगद्दी के प्रति वफादारी की शपथ ली गई। वो शपथ थी, "That this Congress, speaking on behalf of the united people of India, begs respectfully to convey to His Majesty the King Emperor their deep loyalty and profound attachment to the Throne, their unswerving allegiance to the British connection and their firm resolve to stand by the Empire at all hazards and at all costs."[3]

यानी, "यह कांग्रेस, भारत के एकजुट लोगों की तरफ से बोलते हुए महामहिम महाराज को राजसिंहासन के प्रति उनकी गहरी निष्ठा और गहन लगाव, ब्रिटिश

संबंध के प्रति उनकी अटूट निष्ठा और हर खतरे और हर कीमत पर साम्राज्य के साथ खड़े रहने के उनके दृढ़ संकल्प से अवगत कराने के लिए सम्मानपूर्वक विनती करती है," यही वह शपथ थी, जो कांग्रेस के हर अधिवेशन में ली जाती थी। अब इसके पक्ष और विपक्ष में तमाम तर्क दिए जा सकते हैं। सोचिए, जब ये सब वफादारी की कसमें खाते ही होंगे तो उनसे बगावत करने की कैसे सोच पाते होंगे? जब हर अधिवेशन में गांधी, नेहरू समेत हर बड़े दिग्गज कांग्रेसी नेता ने यह शपथ ली थी तो मजबूरी में विनायक दामोदर सावरकर ने जिन दया याचिकाओं पर हस्ताक्षर किए थे, उनके पहले से ब्रिटिश प्रशासन द्वारा तैयार प्रारूप को लेकर इतने दशकों बाद बवाल क्यों हो? उसकी बड़ी वजह यह भी थी कि आजादी के बाद की पीढ़ियों को यह बताया ही नहीं गया कि कांग्रेस अपने अधिवेशनों में अंग्रेजी साम्राज्य के प्रति वफादारी की यह शपथ भी लेती थी।

तीसरा संकल्प था वफादारी की शपथ का तो 12वाँ संकल्प था स्वराज का, जिसे रखा सुरेंद्र नाथ बनर्जी ने, अनुमोदित किया जिन्ना ने और समर्थन तिलक, सी.आर. दास, मालवीयजी, बिपिन चंद्र पाल, जयकर आदि ने किया। यह था वह संकल्प, "This Congress expresses its grateful satisfaction over the pronouncement made by His Majesty's Secretary of State for India on behalf of the Imperial Government that its object is the establishment of responsible government in India. This Congress strongly urges the necessity for the immediate enactment of a Parliamentary statute providing for the establishment of responsible government in India, the full measure to be attained within a time-limit to be fixed in the statute itself at an early date.[4] इसके लिए उन्होंने कांग्रेस लीग योजना से ही पहला चरण लागू करने की सलाह भी दी।

गांधीजी भी भारत आ ही चुके थे, इससे पहले के लखनऊ अधिवेशन में हिस्सा ले चुके थे, 1917 में भी उन्होंने चंपारण सत्याग्रह से भारत में पहला आंदोलन सफलतापूर्वक अंजाम देकर देश में एक नई लहर खड़ी कर दी थी। उन्होंने भी 1917 के इस अधिवेशन में एक संकल्प (रिजोल्यूशन) रखा, जिसका शीर्षक था 'Indians In The Colonies.' पहले ही दिन अधिवेशन की शुरुआत उस वक्त बंगाल की सबसे बड़ी हस्ती रवींद्रनाथ टैगौर ने अपनी कविता की संगीतमय प्रस्तुति से की थी। अधिवेशन के अध्यक्ष के तौर पर एनी बेसेंट का नाम स्वागत

समिति की तरफ से वरिष्ठ बंगाली कांग्रेस नेता सुरेंद्र नाथ बनर्जी ने प्रस्तावित किया था। यह भी खासा दिलचस्प है कि अपने अध्यक्षीय संबोधन की शुरुआती लाइनों में अपनी जेल यात्रा के दौरान उनका समर्थन करने पर धन्यवाद बोलने के बाद एनी बेसेंट ने 'बंदे मातरम्' कहा, उनके शब्दों में, "I turn your gift into service to the Motherland, I consecrate my life anew to her in worship by action. All that I have and am, I lay on the. altar of the Mother, and together we shall cry, more by service than by words : Bande Mataram."

कांग्रेस के मंच से आर्यों का गुणगान, स्वामी विवेकानंद की चर्चा

अधिवेशन में राष्ट्रवादियों और गरम दल वालों का एनी बेसेंट ने आगे यह कहकर दिल जीत लिया कि आर्य अप्रवासियों ने ही यूरोप में स्वतंत्रता के बीज रोपे, इतना ही नहीं, स्वशासन की अवधारणा भी आर्यों के जरिए यहाँ के मुक्त और स्व-निहित गाँवों से गई, यह तक दावा किया। उनके शब्दों में, "The Aryan emigrants, who spread over the lands of Europe, carried with them the seeds of liberty sown in their blood in their Asian cradle-land. Western historians. trace the self-rule of the Saxon villages to their earlier prototypes in the East, and see the growth of English liberty as up-springing from the Aryan root of the free and self-contained village communities."[5]

इस संबोधन में उन्होंने स्वामी विवेकानंद की भी चर्चा की। उनके संबोधन का ही हिस्सा था, "श्वेत जाति की श्रेष्ठता में विश्वास में आई कमी।" इस तरह का भाषण कम-से-कम उन दिनों किसी भारतीय कांग्रेस के तो वश का नहीं था कि अब श्वेत जाति पर ही भरोसा घट रहा है, आर्य समाज, थियोसोफिकल सोसाइटी और स्वामी विवेकानंद की शिक्षाएँ और प्राचीन भारतीय दर्शन भारतीयों के कल्याण के लिए सर्वोत्तम हैं। उन्होंने कहा कि जापान ने रूस को हराकर साबित कर दिया है कि पूर्व के देश भी किसी से कम नहीं। उन्होंने अपने संबोधन में स्वामी विवेकानंद के कई बयानों को पढ़ा और कहा कि अब तो यूरोपोय विद्वान् भी संस्कृत साहित्य की श्रेष्ठता की तारीफ कर रहे हैं। उन्होंने अपने संबोधन में दोराबजी टाटा जैसे बढ़ते उद्योगपतियों की भी तारीफ की।

इसके अलावा उन्होंने तमाम आर्य नारियों का उल्लेख अपने संबोधन में किया,

जिनका भारतीय संस्कृति व इतिहास में बड़ा आदर है, जिनमें मीराबाई से लेकर अहिल्या बाई तक, रानी पद्मावती से लेकर चाँदबीबी तक कई नाम शामिल थे। एक लंबा संबोधन एनी बेसेंट ने उन कारकों को समझाने के लिए दिया, जिनके चलते भारत को होमरूल दिया जाना जरूरी था।

किया खुलासा कि कैसे अंग्रेजों ने किया भारतीय सैनिकों का इस्तेमाल

एनी बेसेंट ने विश्वयुद्ध में भारतीयों की ब्रिटेन को सहायता की जमकर तारीफ की कि कैसे उन्होंने फ्रांस को बचाया। कैसे उन्होंने खुद गुलाम होते हुए भी ब्रिटेन को आजादी का चैंपियन माना, जर्मनी की विद्रोह की हर अपील ठुकरा दी, उनके शब्दों में, " India with her clear vision, saw in Great Britain the champion of Freedom,' in Germany the champion of despotism. And she saw rightly. Rightly she stood by Great Britain, despite her own lack of freedom and the coercive legislation which outrivaled German despotism, knowing these to be temporary, because un-English, and therefore doomed to destruction, she spurned the lure of German gold and rejected German appeals to revolt. She offered men and money; her educated classes, her Vakils, offered themselves as Volunteers, pleaded lobe accepted."[6]

इस मौके पर एनी बेसेंट ने अपने संबोधन में वो जानकारी दी, जो आज भी शोधकर्ताओं के लिए बड़े काम की हो सकती है। उन्होंने 1859 से लेकर 1904–05 तक के पैंतालिस वर्षों में यानी जब से भारत ईस्ट इंडिया कंपनी के बजाय ब्रिटिश सरकार के आधिपत्य में आया था, भारतीय सैनिकों को 37 युद्धों या सैन्य अभियानों में इस्तेमाल किया गया था। सोचिए, कितनी जानें गई होंगी। उन्होंने एक–एक सैन्य अभियान या युद्ध की जानकारी अपने संबोधन में दी। एनी बेसेंट ने इन सैन्य अभियानों के बारे में आगे कहा, " Most of these were due to Imperial, not to Indian, policy, and many of the burdens imposed were protested against by the Government of India, while others were encouraged by ambitious Viceroys. I do not think that even this long list is complete. Ever since the Government of India was taken over by the Crown, India has been regarded as an Imperial military asset and training ground, a-position from which the jealousy of the East India Company had largely protected her, by insisting that the army it supported should be used for the defence and in the interests of India alone."[7]

एनी बेसेंट ने अंग्रेजी सरकार के बारे में यह बड़ा खुलासा किया कि कैसे अपना साम्राज्य बढ़ाने के लिए भारतीय सैनिकों का इस्तेमाल ब्रिटेन करता आ रहा है, जबकि यह कहा गया था कि भारतीय सैनिकों का इस्तेमाल केवल भारतीय हितों की रक्षा के लिए किया जाएगा।

एनी बेसेंट ने यह भी याद दिलाया कि जहाँ भारत सरकार के खर्च से 21 मिलियन डॉलर इस विश्वयुद्ध पर खर्च हो चुका है, ब्रिटेन ने 28 मिलियन डॉलर खर्च किया, वहीं कनाडा और ऑस्ट्रेलिया जैसे धनी देशों ने 1.5 मिलियन डॉलर भी खर्च नहीं किया है। उनका सीधा सा कहना था कि यह पैसा भारतीयों के काम आता तो यहाँ इतनी गरीबी नहीं होती। उन्होंने बाकायदा आँकड़ों के साथ समझाया कि कैसे विश्वयुद्ध में भारत को झोंकते वक्त भारत में तैनात ब्रिटिश अधिकारियों को अनुमान ही नहीं था कि कितना पैसा खर्च होगा, इसके लिए उनका तर्क तथ्यों से भरपूर था, उन्होंने कहा, "On April 8th, the Government of India reported : 'Outgoing for War very alarming, far exceeding estimate', and on' the 13th April 'it was announced that the cash balances had fallen in three months', from thirteen crores to less than nine, owing to 'excessive military drain'. On the following day! April 22, a dispatch was sent out to the Viceroy, showing that there appeared a deficiency of not less than 5.25 crores. This vast error was evidently due to an under-estimate of war liabilities, which had led to such mis-information being laid before Parliament, and to the' sudden discovery of inability to 'meet the usual drawings."[8]

खुले मंच से माँगी आजादी, नेहरू से भी 12 साल पहले

उनका यह संबोधन प्रथम विश्वयुद्ध में भारतीय सैनिकों और संसाधनों के शोषण के खुलासे का था, साथ ही उन्होंने यह भी कहा कि अब इसको चुकाओ भी, कम-से-कम भारतीयों का उनका अपना राज तो हो, यानी होमरूल, उनके शब्दों में, "The lesson which springs out of this War is that it is absolutely necessary for the future safety of the Empire that India shall have Home Rule. Had her Man-Power been utilized earlier there would have been no War, for none would have dared to provoke Great Britain and India to a contest. But her Man-Power cannot be utilized while he is a subject Nation. She cannot afford to maintain a large army, if she is to support an English garrison, to pay for their goings and comings, to buy stores in England at exorbitant prices and send them back again when England, needs them. She cannot afford to train men for England, and only have their services for five years. She cannot afford to keep huge Gold Reserves in England, and be straitened for cash."[9]

एनी बेसेंट को पहली ऐसी कांग्रेस अध्यक्ष माना जा सकता है, जिसने खुले मंच से अपने अध्यक्षीय संबोधन में अंग्रेजों को साफ–साफ कहा कि हमें अब गुलामी से मुक्ति चाहिए। अगर नहीं दोगे तो ज्यादा भीषण आंदोलन शुरू किया जाएगा। लेकिन इतिहास में पढ़ाया गया है कि सबसे पहले कांग्रेस के किसी अध्यक्ष या नेता ने आजादी माँगी तो वह थे जवाहरलाल नेहरू और उन्होंने इसे 1929 के अधिवेशन में माँगा था। लेकिन आजादी के बाद किसी भी इतिहासकार ने यह नहीं बताया कि उनसे 12 साल पहले 1917 में ही एनी बेसेंट ये माँग कर चुकी थीं। देखा जाए तो लोकमान्य तिलक की माँग 'स्वराज हमारा जन्मसिद्ध अधिकार है' को भी इसी कड़ी में रखा जा सकता है। एनी बेसेंट ने अपने अध्यक्षीय संबोधन में कहा था, "The attitude of India has changed to meet the changed altitude of the Governments of India and Great Britain. But let none imagine that that consequential change of attitude connotes any change in her determination to win Home Rule. 'She is ready to consider terms of peace, but it must be "peace with honor," and honor in this connection means Freedom. If this be not granted, an even more vigorous agitation will begin."[10]

इसी अधिवेशन में अक्तूबर 1914 से जेल में बंद अली भाइयों शौकत अली और मोहम्मद अली के लिए भी एक संकल्प रखा गया और सरकार से अपील की गई कि उन्हें अब जेल से रिहा कर दिया जाए।

कर दिया गांधीजी के कार्यक्रम का ही बहिष्कार

हालाँकि खुद एनी बेसेंट सोशलिस्ट मूवमेंट से जुड़ी रह चुकी थीं, लेकिन उनको एकदम से अतिवादी विचार पसंद नहीं आते थे। तभी जब गांधी-नेहरू युग शुरू हुआ तो उनके कई मामलों में उनसे मतभेद होते चले गए। ऐसी एक घटना का जिक्र जवाहरलाल नेहरू ने भी अपनी आत्मकथा में किया है कि बनारस में रियासत के राजाओं की मीटिंग में जब एकदम से गांधीजी ने अतिवादी रुख दिखाते हुए उन राजाओं को ही निशाने पर ले लिया तो ऐसे कई उदार राजाओं की सहायता से देश भर में स्कूल व अन्य संस्थाएँ खोलने वाली एनी बेसेंट ने भी बाकी लोगों के साथ उस बैठक का बहिष्कार कर दिया। नेहरू ने लिखा, "In great consternation, one by one and in small groups, they left the hall, and even the president trooped out, leaving the speaker to carry on by himself. Mrs Annie Besant, who was present then, was also offended at Gandhiji's remarks and withdrew from the meeting."[11]

असहयोग आंदोलन में भी वे स्कूलों का बहिष्कार करने पर सहमत नहीं थीं। तो धीरे-धीरे वो कांग्रेस से दूर होती चली गईं, लेकिन भारत की स्वतंत्रता के लिए भारत और इंग्लैंड के लिए जिस मंच पर मौका मिला, बोलती रहीं, आवाज उठाती रहीं, लिखती रहीं। 85 साल की उम्र में 1933 में उनकी अड्यार (मद्रास) में मृत्यु हो गई और जैसी कि उनकी अंतिम इच्छा थी, हिंदू विधि-विधान से उनका अंतिम संस्कार कर दिया गया।

REFERENCES

1. Jawahar Lal Nehru : An Autobiography by Jawahar Lal Nehru, Page No.-31, Publisher : Nehru Memorial Fund, Distributor : OUP.
2. Indira Gandhi A Biography by Pupul Jayakar, Page No.-311, Publisher : Penguin Group.
3. The Rise and Growth of the Congress in India by Charles Freer Andrews, Girija Kanta Mookerjee (1938), Page No.-255, Publisher : G. Allen & Unwin Limited.
4. The Indian Review, Volume-19 (1918), Page No.-6, Editor : G.A. Natesan, Publisher : G.A. Natesan & Company.

5. Speeches & Writings of Annie Besant by Annie Besant, Page No.-290, Publisher : G.A. Natesan & Company.
6. Speeches & Writings of Annie Besant by Annie Besant, Page No.-294, Publisher : G.A. Natesan & Company.
7. Speeches & Writings of Annie Besant by Annie Besant, Page No.-297, Publisher : G.A. Natesan & Company.
8. Speeches & Writings of Annie Besant by Annie Besant, Page No.-308, Publisher : G.A. Natesan & Company.
9. Speeches & Writings of Annie Besant by Annie Besant, Page No.-311, Publisher : G.A. Natesan & Company.
10. Congress Presidential Addresses...First[-second] Series by Indian National Congress, Page No.-316, Publisher : G. A. Natesan & Company.
11. Jawaharlal Nehru, an Autobiography With Musings on Recent Events in India by Jawaharlal Nehru, Page No.-533. Publisher : Allied Publishers.

□

इस अध्यक्ष का भाई मुसलिम लीग का अध्यक्ष, पुरखे औरंगजेब के शिक्षक, असहयोग आंदोलन विरोधी

कांग्रेस के चौथे मुसलिम अध्यक्ष सैयद हसन इमाम के पुरखों में से एक मुगलों के सबसे कुख्यात चेहरे औरंगजेब के निजी शिक्षक रहे थे। मुगलों से निकटता की वजह से घर की माली हालत शुरुआत से ही अच्छी रही थी। हसन और उनके भाई अली इमाम दोनों की पढ़ाई लंदन में हुई थी। हसन इमाम के पिता भी पटना कॉलेज में इतिहास के प्रोफेसर थे। हसन का जन्म 31 अगस्त, 1871 को पटना जिले के नेवरा गाँव में हुआ था। उनका परिवार शिया मुसलिम था। हसन से ज्यादा हसन के बड़े भाई मशहूर थे, नाम था अली इमाम, अंग्रेजों से 'सर' की उपाधि मिलने के बाद नाम हो गया था सर अली इमाम। यों अली इमाम मुसलिम लीग के आधिकारिक तौर पर पहले पूर्ण अधिवेशन के अध्यक्ष रहे थे, और 'वंदे मातरम्' को लेकर अपनी चिंताएँ जगजाहिर की थीं, लेकिन बिहार में उन्हें स्वतंत्रता सेनानी ही कहा, लिखा जाता है।

1889 में हसन इमाम ने पढ़ाई के लिए इंग्लैंड का रुख किया और उसी मिडिल टैंपल में प्रवेश लिया, जहाँ गांधीजी समेत तमाम दिग्गजों ने कानून की शुरुआती पढ़ाई कर बैरिस्टर की डिग्री हासिल की थी। 1891 में दादाभाई नौरोजी ने जब इंग्लैंड की संसद् का चुनाव लड़ा तो समर्थन करने वाले भारतीयों में हसन इमाम भी शामिल थे। वहाँ से अगले साल लौटने के बाद कलकत्ता हाईकोर्ट में हसन इमाम वकालत करने लगे, एक दिन वहीं जज बन गए। मार्च 1916 में जब पटना हाईकोर्ट शुरू हुई तो उन्होंने कलकत्ता में जज के पद से इस्तीफा दे दिया और पटना हाईकोर्ट में वकालत करने लगे। दरअसल 1908 में जिस साल उनके

बड़े भाई मुसलिम लीग के राष्ट्रीय अध्यक्ष बने थे, उसी साल से हसन इमाम ने कांग्रेस की राजनीति में हिस्सा लेना शुरू कर दिया था। मानो यह एक साथ तय किया गया हो।

अक्तूबर 1909 में उन्हें बिहार प्रदेश कांग्रेस कमेटी का अध्यक्ष चुन लिया गया, 1916 में जज के पद से इस्तीफा देने के बाद उनकी सक्रियता राजनीति में और भी ज्यादा बढ़ गई। मोंटेग्यू-चेम्सफोर्ड सुधारों के लिए वो उस वक्त गिनती के नेताओं में शामिल थे, जिनसे भारत सचिव मोंटेग्यू ने मुलाकात की। मोंटेग्यू का उनके बारे में अपनी इंडिया डायरी में यह लिखना कि "We were now face to face with the real giants of the Indian political world."[1] उस वक्त हसन इमाम की हैसियत बताता है। हालाँकि कांग्रेस के नेता उन दिनों अंग्रेजों के ज्यादा खिलाफ नहीं जाते थे और अकसर बड़े पदों पर रहने के बाद ब्रिटिश सरकार के साथ ही अलग-अलग पदों पर काम करना शुरू कर देते थे। चूँकि डायरी में लिखी ये निजी टिप्पणियाँ दशकों बाद सामने आईं, सो कोई चर्चा भी उन दिनों नहीं हुई।

मोंटेग्यू-चेम्सफोर्ड सुधारों पर चर्चा के लिए जब बंबई में 1918 में कांग्रेस का विशेष अधिवेशन आयोजित किया गया तो उसकी अध्यक्षता के लिए कांग्रेस ने हसन इमाम को ही चुना। एडविन मोंटेग्यू का हसन इमाम से मुलाकात के बाद प्रभाव और ज्यादा बढ़ गया था, सो उनका इन सुधारों के प्रति उदारवादी रुख था, लेकिन तमाम कांग्रेसी नेता इनके विरोध में थे। भारतीयों ने अंग्रेजों को प्रथम विश्वयुद्ध में खुला समर्थन किया था, ऐसे में भारतीय नेताओं की इच्छा ज्यादा-से-ज्यादा अधिकार भारतीयों के लिए पाने की थी, लेकिन उनको लगता था कि भारतीयों की भावनाओं के साथ खिलवाड़ किया है। हसन इमाम अपने ही लोगों को समझाने में नाकाम रहे।

ऐसे में गांधीजी का उदय भी हसन इमाम जैसे उदारवादियों के लिए मुश्किलें लेकर आया। रॉलेट एक्ट, जलियाँवाला बाग जैसी घटनाओं के चलते महात्मा गांधी को यह मौका मिला कि वो असहयोग के मूल मंत्र को भारत में आजमा सके। लेकिन हसन इमाम, जो कि कांग्रेस के विशेष अधिवेशन की अध्यक्षता तक कर चुके थे, अंग्रेजों के खिलाफ जाने को राजी नहीं थे, वे उनके साथ सहयोग नहीं करना चाहते थे। उन्हें लगता था कि धीरे-धीरे अंग्रेज उनकी माँगों को मानते ही रहेंगे। ऐसे में उन्होंने गांधीजी के असहयोग आंदोलन का समर्थन नहीं किया, बल्कि उसके प्रति अपना विरोध दर्ज करवाया।

असहयोग आंदोलन का हर मंच पर विरोध

बिहार के ही कांग्रेस नेता और गांधीजी के सहयोगी डॉ. राजेंद्र प्रसाद ने अपनी आत्मकथा में विस्तार से इस विरोध की घटना के बारे में लिखा है। राजेंद्र प्रसाद ने पटना के कुछ साथियों के साथ मिलकर 1918 में एक अखबार शुरू किया था, जिसमें हसन इमाम भी सम्मिलित थे। इस अखबार का नाम रखा गया था—'द सर्चलाइट', जैसे ही असहयोग आंदोलन की चर्चा हुई, उन सभी ने आपस में एक बैठक की कि इस आंदोलन का समर्थन करना है या विरोध तो हसन इमाम और डॉ. सिन्हा ने साफ कहा कि हमें इस आंदोलन का विरोध करना है, जबकि अखबार के संपादक समेत बाकी सभी लोग असहयोग आंदोलन के समर्थन में थे। डॉ. राजेंद्र प्रसाद के शब्दों में, "When the Non-Cooperation Movement began we went into a conference to decide what stand the paper should take. Dr Sinha and hasan imam were opposed to the movement while Braj Kishore Prasad, Murli Manohar prasad, the editor of the paper, and I favored non-cooperation."[2]

हालाँकि बाद में सभी ने तय किया कि अखबार को आंदोलन के समर्थन या विरोध का रुख नहीं लेना चाहिए, बल्कि समर्थन और विरोध दोनों तरह की खबरों को प्रकाशित करना चाहिए और ऐसा ही किया गया। यानी जो अखबार उन दिनों असहयोग आंदोलन के समर्थन की आवाज बन सकता था तो वो हसन इमाम और डॉ. सिन्हा के चलते बन नहीं पाया। 28-29 अगस्त, 1920 में बिहार में हुए प्रांतीय राजनीतिक सम्मेलन में भी हसन इमाम ने असहयोग के प्रस्ताव पर अपना विरोध दर्ज करवाया। बावजूद इसके जब गांधीजी ने खिलाफत आंदोलनकारियों का समर्थन किया, उनके आंदोलन में हिस्सा लिया, उसे कांग्रेस का आंदोलन बनाया तो सैयद हसन इमाम ने इस बात का खुला समर्थन किया। वो पहले से ही खिलाफत आंदोलन से जुड़े हुए थे। खिलाफत को लेकर उनका यह लगाव ही था कि हसन उस छह सदस्यीय प्रतिनिधिमंडल में भी शामिल थे, जो लंदन में होने वाली 1921 की तुर्की शांति संधि की कॉन्फ्रेंस में गया था।

यह अलग बात है कि बाद में हसन इमाम ने न केवल 1930 के सविनय अवज्ञा आंदोलन में हिस्सा लिया था, बल्कि पटना की स्वदेशी लीग के भी सचिव रहे थे। विदेशी वस्त्रों के बहिष्कार आदि में भी आगे रहे। 1911 में बंगाल को काटकर जब बिहार-उड़ीसा प्रांत बना तो उसके लिए भी सच्चिदानंद सिन्हा, महेश नारायण के साथ-साथ इन दोनों भाइयों के समर्थक इनको भी श्रेय देते आए हैं। यों

आजादी के बाद लगातार इन दोनों के समर्थक उनके अंग्रेजों से रिश्तों और मुसलिम लीग की पृष्ठभूमि को दरकिनार कर केवल स्वतंत्रता सेनानी और बिहार के इतिहास में प्रमुख भूमिका निभाने वालों के तौर पर ही उनको प्रचारित करते आ रहे हैं।

हसन इमाम के भाई ने किया द्विराष्ट्र सिद्धांत का खुला समर्थन

हसन इमाम के भाई सैयद अली इमाम शुरुआत से ही मुसलिमों के हितों की तरफ ज्यादा ध्यान देते थे, मुसलिम लीग के गठन से लेकर उसके उद्देश्य, संविधान बनाए जाने जैसे ह! महत्त्वपूर्ण घटनाक्रम में उनकी भूमिका अहम थी। 1908 में मुसलिम लीग अधिवेशन के अली इमाम अध्यक्ष मनोनीत किए गए। उस अधिवेशन में दिए गए अध्यक्षीय भाषण से ही आप उनकी संपूर्ण सोच और व्यक्तित्व का अनुमान लगा सकते हैं। इसी भाषण में ही उन्होंने हिंदू और मुसलमानों के बीच के अंतर को साफ-साफ बताया था, एक तरह से ये दो राष्ट्र सिद्धांत का खुला समर्थन था। अब तक यह सिद्धांत बस सर सैयद अहमद जैसे मुसलिम विद्वानों ने ही दिया था।

अली इमाम के इन शब्दों में आपको साफ दो राष्ट्र सिद्धांत नजर आएगा, "The social relations of the Indian Muslim and the Hindu have not yet received the geniality of a common dinner-table nor the sacrament or legal sanction of matrimony. The two communities, from the truly social point of view, are as far apart to-day as they were a thousand years ago."[3]

सैयद अली इमाम भी लंदन के मिडल टैंपल से बैरिस्टर की पढ़ाई करके आए थे, उनका रुख शुरुआत से ही मुसलिम मामलों की तरफ था, सो हैदराबाद राज्य के प्रति भी उनका लगाव था। निजाम की तरफ से मुख्यमंत्री पद का प्रस्ताव मिला तो वहाँ चले गए। लंदन में हुए पहले गोलमेज सम्मेलन में भी हिस्सा लिया। 1890 में पढ़ाई पूरी करके भारत लौटे और उन्हें बिहार डिस्ट्रिक्ट बोर्ड का सदस्य बना दिया गया। 1909 में अली को बंगाल लेजिस्लेटिव असेंबली में सदस्य मनोनीत कर दिया गया। 1908 में मुसलिम लीग अधिवेशन की अध्यक्षता करने के वर्ष उन्हें अंग्रेजी सरकार ने 'नाइट' की उपाधि से सम्मानित किया था। ये दोनों ही पद या उपाधि बताते हैं कि मुसलिम लीग भी कांग्रेस की ही तरह उन दिनों अंग्रेजों के साथ ही मिलकर काम कर रही थी।

1917 में इमाम को पटना हाईकोर्ट में जज बना दिया गया, वहीं जहाँ जज

का पद छोड़ने के बाद उनके छोटे भाई हसन इमाम वकालत कर रहे थे। हैदराबाद से लौटने के बाद इमाम ने 1920 में वकालत शुरू कर दी। इंपीरियल लेजिस्लेटिव असेंबली में कानून के जानकार सदस्य के तौर पर शामिल कर लिया गया था।

भारत पर मुसलिम विजयों पर अली इमाम का गर्व

सैयद अली इमाम का मुसलिम लीग के 1908 के अधिवेशन में अध्यक्षीय भाषण इसलामिक दुनिया को लेकर उनके व्यक्तिगत अरमानों, उस वक्त के मुसलमान नेताओं की सोच, अंग्रेजीराज के प्रति उनकी सोच, राष्ट्रीय स्वतंत्रता आंदोलन के प्रति उनके विचारों और भारत भूमि व उसकी परंपराओं को लेकर उनकी सोच को साफ-साफ उजागर कर देता है। उन्होंने शुरुआती लाइनों में ही बता दिया कि कैसे अरब के मुसलमानों ने हजार साल पहले सिंध की रेगिस्तानी हवा को सुगंधित बना दिया था और कैसे उन्हें इस बात का गर्व था कि कैसे एक के बाद एक मुसलिम विजय अभियानों ने भारत के एक-एक हिस्से को लंबाई से लेकर चौड़ाई तक में अपनी जद में ले लिया था। अली इमाम के शब्दों में, "Close upon a thousand years ago, the Arab Mohammedan scented the desert air of Sind and found its sand-mounds and date-groves reminding him of Hejaz, of Arabia Felix. Since then wave upon wave of Muslim conquest has rolled over the entire length and breadth of India."[4]

'हिंदू धर्म संकीर्ण, इसलाम में सारे देशों को अपने आगोश में लेने की क्षमता'

इन शब्दों में अली इमाम ने इसलाम की तारीफ की और हिंदू धर्म को संकीर्ण धर्म बताया कि कैसे इसकी जाति व्यवस्था और बिना जन्म लिये हिंदू न बन पाना हिंदू धर्म के खिलाफ है, इमाम ने बताया कि कैसे ये दोनों समुदाय एक-दूसरे से एकदम अलग हैं। गंगा-जमुनी विचारधारा को अकसर जबरन थोपने वाले, उनको स्वतंत्रता सेनानी बताने वाले उनके ये विचार जानकर स्तब्ध हो सकते हैं, अली ने कहा, "Islam is expansive, has the capacity to hold all nations in its embrace. Hinduism inculcates a tenacious adherence to a faith that is not proselytizing, that has encased itself within the rigidity of the caste-system and that has no catholicity. To be a Hindu one has to be born one. Birth imposes no limitations on the Muslim. The methods of theological thought of the two communities are totally different."[5]

अली इमाम यहाँ ही नहीं रुके, उन्होंने दोनों के एकदम अलग होने के कुछ और तर्क तो पेश किए ही, सनातन व्यवस्था के प्रमुख अंग ब्राह्मणों पर भी अपमानजनक आरोप लगाए, कहा, "The two communities have different notions of sovereignty. The Musalman sovereign presides in the council chamber, leads at prayer, and commands in the battlefield. He is at once the head of the State and the Church. The Hindu monarch considered it a privilege, under religious obligation, to kiss the Brahmin's toe. The Hindu Rajah has an overlord in the authority of the hierarchy. Papal Bulls had not the same terror for the crowned heads of Christian Europe as the frown of the Brahmin for a Hindu chief."[6]

'मुसलमानों ने भारत के शरीर पर शासन किया, आत्मा पर नहीं'

इसी भाषण में अली इमाम ने यह भी मान लिया कि भारत में मुसलिमों ने शासन जरूर किया, वो यहाँ हजारों साल से रह रहे, लेकिन केवल शरीर से, आत्मा से नहीं। उन्हीं के शब्दों में, "The verdict of history is that, in holding India under subjection for centuries, the Mohammedan held only her body and not her soul."[7]

'हाँ...औरंगजेब ने करवाए जबरन धर्मांतरण'

हालाँकि आज जब औरंगजेब के भी समर्थक भारत में पैदा हो गए हैं, और लगातार उसकी बेगुनाही के तर्क रखते रहते हैं, अली इमाम ने माना कि औरंगजेब में धार्मिक असहिष्णुता थी, वो बलात् धर्मांतरण करवाता था, लेकिन यह भी अली ने तब बोला, जब साथ में अकबर की ढेर सारी तारीफ की, बिना चित्तौड़ फतहनामा का जिक्र किए। अली इमाम के शब्दों में, "The keen-sighted statesmanship of the great Akbar saw this and aimed at unification by conciliation, compromise and concession in religious, social and political directions. A long and tolerant reign of about 50 years proved the failure of the experiment. Aurangzeb saw, no less than his great-grandfather, the political necessity of unification. He adopted, however, the desperate and hazardous method of religious intolerance and forcible conversion. The experiment failed again."[8]

'वंदे मातरम्' और 'रक्षाबंधन' से इस हद तक घृणा

वंदे मातरम् गीत और रक्षा बंधन जैसे त्योहार को लेकर उनके विचार वाकई में स्वागत ही नहीं, पसंद किए जाने योग्य भी नहीं थे। उन्होंने कहा, "I cannot say what you think, but when I find the most advanced province of India put forward the sectarian cry of 'Bande Mataram' as the national cry, and the sectarian Rakhibandhan as a national observance, my heart is filled with despair and disappointment."[9]

मुसलिमों के लिए अंग्रेजी शासन का होना जरूरी

अली इमाम अंग्रेजी तौर-तरीकों, प्रशासनिक, वैधानिक व्यवस्था के बड़े समर्थक थे, उन्होंने अपने संबोधन में कहा था, " The coming of the British into the country was the signal for Hinduism and Islam to retire, each within its own limits. It gave the land a strong and well-ordered form of administration that respects the personal law and religious principles and prejudices of all communities so long as they do not interfere with the general peace of the country."

अली इमाम के मुताबिक हिंदुओं की नाराजगी से बचाने में ब्रिटिश शासन का होना मुसलमानों के लिए फायदेमंद था, उनके शब्दों में, "It is idle to deny that, however fortuitously, one immediate manifestation of British rule in India was the complete immunity the Indian Musalmans received from the not unnatural but fierce resentment of the Hindu."[10] इस बयान से उस वक्त के मुसलमानों, मुसलिम नेताओं की सोच को बखूबी समझा जा सकता है कि क्यों मुगल शासन हटने के बाद उन्हें हिंदू साम्राज्य बनने का डर था, शायद इसी डर से वो राष्ट्रीय आंदोलन में भाग लेने से हिचकिचा रहे थे, इसी वजह से अशफाक उल्लाह खान के

सिवा कोई दूसरा मुसलिम चेहरा क्रांतिकारियों के साथ हथियार लेकर भी नहीं उतरा था। अशफाक भी 1857 की लड़ाई में ननिहाल पर अंग्रेजों का साथ देने के आरोपों से दु:खी होकर ही बिस्मिल के साथ आए थे।

REFERENCES

1. Leaders of Modern India By Sankar Ghose, Page No.-65, Publisher : Allied Publishers.
2. Autobiography (PB) by Rajendra Prasad, Page No.-127, Publisher : Penguin Books India.
3. Foundations of Pakistan All-India Muslim League Documents, 1906-1947 • Volume-1, Page No.-41, Compiler : Syed Sharifuddin Pirzada, Publisher : National Publishing House.
4. Muslim League Documents, 1900-1947 : 1900-1908, Contributor : Sharif Mujahid, Page No.-327, Publisher : Quaid-i-Azam Academy.
5. Foundations of Pakistan All-India Muslim League Documents, 1906-1947 • Volume-1, Page No.-41, Compiler : Syed Sharifuddin Pirzada, Publisher : National Publishing House.
6. Foundations of Pakistan All-India Muslim League Documents, 1906-1947 • Volume-1, Page No.-41, Compiler: Syed Sharifuddin Pirzada, Publisher : National Publishing House.
7. Foundations of Pakistan All-India Muslim League Documents, 1906-1947 • Volume-1, Page No.-41-42, Compiler : Syed Sharifuddin Pirzada, Publisher : National Publishing House.
8. Foundations of Pakistan All-India Muslim League Documents, 1906-1947 • Volume-1, Page No.-42, Compiler : Syed Sharifuddin Pirzada, Publisher : National Publishing House.
9. Foundations of Pakistan All-India Muslim League Documents, 1906-1947 • Volume-1, Page No.-42, Compiler : Syed Sharifuddin Pirzada, Publisher : National Publishing House.

10. Foundations of Pakistan All-India Muslim League Documents, 1906-1947 • Volume-1, Page No.-42, Compiler : Syed Sharifuddin Pirzada, Publisher : National Publishing House.

□

मोतीलाल नेहरू और जवाहरलाल नेहरू के कांग्रेसी बनने की कहानी

नेहरू परिवार का सबसे पुराना ज्ञात चेहरा है राज कौल या राज नारायण कौल का, कश्मीर में फारसी और संस्कृत दोनों विषयों पर उनकी पकड़ के चलते विद्वानों में गिनती होती थी। ऐसे में जब 1713 में मुगल ताज बहादुर शाह प्रथम के नाती फर्रुखसियर के सिर पर पहनाया गया तो 1716 में कश्मीर यात्रा के दौरान उसने राज कौल को दिल्ली में बसने का न्योता दिया। ये वही फर्रुखसियर था, जिसके नाम पर उत्तर प्रदेश का प्रमुख नगर फर्रुखाबाद बसा है। राज कौल दिल्ली आए तो उन्हें घर दिया गया उस नहर के किनारे, जो उन दिनों दिल्ली के बीचों-बीच बहती थी, जिसके चलते उनके मिलने वाले कश्मीरी उन्हें कौल-नेहरू कहने लगे।

फर्रुखशियर ने उन्हें कुछ गाँव भी बतौर जागीर इनाम में दिए, ताकि उनके राजस्व से उनके परिवार के खर्चे चलें। हालाँकि यह बात बहुत अजीब लगती है कि अगले ढाई से तीन साल के अंदर सैयद बंधुओं ने फर्रुखशियर को मारकर दिल्ली की गद्दी कब्जा ली, उस दौरान फर्रुखशियर के करीबियों पर भी बिजली गिरी, लेकिन राज कौल दिल्ली में ही बने रहे। बीस साल बाद 1739 में नादिर शाह ने भी दिल्ली में जमकर कत्ल-ए-आम मचाया, लेकिन तब भी कौल-नेहरू परिवार कश्मीर नहीं लौटा।

चाहे जवाहरलाल नेहरू की आत्मकथा हो या उनके द्वारा बी.आर. नंदा पर लिखवाई गई मोतीलाल नेहरू की आत्मकथा हो या फिर अपनी सहेली पुपुल जयकर से इंदिरा गांधी द्वारा लिखवाई गई आत्मकथा हो, यहाँ तक कि ब्रज कुमार नेहरू की आत्मकथा, सबमें परिवार के सबसे पुराने ज्ञात बुजुर्ग का नाम राज कौल ही मिलता है और यही कहानी मिलती है कि मुगल राजा फर्रुखसियर ने उनकी

विद्वत्ता से प्रभावित होकर उन्हें दिल्ली आने का न्योता दिया था, तभी वो दिल्ली आए। लेकिन कई लोगों ने इस बात पर सवाल उठाए हैं कि एक कश्मीरी माँ का बेटा होने के बावजूद फर्रुखसियर कभी कश्मीर यात्रा पर गया था, इसका कोई आधिकारिक दस्तावेज नहीं है, केवल नेहरू परिवार की आत्मकथाओं में जिक्र है। दूसरे कई लोगों ने यह भी कहना शुरू कर दिया है कि 1710 में लिखी गई 'तारीख-ए-कश्मीर' के लेखक नारायण कौल दरअसल राज नारायण कौल हैं। जबकि कहीं भी उनका खुद का परिवार न बीच के नाम 'नारायण' का उल्लेख करता है और न ही इस पुस्तक का। एक और दिलचस्प बात, ये सब लोग इस पुस्तक के लेखक नारायण कौल 'अजीज' के उपनाम 'अजीज' का उल्लेख ही नहीं करते।

राज कौल के किसी बेटे के बारे में तो जानकारी नहीं मिलती, लेकिन दो नातियों के बारे में जरूर पता चलता है। एक थे मौसा राम कौल और दूसरे थे साहेब राम कौल। मौसा राम कौल के बेटे थे लक्ष्मी नारायण कौल या लक्ष्मी नारायण नेहरू, जो दिल्ली के मुगल दरबार में ईस्ट इंडिया कंपनी की तरफ से पहले वकील नियुक्त किए गए थे, यानी ईस्ट कंपनी के प्रतिनिधि अधिकारी। इस बात की भी जानकारी नहीं मिल पाई कि कैसे कौल-नेहरू परिवार ईस्ट इंडिया कंपनी के इतने करीब पहुँच गया कि उन्होंने दिल्ली के मुगल दरबार में लक्ष्मी नारायण को अपना वकील नियुक्त कर दिया।

लक्ष्मीनारायण ही मोतीलाल के दादाजी थे, लक्ष्मीनारायण के पुत्र यानी मोतीलाल के पिता गंगाधर के बारे में नेहरू परिवार दावा करता है कि वह मुगल राज में दिल्ली शहर के कोतवाल थे। 1857 में जब प्रथम स्वतंत्रता संग्राम में क्रांतिकारियों ने मेरठ से आकर दिल्ली पर धावा बोला तो दिल्ली की कमान गंगाधर के हाथों में ही थी। हालाँकि पहले क्रांतिकारियों का कब्जा, फिर अंग्रेजों का कब्जा और मुगल बादशाह बहादुर शाह जफर के बेटों की हत्या के बाद उनको बर्मा निर्वासित किया जाना, जैसी घटनाओं के बीच गंगाधर जान बचाकर अपने परिवार के साथ भाग निकले और आगरा में शरण ली। उनके साथ पत्नी जिओरानी, दो बेटियाँ पटरानी और महारानी, दोनों बेटे वंशीधर और नंदलाल भी थे। चूँकि कश्मीरी मूल के थे, सो उनकी एक बेटी को इस दौरान अंग्रेजों की एक टुकड़ी ने ब्रिटिश समझ लिया, बड़ी मुश्किल से उनके दोनों अंग्रेजी बोलने वाले बेटों ने समझाया।[1]

तीन साल के अंदर ही गंगाधर की मौत केवल 34 साल की उम्र में आगरा में हो गई, उनकी मौत के तीन महीने बाद मोतीलाल पैदा हुए। हालाँकि तब तक उनके बेटे वंशीधर और नंदलाल बड़े हो चुके थे। वंशीधर को आगरा की सदर दीवानी

अदालत में फैसला लेखक की नौकरी मिल गई, बाद में वो सहायक जज बन गए। उनकी नौकरी में तबादला आम था। ऐसे में मोतीलाल को नंदलाल ने पाला, जिन्हें पहले आगरा कॉलेज में, फिर खेतड़ी (राजस्थान) रियासत में शिक्षक की नौकरी मिली, फिर राजा फतेह सिंह के निजी सचिव बन गए और एक दिन दीवान के पद तक पहुँच गए। एक दिन राजा की मौत के बाद उनको वापस आगरा आकर वकालत शुरू करनी पड़ी, हाईकोर्ट जब इलाहाबाद स्थानांतरित हुई तो उन्हें वहाँ जाना पड़ा। इसके बाद कौल-नेहरू परिवार का रिश्ता आगरा से टूट ही गया।

मोतीलाल नेहरू के करीबी यह दावा करते आए हैं कि 'नेहरू' नाम सबसे पहले आधिकारिक रूप से 'कौल' को त्यागकर मोतीलाल ने अपनाया था। खेतड़ी में ही मोतीलाल के पहले शिक्षक बने काजी सदरुद्दीन, जो राजा फतेह सिंह के निजी शिक्षक थे। जिंदगी के शुरुआती 12 साल उन्हें हिंदी या अंग्रेजी से कोई लेना-देना नहीं था, संस्कृत से तो बिल्कुल नहीं। केवल फारसी या अरबी भाषाएँ ही सीखते रहे। जाहिर है, काजी की शिक्षाओं और सीख का शुरुआती असर पूरी जिंदगी पर छाया रहा। उसके बाद उनकी पढ़ाई कानपुर के एक हाईस्कूल में हुई, क्योंकि वंशीधर वहाँ तैनात थे।

मोतीलाल के मन में अंग्रेजी संस्कृति और अंग्रेजी संस्थाओं का शुरुआत से ही गहरा प्रभाव था, जिसके चलते उन्हें अंग्रेजी सीखने में भी बहुत कम वक्त लगा और बहुत जल्दी वे अंग्रेजी लिखने-बोलने में पारंगत हो गए। बहुत जल्द वकालत की परीक्षा पास करने के बाद वो 1883 में कानपुर की अदालत में एक पारिवारिक मित्र पंडित प्रथिनाथ के साथ जूनियर वकील के तौर पर काम करने लगे।

उन दिनों बाल विवाह आम थे, मोतीलाल की भी शादी हुई, एक बेटा भी हुआ, लेकिन बीमारी से दोनों की मौत हो गई। दूसरी शादी सरूप रानी के साथ हुई, उनका भी एक बेटा बीमारी से चल बसा, तब जवाहरलाल नेहरू का जन्म हुआ। ऐसे में दो बेटे और एक पत्नी खो चुके मोतीलाल के लिए जवाहरलाल एक रत्न की तरह ही थे, जिन्हें सहेजकर रखना था। तब आमतौर पर हिंदू रीति-रिवाजों या धर्म पर ही न भरोसा करने वाले मोतीलाल खेतड़ी के ज्योतिषी से उनकी कुंडली बनवाने को राजी हो गए थे। इस बेटे को भी खोने का जो डर था।

1886 में तीन साल की एप्रेंटिस कानपुर अदालत में पूरी करने के बाद वे इलाहाबाद चले आए, जहाँ उनके बड़े भाई नंदलाल बड़े वकील बन चुके थे, लेकिन होनी को कुछ और ही मंजूर था, पाँच बेटों और दो बेटियों के पिता नंदलाल अचानक गुजर गए, केवल 42 साल की उमर में। अब परिवार का बोझ मोतीलाल

के कंधों पर था, लेकिन नंदलाल की कमाई दौलत और नाम उनके काम भी आने वाला था। मोतीलाल को इलाहाबाद हाईकोर्ट में अपनी पहली पेशी पर जो फीस मिली, वो थी केवल पाँच रुपए।

शुरुआती महीनों में ही मोतीलाल दो हजार रुपए प्रति महीने तक कमाने लगे, जबकि वो बाकी बड़े वकीलों की तरह विदेश से बैरिस्टर की डिग्री लेकर नहीं आए थे, लेकिन उनकी तर्क क्षमता और भाषाओं का ज्ञान उनके लिए फायदेमंद साबित हुआ। 40 की उम्र तक पहुँचते-पहुँचते उस दौर में एक लाख रुपए महीने कमा लेना वाकई में बड़ी बात थी। धीरे-धीरे उनके रहन-सहन में भी वो दिखने लगा। एक बेहद कुटिल वकील के रूप में उनकी पहचान बनने लगी, जो किसी भी तरह का केस हो, आसानी से हारना पसंद नहीं करता था। पैसे कमाने की एक और वजह थी, मोतीलाल सिविल मामलों के वकील थे, अकसर जमींदारी, विरासत, प्रॉपर्टी के झगड़े उनके पास आते थे, जिसमें मोटी रकम मिलती थी। एक केस में तो हाईकोर्ट के मुख्य न्यायाधीश सर ग्रीनवुड मीयर्स ने कहा था, "No lawyer in the world could have done that case better than Pandit Motilal had done it."

बढ़ी कमाई से मोतीलाल ने शहर के पॉश इलाके सिविल लाइंस में एल्गिन रोड पर बँगला नंबर 9 खरीदा। पुराने शहर से थोड़ी ही दूरी पर बसा यह इलाका अंग्रेज अधिकारियों की रिहाइश के लिए जाना जाता था। मोतीलाल पूरी तरह पश्चिमी तौर-तरीकों में ढल चुके थे। 1900 में उन्होंने 1, चर्च रोडवाला वो बँगला खरीदा जिसे पहले आनंद भवन और फिर स्वराज भवन के नाम से जाना गया। उस वक्त उसकी कीमत 19000 रुपए थी, मुरादाबाद के कँवर परमानंद का यह बँगला रामायण में वर्णित भारद्वाज आश्रम के नजदीक था। लेकिन बी.आर. नंदा के मुताबिक, "मोतीलाल को उसके धार्मिक महत्त्व से ज्यादा बँगले के आलीशान होने से ज्यादा मतलब था, बड़ा सा बाग और स्वीमिंग पूलवाला बँगला।" उस वक्त माना जाता है कि इलाहाबाद का पहला बँगला था, जिसमें स्वीमिंग पूल था।

बी.आर. नंदा तो यह तक दावा करते हैं कि इलाहाबाद में पहला ऐसा बँगला था, जिसमें बिजली की फिटिंग की गई थी, मोतीलाल 1899, 1900, 1905 और 1909, दस साल के अंदर चार बार यूरोप यात्रा पर गए और हर बार अपने घर में क्या फर्नीचर हो, नवीनतम तकनीक के क्या उपकरण हों, इसी पर ध्यान रहता था। उस वक्त साइकिल भी बड़ी चीज मानी जाती थी, आनंद भवन के लिए 1904 में कार आयात करके मँगाई गई, कहा जाता है कि यह इलाहाबाद की ही नहीं, संयुक्त

प्रांत की भी पहली कार थी। अगले साल वो यूरोप गए तो एक कार वहाँ से खरीदी। 1909 की यात्रा पर दो कारें खरीदी गईं, एक फिएट और दूसरी लांसिया।

उनके पास कई घोड़ा गाड़ियाँ भी थीं, कई सारे अरबी घोड़े भी थे। ऐसे में मोतीलाल कभी–कभी शिकार को भी जाते ही थे। इतना ही नहीं, विशाल बँगले में मोतीलाल ने एक अखाड़ा भी बनवा रखा था, उनको कुश्ती का बचपन से ही शौक था, अकसर अपने नौकरों के बीच कुश्ती करवाया करते थे, जीतने वाले को इनाम मिलता था।

मोतीलाल उन दिनों रोज अपने बँगले में पार्टियाँ करते थे, शहर के सारे रईस, अंग्रेज अधिकारी उन पार्टियों में शामिल होते थे, अच्छा खाना, अच्छी शराब, टेनिस–बैडमिंटन के मैच, बैंड–म्यूजिक ये सब उनका रोज का काम था। ऐसे में वो खुद को एक यूरोपीय रईस ही समझते थे, जिसका अंग्रेज सरकार से कोई झगड़ा नहीं था। उनके भतीजे ब्रजलाल नेहरू ने तो बी.आर. नंदा को बताया था कि एक बार तो मोतीलाल ने अपने घर में रहने वाले सभी सदस्यों के लिए आपस में अंग्रेजी में बात करना अनिवार्य बना दिया था।[2]

ऐसे में यह सवाल मन में उठना स्वाभाविक है कि इतनी रईसी से रहने वाले मोतीलाल नेहरू कांग्रेस से क्यों जुड़े? इसको लेकर एक चर्चा उन दिनों आम थी कि मोतीलाल को शहर के एक ऐसे क्लब ने घुसने से रोक दिया था, जिसमें ज्यादातर अंग्रेज ही सदस्य थे। इसी के चलते पंडित जवाहरलाल नेहरू ने अपनी आत्मकथा में सफाई भी दी थी।

पहले पढ़िए कि सबसे पहले इसके बारे में किसने लिखा था? ब्रिटेन के लेखक ग्लोर्नी बोल्टॉन ने अपनी किताब 'ट्रेजिडी ऑफ गांधी' में मोतीलाल नेहरू के बारे में लिखा था, "He was a proud man and, as his exclusion from a not very important club has shown, he was unduly sensitive."[3] इन दो लाइनों से दो बातें साफ पता चलती हैं, बोल्टॉन ने मोतीलाल नेहरू को जानबूझकर निशाने पर नहीं लिया, वरना वो इस बात को ज्यादा जगह देता और विस्तार से समझाता। उसने क्लब का नाम लेना तक जरूरी नहीं समझा। आप उनकी किताब पढ़ेंगे तो जानेंगे कि यहाँ यह जिक्र केवल मोतीलाल नेहरू के मिजाज के समझाने के लिए हुआ और दूसरी बात यह कि यह बात इतनी आम थी उन दिनों इलाहाबाद और भारतीय राजनीति में कि 1934 में लिखने वाला विदेशी लेखक भी इस क्लब वाली बात को जानता था।

लेकिन अगले साल ही आई पंडित जवाहरलाल नेहरू की आत्मकथा के

फुटनोट्स में उन्होंने लंबी सफाई दी, "He seems to be convinced that the turning point in my father's political career was his non-election by a European club, and that this led him not only to radical ways but to an avoidance of English Society. This story, though often repeated is wholly untrue."[4]

जवाहरलाल ने इसमें माना कि यह कहानी अकसर दोहराई जाती है कि मेरे पिताजी को इस क्लब का सदस्य नहीं चुना गया, इसकी वजह से वो अंग्रेजों के खिलाफ गए, लेकिन उन्होंने इसे गलत बताया। हालाँकि बोल्टॉन ने लिखा है कि उनको क्लब से 'निकाला गया या निकल गए' (Exclusion), लेकिन नेहरूजी ने लिखा है कि 'चुना नहीं गया' (Non-Election)। जब सारे लोग उस दौर में भी यही बातें करते थे, तो जवाहरलाल को चाहिए था कि अपनी बात के समर्थन में कोई दस्तावेज, किसी अखबार की कतरन या कोई गवाह तो सामने रखते, लेकिन उन्होंने ऐसा नहीं किया, इसलिए पूरी तरह जवाहरलाल नेहरू पर भी इसलिए भरोसा नहीं किया जा सकता।

जवाहरलाल ने सफाई दी, "मेरे पिता इलाहाबाद हाईकोर्ट (तब उत्तर-पश्चिम प्रांत) के मुख्य न्यायाधीश जॉन एज के पसंदीदा व्यक्ति बन गए थे। सर जॉन एज ने उन्हें सलाह दी कि वो इलाहाबाद क्लब (यूरोपीय) के सदस्य बन जाएँ और वो खुद ही उनका नाम भी प्रस्तावित करना चाहते थे। मेरे पिता ने उनको धन्यवाद दिया और कहा कि परेशानी हो सकती है, क्योंकि कई अंग्रेज उनके नाम पर भारतीय होने के चलते आपत्ति जता सकते हैं और उनके खिलाफ वोट भी कर सकते हैं। कोई मातहत भी उनके खिलाफ वोट दे सकता है। ऐसी परिस्थितियों में वो इस इलेक्शन के लिए खुद को प्रस्तुत करना ठीक नहीं समझते। सर जॉन ने इस पर कहा कि उनके बाद उनके नाम के अपने प्रस्ताव पर अनुमोदन वह इलाहाबाद के ब्रिगेडियर जनरल कमांडिंग से भी करवा सकते हैं। हालाँकि वो प्रस्ताव ठंडे बस्ते में डाल दिया गया और मेरे पिता का नाम प्रस्तावित नहीं किया गया।"[5]

इस तर्क में एक बड़ी आपत्ति यह थी कि इस बात की सच्चाई बस दो ही व्यक्ति बता सकते थे, एक उनके पिता मोतीलाल नेहरू, लेकिन वे तो खुद आरोप के घेरे में थे और दूसरा जज जॉन एज, जो 1926 में मर चुके थे। यों जब जवाहरलाल नेहरू की यह आत्मकथा छपकर आई, यानी 1936 में, तब मोतीलाल भी जिंदा नहीं थे। इसलिए यह तर्क उस समय भी किसी को मजबूत नहीं लगा था।

जवाहरलाल नेहरू ने यह भी लिखा कि मेरे पिता तो इस घटना के तकरीबन

25 साल बाद क्रांतिकारी हुए हैं। अगर आप जवाहरलाल नेहरू की बातों की पड़ताल करें तो पाते हैं कि मुख्य न्यायाधीश सर जॉन एज 1898 तक अपने पद पर थे। भले ही पंडित मोतीलाल नेहरू 1919 में जाकर यानी 21 साल बाद कांग्रेस के पहली बार अध्यक्ष बने थे, लेकिन उनके जीवनीकार बी.आर. नंदा के मुताबिक उन्होंने कांग्रेस का दामन थामना काफी पहले से शुरू कर दिया था।

हालाँकि अंग्रेजों से उनके रिश्ते इसलिए भी काफी करीबी माने जाते थे, क्योंकि 1897 में मोतीलाल के बड़े भाई वंशीधर महारानी विक्टोरिया के हीरक जयंती समारोह में सम्मिलित होने के लिए लंदन गए थे। कई महीनों के बाद वे लौटे तो अमेरिका के तत्कालीन राष्ट्रपति से भी मिलकर आए थे। 1911 में भी जब किंग जॉर्ज पंचम और क्वीन मैरी ने अपना दिल्ली दरबार लगाया तो उस वक्त संयुक्त प्रांत के जितने वकील थे, उनमें से केवल मोतीलाल नेहरू का परिवार सम्मिलित हुआ था। उनके लिए स्पेशल ट्रेन गई थी दिल्ली, और उनका रुकने का इंतजाम प्रांत के गर्वनर के साथ ही किया गया था। बताया जाता है कि उनको 'नाइटहुड' की उपाधि देने की भी तैयारी थी, इसको लेकर जवाहरलाल ने भी उनको पत्र में लिखा था। लेकिन किसी वजह से वो हो नहीं पाया।[6]

जवाहर की बहन, जो आज विजया लक्ष्मी पंडित (सरूप नेहरू) के तौर पर जानी जाती हैं, से तो क्वीन मैरी ने अलग से बात भी की थी। सबसे दिलचस्प था इस खास मौके के लिए मोतीलाल का जवाहर को निर्देश देकर लंदन से अपने लिए खास कपड़े सिलवाकर मँगवाना, सोचिए, कितने महीने पहले से उनको पता होगा कि दिल्ली दरबार में जाना है। उसी साल के अंत में जब मोतीलाल नैनीताल यात्रा पर गए तो उनका डिनर गवर्नमेंट हाउस में था, कुल 30 मेहमान थे और ज्यादातर ब्रिटिश अधिकारी। 1899 में भी जब मोतीलाल इंग्लैंड गए तो हाउस ऑफ कॉमंस की ओपनिंग सेरेमनी देखने का इंतजाम हुआ था। जब प्रिंस ऑफ वेल्स ने दिसंबर 1905 में लखनऊ के मेडिकल कॉलेज की नींव रखी, तब भी उस समारोह में मोतीलाल उपस्थित थे। उनका गांधी से प्रभावित होना भी अकारण नहीं था, उसके पीछे भी एक विदेश यात्रा ही थी। जब 1909 में वे लंदन यात्रा पर थे, वहाँ से दो कारें खरीदीं, बेटे जवाहर को लेकर पेरिस, जर्मनी घूमने गए, उसी दौरान उनको मौका मिला लंदन में ही गांधीजी के एक विदाई समारोह का सहभागी होने का। लंदन की मीडिया और अधिकारियों का गांधीजी के प्रति सम्मान ही था, जिसे देखकर वो गांधीजी के व्यक्तित्व के मोहपाश में बँध गए थे।

भारत में तमाम अंग्रेज अधिकारी मोतीलाल के करीबी दोस्त थे, लेफ्टिनेंट

गर्वनर हरकोर्ट बटलर भी उन्हीं में से एक थे, जब जवाहरलाल मसूरी के एक होटल में माँ और पत्नी के साथ थे तो उसी होटल में अफगानी प्रतिनिधिमंडल होने के चलते उनसे अंग्रेजों ने अफगानियों से मिलने का लिखित वादा माँगा, जवाहर के मना करने पर गिरफ्तारी की नौबत आ गई थी, तब जाकर मोतीलाल ने सँभाला। यों विजया लक्ष्मी पंडित ने अपने संस्मरण में लिखा है कि उनका पूरा परिवार गरमी की छुट्टियों में हर साल तीन से चार महीने के लिए किसी हिल स्टेशन पर चला जाता था। हालाँकि मोतीलाल नेहरू कोर्ट की छुट्टियाँ होते ही वहाँ पहुँचते थे।

विजया लिखती हैं, "Moving to the hills was rather a military exer cise for, besides the mountains of luggage and an army of servants, several riding horses and grooms also had to be taken as there were shooting and riding during the holidays." अपनी संस्मरणों की पुस्तक 'The Scope of Happiness' में उन्होंने यह भी चर्चा की है कि इन हिल स्टेशंस में भी कुछ क्लब या रिसोर्ट्स केवल यूरोपीय लोगों के लिए आरक्षित होते थे। उन्होंने इसका भी जिक्र किया है, जब नैनीताल में उन्हें बोट में नहीं बैठने दिया गया तो एक गरमी में पिता मोतीलाल इलाहाबाद से ही मोटर बोट लेकर वहाँ पहुँच गए थे।

गंगा स्नान, मंत्रोच्चार का मजाक उड़ाने वाले मोतीलाल आखिरी रात जपने लगे गायत्री मंत्र

जन्म से पहले पिता को खोना, पहली पत्नी और बच्चे को कम उम्र में खोना जैसे निजी हादसे, पहले शिक्षक सदरुद्दीन का असर और बाद में अंग्रेजों की दोस्ती, इन सभी का असर यह हुआ कि मोतीलाल नास्तिक जैसे हो गए थे। किसी ने उन्हें कभी पूजा-पाठ करते नहीं देखा था, धर्म से भरोसा उठा तो देश के प्राचीन वैभव और परंपराओं से भी उठ गया था। लेकिन उनकी जीवनीकार बी.आर. नंदा ने उन्हें नास्तिक के बजाय संशयवादी लिखना ज्यादा पसंद किया, "If we label Motilal, it would be safer to describe him as an agnostic than as an atheist." हो सकता है यह सुझाव जवाहरलाल नेहरू ने दिया हो, क्योंकि प्रधानमंत्री बनने के बाद उन्होंने यह जीवनी लिखने को बी.आर. नंदा को कहा था। हालाँकि इंदिरा गांधी की जीवनीकार पुपुल जयकर ने इंदिरा गांधी से बातचीत के आधार पर लिखा है कि मोतीलाल आखिरी समय तक नास्तिक रहे तथा पुजारियों और मंत्रोच्चार से घिन करते थे", उनके शब्दों में, "He remained a non-believer to the end of his life; scorning priests and the recitation of mantras."[7]

यह भी सच है कि मोतीलाल आखिरी वक्त में जब अचानक से धार्मिक हुए तो पूरे परिवार का चौंकना लाजिमी था, वो भी महीनों या सालों पहले नहीं, बल्कि मौत से कुछ ही दिन पहले। वो अचानक से बार–बार गायत्री मंत्र जपने लगे, पंडित नेहरू ने उनके मरने के बाद बाकायदा इस पूरी घटना का गांधीजी को लिखे एक पत्र में उल्लेख किया था। जब उनको जवाहर ने लगातार गायत्री मंत्र दोहराते देखा तो चौंक ही गए थे, मोतीलाल नेहरू भी समझ गए कि जवाहर क्या सोच रहे हैं। तब मोतीलाल नेहरू ने उन्हें बताया कि बचपन में इसे उन्हें रोज सिखाया जाता था, और सोचा था कि अब याद नहीं होगा। लेकिन उस रात उन्हें अचानक से याद आ गया और वो लगातार उसे जपने लगे। उनकी हालत इतनी नाजुक थी कि जवाहर या परिवार के दोस्त उनसे इस बारे में कोई सवाल भी नहीं कर सकते थे। बल्कि उनके साथ बाकी लोग भी उन अंतिम पलों में गायत्री मंत्र दोहराते रहते थे।

जवाहरलाल नेहरू ने गांधीजी को इस वाकये के बारे में लिखा था, "A very strange thing happened to me, Papa told me last night that he had been taught the Gayatri Mantra in his childhood, but he never cared to repeat it and thought he had forgotten it completely long ago, but that night as he lay in bed it all come back to him and he found himself repeating it."[8]

1906 में इलाहाबाद में माघ मेला लगा था, लाखों लोग उस मेले में संगम पर आते रहे हैं, हजारों रोज गंगा स्नान करते हैं। मोतीलाल, जिनको प्रयागराज ने इतना सबकुछ दिया, उनकी इस मेले को लेकर सोच क्या थी, उस दौरान लंदन में पढ़ रहे जवाहरलाल को मोतीलाल के एक पत्र से समझिए, "Sunday next is one of the great bathing days. I am not going to see, what my friends call, fun. It is discouraging to me to see my countrymen engage themselves in stupid things."[9]

सोचिए, दुनिया भर से साधु–संत, सनातन को मानने वाले श्रद्धालु और विद्वान् जिन दिनों गंगा स्नान के लिए संगम आना अपने लिए महान् पुण्य का काम समझते हैं, उसको मोतीलाल ने 'स्टुपिड' लिखा था। हालाँकि उनके चाहने वालों ने बात बाद में ऐसे सँभालने की कोशिश की कि उस वक्त वहाँ हैजा फैल गया था, मान भी लिया जाए तो क्या मोतीलाल के दोस्त हैजे में मरने वालों को 'फन' की तरह देखने

जा रहे थे। सो कितनी भी सफाई मोतीलाल की सोच और उनसे प्रभावित होने वाले उनके बेटे जवाहरलाल की सोच को बदल नहीं सकती।

इलाहाबाद अधिवेशन से कांग्रेस में प्रवेश, 14 साल के वनवास की कहानी

27 साल के हो चुके थे मोतीलाल, उन्हें इलाहाबाद आए तब दो ही साल हुए थे। कांग्रेस ने तीसरे अधिवेशन के लिए 1888 में संगम की नगरी प्रयागराज यानी इलाहाबाद को चुना, कलकत्ता के अंग्रेज व्यापारी जॉर्ज यूल को इस अधिवेशन का सभापति चुना गया था। इलाहाबाद में हर तरफ बस इसी आयोजन की चर्चा थी। अधिवेशन के 1400 प्रतिनिधियों में मोतीलाल का भी नाम था। अगले साल 1889 में उनको विषय समिति (सब्जेक्ट कमेटी) में भी चुना गया था, सुरेंद्र नाथ बनर्जी, गोखले और मदन मोहन मालवीय के साथ। 1891 में फिर से उन्हें नागपुर अधिवेशन में इसी समिति का सदस्य चुना गया। 1892 में जब इलाहाबाद में फिर से अधिवेशन हुआ तो उन्हें स्वागत समिति का सचिव चुना गया। लेकिन इस अधिवेशन के बाद मोतीलाल नेहरू परदे से पूरे एक दशक के लिए गायब ही हो गए। कांग्रेस के अधिवेशनों या किसी भी गतिविधियों में उनकी मौजूदगी नहीं देखी गई।

हालाँकि मोतीलाल नेहरू ने इतने लंबे अरसे तक, करीब 14 साल कांग्रेस से दूरी क्यों बनाए रखी? उससे दूर क्यों हुए? इसके बारे में उनके आधिकारिक जीवनीकार बी.आर. नंदा ने बस इतना लिखा है कि वो कोर्ट में अपनी हैसियत बनाने, पैसे कमाने में जुट गए थे। जवाहरलाल नेहरू ने तो यह जिक्र ही नहीं किया कि उन्होंने इतना ज्यादा दूरी भी कभी कांग्रेस से बनाई थी, लेकिन जिस तरह से शहर में कांग्रेस अधिवेशन की बड़ी हलचल देखकर मोतीलाल कांग्रेस से पहली बार जुड़े थे, उससे लगता है कि दूसरी बार उनको कांग्रेस का महत्त्व तभी लगा, जब बंग-भंग आंदोलन में एकदम से चर्चा में आ गई, या लंदन में वो जब गांधीजी के विदाई समारोह में गए। पूरे देश का माहौल बंग-भंग के बाद गरम हो उठा था, वंदे मातरम् का उदघोष देश भर में गूँजने लगा था। ऐसे में अचानक 1907 में मोतीलाल नेहरू प्रांतीय कांग्रेस सम्मेलन की अध्यक्षता इलाहाबाद में करते हैं। लेकिन यहाँ उनका रुख चौंकाने वाला था, बी.आर. नंदा लिखते हैं, "There is no doubt that the real object of the Allahabad meeting was to define and defend the creed of the moderates and to denounce the programme and tactics of the extremists."[10]

कांग्रेस में आए तो लगे अंग्रेजी सरकार और मैकाले का गुणगान करने

मोतीलाल बड़े कांग्रेस नेताओं से रिश्ते तो बनाकर रखते थे, लेकिन कांग्रेस की गतिविधियों से बचे हुए थे, ऐसे में 1907 में हुआ प्रांतीय कांग्रेस सम्मेलन तो यों ही उनके गले पड़ गया। इलाहाबाद में गोखले के आने की तैयारियाँ चल रही थीं, ऐसे में आनंद भवन में एक बैठक के दौरान कांग्रेस के कुछ लोगों ने राष्ट्रीय अधिवेशन से पहले एक प्रांतीय अधिवेशन इलाहाबाद में रखने का सुझाव दिया और मोतीलाल को उसका अध्यक्ष बनाने का प्रस्ताव भी। मोतीलाल ने सोचने का समय माँगा, इधर खबर प्रेस में लीक हो गई, जवाहर को उन्होंने लिखा, "I have been compelled to accept it." ऐसे में जब गोखले अगले महीने इलाहाबाद आए तो तिलक की तरह उनकी घोड़ागाड़ी के घोड़े निकालकर युवाओं ने खुद उसे खींचकर 'वंदे मातरम्' के नारे लगाए. इसी साल जुलाई में जवाहर ने कैंब्रिज यूनिवर्सिटी के ट्रिनिटी कॉलेज में दाखिला ले लिया था।

ऐसे समय में जबकि पूरा देश ही आक्रोशित हो रहा था, मोतीलाल ने उस सम्मेलन में विस्तार से बताया कि अंग्रेजों के हम पर क्या-क्या कर्ज या अहसान हैं, उन्होंने इंग्लैंड के बारे में कहा, "She has fed us with the best food that her language, her literature, her science, her art and above all, her free institutions could supply. We have lived and grown on that wholesome food for a century and are fast approaching the age of maturity. We have outgrown the baby garments supply to us by England." मोतीलाल ये तक याद दिलाना नहीं भूले कि अंग्रेजों के राज में हम सम्मेलन कर उनके ही राज की आलोचना कर रहे हैं।

अंग्रेजों की ताकत का बखान भी इसी सम्मेलन में मोतीलाल ने जॉन बुल (अमेरिका के लिए अंकल सैम की तरह ही इंग्लैंड का नाम) के जरिए कुछ यों किया, "There is no power on earth-no, not even his kith and kin in this country or elsewhere that can successfully resist his mighty will."[11]

इस सम्मेलन में मोतीलाल ने कांग्रेस के गरम दल पर जमकर हमला बोला। उन्होंने बंग-भंग के दो हथियारों यानी स्वदेशी और बहिष्कार में से स्वदेशी की तो तारीफ की, लेकिन बहिष्कार करना उन्हें कतई पसंद नहीं आया। उन्होंने इसे नकारात्मक नीति बताया, जबकि उन दिनों बनारस अधिवेशन में खुद गोपाल कृष्ण गोखले तक बहिष्कार की नीति को अस्थायी तौर पर मंजूरी दे चुके थे। अंग्रेजों के

मनमुताबिक व्यवहार बस कांग्रेस का नरम दल ही कर रहा था। उनके सबसे बड़े नेता गोपाल कृष्ण गोखले ही थे।

सबसे दिलचस्प बात आखिर में हुई, मोतीलाल ने इस प्रांतीय सम्मेलन में मैकाले की 'ब्रिटिश इतिहास के सबसे गौरवपूर्ण दिन' की भविष्यवाणी 'जब यूरोपीय ज्ञान में प्रशिक्षित भारतीय भविष्य में यूरोपीय संस्थानों की माँग करेंगे' को याद करते हुए एक आशावादी नोट पर अपना भाषण समाप्त किया। उन्होंने मैकाले की इस भविष्यवाणी को लेकर कहा, "That proudest day, in English history is no longer a dream. Destiny has for years been bringing us nearer to that day. Let not the bureaucracy shut their eyes to the glorious dawn that is just beginning to break. Let not our countrymen mistake the glory of that dawn for the grandeur of the noonday sun. Let both unite to dispel all passing clouds from the horizon. Let both bow down and hail the coming morn."[12]

केवल इस बयान से उन दिनों मोतीलाल की अंग्रेजी सोच को बखूबी समझा जा सकता है, वे कांग्रेस के मंच से भी यह बात इसलिए कह पा रहे थे, क्योंकि कांग्रेस भी ऐसा ही मानती थी। अगर ऐसा नहीं मानती तो कोई-न-कोई उठकर उनकी इस बात का विरोध जरूर करता, लेकिन ऐसा हुआ नहीं था। 1909 में फिर उन्होंने कांग्रेस के एक और प्रांतीय अधिवेशन की अध्यक्षता आगरा में की, यहाँ मुगलों की शान में कसीदे पढ़ते हुए उन्होंने राजनीति से ज्यादा सामाजिक सुधारों पर जोर देने को कहा। उन्होंने कहा, "भारत में शांति के दो ही दुश्मन हैं, एक है जाति और दूसरी परदा", हालाँकि पूरे भाषण में वो जाति की ही विस्तार से चर्चा करते रहे, परदा प्रथा, नकाब, हिजाब, बुरका आदि पर खामोश रहे। जिस शहर में उनका जन्म हुआ यानी आगरा, उससे जुड़ी यादों पर भी कुछ नहीं बोला, न ही अपने पहले घर के बारे में।

घर में भी थी अंग्रेजियत और रईसी हावी

असल जिंदगी में मोतीलाल जमींदारों जैसा ही व्यवहार करते थे, एक नौकर को उन्होंने खाने की थाली को अपनी कमीज की बाँहों से साफ करते देखा तो उसको इतना मारा, इतना मारा कि मेहमान तक खाना छोड़कर चले गए और सारे नौकर खौफ में घर छोड़कर भाग गए थे। जब छह साल के जवाहर ने पिता की मेज

से दो फाउंटेन पेन में से एक चुपचाप ले लिया तो बाद में इतनी बुरी पिटाई हुई कि कई दिनों तक हड्डियों में दर्द के लिए दवाई लगाई जाती रही।

हालाँकि अपने बेटे के लिए मोतीलाल का 'इंग्लिश मैन' इतना ज्यादा हावी था कि वो उसे भारत के स्कूल, कॉलेज में पढ़ाना ही नहीं चाहते थे। जवाहर की ज्यादातर पढ़ाई घर के ट्यूशन से ही हुई। जब वंशीधर यूरोप गए तो उनके बेटे श्रीधर और जवाहर को मोतीलाल ने एक ही क्लास में इलाहाबाद के सेंट मैरी कॉन्वेंट स्कूल में भरती करवा दिया। छह महीने बाद जब श्रीधर ने इलाहाबाद छोड़ा तो मोतीलाल ने जवाहर को भी स्कूल से निकाल लिया। जवाहर की शिक्षा घर पर ही होने लगी, 1902 से 1904 तक जवाहर को घर पर ट्यूशन देने वाले थे आइरिश-फ्रेंच माँ-बाप के बेटे फर्डीनेंड टी ब्रुक्स। ब्रुक्स की जवाहर की जिंदगी में बड़ी भूमिका थी, उनके शुरुआती विचारों को एक शक्ल देने की। हालाँकि ब्रुक्स ने जवाहर को विज्ञान की तरफ उत्सुक किया, आनंद भवन में एक छोटी सी प्रयोगशाला भी उसने बनाई, जिससे बाकी बच्चों से दूर, स्कूल से दूर रहने वाले जवाहर को और आनंद आने लगा।

ब्रुक्स से मोतीलाल का परिचय थियोसोफिकल सोसाइटी चलाने वाली एनी बेसेंट के जरिए हुआ था, ब्रुक्स भी थियोसोफिस्ट था। ऐसे में आनंद भवन में ही उनकी बैठकें होने लगीं, जवाहर पर भी उनका प्रभाव पड़ने लगा था। लेकिन मोतीलाल की योजना तो अपने बेटे को हाईस्कूल शिक्षा भी लंदन में ही दिलाने की थी, सो ऑक्सफोर्ड यूनिवर्सिटी में पढ़ रहे अपने भतीजे ब्रजलाल नेहरू को पत्र लिखकर पानी के जहाज से मुंबई से लंदन के लिए निकल गए, साथ में थीं पत्नी स्वरूप, बेटी सरूप और बेटा जवाहर। मई 1905 का महीना था।

असली 'प्रिंस' की तरह जवाहरलाल की परवरिश

मोतीलाल ने अपने ब्रिटिश दोस्तों से कहकर कैसे भी जवाहर को ग्रेटर लंदन के उस हैरो स्कूल में भरती करवा ही दिया, जिसमें ब्रिटेन के सात प्रधानमंत्री, तीन नोबेल पुरस्कार विजेता और 20 विक्टोरिया क्रॉस विजेता पढ़कर निकले थे। 1884 से 1947 तक चेम्सफोर्ड, वावेल और माउंटबेटन को छोड़कर सारे वायसराय इसी हैरो स्कूल के पढ़े हुए थे। इंग्लैंड के कुख्यात प्रधानमंत्री चर्चिल भी इसी बोर्डिंग स्कूल के छात्र रहे हैं। मोतीलाल कितने बड़े रईस थे, आप अंदाजा लगा सकते हैं कि इसी दौरान जब उनकी बेटी सरूप (विजया लक्ष्मी पंडित) का पाँचवाँ जन्मदिन आया तो उस होटल में उन्होंने आसपास के स्कूलों के 400 बच्चों को बुलाकर पार्टी

रखी थी। 18 अगस्त का दिन था, ठीक उन्हीं दिनों भारत में बंग-भंग आंदोलन अपने चरम पर पहुँच चुका था।

जाहिर है, इस रईसी का असर उनके बेटे पर भी होना था, जवाहर वहीं इतने सारे क्लब के सदस्य बन गए, राइफल क्लब, फुटबॉल क्लब तो थे ही, क्वींस क्लब जैसा अमीरों का क्लब भी उनमें शामिल था। कई सारी महँगी आदतें भी डाल लीं, कई दोस्तों को उधार भी दे दिया, कैंब्रिज से पढ़ाई पूरे करने के बाद आई.सी.एस. का इरादा तो छोड़ दिया, लेकिन लॉ करने से पहले भी वो साइंस का कोई कोर्स करना चाहते थे। इसी बीच लंदन के एक महँगे इलाके वेस्ट एंड के हॉलैंड पार्क में रूम ले लिया। इसी बीच पिता को एक के बाद एक चार कारें खरीदते देख चुके जवाहर को भी कार की जरूरत लंदन में महसूस हुई तो उन्होंने पिता से माँग कर डाली। मोतीलाल के लिए कार कोई बड़ी चीज नहीं थी, लेकिन वे नहीं चाहते थे कि जवाहर का ध्यान कहीं और लगे, सो मना कर दिया।

जवाहर का गुस्सा तो तब उफान पर आया, जब मोतीलाल ने उनके खर्चों पर सवाल उठाना शुरू कर दिया और जवाहर से अपना हिसाब लिखने को कहा। 21 जून, 1912 को जवाहरलाल के पिता मोतीलाल को लिखे एक पत्र की भाषा पढ़िए, "...Your last letter pained me very much, I am fully aware of the fact that I have lately spent far too much money and have not given attention to may studies...You asked me to send you an account of expenditure...may I know if I am supposed to keep you informed of every penny I spend on a bus fare or a stamp? Either you trust me or not."[13]

मोतीलाल पहली बार जब जवाहर को हैरो स्कूल में भरती करवाने लंदन गए थे तो पूरे छह महीने बाद जवाहर को छोड़कर 4 नवंबर को वापस इलाहाबाद आए। आप जानकर हैरत में होंगे कि इतने प्रख्यात हैरो स्कूल के प्रधानाचार्य जोसेफ वुड पर मोतीलाल का इतना प्रभाव था कि उनके बेटे जवाहर को लेकर मोतीलाल को निजी पत्रों में जानकारी देते थे कि उसे यहाँ ज्यादा ठंड लगेगी तो साउथ फेसिंग कमरा दे दूँगा आदि, जवाहर को उनकी निजी किताबों तक को पढ़ने, ले जाने की इजाजत थी। यहाँ तक कि एक बार तो जवाहर को भी अजीब लगा कि क्यों उनके काम की तारीफ करते हुए प्रधानाचार्य ने उनको सबके सामने अवार्ड देने के बजाय अपनी स्टडी में चुपके से दिया। उन्होंने पिता मोतीलाल को इस बारे में लिखा भी, लेकिन मोतीलाल ने टाल दिया। हाँ, पहले ही पत्र में यह जरूर लिख दिया था कि

खर्चे की चिंता बिल्कुल मत करना और जवाहर ने की भी नहीं, कई-कई बार पैसे माँगे, एक बार तो मोतीलाल भी हैरान रह गए थे।

जवाहर ने वहाँ शुरुआत में ही राइफल क्लब, कैडेट कोर, फुटबॉल क्लब सभी की सदस्यता ले ली। एक क्रिकेट बैट भी खरीद लिया और अपने मैचों की पूरी जानकारी पिता मोतीलाल को लिखकर भी भेजते थे। मोतीलाल ने मुंबई की एक फर्म को कह रखा था कि नियमित रूप से हैरो स्कूल, लंदन में आम की पेटियाँ पहुँचाते रहें। हर सप्ताह तीन पत्र जवाहर को भारत से जाते थे, एक पिता का, एक माँ का और तीसरा उनकी छोटी बहन का। उस छोटी बहन के लिए जवाहर ने एक अंग्रेज नैनी इंग्लैंड यात्रा के दौरान ही ढूँढ़ ली, मिस हूपर। अब वही इलाहाबाद में उनके साथ थी। जवाहर भी अगली ही गरमी की छुट्टियों में तीन हफ्ते के लिए भारत आ गए और पूरे परिवार ने मसूरी में छुट्टियाँ बिताईं। उस साल क्रिसमस की छुट्टियाँ जवाहर ने पेरिस में मनाईं, साथ में एक मोटर शो देखा, आज के ऑटो शो की तरह। उसमें उन्होंने उस रेनॉल्ट कार को भी देखा, जिसका ऑर्डर मोतीलाल पहले ही कर चुके थे।

बेटे ने कहा, कांग्रेसी देश-सेवा दिखावे की तो पिता ने कहा उन्हें 'कायर', 'स्टुपिड' था बंग-भंग आंदोलन

बीच-बीच में दोनों पिता-पुत्र के बीच राजनीतिक चर्चाएँ भी होती थीं, जब मोतीलाल ने पत्र में 1906 के अधिवेशन में नरम दल और गरम दल की दरार के बारे में बताया तो जवाहर ने काफी तीखा लिखा, "A most foolish thing seems to me, for not only do they do no good to themselves but they do harm to their country they both pretend to serve."[14] यह किशोर जवाहर की सोच थी, जिसने पूरी कांग्रेस को किशोरावस्था में ही खारिज कर दिया था। हालाँकि अब मोतीलाल ने बिना कोई सक्रिय भूमिका निभाए कांग्रेस के अधिवेशन में दर्शकों की तरह जाना शुरू कर दिया था। कांग्रेस से निराशा की एक वजह मोतीलाल ने अपने बेटे जवाहर को पत्र में भी लिखी थी, "This anti partition movement was the most stupid and I may add, the most dishonest thing I have ever seen."[15]

मई 1907 में लाला लाजपत राय को गिरफ्तार कर बर्मा की मांडले जेल भेज दिया गया तो जवाहर को लिखते हुए मोतीलाल ने न केवल बिना नाम लिये अंग्रेज अधिकारियों को बल्कि गरम दल वाले अतिवादियों को भी नैतिक रूप से कायर

कहा। उन्होंने लिखा, "The whole position can be summed up in a very few words. A set of moral cowards has been placed at the head of an administration which is to govern the people who are both moral and physical cowards."[16] हालाँकि यह निजी बातचीत थी, लेकिन उनकी अपनी राय तो यही थी। उन्होंने यह जरूर इस पत्र में माना कि लाला लाजपत राय की गिरफ्तारी उचित नहीं ठहराई जा सकती, लेकिन यह भी सच है कि इस घटना ने देश को 50 साल पीछे धकेल दिया।

मोतीलाल की उदारवादियों से दोस्ती और अंग्रेजों के प्रति वफादारी की आदत एक दिन उनके खुद के बेटे जवाहर के निशाने पर ही आ गई। 1907 के सूरत अधिवेशन में अपने अस्थमा उखड़ जाने के डर से मोतीलाल जाना नहीं चाहते थे, लेकिन गोखले का टेलीग्राम आया तो चले गए। वहाँ रास बिहारी घोष को अध्यक्ष बनाने के प्रस्ताव का अनुमोदन करने के लिए उनसे कहा गया। उन्होंने किया भी, लेकिन लगातार मोतीलाल के गरम दल या अतिवादी कांग्रेसियों के खिलाफ विचार उन लोगों को पसंद नहीं आ रहे थे, तो उनके खिलाफ गरम दल वाले अखबारों में लिखना शुरू हो गया। मोतीलाल ने अंग्रेजों के हितैषी अखबार पायोनियर में एक जवाबी और तीखा लेख लिखा, और उसमें जो लिखा था, उसे जवाहर के पास भी भेज दिया।

पिता की 'वफादारी' पर जवाहर शर्मिंदा

जवाहरलाल उस लेख की भाषा पढ़कर अपने पिता पर थोड़े शर्मिंदा से हो गए, उन्होंने जवाब में मोतीलाल को लिखा, "I had till now an idea that you were not so very moderate as you would have me believe. The article almost makes me think that you are 'immoderately Moderate'. I would have said that the article had been written by a person with strong loyalist tendencies if I had not known you better..."[17] जवाहर ने साफ लिखा कि आपके अंदर वफादारी की मजबूत प्रवृत्ति है और अंदर से मोतीलाल को उन दिनों इस बात का कोई गिला भी नहीं था। जवाहर ने अंग्रेजों के प्रति अपने पिता की वफादारी का जिक्र इस पत्र में किया था।

जवाहर को अपने पिता के उदारवादी और वफादार होने पर उस वक्त शर्मिंदगी जरूर हुई थी, लेकिन जिस तरह से उन्होंने गरम दल के नेताओं की आलोचना की

थी, वो भी उनकी सोच को दरशाता है। कैंब्रिज में संबोधित करने आए लाल-बाल-पाल त्रयी के एक चेहरे बिपिन चंद्र पाल के लिए उन्होंने कहा था कि वो 10 छात्रों को ऐसे संबोधित कर रहे थे, जैसे कलकत्ता में 10 हजार लोगों को संबोधित कर रहे हों। बी.आर. नंदा ने लिखा है, "Young Nehru detected traces of Hindu revivalism and narrowness in Pal". बिपिन चंद्र पाल जैसे राष्ट्रवादी की सोच को संकुचित ठहराना बताता है कि तिलक और लाला लाजपत राय जैसे महान् व्यक्तित्वों के समकक्ष को वो किस दृष्टिकोण से देखते थे, हालाँकि बाद में जब जरूरत पड़ी तो पाल को ही नेहरू परिवार ने अपने समाचार-पत्र 'इंडिपेंडेंट' का संपादक भी नियुक्त कर दिया था।

हालाँकि तिलक को लेकर भी वे शुरू से ही दूरियाँ बरतते रहे। होमरूल लीग में वे एनी बेंसेंट के ज्यादा करीब थे। कई बार अपनी आत्मकथा में उनके करिश्मे का बखान किया, लेकिन दूसरे उनके बारे में क्या सोचते थे, उसके बारे में उनका लिखना ऐसा लगा मानो जवाहर खुद ऐसा सोच रहे हों। उन्होंने एक बैठक का जिक्र अपनी आत्मकथा में किया है कि कैसे एक व्यक्ति खरपड़े ने जब लोकमान्य तिलक की तारीफ की, उन्हें संत कहा तो कांग्रेस के पूर्व अध्यक्ष रास बिहारी घोष भड़क गए और बोले, "A saint!... I hate saints, I want to have nothing to do with them."[18] बस इतने पर तो रुके नहीं होंगे वह, लेकिन जवाहरलाल बस इतना ही इशारों में लिखकर आगे बढ़ गए।

हालाँकि अभी भी मोतीलाल कांग्रेस को लेकर असमंजस में ही थे, 3 जनवरी, 1909 को जवाहर को एक पत्र में उन्होंने लिखा था, "I was not at all satisfied with the proceedings of the Congress. I must say I am not very much in sympathy with the modus operandi of my friends of the Congress." हालाँकि 1909 में ही मोतीलाल बेटे जवाहर के साथ जर्मनी और पेरिस घूमकर आए थे।

आई.सी.एस. अफसरों का जलवा देखकर मोतीलाल इतने प्रभावित थे कि अपने बेटे जवाहर को भी वे आई.सी.एस. बनाना चाहते थे। 1907 में तो उन्होंने आई.सी.एस. सेवा की जमकर तारीफ की थी। कहा था, "The greatest of the services in the world, which has produces some of the most distinguished builders of the British Empires." बाद में जब वंशीधर के बेटे का भी पहली बार में नहीं हुआ तो उन्हें लगा कि जवाहर को दो-तीन साल लंदन में और देने पड़ेंगे, फिर चयन के बाद उनको इलाहाबाद में तो तैनाती जल्दी

मिलेगी भी नहीं। सो इकलौता बेटा दूर ही बना रहे, वो नहीं चाहते थे। आखिर में जवाहर ने वही रास्ता अपनाया, जो पिता ने अपनाया था, यानी वकालत करने का, सो बैरिस्टर का कोर्स कर लिया।

मुसलिमों के खिलाफ मोतीलाल

इधर मोतीलाल समझने लगे थे कि राजनीति से इतना दूर रहना भी ठीक नहीं, हालाँकि कांग्रेस में नहीं जा रहे थे, जहाँ उन्हें पूछा जा रहा था, जैसे इलाहाबाद और आगरा के प्रांतीय अधिवेशन, राष्ट्रीय अधिवेशनों में भी गोखले आदि के दवाब में ही गए। भाषण भी वो उदारवादियों के पक्ष में दे रहे थे, जिससे अंग्रेज भी खुश ही थे। उनके आगरा के संबोधन से खुश होकर संयुक्त प्रांत के लेफ्टिनेंट गर्वनर जे.पी. हेवेट ने उन्हें पत्र तक लिखा था। जब मार्ले-मिंटो सुधारों का ऐलान हुआ तो मुसलिम आरक्षण के मुद्दे पर वो खुश नहीं थे, न मुसलिमों से खुश थे और न ही एंग्लो-इंडियंस से, उन्हें लगा था कि एंग्लो-इंडियंस नकारात्मक भूमिका निभा रहे हैं। उन्होंने जवाहरलाल को 29 अप्रैल, 1909 को एक पत्र में लिखा था, "The Hindu Mohammadan question is talk of the day. They (Muslims) have insulted us so often and so grossly that we are seriously thinking of breaking off with them."[19]

सोचिए, 21वीं सदी के न्यूज चैनल्स की हैडिंग ये होती, 'मोतीलाल नेहरू का बयान, मुसलिमों ने किया इतना अपमान कि उनसे रिश्ते खत्म करने के बारे में सोच रहे हैं।' लेकिन मार्ले-मिंटो सुधारों की बुराई करने के बावजूद मोतीलाल ने न केवल परिषद् (काउंसिल) का चुनाव लड़ डाला, बल्कि जीत भी लिया। काउंसिल उनके लिए अंग्रजी अधिकारियों पर दवाब बनाने का एक साधन भी बन गई, जिस विभाग से सवाल पूछते थे, उस विभाग का अधिकारी दवाब में दिखता था। ऐसे में परिषद् सदस्य मालवीयजी से भी उनकी घनिष्ठता बढ़ गई। मालवीयजी 'हिंदुस्तान' अखबार से जुड़े रहे थे, उनके साथ अंग्रेजी का एक अखबार निकालने की योजना बनी। अक्तूबर 1909 में मालवीयजी के संपादन में 'द लीडर' अखबार प्रकाशित होने लगा। ऐसे में अंग्रेज अधिकारियों पर उनकी धाक जमने लगी। जब बिशन नारायण धर के एक लेख पर अंग्रेजी अधिकारियों ने चेतावनी दी तो मोतीलाल ने लंदन के दो बड़े वकीलों से सलाह ली, उन्होंने उस लेख को देशद्रोही नहीं बताया, उनकी सलाह अधिकारियों को भेज दी गई और मामला ठंडे बस्ते में चला गया।

लेकिन सनातन परंपराओं के प्रति मोतीलाल की नाराजगी छुप नहीं पाती थी। जब 1910 में इलाहाबाद में कांग्रेस अधिवेशन हुआ तो मोतीलाल स्वागत समिति के उपाध्यक्ष थे, सरला देवी चौधरानी ने वैदिक ऋचाओं के साथ बच्चों के दल से एक संगीतमय कार्यक्रम करवाया। पहले दिन मोतीलाल की बेटी सरूप की भी प्रस्तुति थी। बच्चों को एक हफ्ते तक अभ्यास भी करवाया गया था। मोतीलाल के मुताबिक मालवीयजी ने मना किया कि वैदिक ऋचाओं को गैर-हिंदुओं के बीच सुनाना ठीक नहीं है। लेकिन मोतीलाल ने गुस्से में जवाहर को लिखा, "I am so disgusted, that I would have chucked the Congress...as it is, I take a lukewarm interest in it."[20]

ऐसे में जब मोतीलाल ने तेज बहादुर सप्रू के साथ राजा जहाँगीराबाद संशोधन बिल को समर्थन दे दिया तो मुसलिमों को 14 प्रतिशत आबादी के मुकाबले 38 प्रतिशत से भी अधिक सीटें मिल गईं और कर देने वालों के हिसाब से गणना करने पर मुसलिम वोट की कीमत हिंदुओं के मुकाबले काफी बढ़ गई तो मुसलिमों ने उनको काफी बधाई दी, लेकिन तमाम हिंदुओं व हिंदू संगठनों के वो निशाने पर आ गए थे। खुद गणेश शंकर विद्यार्थी ने लेख लिखकर उनका विरोध किया था।

मोतीलाल आ गए थे गणेश शंकर विद्यार्थी के निशाने पर

उन्होंने लिखा, "हम पृथक् निर्वाचन क्षेत्र के सिद्धांत को नहीं मानते, परंतु हमारे मुसलमान भाइयों को बिना पृथक् निर्वाचन क्षेत्र के किसी और प्रकार चैन नहीं तो हम भी डॉ. तेज बहादुर सप्रू और पं. मोतीलाल नेहरू के साथ कह सकते हैं कि अच्छी बात है, उन्हें वह कह दिया जाए, पर जितना उचित है, उतना ही; परंतु जो निपटारा हुआ है, वह अत्यंत अनुचित है। जहाँ उनकी आबादी 25 फीसदी से कम होगी, वहाँ पर 3/10 से अधिक समझी जाएगी। उन्हें बोर्ड में 38 प्रति सैकड़े स्थान मिलेंगे, अर्थात् प्रति सैकड़े 8 स्थान उचित से अधिक। और जहाँ उनकी आबादी 25 प्रति सैकड़े से अधिक होगी, अर्थात् मान लीजिए 26 प्रति सैकड़ा तो उन्हें साढ़े 38 प्रति सैकड़ा स्थान मिलेंगे, अर्थात् 100 में पूरे साढ़े 12 स्थान, उचित से अधिक। यह कौन सा हिसाब है, इसे उचित कहना अत्यंत कठिन है।" उन्होंने मोतीलाल पर व्यंग्य करते हुए यह तक लिखा, "पं. मोतीलाल नेहरू इस निपटारे में उस 'शांति' का स्वप्न देखते हैं, जिसे वे किसी भी कीमत पर खरीदने को तैयार हैं।"[21]

लेकिन इस घटना से चार साल पहले, यानी 1912 में मोतीलाल ने अपने घर की

दूसरी मंजिल पर दो कमरे बनवाए, पूरे घर को फिर से सजाया, सँवारा...सात साल की पढ़ाई के बाद उनका बेटा भारत वापस आने वाला था। मोतीलाल की इच्छा तो इस वापसी यात्रा से पहले खुद वहाँ जाकर जवाहर को यूरोप की वो सारी जगहें दिखाने की थी, जो अभी भी जवाहर ने नहीं देखी थीं, लेकिन मोतीलाल कुछ केसों में फँस गए। मोतीलाल की योजना अब अपने सारे मुवक्किलों को बेटे जवाहर को सौंपने की थी, लेकिन जवाहर की चिंता अपना सार्वजनिक रूप से बोल न पाने का डर था। कैंब्रिज में मजलिस जैसी संस्थाओं के कार्यक्रम में भी वो सुनते रहते थे, बोलते नहीं थे। उन्होंने मोतीलाल को लिखा भी, "I can imagine nothing more terrifying than having to speak in Public." 1916 में जवाहरलाल ने अपना पहला भाषण जनता के बीच इलाहाबाद में प्रेस एक्ट पर दिया, अंग्रेजी में मुश्किल से दो मिनट बोल पाए। वो हिंदुस्तानी या हिंदी में तब ढंग से नहीं बोल पाते थे।

अगस्त 1912 में लंदन से जवाहर वापस लौटे तो पूरा परिवार मसूरी छुट्टी मनाने चला गया, मोतीलाल केसों की पैरवी के लिए इलाहाबाद आ गए, लेकिन हफ्तों परिवार का जश्न मसूरी में चलता रहा। तब राव महाराज सिंह ने जवाहर के लिए 500 रुपए की फीस का मनीऑर्डर मोतीलाल को भेजा, उनके पहले केस के लिए। पहली फीस पाँच रुपए लेने वाले मोतीलाल बहुत खुश हुए।

जवाहर के आने के चार महीने बाद ही बाँकीपुर में कांग्रेस अधिवेशन था, जवाहर पहली बार पिता के साथ कांग्रेस के अधिवेशन में सम्मिलित हुए। हालाँकि दोनों को ही यह अधिवेशन काफी फीका लगा था, ज्यादातर गरमदलीय नेता तिलक, लाला लाजपत राय आदि बर्मा की जेल में थे, बंग-भंग रद्द कर दिया गया था, मार्ले-मिंटो का विरोध भी कमजोर हो चुका था, कर्नल वाइली, नासिक कलेक्टर जैक्सन आदि की हत्याओं के बाद सावरकर, अनंत कन्हेरे, खुदीराम बोस, मदन लाल धींगरा आदि की गिरफ्तारी हो चुकी थी, विश्व अब पहले विश्वयुद्ध की तरफ बढ़ रहा था।

धीरे-धीरे कई साल और गुजर गए, प्रथम विश्वयुद्ध छिड़ चुका था। गांधीजी भारत आ चुके थे, लेकिन नेहरू परिवार से उनका नाता गहरा नहीं हुआ था। ऐसे में 1916 जवाहरलाल की जिंदगी में बड़ा परिवर्तन लेकर आया, दिल्ली के कश्मीरी पंडित व्यवसायी जवाहरमल की बेटी कमला कौल, जो मोतीलाल की पसंद थीं, के साथ जवाहर का विवाह बसंत पंचमी के दिन 8 फरवरी को हो गया। एक हफ्ते तक दिल्ली में विवाह समारोह चलता रहा। इलाहाबाद लौटने पर यही समारोह महीने भर से ऊपर चला। कवि सम्मेलन, संगीत कार्यक्रम, टेनिस मैच और डिनर पार्टियाँ

होती ही रहीं। उसके बाद गरमियों में पूरा परिवार छुट्टियाँ मनाने कश्मीर चला गया। कई हाउसबोट्स और कारों का काफिला नौकरों समेत वहाँ उनकी सेवा में था। तमाम भारतीय सिपाही उन दिनों अंग्रेजों के लिए दुनिया भर के अलग-अलग देशों में लड़ रहे थे।

उसी साल एनी बेसेंट ने होमरूल लीग की स्थापना की और जवाहरलाल की उनसे निकटता बढ़ती चली गई। जवाहर उन दिनों कई संस्थाओं से जुड़ने में आनंद महसूस कर रहे थे, बिना गांधीजी से मिले ही गोखले के आह्वान पर उनके दक्षिण अफ्रीका के अभियान में मदद की, 1913 में सत्याग्रह फंड के लिए भारत में पैसे इकट्ठे किए थे। होमरूल लीग से भी जुड़ गए। कोई अंग्रेज भारत में संस्था शुरू करता था तो उसे अंग्रेजी मीडिया भी सिर-आँखों पर बिठाती थी, वहाँ के विपक्षी भी और शुरुआत में अधिकारी भी कुछ नहीं कर पाते थे। जवाहरलाल को उनके काम से माहौल 'इलेक्ट्रिक' लगने लगा था। लेकिन मद्रास सरकार ने जब बेसेंट को गिरफ्तार किया तो गरमी और बढ़ गई, फिर मोतीलाल, सप्रू समेत कांग्रेस के कई नेता उनके साथ हो लिये।

नतीजा यह हुआ कि एनी बेसेंट अगले साल कांग्रेस अधिवेशन की सभापति चुन ली गईं। 22 जून को मोतीलाल नेहरू ने एक बड़ी सभा इलाहाबाद में बेसेंट के समर्थन में रखी। अगले दिन ही मोतीलाल को होमरूल लीग का अध्यक्ष और बेटे जवाहर को संयुक्त सचिव चुन लिया गया, इस तरह जवाहर, जिसके मन में शुरू से ही राजनीति घूम रही थी, के लिए राजनीतिक यात्रा का श्रीगणेश हो गया। हालाँकि उससे पहले ब्रिटिश सरकार ने एक वॉलंटियर फोर्स द इंडियन डिफेंस फोर्स बनाई थी, जिसके सदस्य शिक्षित भारतीय हो सकते थे, उसमें जवाहर और मोतीलाल सदस्य बन गए थे, लेकिन बेसेंट की गिरफ्तारी के चलते मोतीलाल ने कमेटी की मीटिंग रद्द कर खुद को इस फोर्स से अलग कर लिया।

जब एनी बेसेंट रिहा हुईं तो उन्हें लेने तिलक, मोतीलाल, सप्रू, सरोजिनी नायडू आदि उपस्थित थे, एक बार फिर घोड़े हटाकर उनकी बग्घी को युवाओं ने खुद खींचा और वंदे मातरम् के साथ 'बेसेंट माता की जय' के नारे भी लगाए। प्रथम विश्वयुद्ध के बीच में होमरूल आंदोलन के खड़ा होने से ब्रिटिश सरकार भी परेशान ही होगी, भारत सचिव मोंटेग्यू ने भारतीय नेताओं के साथ मीटिंग करनी शुरू कर दी। नवंबर में मोतीलाल नेहरू ने भी अन्य नेताओं के साथ मुलाकात की। दिलचस्प बात है कि पूर्व कांग्रेस अध्यक्ष भूपेंद्र नाथ बसु तब उनके सलाहकार मंडल में शामिल थे, वे भी लंदन से साथ आए थे।

मोंटेग्यू ने की मोतीलाल नेहरू की बेइज्जती!

मोतीलाल, तेजबहादुर सप्रू आदि से मिलने के बाद जो मोंटेग्यू ने अपनी डायरी में लिखा, उससे दो बातों की तरफ इशारा हुआ। एक यह कि कांग्रेस में रहने के बावजूद मोतीलाल नेहरू की अपनी अलग ही कहानी चलती थी, दूसरे मोंटेग्यू ने उन्हें काफी छोटा आँका। मोंटेग्यू के शब्दों में, "four men from the United Provinces...Motilal Nehru has been a great firebrand to Meston, but even he, and more particularly Sapru, and the old Pandit Misra seemed to be quite willing to consider something less than [the Congress League] scheme...if only they were satisfied that we meant business and that they could get responsible government in, say, twenty years. It seems to me... it is useless to count upon these lesser men who will be swept off their feet when their leaders start agitation again."[22]

एक तरह से मोतीलाल को छोटे लोगों में गिनकर बेइज्जती सी कर दी थी मोंटेग्यू ने। इन लाइनों को लेकर जवाहरलाल ने काफी सफाई मोतीलाल के जीवनीकार बी.आर. नंदा से लिखवाई कि तब भी मोतीलाल कोई छोटे नेता नहीं थे, दो प्रांतीय कांग्रेस सम्मेलन की अध्यक्षता कर चुके थे और 1909 से काउंसिल के सदस्य थे आदि।

इधर मोंटेग्यू की रिपोर्ट से पता चला कि प्रथम विश्वयुद्ध के बाद बड़ी उम्मीद लगाए भारतीयों को तत्कालीन परिस्थितियों में कितना दे सकती है ब्रिटिश सरकार। मोंटेग्यू ने नया सिद्धांत दिया, 'दोहरे शासन' का, हालाँकि यह दोहरा शासन मोटे तौर पर प्रांतों के लिए था। इसमें तय किया गया कि इंपीरियल लेजिस्लेटिव काउंसिल अब दो सदनों में विभाजित होगी, एक सेंट्रल लेजिस्लेटिव असेंबली और दूसरा काउंसिल ऑफ स्टेट। इंपीरियल लेजिस्लेटिव काउंसिल को भी भारत के किसी भी विषय पर कानून बनाने का अधिकार होगा।

भारत सचिव भारत सरकार को नियंत्रित करेगा। मोंटेग्यू की ही सिफारिशें 'गवर्नमेंट ऑफ इंडिया एक्ट 1919' का आधार बन गईं। जिसके आधार पर केंद्रीय व प्रांतीय विषयों की सूचियाँ बना दी गईं, कुछ उसी तरह से जैसे आजाद भारत में होती हैं। वायसराय की एक्जीक्यूटिव काउंसिल के आठ सदस्यों में से तीन भारतीय होने का प्रावधान कर दिया गया, प्रांतों में काउंसिल्स की स्थापना होने लगी। भारतीय राजाओं के लिए भी एक संस्था खड़ी कर दी गई।

हालाँकि मोतीलाल शायद मोंटेग्यू की अपने बारे में टिप्पणी से नाराज हो गए, और अपने साथी नरमदलीय सदस्यों के विपरीत इन सुधारों पर उन्होंने कड़ी लाइन ले ली और जमकर आलोचना की। कभी गरमदलीय नेताओं की आलोचना करने वाले मोतीलाल के साथी हैरान थे। 1918 में बंबई स्पेशल अधिवेशन में पिता-पुत्र दोनों ने भाग लिया, मोतीलाल की केंद्र में भी दोहरे शासन की माँग को वहाँ भी दोहराया गया। इधर मोतीलाल को 'द लीडर' के संपादक चिंतामणि के चलते समस्या हुई तो उन्होंने फरवरी 1919 में एक नया अखबार 'इंडिपेंडेंट' शुरू कर दिया।

गांधी की सक्रियता से मिली पिता-पुत्र को ताकत

शुरुआत में गांधीजी 1915 में जब भारत आए तो उन्होंने तय किया कि राजनीति में सक्रिय होने के बजाय वे पहले भारत को समझेंगे, कम-से-कम एक साल पूरे देश का दौरा करेंगे, लोगों से मिलेंगे। अप्रैल 1915 के दौरान, मद्रास में कानूनविदों के एक कार्यक्रम में बोलते हुए उन्होंने कहा था, "It gives me the greatest pleasure this evening, to re-declare my loyalty to the British Empire. I discovered that the British Empire had certain ideals with which I have fallen in love and one of those ideals is that every subject of the British Empire has the freest scope for his energies and honour whatever he thinks is due to his conscience."[23]

ऐसे में भले ही धार्मिक मामलों में मोतीलाल को गांधीजी की सोच पसंद न हो, लेकिन अंग्रेजी शासन के दायरे में रहकर उनसे ब्रिटिश नागरिकों जैसी सुविधाएँ या अधिकार माँगना और उसके लिए संवैधानिक, अहिंसक तरीके अपनाना आदि उन्हें रास आने लगा था। दूसरे उनको दक्षिण अफ्रीका में गांधी के आंदोलनों का असर व लंदन के अंग्रेजों तक पर उसका प्रभाव भी बेहतर पता था। ऐसे में 1917 का चंपारण सत्याग्रह, 1918 का खेड़ा सत्याग्रह और विश्वयुद्ध खत्म होने तक उनका यह वादा कि अंग्रेजी सरकार के खिलाफ कोई बड़ा अभियान नहीं छेड़ेंगे, सत्याग्रह नहीं करेंगे, ने उनकी छवि को और मजबूत बना दिया। यहाँ तक कि बाद के दिनों में गांधीजी ब्रिटिश सेना के लिए भारतीय युवाओं की भरती के लिए भी अभियान चलाने लगे। उसी दौरान पेचिश के चलते गांधीजी की हालत इतनी खराब हो गई कि मौत के मुहाने से वापस आए।

लेकिन 1919 का रॉलेट एक्ट ही शायद वो महत्त्वपूर्ण घटना थी, जिसने न केवल गांधीजी, बल्कि मोतीलाल और जवाहरलाल के राजनीतिक कॅरियर को नई दिशा दे दी। कांग्रेस को भी इसके बाद हुए घटनाक्रम ने एक नई ऊर्जा से लबालब कर दिया और गरमदलीय-नरमदलीय राजनीति से निकलकर एक नई कांग्रेस का जन्म हुआ, गांधी कांग्रेस। ब्रिटिश सरकार, जिसे भारतीय राजनीतिक वर्ग ने शांति से विश्वयुद्ध लड़ने दिया था, उसी के खिलाफ युद्ध खत्म होते ही यह एक्ट लाया गया।

रॉलेट एक्ट में यह प्रावधान था कि इससे पुलिस को यह अधिकार मिल गया कि वो किसी भी व्यक्ति को बिना कारण बताए गिरफ्तार कर सकती थी। जिस व्यक्ति पर हिंसात्मक काररवाई में भाग लेने का शक भी हो, उसे दो साल तक के लिए जेल भेजा जा सकता था। न गिरफ्तारी के लिए वारंट की जरूरत थी, न सजा के लिए ट्रायल की, न आरोपी को यह पता चल सकता था कि आरोप लगाने वाला कौन है और न उसे यह पता चल सकता था कि उसके खिलाफ सुबूत क्या हैं? गांधीजी ने बिस्तर पर से ही रॉलेट एक्ट के खिलाफ सत्याग्रह का ऐलान कर दिया। एक नई संस्था बनाई गई, नाम रखा गया 'सत्याग्रह सभा'। इस सभा में लेने के लिए रॉलेट एक्ट के विरोध में एक शपथ भी तैयार की गई।

गांधी का 'सत्याग्रह' का विचार मोतीलाल ने कर दिया खारिज

जवाहरलाल ने पहली बार गांधीजी को 1915 के बंबई अधिवेशन में देखा था। 1916 के लखनऊ अधिवेशन में उनकी पहली मुलाकात हुई थी। यह वो दौर था, जब जवाहरलाल नेहरू को गांधीजी की राजनीति समझ नहीं आती थी, लेकिन वह उनके व्यक्तिव से प्रभावित थे। मोतीलाल उस वक्त चौंक गए जब जवाहर ने उनसे कहा कि वह गांधीजी की सत्याग्रह सभा से जुड़ना चाहते हैं। रॉलेट एक्ट के खिलाफ मोतीलाल भी थे, लेकिन उनको विरोध का यह तरीका कभी पसंद नहीं आया था कि बहिष्कार कर दो। उनको लगता था कि सरकारी मदद से चलने वाली संस्थाएँ अगर अंग्रेजों ने बंद कर दीं तो नुकसान भारतीयों का होगा। जवाहरलाल ने अपनी आत्मकथा में लिखा, "My father was dead against this new idea. He was not in the habit of being swept away by new proposals."[24]

दरअसल मोतीलाल दूर के फायदे के लिए करीबी नुकसान करने के भी पक्ष में नहीं थे, उन्होंने 1907 के प्रांतीय कांग्रेस सम्मेलन में कहा था, "Remember the price you have been paying upwards of a century for the few blessings that you enjoy. Remember the greater price you will have to pay if you throw away these blessings." मोतीलाल ने जवाहर को काफी समझाया कि तुम जेल जाओगे तो बीमार माँ, बूढ़े हो रहे पिता, तुम्हारी पत्नी और बेटी की देखभाल कौन करेगा, लेकिन जवाहर ने पढ़ाई करके कॅरियर बनाने के जुनून को कब का खत्म कर दिया था, उनके दिमाग में राजनीति थी।

ऐसे में मोतीलाल ने गांधीजी से ही बातचीत की, जब वे इलाहाबाद आए तब गांधीजी ने जवाहर को कहा कि धैर्य रखें और कुछ भी ऐसा न करें, जो उनके पिता को नाराज करे, लेकिन तब न मोतीलाल को पता था और न ही जवाहर को और न ही गांधीजी को कि भारत के इतिहास में एक ऐसी घटना होने जा रही है, जो उन सबके सोचने का ढंग बदल देगी और उन सबकी जिंदगी को जवाहर के शब्दों में 'इलेक्ट्रिक' मोड़ दे देगी।

यह घटना थी अमृतसर का जलियाँवाला बाग हत्याकांड, लेकिन अप्रैल 1919 के उस महीने में पृष्ठभूमि लिखी गई रॉलेट एक्ट के विरोध में गांधीजी के राष्ट्रीय हड़ताल के आह्वान से। खुद गांधीजी को लगा, पूरे देश में एक साथ हड़ताल का यह आइडिया अनोखा था। 6 अप्रैल का दिन था और दिल्ली में जनता का क्रोध सड़कों पर निकला, नतीजा यह हुआ कि पुलिस को फायरिंग करनी पड़ी, ऐसा ही कुछ बंबई में हुआ। 9 अप्रैल को तो गृह विभाग के सचिव ने वायसराय के निजी सचिव को लिख दिया कि पंजाब के उपराज्यपाल ओ डायर की राय के मुताबिक माहौल इतना गंभीर है कि गांधी को गिरफ्तार करके बर्मा (म्यांमार) भेज देना चाहिए। बर्मा के गर्वनर को भी वायसराय ने सूचित कर दिया कि 6 लोगों को वर्मा भेजा जा सकता है।

तय यह भी किया गया कि गांधी को बॉम्बे प्रेसीडेंसी में ही रोका जाए, 9 अप्रैल की रात उन्हें बंबई से दिल्ली के लिए ट्रेन लेते वक्त गिरफ्तार कर लिया गया और फिर छोड़ दिया गया। गांधीजी को भी समझ आ गया कि जनता अब बेकाबू हो चुकी है, अंग्रेज उन्हें तिलक, लाला लाजपत राय आदि की तरह कई साल के लिए वर्मा की जेल में डाल देंगे। उन्होंने तीन दिन के अनशन का ऐलान किया, ताकि हड़ताल की घोषणा से पहले जनता की प्रतिक्रिया के अपने गलत पूर्वानुमान की 'हिमालय जैसी गलती' का प्रायश्चित्त कर सकें।

यहाँ यह बात जानना भी जरूरी है कि वायसराय लॉर्ड चेम्सफोर्ड पर अलग-अलग राजनीतिक वरदहस्त वाले गर्वनर हावी रहते थे, जैसे मद्रास के गर्वनर ने एनी बेसेंट को बिना सलाह गिरफ्तार करके होमरूल लीग आंदोलन को बढ़ावा

दिलवा दिया था, वैसा ही पंजाब में माइकल ओ डायर ने किया। जलियाँवाला बाग हत्याकांड ने देश में ही नहीं, ब्रिटिश राजनीति में भी तूफान ला दिया।

आए थे रिश्तेदारों को बचाने, किस्मत ने नेता बना दिया

इधर मोतीलाल जो अब तक रॉलेट एक्ट के विरोध में बेटे जवाहर को सत्याग्रह तक करने से रोक रहे थे, जलियाँवाला बाग कांड के बाद सक्रिय होने को मजबूर हो गए। दरअसल पंजाब से उनका ससुराल वाला नाता था, उनकी पत्नी का गृहनगर था लाहौर, सो उनके वहाँ कई दोस्त, रिश्तेदार और शुभचिंतक थे। जब उनके दोस्त लाहौर के कांग्रेस नेता हरकिशन लाल पर भी इस कांड के बाद 'किंग के विरुद्ध युद्ध छेड़ने' के आरोप में मार्शल लॉ लगा दिया गया तो मोतीलाल ने उसका मुकदमा लड़ने की अनुमति माँगी, लेकिन नहीं मिली, बल्कि पंजाब में प्रवेश पर भी रोक लगा दी गई।

मोतीलाल ने नाराज होकर एक लंबा टेलीग्राम शिमला में गृह विभाग के सदस्य को लिखा और उसकी कॉपी भारत सचिव मोंटेग्यू और भारत सचिव के सलाहकार एस.पी. सिन्हा को लंदन भेजी। सिन्हा के दखल से फौरन काररवाई हुई और वायसराय से जवाब माँगा गया, वायसराय ने कहा कि मार्शल लॉ हटाने के बाद 11 जून से बाहर के वकीलों को अनुमति मिल जाएगी, लेकिन मोंटेग्यू ने 9 जून को ही उसे पत्र लिखकर अनुमति देने को कहा, उसके बाद मोतीलाल ने न केवल अपने दोस्त को बचाया, बल्कि लाहौर के कई मिलने वालों की मदद की। प्रिवी काउंसिल में भी अपने दो वकील नियुक्त कर दिए। हालाँकि यह सब न तो जलियाँवाला बाग कांड के विरोध में वे कर रहे थे और न ही कांग्रेस पार्टी के कहने पर, यह उनका निजी मामला था।

इधर जलियाँवाला बाग पर आक्रोश बढ़ता जा रहा था, रवींद्रनाथ टैगोर ने अपना 'नाइटहुड' सम्मान लौटा दिया, विश्व भर के नेताओं की प्रतिक्रियाएँ आईं। डायर पर भी मुकदमा चलाने को सरकार तैयार हो गई, गर्वनर डायर को भी बदल दिया गया। जाँच के लिए हंटर कमीशन भी नियुक्त कर दिया गया। लेकिन नए गर्वनर एडवर्ड मैक्लेन से मिलने जब गांधीजी लाहौर आए तो उन्हें मोतीलाल नेहरू के मार्शल लॉ केसों के बारे में भी विस्तार से जानकारी मिली। मोतीलाल को कांग्रेस की उस कमेटी का सदस्य बना दिया गया। जो जाँच के बाद हंटर कमीशन को अपनी रिपोर्ट सौंपने वाली थी। इस कमेटी में गांधीजी भी थे, सी.आर. दास, एम.आर. जयकर और अब्बास तैयबजी भी थे।

मोतीलाल के लिए यह मौका ही बड़ा हो गया, गांधीजी ने खुद लिखा था, "This was the first occasion, on which I came in close personal contact with Motilalji." इतने दिन इस जाँच कमेटी में एक साथ रहने के दौरान गांधीजी को भी लगा कि मोतीलाल के अंदर तथ्य और तर्कों को कैसे अपने केस के हक में इस्तेमाल करना है, बेहतर पता है। ऐसे में यह तय किया गया कि इस बार का कांग्रेस अधिवेशन अमृतसर में करके देश और सरकार को एक संदेश देंगे, दूसरे अधिवेशन की अध्यक्षता मोतीलाल नेहरू करेंगे। यह अब तक के मोतीलाल नेहरू के जीवन का सबसे बड़ा अवसर था। तब उन्हें अनुमान भी नहीं रहा होगा कि जिस गांधी की सत्याग्रह सभा में जाने से वे अपने बेटे जवाहर को रोक रहे थे, उसी गांधी की निकटता के चलते आगे उनके बेटे के लिए आजाद भारत का सबसे बड़ा अवसर मिलेगा।

चूँकि उन दिनों कांग्रेस और मुसलिम लीग के अधिवेशन भी साथ-साथ हो रहे थे, सो लीग के अध्यक्ष अजमल खान के साथ ही मोतीलाल भी स्वर्ण मंदिर दर्शन के लिए साथ ही गए। अपने अध्यक्षीय संबोधन में तीन घंटे तक बोलते रहे थे मोतीलाल। लोगों ने अंग्रेजी में बोलने पर एतराज किया तो बोले, इस बार इस ब्राह्मण को माफ कर दीजिए। मोतीलाल ने तमाम आँकड़ों के साथ अपना भाषण दिया, कैसे वायसराय और गर्वनर ब्रिटिश राजा और संविधान के साथ न्याय नहीं कर पाए, यह बताया।

भाषण के आखिर तक ब्रिटेन के महाराज की शाही घोषणा भी आ गई, "So far as possible, any trace of bitterness between my people and those who are responsible for my government should be obliterated." एक तरह से यह राहत भरी घोषणा थी, सबने इसके लिए ब्रिटेन के महाराजा को धन्यवाद दिया।

इन दिनों गांधीजी खिलाफत आंदोलन का समर्थन करके मुसलिमों को भी कांग्रेस से ज्यादा-से-ज्यादा जोड़ने की मुहिम में लगे थे, जबकि मोतीलाल अभी तक पंजाब को ही नहीं छोड़ पा रहे थे, क्योंकि प्रिवी काउंसिल ने बग्गा और रतन चंद की अपील खारिज कर दी तो मोतीलाल को झटका लगा। खिलाफत का समर्थन वैसे भी वे मन से नहीं कर पा रहे थे, खिलाफत मेमोरियल के लिए मोतीलाल 34 में से एक हस्ताक्षरकर्ता तो बनने के लिए सहमत हो गए, लेकिन जनवरी 1920 में वायसराय को देने वाले प्रतिनिधिमंडल में जाने को तैयार नहीं हुए।

इधर लंदन में हंटर आयोग, कांग्रेस की जाँच समिति की रिपोर्ट आदि पर

फैसला होना था, तमाम गलतियों की कहानी है कि कैसे कांग्रेस की ब्रिटिश कमेटी और मोतीलाल के लंदन के वकील नेविल का तालमेल खराब हुआ, अंग्रेजों ने कैसे डायर और बाकी अधिकारियों को बचाने के लिए नियम-कायदे ताक पर रख दिए। इधर मोतीलाल बिहार के आरा में एक ऐसे संपत्ति विवाद में लंबे फँस गए, जिसमें उन्हें काफी पैसा मिलना था।

जवाहरलाल चाहते तो जनरल डायर को होती सजा!

लेकिन डायर के खिलाफ केस खराब होने में जवाहरलाल नेहरू की भूमिका पर कभी किसी ने सवाल नहीं उठाया। जवाहरलाल वो गवाह थे, जिनके सामने जनरल डायर ने जलियाँवाला बाग कांड की पूरी कहानी गर्व से सुनाई थी, दरअसल जवाहरलाल 1919 के आखिर में जब अमृतसर से दिल्ली आ रहे थे तो एक ऐसी ट्रेन में सवार थे, जो फौजियों से भरी हुई थी।

वो ऊपर जाकर सो गए और बाद में देखा कि उसी डब्बे में जनरल डायर फौजियों को अपना कारनामा बयाँ कर रहा था, वह कह रहा था कि कैसे एक पूरे शहर को उसने अपनी दया पर ला दिया, जवाहरलाल दम साधे सुनते रहे। उन्होंने अपनी आत्मकथा में इस घटना का ब्योरा देते हुए लिखा है, "soon I discovered that he was Dyer, the hero of Jallianwala Bagh, and he was describing his Amritsar experiences. He pointed out how he had the whole town at his mercy and he had felt like reducing the rebellious city to a heap of ashes, but he took pity on it and refrained."[25]

लेकिन जवाहरलाल ने यह पूरा किस्सा अपनी आत्मकथा में तो लिखा, पर कभी उस केस में गवाह नहीं बने, जिसकी लड़ाई उनके पिता ही लड़ रहे थे, हो सकता है, मोतीलाल ने ही इनकार किया हो। उनके अपने ही वकील से फीस आदि को लेकर हुआ विवाद भी इसी परिप्रेक्ष्य में देखा जा सकता है। इस घटना का जिक्र भी उन दिनों कहीं हुआ हो, यह भी पता नहीं चल पाया, लोगों को इस बात की जानकारी भी 1936 में जाकर हुई, जब उनकी आत्मकथा का पहला संस्करण छपकर आया था।

अमृतसर कांग्रेस के बाद दो-तीन घटनाक्रम हुए, गांधीजी खिलाफत के साथ-साथ असहयोग आंदोलन में व्यस्त हो गए, इधर जवाहरलाल अरसे से जिस नेता की तलाश में थे, उनको गांधीजी के रूप में मिल गया, सो उनके साथ सक्रिय हो गए।

वहीं मोतीलाल अपने केसों को निपटाने में जुट गए और चितरंजन दास के साथ मिलकर काउंसिल्स में प्रवेश की योजनाएँ बनाने लगे। जवाहर से ही उन्हें गांधीजी के बारे में अब ज्यादा जानकारियाँ मिलने लगीं। देश भर में घूम रहे गांधीजी तक अपनी बात पहुँचाने का जरिया भी अब उनके लिए जवाहर ही बनने लगे। काउंसिल प्रवेश के मामले में भी एक योजना बनाकर उन्होंने गांधीजी तक ऐसे ही भिजवाई।

1920 के कलकत्ता अधिवेशन में गांधीजी के समर्थन में आने का एक और मौका मोतीलाल को मिला। जब विधान परिषदों के बहिष्कार के गांधीजी के प्रस्ताव पर मालवीयजी, अधिवेशन के अध्यक्ष लाला लाजपत राय और सी.आर. दास तक विरोध में आ गए, तब बुजुर्ग नेताओं में अकेले मोतीलाल थे, जो गांधीजी के समर्थन में आए। बड़ी मुश्किल से सात वोट से यह प्रस्ताव पारित हो पाया। तात्कालिक लाभ यह हुआ कि उन्हें भी उस तीन सदस्यीय उपसमिति में जोड़ लिया गया, जिसमें बाकी के दो सदस्य थे गांधीजी और वी.जे. पटेल। इस समिति को ही असहयोग आंदोलन का खाका तैयार करना था, उपाधियों और संस्थाओं का बहिष्कार करने की योजना बनानी थी, विदेशी वस्तुओं के बहिष्कार की भी।

और झटके में बदल गए मोतीलाल

असहयोग आंदोलन के मुद्दे पर गांधी के साथ अकेले खड़े होने से मोतीलाल का कद ही मानो बढ़ गया। बड़ा मौका था, मोतीलाल ने फौरन संयुक्त प्रांत की परिषद् से त्यागपत्र दे दिया। अपनी बेटी कृष्णा को स्थानीय स्कूल से निकाल लिया, अपनी वकालत रोक दी। अपने घोड़े, कुत्ते, घोड़ा गाडियाँ आदि सब बँगले से हटा दिए, तहखाने को तुड़वा दिया, घर में दो तरह के व्यंजनों की जगह एक ही तरह के बनने शुरू हो गए। नौकरों की पूरी फौज थी, घटाकर गिनती के कर दिए, विदेशी सजावट की वस्तुएँ बँगले से हटाकर आम जनता के अलाव के लिए भेज दी गईं। सबसे दिलचस्प था उनका 'सेविले रो (Savile Row)' के सूट्स का पहनना छोड़ देना। ये नाम है लंदन की उस गली का, जिसमें ऑडर देकर बनवाए गए सूट्स दुनिया भर के नामी लोग सदियों से पहनते आ रहे हैं। चर्चिल से लेकर जिन्ना तक, जेम्स बोंड समेत कई फिल्मी पात्रों के सूट्स यहीं सिले, बीटल्स बैंड ने अपना स्टूडियो तक इसी गली में बना लिया था। अब मोतीलाल ने हाथ की बुनी खादी से बने कुरते पहनने शुरू कर दिए।

गांधीजी की वजह से वे कांग्रेस अध्यक्ष बने थे, उन्हीं की सलाह पर यह सब किया तो उनको भी बताते रहते थे। एक हैल्थ रिसोर्ट से गांधीजी को 1921 में यह

सब लिखा उन्होंने, "' ...The brass cooker...has taken the place of the two kitchens, a solitary servant, not over-intelligent that of the old retinue–three small bags containing rice, dal and masala that of the mule-loads of provisions...one square meal of rice, dal, vegetable, sometimes khir [milk and rice cooked together] in the middle of the day, that of breakfast, lunch and dinner "a l'Anglaise" ...The shikar has given place to long walks, and rifles and guns to books, magazines and newspapers. "[26]

नाभा जेलकांड नेहरू परिवार के लिए आज तक मुसीबत

नाभा जेल का मामला भी काफी प्रसिद्ध है। यह 1923 की बात है, पंजाब में एक रियासत होती थी, नाभा। ब्रिटिश सरकार ने यहाँ के राजा को गद्दी से हटा कर एक अंग्रेज प्रशासक नियुक्त कर दिया था, जिसका सिखों ने जबरदस्त विरोध करते हुए एक आंदोलन छेड़ दिया। नेहरू, आचार्य गिडवानी और के. संथानम का एक दल हालात का जायजा लेने के लिए नाभा के लिए दिल्ली अधिवेशन के बाद ही निकल गया। उधर नाभा के अंग्रेज प्रशासक ने इन तीनों के रिसायत में प्रवेश करने पर प्रतिबंध लगा दिया। जब 22 सितंबर, 1923 को नेहरू यह प्रतिबंध तोड़कर रियासत में दाखिल हुए तो उन्हें गिरफ्तार कर लिया गया।

जवाहरलाल और के. संथानम दोनों ने लिखा है कि जेल कोठरी बहुत ही बदतर स्थिति में थी, न उन्हें वहाँ कोई सुविधा दी जा रही थी, रात में सोते समय नेहरू चूहे तक से डर गए थे। जवाहरलाल को अभी तक उन जेलों की आदत थी, जहाँ अखबार मिलते थे, बाहर से खाना आता था, लिखने-पढ़ने, खेलने की सामग्री मिलती थी, लेकिन यहाँ ऐसा नहीं था। जब जेल से छूटे थे तो जवाहर को टाइफाइड हो गया था, कई हफ्तों तक बिस्तर पर रहने के बाद स्वास्थ्य लाभ के लिए हिल स्टेशन चले गए थे। नाभा में भी तीन दिन बाद तभी राहत मिली, जब पिता मोतीलाल ने वायसराय को पत्र लिखा और तमाम लोगों को टेलीग्राम किए। के. संथानम ने लिखा है, "कोठरी की कच्ची छत से हमेशा गिट्टी गिरती रहती थी। जवाहरलाल नेहरू बेहद परेशान थे, वो गुस्से में आकर हर आधे घंटे में कोठरी को साफ रखने के लिए जमीन पर झाड़ू लगाने लगते थे।"

गिरफ्तारी के महज 12 दिन बाद ही नाभा की अदालत का फैसला आ गया। यह भी हैरत भरा था, इतनी जल्दी किसी केस का फैसला आना। जवाहरलाल नेहरू,

आचार्य गिडवानी और के. संथानम को दो अलग-अलग मुकदमों में दो साल की कैद सुनाई गई, यानी अब अगले दो साल तक नेहरू को नाभा की जेल में ही रहना था। लेकिन इसके बाद वो हुआ, जो आज तक भारत के अदालती इतिहास में कभी नहीं हुआ है। शाम को करीब चार बजे अदालत ने नेहरू को दो साल की सजा सुनाई और शाम सात बजे नाभा के अंग्रेज प्रशासक ने यह सजा रद्द कर दी। इस रहस्यमयी घटना का वर्णन जवाहरलाल नेहरू ने भी रहस्यमयी तरीके से किया है।

वे लिखते हैं, "उसी शाम को जेल अधीक्षक ने हमें बुलाया और हमें प्रशासक का आदेश दिखाया, जिसमें हमारी सजा स्थगित कर दी गई थी। उसने हमें एक और एक्जीक्यूटिव ऑर्डर दिखाया, जिसमें हमें तत्काल नाभा रियासत छोड़कर चले जाने के लिए कहा गया था और अगली बार बिना विशेष अनुमति के प्रवेश न करने का भी आदेश था। मैंने दोनों हुक्म की कॉपी माँगी, लेकिन वो हमें नहीं दी गई। इसके बाद हमें रेलवे स्टेशन भेज दिया गया। रात में शहर के दरवाजे बंद हो गए। हम अंबाला जाने वाली गाड़ी में बैठ गए।"[27]

इस पूरे घटनाक्रम को लेकर नेहरू परिवार पर इसलिए सवाल उठते हैं, क्योंकि बिना कोई कारण बताए तीनों की सजा का माफ होना किसी की समझ में आज तक नहीं आया। चूँकि आजादी से पहले ही जवाहरलाल नेहरू देश के सर्वेसर्वा की भूमिका में थे और 1964 तक लगातार रहे तो यह माना ही जा सकता है कि अगर कुछ लिखित में माफीनामा, कोई अपील या गुजारिश भी होगी, अंग्रेजी सरकार की कोई शर्त मानी गई होगी तो उसके कागजात लोगों की पहुँच से बाहर करना सामान्य सी बात थी।

दो को बनाया मंत्री, तीसरे के लिए रहे शर्मिंदा

दूसरे जिस कनिष्ठ वकील कपिल देव मालवीय को मोतीलाल जवाहरलाल की सेवा में नाभा छोड़ गए थे, उनको और अपने साथ जेल जाने वाले के. संथानम को जवाहरलाल ने आजादी के बाद अपनी कैबिनेट में मंत्री बनाया। शायद जेल के दूसरे साथी एटी गिडवानी को मौका मिलता, लेकिन उनकी मौत काफी पहले ही बीमारी से हो चुकी थी, लेकिन ए.टी. गिडवानी के साथ छह महीने बाद ऐसा हुआ कि जवाहर सालों तक शर्मिंदा रहे। दरअसल गिडवानी फिर एक जत्थे पर हुई फायरिंग में घायल लोगों को देखने उसी जगह पहुँचे, उनको गिरफ्तार किया गया। प्रशासक से पूछने पर जवाहरलाल को बताया कि कोर्ट आदेश का उल्लंघन किया, बिना अनुमति नाभा में प्रवेश किया।

फिर न जवाहर गए और न एक वकील तक भेजा कि गिडवानी का कोई केस ही लड़ ले। उन्हें यह भी डर था कि कहीं उनके साथ भी ऐसा न हो। जो मोतीलाल अपने बेटे के लिए वायसराय तक पहुँच सकते थे, इलाहाबाद का एक वकील वहीं छोड़ सकते थे, उन्होंने न एक पत्र लिखा, न ही अपील की। बिना केस चले ही करीब साल भर गिडवानी उसी जेल में पिसते रहे, जहाँ एक बार जाकर जवाहरलाल चार हफ्तों तक बिस्तर पर रहे थे। बीमारी के चलते ही छोड़े गए। जवाहरलाल ने अपनी आत्मकथा में लिखा भी, "I took shelter behind the advice of friends, and made of it a pretext to cover my own weakness. For, after all, it was my weakness and disinclination to go to Nabha Gaol again that kept me away, and I have always felt a little ashamed of thus deserting a colleague."[28]

मोतीलाल भी जवाहर पर कोई मुसीबत आते ही अपना सबकुछ छोड़कर उसके समाधान में सारी ताकत लगाकर जुट जाते थे तो उसकी वजह भी थी। आखिरकार जवाहर तीन बेटों में से बचे हुए उनके इकलौते बेटे थे। एक बेटा पहली पत्नी के साथ ही मर गया था तो दूसरा जवाहर के बाद जवाहर की ही जन्मतिथि पर पैदा हुआ था, लेकिन बीमारी के चलते वह भी एक महीने से ज्यादा जिंदा नहीं रह पाया था। इस बेटे का नाम था रतन लाल, जो जवाहर के ही जन्मदिन पर जनमा था, 14 नवंबर, 1905 को, यानी जवाहर को लंदन छोड़कर वापस आने के ठीक 10 दिन बाद।

किसानों का नेता बनने की कोशिश जवाहर को पड़ी भारी

इधर लगातार जवाहर गांधीजी को, उनके तौर-तरीकों को, आम आदमी से जुड़कर उनके बीच लोकप्रियता कैसे बढ़ती है, ये समझने में जुटे थे। चूँकि गांधीजी ने भारत में शुरुआत चंपारण के किसान आंदोलन से की, गुजरात का खेड़ा सत्याग्रह भी किसानों के लिए ही किया गया था। यहाँ तक कि असहयोग आंदोलन भी किसानों की वजह से कामयाब था। जवाहर अब किसानों से जुड़े मुद्दों पर ध्यान देने लगे। कुछ किसान नेताओं को प्रतापगढ़ में 1920 में जब छोटे मामलों में गिरफ्तार किया गया तो किसानों ने अदालत में धावा बोल दिया, हजारों की संख्या में आ गए। मजिस्ट्रेट ने सुनवाई टाल दी, फिर किसानों ने जेल को घेर लिया, आखिरकार प्रशासन को किसान नेताओं को छोड़ना पड़ गया।

इससे कामयाब होकर उन किसान नेताओं ने जनवरी 1921 की शुरुआत में

रायबरेली के एक मामले में भी वही रणनीति अपनाई, हजारों की संख्या में पहुँच गए। एक टेलीग्राम जवाहरलाल को भी भेज दिया। तब वे नागपुर अधिवेशन से बस लौटे ही थे। फौरन निकल पड़े, लेकिन इस बार ब्रिटिश सरकार तैयार थी, काफी मात्रा में मिलिट्री मँगा ली गई थी। जवाहरलाल स्टेशन पर उतरे तो उन्हें पता चला कि किसान नेताओं को शहर के बाहर छोटी सी नदी पर ही रोक लिया गया है। जवाहरलाल वहीं पहुँचे, नदी के पुल पर पहुँचते ही उनको वहाँ के डिस्ट्रिक्ट मजिस्ट्रेट का पत्र मिला कि 'गो बैक'। जवाहर भी जोश में थे, उसी कागज के पीछे लिख दिया, "Under what law and what section he was asking me to go back?"

जवाहरलाल नेहरू ने अपनी आत्मकथा में लिखा है कि दूसरी तरफ से फायरिंग की आवाज आ रही थी, वह वहीं थोड़ी देर रुके तो सैकड़ों डरे हुए किसानों ने उन्हें घेर लिया, जो अब तक नदी के सहारे के खेतों में छुपे हुए थे। नेहरू ने लिखा है कि कुछ हजार किसान थे, वहीं सभा शुरू हो गई और दूसरी तरफ फायरिंग हो रही थी। जवाहर ने अपनी आत्मकथा में लिखा है, "मीटिंग काफी कामयाब रही, किसानों का डर काफी हद तक उन्होंने दूर कर दिया था। फिर डिस्ट्रिक्ट मजिस्ट्रेट फायरिंग लाइन से लौटा और उन्हें अपने घर ले गया।" जवाहरलाल आगे जो लिखते हैं, वह बताता है कि जो वहाँ हुआ, शायद ही किसी राष्ट्रीय नेता के साथ कभी हुआ हो, जवाहरलाल नेहरू के शब्दों में, "There he kept me, under some pretext or other, for over two hours, evidently wanting to keep me away from the kisans and my colleagues in the city. We found later that many men had been killed in the firing. The kisans had refused to disperse or to go back but otherwise they had been perfectly peaceful."[29]

जवाहर ने बस इतना लिखा कि कई किसान मारे गए थे, संख्या नहीं दी, लेकिन उनके अखबार 'नेशनल हेराल्ड' ने कई दशक बाद लिखे गए लेख में यह संख्या 13 दी है, कहाँ से यह आँकड़ा लिया, नहीं बताया। हकीकत तो गणेश शंकर विद्यार्थी के अखबार 'प्रताप' ने बताई थी कि सैकड़ों किसान मारे गए थे। नेहरू ने पूरी कहानी भी नहीं लिखी। कहानी की शुरुआत इस अफवाह से हुई कि लखनऊ जेल में दो किसानों की मौत हो गई है, विरोधस्वरूप 7 जनवरी को मुंशीगंज की सई नदी के एक छोर पर विशाल किसान सभा के आयोजन की घोषणा की, हजारों किसान जुटने लगे। जवाहरलाल को भी टेलीग्राम भेजा गया।

लेकिन वीरपाल नाम के तालुकदार ने एक किसान पर गोली चला दी, वहाँ मौजूद मिलिट्री ने इसे ऑर्डर माना और फायरिंग शुरू कर दी। इसी दौरान वहाँ जवाहरलाल नेहरू पहुँचे, अगर वो हिम्मत करके फायरिंग वाली जगह की तरफ बढ़ते तो सैकड़ों की जान बच जाती, लेकिन वो तो फायरिंग की आवाजें सुनते रहे और किसानों को समझाते रहे, उसके बाद डीएम के साथ उसके घर चले गए। क्या गांधीजी या पटेल होते तो ऐसा ही करते? 'प्रताप' के दावे और तमाम स्थानीय रिपोर्ट्स के आधार पर किसानों की मौत का आँकड़ा 750 माना जाता है और यह सब जवाहरलाल नेहरू की आँखों के सामने हो रहा था। इतिहास के किसी कोने में इसे मुंशीगंज किसान नरसंहार के नाम से जाना जाता है, जलियाँवाला बाग के मुकाबले इसे एक फीसदी लोगों ने भी नहीं जाना।[30]

लेकिन इस घटना का सबसे ज्यादा खामियाजा 'प्रताप' के संपादक गणेश शंकर विद्यार्थी ने भुगता। अंग्रेजों की शह पर तालुकदार वीरपाल ने 'प्रताप' समेत सभी अखबारों के संपादकों और प्रकाशकों पर केस कर दिया कि मैंने पहली गोली नहीं चलाई, मेरा नाम क्यों नहीं लिया? सब अखबारों ने माफी माँग ली, यहाँ तक कि मोतीलाल नेहरू के अखबार 'इंडिपेंडेंट' ने भी। 62 लोगों की गवाही हुई, जिसमें जवाहरलाल और मोतीलाल भी शामिल थे, जो अगले दिन वहाँ गए थे। मामला हाईकोर्ट तक गया, अंग्रेजी सरकार का दवाब था, उस वक्त वीडियो या फोटो की ऐसी सुविधा नहीं था, जो सुबूत दे पाते। विद्यार्थी और उनके प्रकाशक को जुरमाना देना पड़ा, प्रिंस ऑफ वेल्स की यात्रा के चलते जेल में ज्यादा दिन नहीं रहना पड़ा।[31]

ऐसा नहीं था कि यह यहीं थम गया। रायबरेली में ही दो और फायरिंग की घटनाओं का उल्लेख खुद जवाहरलाल नेहरू ने अपनी आत्मकथा में किया है। जिस असहयोग आंदोलन को गांधीजी अहिंसक बता रहे थे, उसके लिए देश भर के किसान गोली खा रहे थे। उसकी सच्चाई के बारे में खुद नेहरू ने लिखा है, "Firing on kisans took place on two occasions in Rae Bareli district about that time and then began, what was much worse, a reign of terror for every prominent kisan worker or member of a panchayat. Government had decided to crush the movement. Hand-spinning on the charkha was then spreading among the peasantry at the instance of the Congress. A charkha therefore became the symbol of sedition and its owner got into trouble."

मुंशीगंज की तरह की ही एक घटना जवाहरलाल नेहरू के साथ फैजाबाद में

हुई, अकबरपुर के पास। जवाहरलाल को जानकारी मिली कि एक तालुकदार के यहाँ कुछ किसानों ने धावा बोला है और उसके यहाँ लूट भी की है। जवाहरलाल उन दिनों किसान नेता बनने में लगे थे, उन्हें किसी ने सूचना दी तो एक-दो दिन के अंदर वो मौके पर पहुँच गए, धीरे-धीरे किसानों को सूचना मिलने लगी तो वहाँ भीड़ जुटने लगी। हजारों किसान गांधीजी के करीबी इस युवा नेता को देखने पहुँच गए। ऐसे मौके पर पुलिस तो पहुँच ही जाती थी। जवाहरलाल ने घटना के बारे में किसानों की सभा में कहा कि यह गलत है और वहाँ बैठे किसानों से कहा कि जो-जो लोग इस घटना में शामिल थे, अपने हाथ ऊपर उठाएँ और करीब दो दर्जन मासूम किसानों ने उठा भी दिए।

लेकिन जब सभा के बाद सच्चाई सामने आई तो जवाहरलाल के होश उड़ गए। दरअसल उन्हें किसी ने बोला था कि यह सब महात्मा गांधी ने करने को कहा है, उन्होंने 'महात्मा गांधी की जय' के नारे भी उस वक्त लगाए थे। गलती यह हुई कि जवाहरलाल ने पुलिस वालों के सामने उनसे हाथ उठवा लिये। पुलिस को उस जिले में किसान आंदोलन को कुचलने का मौका मिल गया, दर्जनों नहीं, बल्कि हजारों किसानों को गिरफ्तार कर लिया गया, जेल कैदियों से भर गई। सालों मुकदमा चला, न जाने कितने किसान जेल में ही मर गए, न जाने कितनों की जवानी जेल में बरबाद हो गई। नेहरू को अपनी गलती पर पछतावा भी हुआ, जवाहरलाल ने अपनी आत्मकथा में लिखा है, "Many died in prison during the trial. Many others received long sentences and in later years, when I went to prison, I came across some of them, boys and young men, spending their youth in prison."[32]

जवाहरलाल नेहरू की यह किसानों की समस्याओं को समझने का कार्यक्रम बाबा रामचंद्र की वजह से शुरू हुआ था। फिजी में एक मजदूर की तरह ले जाए गए महाराष्ट्र के बाबा रामचंद्र ने लौटकर अवध के रायबरेली, प्रतापगढ़ और फैजाबाद को 1920 में किसानों को संगठित करने के लिए काम करना शुरू किया। सबसे पहले बरेली के ऊँचाहार में 'किसान सभा' स्थापित की। जून 1920 में दो सौ किसानों के जत्थे ने बाबा रामचंद्र के नेतृत्व में प्रतापगढ़ से इलाहाबाद तक पैदल मार्च किया, उद्देश्य एक ही था—कांग्रेस नेताओं का ध्यान किसानों की समस्याओं की तरफ खींचना।

उस वक्त ये किसान तालुकदार की ज्यादतियों के विरुद्ध यमुना नदी पर धरना दे रहे थे, जवाहरलाल अपने सहयोगियों के साथ वहाँ पहुँचे और उनके साथ तीन

दिन रुके। नेहरू ने पाया कि कैसे बाबा रामचंद्र ने किसानों को जबरदस्त तरीके से संगठित कर दिया, नेहरू की सभाओं में जब भी हजारों किसानों की भीड़ जुटी, वह बाबा रामचंद्र की वजह से थी। नेहरू ने पाया कि कैसे 'सीता राम' जैसे आमजन के अभिवादन को बाबा रामचंद्र ने एक उत्साह-वृद्धि का हथियार बना दिया है। नेहरू को लगता था कि बाबा रामचंद्र ने यह क्षेत्र भी इसलिए चुना था, क्योंकि इसमें अयोध्या के राजा राम का राज था।

लेकिन आखिर में जवाहरलाल ने जो लाइनें अपनी आत्मकथा में बाबा रामचंद्र के लिए प्रयोग कीं, उनके कद से मेल नहीं खातीं, उन्होंने लिखा, "He had little education and to some extent he exploited the tenantry for his own benefit...he had no programme of any kind and when he had brought them to a pitch of excitement he tried to shift the responsibility to others...he turned out later to be a very irresponsible and unreliable person."[33]

जब पहली बार नेहरू परिवार हुआ 'लव जेहाद' का शिकार

मोतीलाल की जीवनी लिखने के लिए जवाहरलाल नेहरू द्वारा नियुक्त किए गए बी.आर. नंदा उनके नए अखबार 'इंडिपेंडेंट' को बंद करने के पीछे उनके वित्तीय संकट को जिम्मेदार ठहराते हैं। जाहिर है, जवाहरलाल के कहने पर ही उन्होंने मोतीलाल के इस बड़े पारिवारिक संकट पर परदा डाला होगा। दरअसल मोतीलाल ने इस अखबार की जिम्मेदारी सैयद हुसैन को दी थी, जो फिरोजशाह मेहता के अखबार 'बॉम्बे क्रॉनिकल' में भी काम कर चुके थे। फिरोज गांधी की ही तरह गांधी-नेहरू-कौल परिवार आज सैयद हुसैन के बारे में भी बात नहीं करना चाहता।

सैयद हुसैन ढाका के नवाब परिवार से था, उसकी माँ फरीदपुर के मशहूर नवाब बहादुर अब्दुल लतीफ की बेटी थीं। सैयद हुसैन की बहन की शादी ब्रिटिश राज में बंगाल के पहले प्रधानमंत्री रहे ए.के. फजल उल हक से हुई थी, हक ने ही पाकिस्तान बनाने का कुख्यात 'लाहौर प्रस्ताव' प्रस्तुत किया था। तब केवल 19 साल की थीं जवाहर की बहन विजया लक्ष्मी पंडित और सैयद हुसैन 31 साल के। शानदार और मनमोहक व्यक्तित्व के स्वामी सैयद हुसैन के प्यार के जाल में सरूप (बाद में विजया) फँसती ही चली गईं। वैसे भी विजया को भी कभी मोतीलाल नेहरू ने स्कूल या कॉलेज में पढ़ने नहीं भेजा था, उनकी पढ़ाई घर पर हुई थी।

इसके अलावा पिता–पुत्र दोनों राजनीति में इतने व्यस्त थे कि बेटी की तरफ किसी का ध्यान ही नहीं गया। इधर सैयद हुसैन का अखबार के कामों के लिए आनंद भवन में आना–जाना रोजमर्रा का काम हो गया। खुद विजया लक्ष्मी पंडित ने अपनी पुस्तक में इस रिश्ते का उल्लेख किया है कि कैसे किशोर उम्र में वह सैयद हुसैन की तरफ आकर्षित हो गई थीं, "A couple of years earlier, while still in my teens, I had become attached to a young man, Syed Hussain, whom my father had appointed editor of a newspaper he had just started."[34]

अलीगढ़ से शुरुआती पढ़ाई पढ़ने के बाद सैयद की एक अच्छी सरकारी नौकरी लगी भी तो मन नहीं लगा, लंदन निकल गए वकालत की पढ़ाई के लिए. सात साल लंदन में रहने के बावजूद कोर्स पूरा नहीं किया, प्रथम विश्वयुद्ध शुरू हो गया और भारत से लीग की स्थापना, खिलाफत आदि की खबरें मिलने लगीं तो 1916 में भारत आकर पत्रकारिता शुरू कर दी। सरोजिनी नायडू की होमरूल लीग से जुड़ गए, बाद में गांधीजी के करिश्मे के आगे उनके समर्थक बन गए, लेकिन उनके इश्क की खबर आम हुई तो मोतीलाल ने अखबार बंद करना बेहतर समझा। दावा तो यहाँ तक किया जाता रहा है कि सैयद हुसैन ने विजया लक्ष्मी पंडित से निकाह कर लिया। जवाहरलाल भी सैयद से काफी नाराज हुए, गांधीजी को इलाहाबाद बुलाया गया, तब उन्होंने सैयद पर दवाब बनाया। उनसे लिखकर लिया गया और बाद में रंजीत पंडित से विजया का विवाह करवाया गया। सैयद अमेरिका चले गए।

इधर जैसे ही परिवार में सबसे पहले खबर लगी, गांधीजी से सलाह ली गई, उन्होंने कहा कि सरूप को कुछ दिनों के लिए साबरमती आश्रम भेज दो। सरूप ने भी बात मान ली, लेकिन इतने नाजों में पली लड़की के लिए आश्रम की जिंदगी भयावह थी। विजया लक्ष्मी ने खुद लिखा है, "My heart sank when I first saw the place. Everything was so utterly drab and so unpleasing to the eyes. I wondered how long I could be survive there. As a concession I was to share Gandhiji's hut."[35] हालाँकि उन्हीं की किताब से पता चला कि सरोजिनी नायडू गांधीजी से काफी मजाक कर लेती थीं और गांधीजी को एक निकनेम भी दिया था, 'मिकी माउस'।

कई लोगों ने दावा किया है कि गांधीजी ने 1921 में सैयद हुसैन को खिलाफत आंदोलन के प्रवक्ता के तौर पर लंदन एक प्रतिनिधिमंडल में भेजा और उनको वापस

जल्दी भारत आने से मना कर दिया गया। इधर विजया को साबरमती आश्रम भेजकर उनकी 'शुद्धि' करवाई गई। उस वक्त ये भी आरोप लगे कि सैयद और विजया का निकाहनामा नष्ट कर दिया गया। सैयद को समझाने के लिए उस वक्त के कई मुसलिम नेताओं को भी गांधीजी ने लगाया था।

इस पूरे प्रकरण की जानकारी जवाहरलाल के निजी सचिव रहे मथाई भी अपनी किताब में देते हैं कि कैसे नेहरूजी ने उन्हें सैयद हुसैन व विजाय लक्ष्मी पंडित के कुछ कागज किचन में जलाने को कहा था। दरअसल गांधीजी ने राजकुमारी अमृत कौर को सैयद हुसैन के साथ विजया के निजी रिश्तों के बारे में एक सीक्रेट फाइल सौंपी थी, जो कौर के जरिए जब नेहरूजी को मिली तो नेहरूजी के आदेश पर उसने रसोई में जला दी थी।[36]

हालाँकि इन सबका उस वक्त की राजनीति से कोई सीधा लेना-देना नहीं था। लेकिन खिलाफत आंदोलन चल रहा था, ऐसे में यह खबर आम होती तो नेहरू परिवार के लिए दिक्कत हो जाती। शायद यह एक बड़ी वजह थी कि मोतीलाल ने मुसलिम मामलों से दूरी ही बरती थी, लेकिन सैयद हुसैन दोबारा नेहरू परिवार की जिंदगी में 1946 में तब लौटकर आए, जब मोतीलाल जिंदा नहीं रहे। रंजीत पंडित भी दो साल पहले एक दुर्घटना में दुनिया को अलविदा कह गए।

इधर विजया के बच्चे चूँकि अमेरिका में पढ़ रहे थे तो वो अस्थायी रूप से 1945 में अमेरिका ही चली गईं और वहीं फिर से सैयद हुसैन के संपर्क में आ गई थीं। भारत आने के बाद दोनों के चर्चे फिर से आम होने लगे। देश आजाद हो गया, नेहरूजी प्रधानमंत्री बन गए, नेहरूजी ने सैयद हुसैन को मिस्र का राजदूत नियुक्त करके कैरो भेज दिया और बहन विजया को सोवियत संघ का राजदूत बनाकर मास्को भेजकर कुछ समय के लिए मुसीबत टाली। फिर भी दोनों अकसर मिलते रहे, जब विजया यू.एन. पहुँची तो उनके लिए यह और भी आसान हो गया। लेकिन 1949 में जब सैयद हुसैन की हार्ट अटैक से मौत हुई, तब जाकर इस कहानी का अंत हुआ।

दिलचस्प तथ्य यह भी है कि विजया लक्ष्मी पंडित (सरूप नेहरू) का विवाह जिस दिन रंजीत पंडित से हुआ, उस दिन तारीख 10 मई थी, भारत के प्रथम स्वतंत्रता संग्राम की तारीख। कांग्रेस और खिलाफत के देश भर के नेता इलाहाबाद में जुटने लगे तो प्रशासन सतर्क हो गया। उस दिन यूरोपीय महिलाओं और बच्चों को तो सुरक्षा के लिए इलाहाबाद के किले में भेज दिया गया था।

बाद में मोतीलाल ने विपिन चंद्र पाल को अखबार का संपादक बनाया और

भतीजे मोहन लाल नेहरू को अखबार का प्रबंधक। लेकिन विपिन चंद्र पाल लाल-बाल-पाल तिकड़ी के गरम मिजाज के कांग्रेसी थे, उनके निशाने पर एक बार तो गांधीजी ही आ गए, जिनसे रिश्ते बिगाड़ना मोतीलाल किसी भी कीमत पर बरदाश्त नहीं कर सकते थे। 10 दिनों के अंदर ही उन्होंने जवाहर को कहा, "Take Bipin Pal in hand. He has run amuck, abusing all nationalists without any distinction, His last attack on Gandhi is about "the limit".

1921 में मोतीलाल को कांग्रेस के तीन में से एक महासचिव बना दिया गया। कांग्रेस कार्यसमिति में वह पहले ही जोड़े जा चुके थे। महासचिव थे ही, गांधीजी का वरदहस्त था, उनका शाही रहन-सहन जरूर चला गया था, लेकिन रवैया नहीं गया था। उन्होंने उस साल कांग्रेस अध्यक्ष विजया राघवाचार्य को इतना परेशान करके रख दिया कि उन्हें गांधीजी से यह शिकायत करनी पड़ी, "I deeply, very deeply feel the humiliating position to which the over enthusiastic Panditji has subjected me under your auspices."[37]

महात्मा गांधी असहयोग आंदोलन के चलते अब कांग्रेस के निर्विवाद नेता बन चुके थे, इसका एक धार्मिक प्रभाव भी था, जो नेहरू परिवार पर भी पड़ा। बी.आर. नंदा जवाहरलाल की आत्मकथा के हवाले से लिखते हैं, "The religious impulse behind the non-co-operation movement appealed to Swarup Rani and Kamala. The girls turned vegetarian; Motilal himself became an abstainer and could even be seen poring over Sir Edwin Arnold's translation of the Gita. As for Jawaharlal, he confessed later that he 'came nearer to a religious frame of mind in 1921 than at any other time since my early boyhood."[38]

असहयोग आंदोलन में मोतीलाल की गिरफ्तारी हुई दिसंबर 1921 में, जब प्रिंस ऑफ वेल्स की इलाहाबाद यात्रा के विरोध की योजना बनी। उनको 6 महीने की सजा और 500 रुपए जुरमाना लगाया गया, उसके लिए 'इंडिपेंडेंट' में छपी कांग्रेस कार्यकर्ताओं की सूची में उनके नाम को आधार बनाया गया। हड़ताल के परचे छापने का आरोप लगाकर जवाहरलाल को भी गिरफ्तार करके यही सजा दी गई। बाहर आने के बाद पूरा परिवार गांधीजी से मिलने पहली बार ट्रेन के तीसरे दर्जे के डब्बे में बैठकर अहमदाबाद पहुँचा। साबरमती आश्रम की कड़े अनुशासन की जिंदगी कुछ दिन जीकर देखी।

जेल में मोतीलाल को रोज शैंपेन की बोतल देने के आरोप, पिलाने वाले अंग्रेज के परिवार ने भी माना

हालाँकि मोतीलाल की जेल यात्रा से जुड़ी एक दिलचस्प कहानी 'स्टेट्समैन' के पूर्व संपादक आर्थर मूर ने भी लिखी थी, उनके मुताबिक एक बार तीस साल पुराने दोस्त और संयुक्त प्रांत के लेफ्टिनेंट गर्वनर हरकोर्ट बटलर के साथ मोतीलाल नेहरू ने शैंपेन पीते वक्त कहा था कि बहुत जल्दी मुझे जेल जाना पड़ सकता है, तब हरकोर्ट ने कहा था, "Well if that happens, I will see that you get champagne." मूर के मुताबिक गर्वनर ने अपना वादा पूरा किया और एक ए.डी.सी. गर्वनर हाउस से रोज एक आधी बोतल शैंपेन नेपकिन में लपेटकर जेल ले जाता था।[39]

लेकिन उनके साथ उस वक्त जेल में बंद जवाहरलाल ने अपनी आत्मकथा में मूर की किताब में लिखे इस तथ्य को गलत बताया है। चूँकि मूर से पहले भी कई जगह प्रेस में यह खबर छपी थी, इसलिए जवाहरलाल ने यह सफाई दी थी, "A ridiculous story has appeared in the Press, and, though contradicted, continues to appear from time to time. According to this, Sir Harcourt Butler, the then Governor of the U.P., sent champagne to my father in prison. Sir Harcourt sent my father nothing at all in prison; nobody sent him champagne or any other alcoholic drink; and indeed he had given up alcohol in 1920 after the Congress took to non-cooperation, and was not taking any such drinks at that time."[40]

खास बात यह है कि इस आरोप पर न तो कभी हरकोर्ट बटलर ने कहीं कुछ लिखा, न कोई सार्वजनिक सफाई या बयान दिया, लेकिन प्रधानमंत्री बनने के बाद जवाहरलाल के कहने पर मोतीलाल की जीवनी लिखने वाले बी.आर. नंदा ने विस्तार से इसका खंडन करने की कोशिश की, उन्होंने लिखा कि एक तो जवाहरलाल और मोतीलाल के भतीजे भी उसी बैरक में बंद थे। दूसरे मोतीलाल उन दिनों गांधीजी के प्रभाव में शराब पीना बंद कर चुके थे और तीसरा तर्क उन्होंने एक घटना को लिखकर किया, जोकि मौखिक उल्लेख है, कोई लिखित दस्तावेज नहीं। उन्हें दीवान चमन लाल ने ब्रिटिश लेखक एल्डॉस हक्सले और मोतीलाल के बीच एक बातचीत एक डिनर पार्टी में सुनी थी, जिसमें हक्सले ने शैंपेन वाली बात उनसे पूछी थी। चमन लाल के मुताबिक मोतीलाल हँसे और बोले, "it is not true. But in the good old days rivers of champagne must have flowed between us."

एल्डॉस हक्सले भारत में 1925 के अक्तूबर में आया था, और 1926 में चला गया था। मोतीलाल और जवाहरलाल से दोस्ती उसको काफी पसंद आई, उनके बारे में अच्छा लिखा, लेकिन भारत की, खासतौर पर 'अध्यात्म' की खासी बुराई अपनी किताबों में की। भारत की छवि उसने ऐसी बनाई अपनी किताबों के जरिए, कि कोई पढ़ ले तो कभी घूमने यहाँ न आए। यहाँ तक कि गांधीजी को भी नहीं छोड़ा, उनके लिए लिखा, 'A low foxy shopkeeper's face.' उसने कानपुर का कांग्रेस अधिवेशन भी देखा। सबसे दिलचस्प बात बी.आर. नंदा की इस सफाई में यह है कि शैंपेन वाली कहानी लंदन तक पता थी, लेकिन मोतीलाल ने फिर भी सफाई प्रेस को नहीं दी।

मोतीलाल ने यह भी नहीं कहा कि उन्होंने गांधी के प्रभाव में आकर शराब छोड़ दी है। जबकि जवाहरलाल ने अपनी आत्मकथा में और बी.आर. नंदा ने भी लिए यह तर्क दिए। रही बात बेटों, भतीजों को शैंपेन के बारे में पता होने की तो मोतीलाल के लिए ये कुछ नया नहीं था, उनके घर के अंदर पूरा शहर ऐसी पार्टियाँ न जाने कब से कर रहा था। एक और दिलचस्प बात यह कि जवाहरलाल नेहरू ने अपनी आत्मकथा में कहीं नहीं लिखा कि मोतीलाल का शराब पीना अस्थायी रूप से बंद हुआ था, लेकिन उनके जीवनीकार शंकर घोष ने यही तर्क इस शैंपेन वाले मामले में दिया था, उन्होंने लिखा, "During the non-cooperation movement he temporarily gave up drinking, but nevertheless the story persisted that Sir Harcourt Butler, then Governor of the U.P., sent him regular supplies of champagne in prison."[41]

ऐसे में लगता तो है ही कि इतने बड़े वकील होकर कभी मोतीलाल ने सफाई नहीं दी, लेकिन नेहरूजी समेत उनके इतने लोग सफाई में लगे हुए थे। किंतु नेहरू परिवार के चाहने वालों को इस बात से झटका लग सकता है कि इस पूरी मेहनत पर पानी फेर दिया, कभी मोतीलाल के मित्र रहे और उन्हें जेल में रोज शैंपेन उपलब्ध करवाने वाले हरकोर्ट बटलर के परिवार ने। अपने पारिवारिक अभिलेखों के आधार पर बटलर के भतीजे रिचर्ड ऑस्टन बटलर ने लिखा है, "Jawahalal indignantly denies in his autobiography that may uncle sent his father Champagne in gaol, but my family sticks to the story. My researches in family archives go to show that champagne was sent by a jamadar."[42] दिलचस्प बात यह भी है शशि थरूर ने भी अपनी किताब 'Nehru : The Invention of India' में शैंपेन वाली बात का यह कहकर उल्लेख किया है कि ऐसा कहा जाता था, लेकिन उसका खंडन करना जरूरी नहीं समझा।

मोतीलाल, जवाहरलाल और उनके दो भतीजे श्यामलाल और मोहन लाल को एक ही बैरक में रखा गया था, जिससे कपड़े धोने से लेकर बाकी सारी मदद वो सब कर दिया करते थे। उनको बाहर से खाना मँगाने की छूट थी, अखबार और किताबें मिल रही थीं और लिखने के लिए कागज कलम भी। एक बार भतीजे ब्रजलाल जब अपनी पत्नी रामेश्वरी, भाई किशन लाल और बेटे ब्रज कुमार के साथ जेल मिलने आए तो केवल तीन लोगों को मिलने के नियम के नाम पर ब्रजलाल को रोक दिया गया। मोतीलाल ने हंगामा कर दिया, जेल अधीक्षक ने फौरन तीन लोगों वाला नियम नेहरू परिवार के लिए हटा दिया था। सो ऐसा कहना मुश्किल है कि उनको वहाँ आम कैदियों की तरह रखा जा रहा था।

मोतीलाल का पूरा परिवार गांधीजी के रास्ते पर चलकर जेल चला गया, लेकिन चौरी-चौरा कांड ने पूरी कांग्रेस को हिलाकर रख दिया। मोतीलाल और जवाहरलाल भी गांधीजी से असहयोग आंदोलन को स्थगित करने पर नाराज हो गए। उसके बाद गांधीजी को तीन पुराने लेखों के चलते 10 मार्च, 1922 को गिरफ्तार कर लिया गया, पूरे छह साल की सजा सुना दी गई। बहुतों को लगा कि अब गांधी युग खत्म हो गया है।

गांधीजी के जेल जाते ही मोतीलाल अलग रास्ते पर

जून 1922 में कांग्रेस कमेटी की लखनऊ बैठक में काउंसिल्स के बहिष्कार पर मतभेद खुलकर सामने आ गए, गांधीजी की इच्छा के बावजूद सी.आर. दास ने खुलकर विरोध किया। एक सविनय अवज्ञा जाँच समिति बनाई गई, जिसने पूरे देश में लोगों के विचार जाने, रिपोर्ट में निकलकर आया कि सीमित स्तर पर यह कार्यक्रम किया जा सकता है, वृहद स्तर पर करने के लिए देश तैयार नहीं। लेकिन काउंसिल प्रवेश के मुद्दे पर सदस्य आधे-आधे बँट गए। समर्थन में मोतीलाल नेहरू, हकीम अजमल खान और वी.जे. पटेल थे और विरोध में आयंगर, अंसारी और राजगोपालाचारी थे।

गांधीजी के जेल जाने के बाद मोतीलाल और सी.आर. दास को लगा कि असहयोग के बाद अब एक नया मोर्चा खुलना चाहिए, और वो काउंसिल प्रवेश

के जरिए हो सकता है। लेकिन उनके विरोध में गांधीजी का ऐसा खेमा था, जो उनकी तरह गांधीजी के खिलाफ कभी नहीं गया, इसमें शामिल थे बाबू राजेंद्र प्रसाद, वल्लभ भाई पटेल, सी. विजया राघवाचार्य और इनके प्रवक्ता थे बाद में गांधीजी के समधी बने सी. राजगोपालाचारी।

गया कांग्रेस अधिवेशन में 'काउंसिल एंट्री' का प्रस्ताव बुरी तरह गिर गया, इसके विरोध में 1740 मत पड़े, जबकि मोतीलाल गुट के पक्ष में 840 मत आना भी हैरत भरा था। हार से आहत होकर गया में ही मोतीलाल के समर्थक और पुराने मुवक्किल टिकारी के महाराजा के आवास पर एक बैठक रखी गई और एक नई राजनीतिक पार्टी की घोषणा कर दी गई, जिसका नाम रखा गया 'कांग्रेस खिलाफत स्वराज पार्टी'। सी.आर. दास को अध्यक्ष चुना गया और मोतीलाल उसके एक सचिव बने। नई पार्टी ने असहयोग समेत कांग्रेस के सारे कार्यक्रमों को माना, बस काउंसिल प्रवेश के मुद्दे पर ही अलग कार्यक्रम तय किया।

ऐसे में 1923 की शुरुआत में मौलाना अबुल कलाम आजाद ने समझौते की कोशिशें कीं, मई में फिर ए.आई.सी.सी. की बैठक हुई, तब भी ऐसी कोशिश हुई और राजगोपालाचारी, वल्लभ भाई पटेल, राजेंद्र प्रसाद और जमनालाल बजाज ने कार्यसमिति से त्यागपत्र दे दिया। सी.आर. दास, जो पहले ही गया कांग्रेस अध्यक्ष पद से त्यागपत्र प्रस्तावित कर चुके थे, उसको भी मान लिया गया। नए अध्यक्ष डॉ. अंसारी बनाए गए और जवाहरलाल नेहरू को एक सचिव बना दिया गया। जिम्मेदारी दी गई दोनों पक्षों के बीच समझौते की।

लेकिन नेहरू सी.आर. दास का रवैया देखकर हैरान थे, पिता दोस्त थे और बेटे के लिए सी.आर. दास ने कांग्रेस कमेटी की बैठक में 'कोल्ड ब्लडेड' तक कह डाला। 1923 सितंबर में हुआ दिल्ली का विशेष अधिवेशन भी कोई रास्ता नहीं निकाल पाया। नवंबर में चुनाव थे और वार्षिक अधिवेशन दिसंबर में काकीनाडा में था। स्वराज पार्टी भी कांग्रेस समर्थकों का समर्थन नहीं खोना चाहती थी, इसलिए अक्तूबर में मोतीलाल ने जो घोषणा-पत्र जारी किया, उसमें स्वराज पार्टी को कांग्रेस का ही एक अंग बताया। मोतीलाल ने जमकर प्रचार किया। कांग्रेस की गैर-मौजूदगी में 101 में से 42 सीटें केंद्रीय सभा में जीतना छोटी बात भी नहीं थी। बंगाल में यह सबसे बड़ी पार्टी के तौर पर उभरी तो यू.पी. और आसाम में दूसरी सबसे बड़ी पार्टी बनी। मोतीलाल गांधी की गैर-मौजूदगी में अपनी ताकत दिखाना चाहते थे, उनको लगा कि दिखाई भी, लेकिन गैर-मौजूदगी केवल गांधी की ही नहीं थी, बल्कि उन सब लोकप्रिय नेताओं की भी थी, जो गांधी के करीबी थे।

ऐसे में बहुतों को आश्चर्य हो सकता है कि गांधी की सोच के खिलाफ जाने पर मोतीलाल को जवाहरलाल ने क्यों नहीं रोका? दरअसल जवाहर की इसे अच्छी किस्मत समझिए कि उस दौरान वो लंबे अरसे तक जेल में थे। दरअसल मोतीलाल और जवाहरलाल को एक साथ प्रिंस ऑफ वेल्स के दौरे से ठीक पहले विरोध के चलते गिरफ्तार किया गया था। लेकिन जवाहर को 88वें दिन ही छोड़ दिया गया। 3 मार्च, 1922 को वे बाहर आए और सात दिन बाद ही 10 मार्च को गांधीजी गिरफ्तार कर लिये गए। मोतीलाल अभी जेल में ही थे।

जवाहर ने बाहर आकर विदेशी वस्त्रों के खिलाफ मुहिम की शुरुआत कर दी। हिंदी में एक परचा छापा गया 'आप किधर हैं?', सारे दुकानदारों से विदेशी वस्त्र न रखने की अपील की गई। पुलिस ने 2 मई को ये सारे परचे जब्त कर लिये। जब जवाहर अपने पिता से मिलने 11 मई को लखनऊ पहुँचे तो उन्हें फिर से गिरफ्तार कर लिया गया और इलाहाबाद जिला जेल भेज दिया गया। एक कपड़ा व्यापारी के आरोप लगाने पर उन्हें 18 महीने की सजा दी गई। लेकिन बाद में आधी सजा से भी कम, यानी केवल 260 दिनों बाद 31 जनवरी, 1923 को छोड़ दिया गया। लोग उनकी सजाएँ पूरी न होने के पीछे भी मोतीलाल के ही लंबे हाथों खासकर अंग्रेजी अधिकारियों से उनके रिश्तों को मानते थे। नाभा वाले केस में तो वे खुलकर आ ही गए थे।

नाभा वाला मामला भी 1923 के सितंबर में ही हो गया, जब जवाहरलाल नेहरू दिल्ली के विशेष अधिवेशन से कुछ साथियों के साथ सीधे नाभा चले गए, क्योंकि अकाली प्रदर्शनकारियों और पुलिस के बीच झड़प के चलते वो चर्चा में था। हालाँकि इससे पहले 3 मार्च, 1923 को जवाहरलाल के जेल से आते ही ठीक एक महीने बाद यानी 3 अप्रैल को उनको इलाहाबाद म्युनिसिपैलिटी बोर्ड का अध्यक्ष बना दिया गया था। यों पहले पुरुषोत्तम दास टंडन को निर्विरोध नामांकित किया गया था, फिर किसी मुसलिम सदस्य की बात आई, लेकिन उनकी उम्र ज्यादा निकली और जवाहरलाल इस पद के लिए चुन लिये गए। इसी दौरान सेंट्रल असेंबली में विपक्ष के नेता उनके पिता थे। ये किसी रणनीति के तहत था या अनायास ही, लेकिन मोतीलाल ने अपने बेटे को कभी अपनी पार्टी में नहीं लिया और कांग्रेस में काम करते रहने दिया। वैसे जवाहरलाल भी काउंसिल प्रवेश के मुद्दे पर गांधीजी से काफी तर्क कर चुके थे कि आयरलैंड के लोगों ने भी यही तरीका अपनाया था।

बाद में भी जब जवाहरलाल नेहरू ने प्रधानमंत्री बनने के बाद बी.आर. नंदा को मोतीलाल की जीवनी लिखने को कहा तो उसमें लेखक से ये तर्क दिलवाए

गए कि गांधीजी के सारे आंदोलन या विरोध के कार्यक्रम, चाहे वो दक्षिण अफ्रीका में हों या फिर तब तक भारत में, कोई भी सदन में नहीं हुआ था, सभी सड़कों पर किसी-न-किसी का बहिष्कार करके हुए थे। ऐसे में उन्हें सदन के अंदर तर्कों और तथ्यों के जरिए अपनी बात कहकर लड़ने का अनुभव ही नहीं था। वे यह भी सवाल उठाते हैं कि काउंसिल प्रवेश से कुछ नहीं होना था तो गांधीजी 1937 में क्यों राजी हो गए थे, तब भी कांग्रेस ने चुनाव लड़ा न!

इससे यह भी साफ लगता है कि जवाहरलाल इस मुद्दे पर अपने पिता और सी.आर. दास के साथ थे, लेकिन खुलकर न विरोध किया और न साथ आए और न ही कांग्रेस के अपने रास्ते बंद किए। इधर मोतीलाल ने केंद्रीय सभा में जिन्ना और मालवीयजी से अच्छे रिश्ते बनाने के साथ-साथ कई नए चेहरों को भी स्वराज पार्टी में खड़ा किया, अब वो उनकी टीम हो गई थी। गांधीजी अंदर थे और मोतीलाल का माहौल विपक्ष के नेता के तौर पर और भी बेहतर बनने लगा था।

कहानी में मोड़ तब आया, जब गांधीजी के अपेंडिक्स के ऑपरेशन के बाद उनको जेल से अचानक 5 फरवरी, 1924 को ही छोड़ दिया गया, जबकि उनकी सजा अभी चार साल बाकी थी। जेल में उनकी बीमारी और फिर ऑपरेशन की खबर ने उनके समर्थकों को फिर केंद्रीय मंच पर ला दिया। हर कोई उनके लिए दुआ माँगने लगा। उनका ऑपरेशन करने वाले ब्रिटिश डॉक्टर को पूरे देश से इतने पत्र मिले कि वो हैरान रह गए। हैरान मोतीलाल भी थे, गांधीजी के लिए लोगों के ये जज्बात देखकर और उनकी वापसी को लेकर भी। लेकिन चूँकि सदन चल रहा था, वो बंबई फौरन नहीं जा पाए, जहाँ जुहू के एक कॉटेज में समुद्र किनारे गांधीजी स्वास्थ्य लाभ ले रहे थे।

जवाहर बोले, 'गांधी भविष्य के कार्यक्रम नहीं बनाते', मोतीलाल ने उठा दिया 'अहिंसा' पर ही सवाल

अप्रैल और मई के दौरान उसी कॉटेज में मोतीलाल नेहरू और फिर सी.आर. दास की भी कई दौर की मुलाकातें हुईं। पूरा नेहरू परिवार वहाँ था, जवाहरलाल नेहरू ने ज्यादातर समय तैराकी और बीच पर दौड़ने में बिताया; लेकिन दोनों ही पक्ष एक-दूसरे से सहमत नहीं दिखाई दिए, अपने से उम्र में छोटे और हमपेशा मोहनदास से दोनों दिग्गज वकील सहमत होने गए भी नहीं थे, यह अलग बात है कि वो दोनों गांधीजी को भी सहमत कर नहीं पाए। दोनों पक्षों ने एक बयान के बजाय दो अलग-अलग बयान जारी किए, लेकिन एक तीसरा बयान जवाहरलाल ने अपनी आत्मकथा

में लिखा, "I also returned from Juhu a little disappointed, for Gandhiji did not resolve a single one of my doubts. As is usual with him, he refused to look into the future, or lay down any long-distance programme."[43]

गांधीजी ने अपने बयान में साफ कर दिया कि काउंसिल प्रवेश की कोई जरूरत नहीं थी, लेकिन अपने समर्थकों से स्वराज पार्टी वालों के काम में रोड़े न अटकाने को भी कहा। अपने बयान में मोतीलाल ने तो गांधीजी के मूलभूत सिद्धांत 'अंहिसा' पर ही सवाल खड़े कर दिए। उन्होंने लिखा, "The doctrine of non-violence has, so far as I am concerned, a limited application for the very special purpose for which I have adopted it." उन्होंने ये तक लिख डाला, "There may be some who take the extreme view in theory, but I do not know a single follower of Mahatmaji who acts upon it. It is true that non-violence, even in the limited sense that I give to it, must relate to both word and deed and cannot be confined to abstention from causing physical hurt only. But non-violence in thought must be ruled out entirely as impracticable."[44]

सूत कातने की शर्त पर नेहरूजी का इस्तीफा

जून 2024 में ऑल इंडिया कांग्रेस कमेटी की अहमदाबाद बैठक में ये मतभेद खुलकर सामने आ गए। गांधीजी ने कांग्रेस की सदस्यता के लिए जो 25 पैसे का शुल्क था, उसे बदलकर एक शर्त रख दी, सदस्य बनने के लिए 2000 गज अपने हाथों से सूत कातना होगा। यह काम मोतीलाल और सी.आर. दास जैसे रईसों के लिए मुश्किल था, इसलिए उनके खिलाफ मान लिया गया। इसको पिता के खिलाफ मानकर जवाहरलाल इस बात को दिल पर ले गए और कांग्रेस के सचिव पद से त्यागपत्र दे दिया, जवाहरलाल ने लिखा है, "This was a serious limitation of the franchise, and the A.I.C.C. was certainly not competent to do this. But Gandhiji has seldom cared for the letter of a constitution when this has come in his way. I was shocked at what I considered a violence to our constitution, and I offered to the Working Committee my resignation from the secretaryship."[45]

लेकिन मोतीलाल नहीं चाहते थे कि कांग्रेस से एकदम रिश्ता तोड़ लिया जाए, जवाहर को वे कांग्रेस से बाहर निकालने के पक्ष में नहीं थे, सो सी.आर. दास और मोतीलाल ने जवाहर को समझाया और खुद उन्होंने इस बैठक का बहिष्कार कर दिया। जवाहरलाल का इस्तीफा वापस हो गया। बाद में गांधीजी ने बाकी सदस्यों को जो भावुक होकर संबोधित किया, उसने सभी की आँखों में आँसू ला दिए।

सी.आर. दास गांधीजी से तब और नाराज हो गए, जब बंगाली क्रांतिकारी गोपीनाथ साहा के लिए गांधीजी निंदा प्रस्ताव लेकर आए। गोपीनाथ को एक अंग्रेज अधिकारी की हत्या करने के आरोप में 1 मार्च को ही फाँसी की सजा हुई थी। गांधीजी को बड़ा झटका लगा था, यह जानकर कि अहिंसा के मुद्दे पर उनके वरिष्ठ साथी ही उनके साथ नहीं थे। उनकी आँखों में आँसू आ गए, बाद में उन्होंने स्वीकार किया था, "That God was speaking to me...and seemed to say, 'Thou fool, knowest not thou that thou art impossible? Thy time is up."[46]

मामला और बिगड़ गया था। हालाँकि बाद में मोतीलाल की समझ में भी आ रहा था कि गांधीजी से बिगाड़कर कुछ नहीं किया जा सकता। ऐसे में जुलाई के आखिर में जब उनको खबर लगी कि गांधीजी की तबीयत ठीक नहीं है तो मोतीलाल ने पत्र लिखकर गांधीजी को अपने एक दोस्त के एक बगीचे वाले घर में कुछ दिन स्वास्थ्य लाभ करने का प्रस्ताव दिया, जो इलाहाबाद से पाँच किमी. दूर गंगा किनारे था।

हालाँकि बंगाल में इसी दौरान दंगे भड़के, वहाँ स्वराज पार्टी के सी.आर. दास और नेताजी सुभाष चंद्र बोस आदि को गिरफ्तार कर लिया गया और गांधीजी ने वहाँ का दौरा किया। इसी यात्रा में गांधीजी की सी.आर. दास और नेताजी बोस से कुछ मामलों में सहमति बन गई थी। नवंबर में बंबई में सभी दलों की एक संयुक्त बैठक भी आहूत की, जो मोतीलाल आदि से भी उनके रिश्ते फिर से ठीक होने की वजह बनी। शायद यह भी एक बड़ी वजह थी कि गांधीजी ने खुद कांग्रेस अधिवेशन की अध्यक्षता उस साल बेलगाँव अधिवेशन में की, जवाहरलाल को फिर से सचिव चुन लिया गया।

'गांधीजी का अध्यक्षीय संबोधन प्रेरणादायक नहीं'—जवाहरलाल नेहरू

इस अधिवेशन के बाद गांधीजी कभी भी कांग्रेस के अध्यक्ष नहीं बने, लेकिन

आप जवाहरलाल के विचार जानकर चौंक जाएँगे, न केवल उन्होंने गांधीजी को 'सुपर प्रेसीडेंट' कहकर तंज किया, बल्कि यह तक लिख दिया कि बेलगाँव अधिवेशन में गांधीजी का संबोधन प्रेरणादायक नहीं था, उनके शब्दों में, "For him to become the Congress President was something in the nature of an anticlimax, for he had long been the permanent super-president. I did not like his presidential address. It struck me as being very uninspiring."[47]

सोचिए, यह जवाहरलाल नेहरू लिख रहे हैं, जिनके लिए गांधीजी ने सबसे दुश्मनी मोल ली, तमाम कांग्रेस समितियों के विरोध के बावजूद उन्हें 1929 में कांग्रेस अध्यक्ष और सरदार पटेल की जगह 1947 में कांग्रेस अध्यक्ष चुना, जो सीधे प्रधानमंत्री चुना जाना था। जवाहरलाल ने यह भी लिखा, 1924 में सचिव पद उनकी इच्छा के विरुद्ध गांधीजी के कहने पर दिया गया।

इधर गांधीजी ने मान लिया था कि कांग्रेस को एक बनाए रखने के लिए उन लोगों को साथ लेना जरूरी है। इधर 1925 में सी.आर. दास की मौत ने मोतीलाल को भी झटका दिया। उस वक्त पूरा परिवार डलहौजी और चंबा में गरमी की छुट्टियाँ मना रहा था और मोतीलाल अस्थमा से स्वास्थ्य लाभ ले रहे थे।

उसके बाद का कुछ समय नेताजी बोस और जवाहरलाल की दोस्ती, मोतीलाल नेहरू का 1928 के अधिवेशन में अध्यक्ष बनना, नेताजी बोस का उनको सैकड़ों घुड़सवारों के साथ स्वागत कर पंडाल में लाते देख गांधीजी का गुस्सा होना, पटेल को किनारे कर गांधीजी का नेहरू को अगले अधिवेशन में अध्यक्ष बनाना और रावी नदी के तट पर जवाहरलाल नेहरू का तिरंगा फहराकर स्वतंत्रता की पहली बार आधिकारिक माँग करना, यह सब इतिहास में दर्ज है और आम लोगों को भी पता है। लेकिन जो पता नहीं है, वो ये कि इंदिरा गांधी ने एक इंटरव्यू में बताया था, जब लाहौर से पापू (जवाहरलाल) लौटे तो रात को उनका इलाहाबाद में भी घोड़े पर बैठाकर बैंड-बाजों के साथ जुलूस निकाला गया था। सब लोग फर्स्ट फ्लोर पर इकट्ठा थे। तब का उन्हें एक बैंड याद है, जो एक ही गाना, जो सबसे अच्छा बजा रहा था, वो था, 'गॉड सेव द किंग"।[48] सोचिए, इंग्लैंड का राष्ट्रगान 'गॉड सेव द किंग', अंग्रेजों से आजादी की माँग 45 साल से करने के बाद अगले ही दिन विजय जुलूस में बजवा दिया तो मानो स्वतंत्रता की लड़ाई का खोखलापन ही बाहर आ गया।

REFERENCES

1. An Autobiography by Jawahar Lal Nehru, Page No.-2, Publisher : Jawahar Lal Nehru Memorial Fund, Distributor : OUP.
2. The Nehrus : Motilal and Jawaharlal by B.R. Nanda, Page No.-34, Publisher : Oxford University Press India.
3. The Tragedy of Gandhi by Glorney Bolton, Page No.-214, Publisher : G. Allen & Unwin Limited.
4. An Autobiography by Jawahar Lal Nehru, Footnotes of Chapter-38, Publisher : Penguin Books Limited.
5. An Autobiography by Jawahar Lal Nehru, Footnotes of Chapter-38, Publisher : Penguin Books Limited.
6. The Nehrus : Motilal and Jawaharlal by B.R. Nanda, Page No.-115-116, Publisher : Oxford University Press India.
7. Indira Gandhi : A Biography By Pupul Jayakar, Page No.-42, Publisher : Penguin Group.
8. Motilal Nehru Essays and Reflections on His Life and Times 1961 by S. P. Chablani, Page No.-157, Publisher : S Chand.
9. Motillal Nehru (BMI) by Bal Ram Nanda, Page No.-5-6 of Chapter-6 'Harrow', Publisher : Publications Division Ministry of Information & Broadcasting.
10. The Nehrus Motilal and Jawaharlal by BR Nanda, Chapter-5, Publisher : OUP India.
11. Motilal Nehru : Essays and Reflections on His Life and Times by S. P. Chablani, Page No.-30, Publisher : S Chand.
12. Selected Works of Motilal Nehru : 1899-1918 by Motilal Nehru, Hari Dev Sharma, Page No.-220, Publisher : Vikas.
13. Motillal Nehru (BMI) by Bal Ram Nanda, Page No.-6 of Chapter-10 'Halcyon Days', Publisher : Publications Division Ministry of Information & Broadcasting.
14. The Nehrus Motilal and Jawaharlal by BR Nanda,

Chapter: 8 'The Young Nationalist', Publisher : Oxford India Paperbacks.

15. The Nehrus Motilal and Jawaharlal by B.R. Nanda, Page No.-4 of Chapter-8 'Young Nationalist', Publisher : OUP India.
16. Selected Works of Motilal Nehru : 1899-1918, Page No.-124, Publisher : Vikas Publishing House.
17. Nehru, the First Sixty Years : Presenting in His Own Words...by Dorothy Norman, Page No.-15, Publisher : John Day Company.
18. Jawaharlal Nehru, an Autobiography With Musings on Recent Events in India by Jawaharlal Nehru, Page No.-36, Publisher : Allied Publisher.
19. The Nehrus : Motilal and Jawaharlal by BR Nanda, Page No.-4 of Chapter-10 'Politics Calling', Publisher : OUP India.
20. The Nehrus : Motilal and Jawaharlal by BR Nanda, Page No.-9-10 of Chapter-10 'Politics Calling', Publisher : OUP India.
21. Ganesh Shankar Rachnawali : (16 November, 1913-30 June, 1919). Sampadakīya agralekha, Page No.-264-267, Publisher : Anamilka.
22. Imprint, Volume-3, Page No.-45, Publisher : Business Press.
23. Law Notes and Notes of Cases of the Madras High Court and of the English Law Courts • Volume-17, Page No.-87, Publisher : Madras Law Times Office.
24. An Autobiography by Jawahar Lal Nehru, Page No.-41, Publisher : Jawahar Lal Nehru Memorial Fund, Distributor : OUP.
25. An Autobiography by Jawahar Lal Nehru, Page No.-43, Publisher : Jawahar Lal Nehru Memorial Fund, Distributor : OUP.
26. The Collected Works of Mahatma Gandhi : Apr.-Aug. 1921 by Mahatma Gandhi, Volume-20, Page No.-

407, Publisher : Publications Division, Ministry of Information and Broadcasting, Govt. of India.

27. An Autobiography by Jawahar Lal Nehru, Page No.-114, Publisher : Jawahar Lal Nehru Memorial Fund, Distributor : OUP.
28. An Autobiography by Jawahar Lal Nehru, Page No.-116, Publisher : Jawahar Lal Nehru Memorial Fund, Distributor : OUP.
29. Jawaharlal Nehru, an Autobiography With Musings on Recent Events in India by Jawaharlal Nehru, Chapter-9 'Wandering Among The Kisans', Publisher : Allied Publisher.
30. Raebareli District's Official Portal https://raebareli.nic.in/history/.
31. Ganeshshankar Vidyarthi Volume- 2 by Sri Tilak, Page No.-620-624, Publisher : Prabhat Prakashan.
32. Jawaharlal Nehru, an Autobiography With Musings on Recent Events in India by Jawaharlal Nehru, Page No.-62, Chapter-9 'Wandering Among The Kisans', Publisher : Allied Publisher.
33. An Autobiography by Jawahar Lal Nehru, Page No.-53, Chapter-8, Publisher : Jawahar Lal Nehru Memorial Fund, Distributor : OUP.
34. The Scope of Happiness A Personal Memoir by Vijaya Lakshmi Pandit, Page No.-65, Publisher : Crown Publishers.
35. The Scope of Happiness A Personal Memoir by Vijaya Lakshmi Pandit, Page No.-65, Publisher : Crown Publishers.
36. Reminiscences of the Nehru Age by M.O. Mathai, Page No.-134, Published by Vikas Publishing House.
37. Indian Freedom : Rhetorics & Realities by Ramgopal, Volume-2, Page No.-76, Publisher : Vimal Prakashan.
38. An Autobiography by Jawahar Lal Nehru, Page No.73, Chapter-8, Publisher : Jawahar Lal Nehru Memorial Fund, Distributor : OUP.

39. A Study of Nehru by Rafiq Zakaria, Page No.-173, Publisher : Rupa & Co
40. An Autobiography by Jawahar Lal Nehru, Footnotes of Chapter-13, Publisher : Jawahar Lal Nehru Memorial Fund, Distributor : OUP.
41. Jawaharlal Nehru, a Biography by Sankar Ghose, Page No.-5, Publisher : Allied Publishers.
42. Jawaharlal Nehru : the struggle for independence by Baron Richard Austen Butler, Page No.-11, Publisher : CUP Archive.
43. An Autobiography by Jawahar Lal Nehru, Page No.-124, Chapter-18, Publisher : Jawahar Lal Nehru Memorial Fund, Distributor : OUP.
44. The Collected Works of Mahatma Gandhi Volume-27 by Mahatma Gandhi, Page No.-471, Publisher : Publications Division, Ministry of Information and Broadcasting, Govt. of India.
45. An Autobiography : with Musings on Recent Events in India by Jawahar Lal Nehru, Page No.-126, Publisher : Bodley Head.
46. Mahatma Volume-2 : Life of Mohandas Karamchand Gandhi by DG Tendulkar, Page No.-189, Publisher : Publications Division, Ministry of Information and Broadcasting, Govt. of India.
47. An Autobiography : with Musings on Recent Events in India by Jawahar Lal Nehru, Page No.-132, Publisher : Allied Publishers.
48. Indira Gandhi A Biography by Pupul Jayakar, Page No.-28-29, Publisher : Penguin Group.

□

ऐसा अध्यक्ष, जिसे मसजिद तोड़ने, दंगों में हुई 10 साल की सजा

2014 में भारत के प्रधानमंत्री बने नरेंद्र मोदी के अलावा शायद ही कोई नेता हो, जो दंगों में नाम आने की वजह से इतना मशहूर हो गया कि राष्ट्रीय फलक तक जा पहुँचा। चक्रवर्ती विजया राघवाचारी या राघवाचार्य भी मद्रास प्रेसीडेंसी के सलेम (अब तमिलनाडु का हिस्सा) के एक छोटे से नेता थे, लेकिन एक दंगे में उनको 10 साल की क्या सजा मिली, वो मशहूर हो गए और इस प्रसिद्धि की वजह यह थी कि वो इस सजा के खिलाफ मद्रास हाईकोर्ट में गए और खुद को निर्दोष सिद्ध करके ही माने। ऐसे में उनकी प्रसिद्धि राष्ट्रीय स्तर पर हो गई। दंगों में उन पर आरोप लगा था कि उन्होंने एक मसजिद तोड़ी है। हालाँकि यह भी खासा दिलचस्प है कि एक दिन विजय को हिंदू महासभा का भी अध्यक्ष चुना गया था।

यह दंगा 1882 में मद्रास प्रेसीडेंसी के सलेम में हुआ था। दरअसल जिस रास्ते से हिंदुओं के धार्मिक जुलूस निकलते थे, उस रास्ते पर मुसलिमों ने मसजिद खड़ी कर दी थी, हिंदुओं को यह नागवार गुजरा और रास्ता बदलने से साफ मना कर दिया, उसी रास्ते से लेकर गए और मसजिद तोड़ दी गई। अगस्त 1882 के इन दंगों के दौरान तीन दिन तक अंग्रेजी सरकार का कोई भी नुमाइंदा इस शहर में मौजूद नहीं रह पाया था, सरकार नाम की चीज ही नहीं थी। जब दंगे थमे तो गिरफ्तारियाँ शुरू हुईं, कड़ी सजाएँ दी गईं और कइयों को उनमें से अंडमान की सेल्युलर जेल में भेज दिया गया, जिसे तब 'काला पानी' कहा जाता था।

राघवाचारी उस समय सलेम म्युनिसिपल बोर्ड के सदस्य थे, उन्होंने इस सजा के खिलाफ ऊपरी अदालत में लड़ाई लड़ी। उनकी लड़ाई तिहरी थी, एक तो खुद को बेदाग साबित करना था, दूसरे अंडमान भेजे गए तमाम साथियों को रिहा करवाना था और तीसरे सलेम म्युनिसिपल बोर्ड से उनको हटा दिया गया था, उसके खिलाफ

भी लड़ना था। उनकी लड़ाई रंग लाई, न केवल उनकी सजा माफ की गई, उनके कई साथियों को भी छोड़ा गया, बल्कि उनको 100 रुपए के मुआवजे के साथ भारत सचिव ने उनकी सदस्यता भी बहाल कर दी। दरअसल विजय ने भारत सचिव के खिलाफ ही 10 हजार रुपए के मुआवजे की माँग का केस दायर कर दिया था। उनकी अंग्रेजी सरकार से यह कानूनी लड़ाई देश भर में चर्चा का विषय बन गई, उनको 'लॉयन ऑफ साउथ' तक कहा जाने लगा। 'अमृत बाजार' पत्रिका ने विजय के लिए लिखा, 'हीरो ऑफ सलेम'।[1]

दंगों से कुछ दिन पहले ही राघवाचारी ने अपनी वकालत की अपनी प्रैक्टिस शुरू की थी। तभी तो जब सजा से बरी हो गए तो उन गवाहों के खिलाफ केस कर दिया, जो दंगों में उनकी भूमिका बता रहे थे और ऐसे कई गवाहों को उन्होंने अदालत में झूठा साबित करके सजा भी दिलवाई। 1895 में वे मद्रास विधान परिषद् के सदस्य चुने गए और 1901 तक सदस्य रहे।

राघवाचारी आयंगर ब्राह्मण परिवार में जनमे थे, उनके पिता एक मंदिर के पुजारी थे, सो बचपन से ही अपने बेटे को संस्कृत सिखाई, सारे वेद, उपनिषदों की शिक्षा दी और 12 साल का होने पर अंग्रेजी भी सिखाई। मद्रास के मशहूर प्रेसीडेंसी कॉलेज में उन्हें पढ़ने भेजा और कॉलेज से निकलते ही मंगलौर के एक कॉलेज में उन्हें व्याख्याता की नौकरी भी मिल गई। तीन साल बाद वहाँ से इस्तीफा देकर वो सलेम के एक कॉलेज में अंग्रेजी और संस्कृत पढ़ाने लगे। पढ़ाते-पढ़ाते ही उन्होंने कानून की परीक्षाएँ पास कर लीं और अपना क्षेत्र ही बदल दिया।

कांग्रेस के संस्थापक ए.ओ. ह्यूम से उनका पुराना परिचय था, जिसके चलते 1885 में कांग्रेस के पहले अधिवेशन में उन्होंने विशेष आमंत्रित सदस्य के तौर पर हिस्सा लिया। हालाँकि उनके समर्थक दावा करते हैं कि कांग्रेस की स्थापना से पहले ए.ओ. ह्यूम को उन्होंने ही सलाह दी थी कि एक अखिल भारतीय स्तर का संगठन खड़ा किया जाए। 1887 में जब कांग्रेस का संविधान तैयार किया गया तो उसकी संविधान निर्माण समिति का वे भी हिस्सा थे। 1899 में राघवाचारी को कांग्रेस की प्रचार समिति का हिस्सा बनाया गया। इस समिति को पूरे देश में कांग्रेस का प्रचार करना था और इसके चलते कई और संस्थाओं को कांग्रेस से जोड़ा गया। 1913 से 1916 तक उन्हें इंपीरियल लेजिस्लेटिव काउंसिल का भी सदस्य चुना गया।

नागपुर अधिवेशन ने बदल दी कांग्रेस की दिशा

आमतौर पर नरम दल वालों को पहले तिलक के और बाद में गांधीजी के

तौर-तरीके पसंद नहीं थे, लेकिन विजया राघवाचारी ने गांधीजी का साथ दिया और उन्हें 1920 में कांग्रेस के नागपुर अधिवेशन का अध्यक्ष चुना गया। हालाँकि इससे पहले 1907 के सूरत अधिवेशन से लेकर 1916 के लखनऊ अधिवेशन तक वे कांग्रेस से अलग ही रहे। 1920 में ही लोकमान्य तिलक की मौत के चलते नागपुर अधिवेशन थोड़ा विशेष हो चला था। गांधीजी ने इसी अधिवेशन में असहयोग आंदोलन के दौरान बहिष्कार का खाका खींचा और अहिंसा के जरिए पूर्ण स्वराज लाने का प्रस्ताव पारित किया। हालाँकि शुरुआत में विजया असहयोग आंदोलन के समर्थन में नहीं थे, लेकिन इस शर्त पर समर्थन दिया कि उसको स्वराज से जोड़ा जाएगा। इसी अधिवेशन में तिलक के नाम पर एक कोष बनाया गया और एक करोड़ जैसी बड़ी रकम इकट्ठी की गई।

नागपुर अधिवेशन कई मामलों में विशेष है, नाम के लिए विजया राघवाचारी इसके अध्यक्ष थे, लेकिन यह पहला अधिवेशन माना जाता है, जिसमें गांधीजी ने कांग्रेस को पूरी तरह बदलकर रख दिया। इससे पहले कांग्रेस केवल अनुनय-विनय की रणनीति पर चलती थी और ज्ञापन आदि के जरिए ब्रिटिश अधिकारियों के सामने अपनी माँगें रखती थी, लेकिन इस अधिवेशन में कांग्रेस की रणनीति में यह अहम बदलाव आया कि अब स्वराज की लड़ाई तो लड़ी जाएगी, वो भी संवैधानिक दायरे में रहकर ही, लेकिन उसके लिए बहिष्कार, विरोध, असहयोग आदि के तरीके अपनाए जाएँगे। कांग्रेस के आधिकारिक इतिहासकार पट्टाभि सीतारमैया ने लिखा है कि कैसे गांधीजी ने कांग्रेस को पूरी तरह अपने कब्जे में ले लिया था, उनके शब्दों में, "The session was a personal triumph for Gandhi. It left every one of the older Congressmen—seniors, leaders and patriarchs—aghast, asking themselves and each other, "Who is this man that speaketh with a tone of authority and whence doth he come?"[2]

जाने-माने पत्रकार दुर्गादास ने गांधीजी के इस अधिवेशन में करिश्मे को थोड़ा और विस्तार से कुछ यों बताया, "The session marked a watershed in the history of Congress and of the freedom struggle. Whereas at former sessions of the Congress, President was the first among equals, Gandhi emerged as the supreme rebel leader. Secondly, the Constitution he drew up created a mass base and an infrastructure. Thirdly, he took up in earnest the plea by

Jamnalal Bajaj that Hindi-Hindustani be made Rashtrabhasha." गांधीजी का जोर हमेशा से ही हिंदी पर था। दशकों से कांग्रेस की काररवाई अंग्रेजी में चलती थी, उनका कहना था कि हिंदी आम हिंदुस्तानी की भाषा है, सो अपने प्रस्ताव वे कोशिश करके हिंदी में ही पढ़ा करते थे। गांधीजी के प्रभाव के चलते कई और परिवर्तन इस अधिवेशन से कांग्रेस में किए गए, सदस्यता शुल्क चार आने कर दिया गया। ऑल इंडिया कांग्रेस कमेटी के सदस्यों की संख्या 350 कर दी गई और 15 सदस्यों की एक कांग्रेस वर्किंग कमेटी या कांग्रेस कार्यसमिति भी बना दी गई।[3]

इसकी वजह भी थी, गांधीजी ने जिस तरह से चंपारण, खेड़ा, खिलाफत, असहयोग एक के बाद एक आंदोलन शुरू किए थे, उसका असर होने लगा था। इन सबके लिए वे पूरी तरह कांग्रेस पर निर्भर भी नहीं करते थे। कई मामलों में तो नेहरू भी आंदोलनों की शुरुआत में उनके साथ नहीं थे। 1920 में भी उन्होंने शौकत अली, आजाद जैसे नेताओं के साथ पूरे भारत का दौरा किया था, मुसलिमों को खिलाफत के जरिए जोड़ने की मुहिम पर गांधी लगे हुए थे। अब कांग्रेस में एक ही व्यक्ति था, जिससे वे थोड़ा सा डरते थे, जो उनसे ज्यादा लोकप्रिय था, वह थे लोकमान्य तिलक, लेकिन 1 अगस्त, 1920 को उनकी मौत के बाद ऐसा कोई भी कद्दावर व्यक्ति कांग्रेस में रहा नहीं। गांधीजी पूरे नागपुर अधिवेशन में अपना प्रस्ताव रखते समय तिलक को याद करते रहे।

गांधीजी के जेल जाने के बाद जरूर चितरंजन दास और मोतीलाल नेहरू ने स्वराज पार्टी बनाई, लेकिन बाद में वो लोग भी कांग्रेस में वापस आ गए। हालाँकि नागपुर में थोड़ा सा माहौल गरम था, सी.आर. दास तो गांधी के प्रस्ताव में विरोध करने के लिए ढेरों लोग बंगाल से लाए थे, उस दौर में करीब 36000 रुपए का खर्च उन्होंने अपनी जेब से किया था।[4] मोतीलाल ने बहुत समझाया था, तब माने थे।

मोतीलाल भी तिहरे बहिष्कार यानी स्कूल, कोर्ट और काउंसिल्स में काउंसिल्स के बहिष्कार को राजी नहीं थे। एक बार तो वो विजया राघवाचारी से भिड़ ही गए थे, लेकिन बाद में गांधीजी के कहने पर न केवल खुद तैयार हुए, बल्कि सी.आर. दास को भी समर्थन के लिए तैयार कर लिया था। विजया राघवाचारी ने तो दुःखी मन से मोतीलाल नेहरू की शिकायत गांधीजी से ही कर डाली थी। मोतीलाल नेहरू के जीवनीकार बलराम नंदा ने लिखा है, "Vijiraghavachariar who tearfully complained to Gandhi : 'I deeply, very deeply feel the humiliating position to which the over-enthusiastic Panditji has subjected me under your auspices.'"[5]

जवाहरलाल नेहरू ने गांधीजी को मोतीलाल के इस समर्थन की कीमत अपनी आत्मकथा में विस्तार से समझाई है, लिखा है कि इसकी वजह से मोतीलाल को कैसे अपनी मोटी कमाई का वकालत का काम बंद करना पड़ा, शाही जीवन जीने वाले को सादगी अपनानी पड़ी सो अलग। जवाहरलाल नेहरू के शब्दों में, "Quite apart from the national aspect of the question there was the personal aspect. Non-co-operation meant his withdrawing from his legal practice; it meant a total break with his past life and a new fashioning of it—not an easy matter when one is on the eve of one's sixtieth birthday. It was a break from old political colleagues, from his profession, from the social life to which he had grown accustomed, and a giving up of many an expensive habit which he had grown into. For the financial aspect of the question was not an unimportant one, and it was obvious that he would have to reduce his standard of living if his income from his profession vanished."[6]

इस अधिवेशन में स्वागत समिति के अध्यक्ष जमना लाल बजाज थे और बी.एस. मुंजे महासचिव थे। पहले दिन जमनालाल बजाज ने अपना संबोधन हिंदी में दिया था। नागपुर समेत पूरे महाराष्ट्र के लोग इस अधिवेशन का अध्यक्ष लोकमान्य तिलक को बनाने की माँग कर रहे थे, लेकिन उनकी आकस्मिक मौत से सबकुछ बदल गया था। तब उन्होंने उनके पुराने सहयोगी अरविंद घोष से अध्यक्षता करने का आग्रह किया था, लेकिन वह राजी नहीं हुए थे। ऐसे में वयोवृद्ध विजया राघवाचारी का नाम सामने आया था। माना जाता है कि यह कांग्रेस का तक तक सबसे विशाल अधिवेशन था, दावा किया गया कि 22000 प्रतिनिधियों ने इसमें हिस्सा लिया, सीतारमैया ने 14,582 की संख्या बताई, जिनमें से 169 महिलाएँ भी थीं और यह सब तिलक की वजह से था, जो मौजूद नहीं थे। इसलिए अध्यक्ष के आसन के ठीक पीछे तिलक का विशाल तैल चित्र लगाया गया था।

यह भी शायद पहली बार हुआ होगा कि कांग्रेस अध्यक्ष अपना पूरा संबोधन ही न पढ़ पाए हों, इतनी भीड़ थी, शोर भी कि बुजुर्ग विजया राघवाचारी की आवाज लोगों तक नहीं पहुँच पा रही थी तो लाला लाजपत राय ने उनके संबोधन का एक हिस्सा पढ़कर सुनाया, बाकी के हिस्से को संक्षिप्त में विजया राघवाचारी ने पढ़ा। उन्होंने कांग्रेस के संविधान संशोधन, इंडिया एक्ट के प्रावधानों, ब्रिटिश उपनिवेशों

में भारतीयों की दयनीय स्थिति, प्राथमिक शिक्षा की जरूरत जैसी बातों के बारे में बोला।

जिन्ना की कांग्रेस से विदाई

आखिरी दिन महात्मा गांधी ने कांग्रेस की बदलती 'बहिष्कार' रणनीति के बारे में जब प्रस्ताव रखा तो जिन्ना अपनी आपत्ति जताने के लिए खड़े हुए तो लोगों ने शोर मचा दिया। हालाँकि बाद में चितरंजन दास ने भी गांधीजी के प्रस्ताव का समर्थन किया, यहाँ तक कि शारदा पीठ के शंकराचार्य ने भी इस अधिवेशन में हिस्सा लिया था, उन्होंने भी गांधी का समर्थन किया। लेकिन जिन्ना यह अपमान शायद सहन नहीं कर पाए। जवाहरलाल नेहरू ने विस्तार से अपनी आत्मकथा में जिन्ना की कांग्रेस से विदाई पर लिखा है कि कैसे वो नई और सादगी भरी कांग्रेस में अपना साम्य नहीं बैठा पाए, जबकि मुसलिम लीग के जरिए मुसलमानों को कांग्रेस के करीब लाने में उनकी महती भूमिका का भी नेहरू ने उल्लेख किया।

जवाहरलाल नेहरू के शब्दों में, "A few old leaders, however, dropped out of the Congress after Calcutta, and among these a popular and well-known figure was that of Mr M.A. Jinnah. Sarojini Naidu had called him the "Ambassador of Hindu-Muslim unity", and he had been largely responsible in the past for bringing the Muslim League nearer to the Congress. But the new developments in the Congress—non-co-operation and the new constitution which made it more of a popular and mass organization—were thoroughly disapproved of by him. He disagreed on political grounds, but it was not politics in the main that kept him away. There were still many people in the Congress who were politically even less advanced than he was. But temperamentally he did not fit in at all with the new Congress. He felt completely out of his element in the khadi-clad crowd demanding speeches in Hindustani."[7]

हालाँकि सी. विजया राघवाचारी ने प्रस्ताव पारित होने से पहले ही कुरसी छोड़ दी थी और प्रस्ताव पारित होने के समय पंडित मोतीलाल नेहरू कुरसी पर थे। डॉ. सीतारमैया के अनुसार, सी. विजया राघवाचारी ने 'महात्मा गांधी के साथ निष्क्रिय

रूप से सहयोग करने' के लिए ऐसा किया। नागपुर अधिवेशन से पहले कलकत्ता में सितंबर 1920 में ही हुए विशेष अधिवेशन में असहयोग का जब प्रस्ताव रखा गया था, तब भी विजया राघवाचारी को इसमें कोई दिलचस्पी नहीं थी। गांधीजी ने खुद लिखा है, "मेरे प्रस्ताव में खिलाफत और पंजाब को ध्यान में रखकर ही असहयोग की बात कही गई थी, लेकिन श्री विजयराघवाचार्य को इसमें कोई दिलचस्पी मालूम नहीं हुई, उन्होंने कहा कि यदि असहयोग ही करना है तो वह अमुक अन्याय के लिए ही क्यों किया जाए? स्वराज का अभाव बड़े-से-बड़ा अन्याय है। अतएव उसके लिए असहयोग किया जा सकता है।"[8]

कुछ मामलों में विजय को अग्रदूत माना जाता है, लड़कियों के लिए शादी की उम्र बढ़ाने और पिता की संपत्ति में हिस्सा देने के समर्थक थे वे। भारत सचिव ई.एस. मोंटेग्यू ने 1917 में विजया से मुलाकात के बाद अपनी डायरी में दिलचस्प तरीके से उनके बारे में लिखा है, दंगों में सजा-माफी और अंग्रेजी सरकार से भी मुआवजा वसूलने की वजह से वे उनसे प्रभावित थे। मोंटेग्यू ने लिखा है, "He is an astute thinker, he objects all forms of imprisonment without trial. I think he is on the right lines in these things...He is the most vigorous thinker that I have met, even though some of his ideas are impracticable."[9]

छुआछूत को खत्म करने के उद्देश्य से विजया स्वामी श्रद्धानंद से भी जुड़ा गए और फिर एक दिन 1931 में अकोला अधिवेशन में हिंदू महासभा के अध्यक्ष भी चुने गए। राघवाचारी काफी लंबे समय तक सक्रिय रहे, उनका जन्म प्रथम स्वतंत्रता संग्राम से भी पहले 1952 में हुआ था और भारत छोड़ो आंदोलन के बाद 1944 में इस दुनिया को अलविदा कह गए। आजादी के बाद भारतीय संसद् में उनकी भी तसवीर लगाई गई।

REFERENCES

1. The Great Indian Patriots Volume-1 by P. Rajeswar Rao, Page No.-195, Publisher : Mittal Publications.
2. Political Ideas and Movements in India By Sankar Ghose, Page No.-76, Publisher : Allied Publishers.
3. To the Gates of Liberty Congress Commemoration Volume-??? by Indian National Congress, Page No.-198, Publisher : G.C. Sondhi.

4. Modern India by Sumit Sarkar, Page No.-170, Publisher : Pearson India.
5. The Nehrus : Motilal and Jawaharlal by B.R. Nanda, Page No.-191, OUP India.
6. Jawahar Lal Nehru An Autobiography by Jawahar Lal Nehru, Page No.-64-65, Publisher : Nehru Memorial Fund, Distributed By Oxford University Press.
7. Jawahar Lal Nehru An Autobiography by Jawahar Lal Nehru, Page No.-67, Publisher : Nehru Memorial Fund, Distributed By Oxford University Press.
8. Satya Ke Prayog by Mohan Das Karamchand Gandhi, Page No.-413, Publisher : Sarv Sewa Sangh, Varanasi.
9. Dawn and Achievement of Indian Freedom Being the Life and Times of C. Vijiaraghavachariar, Patriot and Thinker by R. T. Parthasarathy, Page No.-47.

□

इस कांग्रेस अध्यक्ष का परिवार बाबर के साथ भारत आया था, जिन्ना के साथ पाकिस्तान चला गया

बाबर के साथ उनका परिवार भारत आया था। उनके खानदान में यूनानी चिकित्सा का पुराना काम था, उन्हें हकीम कहा जाता था। उनकी जड़ें उन्हें ताशकंद के मशहूर सूफी नसरुद्दीन ख्वाजा उबैदुल्लाह अहरार से जोड़ती हैं, जिनकी बाबर का पिता उमर शेख मिर्जा काफी इज्जत करता था। अहरार की इतनी इज्जत की वजह पिता की तरफ से उनका रिश्ता पहले खलीफा से था तो माँ की तरफ से दूसरे खलीफा से था। 'बाबरनामा' में अहरार का कई बार जिक्र है। इस तरह ख्वाजा अहरार की 18वीं पीढ़ी के मुखिया भारत में हकीम अजमल खान थे। शाहजहाँ से लेकर शाह आलम तक कई मुगल बादशाहों ने उनको जागीरें तोहफों में दीं, लेकिन जब बँटवारा हुआ तो उनके परिवार ने पाकिस्तान चुना, उनके नाती हकीम मोहम्मद नबी खान ने लाहौर में दवाखाना हकीम अजमल खान खोला और बाद में पूरे पाकिस्तान में उसकी शाखाएँ खुलती चली गईं।

हकीम अजमल खान के दादा हकीम शरीफ खान शाह आलम के चिकित्सक थे, उन्होंने 'शरीफ मंजिल' नाम से दिल्ली में यूनानी चिकित्सा का एक अस्पताल खुलवाया था। उनके खानदान को दिल्ली के रईस खानदानों में गिना जाता था, मुगल बादशाहों से करीबी ही इसकी वजह रही थी। हालाँकि आजाद भारत में उन्हें जामिया मिलिया हॉस्पिटल के संस्थापक सदस्य और आयुर्वेदिक एंड यूनानी तिब्बिया (मेडिकल) कॉलेज को स्थापित करने के लिए भी जाना जाता है। हकीम अजमल खान जामिया मिलिया यूनिवर्सिटी के वाइस चांसलर 1920 में बने और 1927 तक इस पद पर रहे।

अजमल खान के पिता हकीम गुलाम महमूद खान तो 1857 में अंग्रेजों के निशाने पर ही आ गए थे, लेकिन पटियाला, नाभा और जींद की रियासतों के दखल से उन्हें अंग्रेजी प्रकोप से मुक्ति मिली थी। गालिब उन्हीं के पड़ोसी हुआ करते थे। गालिब के मुताबिक पटियाला के राजा नरेंद्र सिंह उन दिनों अंग्रेजों की मदद कर रहे थे और उनकी रेजीमेंट्स दिल्ली में ही डेरा डाले पड़ी थीं। हकीम अजमल खान तीन भाइयों में सबसे छोटे थे, एक-एक करके बड़े भाइयों ने ही खानदानी काम सँभाला था, लेकिन उन दोनों की जल्दी मौत हो जाने की वजह से खानदान और खानदानी पेशे, दोनों की जिम्मेदारी उनके ऊपर आ गई।

हकीम अजमल खान 1892 में रामपुर के नवाब के निजी चिकित्सक के पद पर चुने गए। हकीम ने अपने पेशे में इतना नाम कमा लिया था कि उनकी गिनती तब देश के मशहूर हकीमों में होती थी। उनकी एक दवाई काफी मशहूर हो गई थी और शहर से बाहर जाने का उन दिनों वो हजार रुपए तक लेते थे। जब वे जामिया मिलिया यूनिवर्सिटी के उपकुलपति थे, उन्हीं के कार्यकाल में जामिया मिलिया यूनिवर्सिटी को अलीगढ़ से दिल्ली स्थानांतरित किया गया।

समय के साथ वो फारसी, अरब, उर्दू के विद्वान् बन गए। रामपुर नवाब के दरबार में ही उनका परिचय नेताओं से होना शुरू हुआ, क्योंकि नवाब कई नेताओं की धन से मदद करता था। फिर सर सैयद अहमद खान के सचिव से दोस्ती के चलते हकीम का दखल मोहम्मडन एंग्लो ओरियंटल कॉलेज (बाद में अलीगढ़ मुसलिम यूनिवर्सिटी) में भी बढ़ना शुरू हो गया। तो उसके लिए चंदा इकट्ठा करना शुरू कर दिया और एक दिन ट्रस्ट के सदस्य के तौर पर भी जगह मिल गई। लेकिन बड़े भाई की मौत की वजह से रामपुर छोड़कर दिल्ली आना पड़ा।

उनके परिवार का एक अखबार था 'अकमल उल अखबार', उर्दू का साप्ताहिक अखबार था। हकीम अजमल खान ने इस अखबार के लिए लिखना शुरू कर दिया और यहीं से उनके लिए राजनीति की राहें खुलती चली गईं। शिमला में 1906 में वायसराय से मिलने वाले मुसलिम प्रतिनिधिमंडल का नेतृत्व हकीम साहब ने ही किया था, जाहिर है, राजनीति की शुरुआत मुसलिम मामलों से ही की थी। तभी तो वे 1906 में ही गठित होने वाली मुसलिम लीग की पहली मीटिंग में भी ढाका में मौजूद थे।

मुसलिम नेताओं की गिरफ्तारी ही उन्हें महात्मा गांधी के नजदीक ले गई। लगा कि और मुसलिम नेता भी गिरफ्तार होंगे, हकीम अजमल खान ने महात्मा गांधी से मदद माँगी। आपको यह जानकर हैरत होगी कि मुसलिम नेताओं में भी हकीम

अजमल खान अकेले ऐसे नेता थे, जो कांग्रेस ही नहीं, मुसलिम लीग और ऑल इंडिया खिलाफत कमेटी के भी सर्वोच्च पद यानी अध्यक्ष पद पर चुने गए।

कम्युनिस्ट पार्टी के नेता के दावे का सच

इस अधिवेशन को लेकर वाम नेता सीताराम येचुरी ने 2022 में एक ट्वीट पोस्ट करके बड़ा दावा किया। दरअसल सीताराम येचुरी ने पीपुल्स डेमोक्रेसी के 8 से 14 अगस्त वाले अंक में एक लेख लिखा, 'Safeguard The Secular Democratic Republic Intensify the Struggles and Resistance.' इस लेख में सीताराम येचुरी ने दावा किया, 1921 के अहमदाबाद कांग्रेस अधिवेशन में मौलाना हसरत मोहानी और स्वामी कुमारानंद ने सी.पी.आई. (एम) की तरफ से पूर्ण स्वतंत्रता का प्रस्ताव रखा, लेकिन गांधीजी ने इसे स्वीकार नहीं किया। उनका यह दावा था कि कांग्रेस से पहले ही उनकी पार्टी ने स्वतंत्रता की माँग उठाई थी।[1]

यह ट्वीट सीताराम येचुरी ने 14 अगस्त, 2022 को किया था और इस ट्वीट में उन्होंने लिखा था, "Right from its formation in 1920, Communist Party began influencing the agenda of the national movement. At the Ahmedabad session of the All India Congress Committee, 1921, Moulana Hasrat Mohani & Swami Kumarananda, on behalf of CPI, moved a resolution for complete independence."

'इनकलाब जिंदाबाद' का नारा देने वाले हसरत मोहानी ने कैसे लिया मोपला दंगाइयों का पक्ष

हालाँकि मौलाना हसरत मोहानी की कहानी भी कम दिलचस्प नहीं। खिलाफत आंदोलन के समर्थन में वे कांग्रेस से जुड़े, फिर मुसलिम लीग से जुड़ गए। कांग्रेस के अहमदाबाद अधिवेशन में जब हकीम अजमल खान ने मोपला दंगों में मारे गए हजारों हिंदुओं के लिए अपने अध्यक्षीय संबोधन में जबरन धर्मपरिवर्तन के लिए मुसलिम दंगाइयों की निंदा की तो इन्हीं हसरत मोहानी साहब, जिन्हें सीताराम येचुरी पूर्ण स्वराज का अग्रदूत बता रहे हैं, ने अधिवेशन में आए मोपला हिंसा के खिलाफ प्रस्ताव का जमकर विरोध किया था। मौलाना साहब का उस वक्त का बयान बेहद आपत्तिजनक था, हसरत मोहानी ने कहा था, "Moplah country had become Dar-ul-Harb instead of Dar-ul-Aman. The English speaking Hindus of Moplah sided with the enemy. Therefore, the Moplahs did the right thing by showing the Quran and the Sword to the Hindus."[2]

चूँकि उन दिनों कांग्रेस और मुसलिम लीग की दोस्ती का दौर था, अधिवेशन भी एक ही शहर में एक समय पर आसपास ही होते थे। उस साल लीग के अध्यक्ष मौलाना हसरत मोहानी ही थे, उन्होंने अपने अध्यक्षीय संबोधन में लीग के नेताओं को मोपला के मुद्दे पर बिना कोई सुबूत दिए आरोप लगाया कि मुसलिम अंग्रेजों से भिड़ रहे थे, लेकिन हिंदू तटस्थ या साथ देने के बजाय अंग्रेजों का साथ दे रहे थे, लेकिन मुसलिमों की लड़ाई क्या थी? इस पर उनके ही शब्द पढ़िए, "They can, no doubt, contend that, while they are fighting a defensive war for the sake of their religion and have left their homes, property and belongings, and taken refuge in hills and jungle." उन्होंने यह तक कहा कि हिंदुओं को इसलिए भी लूटा, मारा, क्योंकि वो अंग्रेजों की सेना के साथ थे, उनके शब्दों में, "Hindu inhabitants of the place had invited the English army for their protection, with the result that after the departure of the English troops, the neighbouring Moplas do not hesitate to retaliate, and consider the money and other belongings of the Hindus as lawful spoils of war taken from those who have aided and abetted the enemy."[3]

एक मायने में अहमदाबाद अधिवेशन खास था, गांधीजी का असर शायद पहली बार इसी अधिवेशन में देखने को मिला था। सूट-बूट वाली कांग्रेस अब बदल गई थी, न तो बैठने के लिए कुरसियों का ही इंतजाम किया गया था और न ही कोई प्रतिनिधि सूट, बूट, कोट, टाई में दिख रहा था। न केवल खद्दर का तंबू बनाया गया था, बल्कि सबको जमीन पर बैठना था और सबके गले में एक खद्दर का थैला भी था, जिसमें सबको अपने जूते या चप्पल रखने थे।

हकीम हुए आधुनिक

अंग्रेजों से उनके रिश्ते कभी बिगड़े नहीं थे, भले ही वो कांग्रेस अध्यक्ष क्यों न बन गए। उनके तिब्बिया कॉलेज की आधारशिला भी लॉर्ड हार्डिंग ने ही रखी थी, कॉलेज की एक विंग का नाम भी लेडी हॉर्डिंग के नाम पर रखा गया था। ऐसे में रिश्ते

बिगड़ने की संभावना ही नहीं थी। चूँकि लगातार ब्रिटिश सरकार हकीमों के खिलाफ बयान दे रही थी, उन पर प्रतिबंध की संभावनाएँ बढ़ती जा रही थीं, हकीम अजमल खान ने 1914 में एक आयुर्वेदिक शाखा भी शुरू कर दी थी। पढ़ाई की भाषा भी ईरानी और अरबी की जगह हिंदी और उर्दू कर दी। 'दार–उल–तहकीकात' नाम से आधुनिक विज्ञान में भी उन्होंने एक रिसर्च विंग की स्थापना कर दी थी। 1923 में उन्होंने एक वैदिक दवाखाना और आयुर्वेदिक रसायन पाठशाला भी शुरू कर दी।

शुरुआत से ही हकीम साहब सर सैयद अहमद खान की तरह मुसलिम समुदाय के हितों के प्रति चिंतित थे। इसलिए हकीम अजमल खान अपने अखबार के जरिए भी कई मुसलिम राज्यों के हितों की आवाज उठाते रहे, जब निजाम के खिलाफ अंग्रेजों ने कानून बनाया कि बिना ब्रिटिश रेजीडेंट की पूर्वानुमति के निजाम कोई नियुक्ति नहीं कर सकता। तो इस पर हकीम अजमल खान ने अपने अखबार में यह लिखकर उसकी निंदा की, "By doing this all those arrangements that has been reached between the Nizam of Deccan and the British Government is destined to be buries under the dump of dust-and ultimately the ruling powers of the Nizam were sure to be transferred to the British Residents."[4]

लेकिन चूँकि सैयद अहमद खान कांग्रेस को पसंद नहीं करते थे और अपने लोगों से उसे दूर रहने को कहा था, सो उनके कॉलेज के ट्रस्टी के तौर पर हकीम अजमल खान भी कांग्रेस से दूर ही रहते थे और दूर से ही उसकी हर गतिविधि पर नजर रखते थे, लेकिन 5 जनवरी, 1894 को अपने अखबार के अंक में उन्होंने नवें कांग्रेस अधिवेशन की बड़ी तारीफ की, जो दिसंबर 1893 में लाहौर में हुआ था। उन्हें लगा कि इससे अच्छे नतीजे निकलकर आएँगे। एक और अंक में उन्होंने लिखा, "It appears that Congress is becoming successful. It enjoys the support of most educated and respected group of the people to which even the Government pays the heed. In no way this group could be termed as cynical."[5] उन्होंने यह भी लिखा कि सरकार न केवल उनके लिए परिषदों में सदस्यता और उच्च पद रखती है, बल्कि उनकी भली–बुरी भाषा भी सुनती है।

मुसलिम हितों के लिए ही थे ज्यादा चिंतित, किया बंग–भंग का समर्थन

एक बार अजमल खान को हार्ट अटैक आया तो वो इराक (मेसोपोटामिया) की यात्रा पर निकल गए और सारे प्रसिद्ध मुसलिम स्थलों बगदाद, बसरा, नजफ,

करबला आदि घूमे और वहाँ के मुसलिमों के हालात का जायजा लिया। फिर 1906 में जब शिमला में लॉर्ड मिंटो से देश के प्रमुख 35 मुसलिम मिले तो दिल्ली से वे अकेले थे। इस प्रतिनिधिमंडल ने वायसराय से अंग्रेजों की तारीफ की कि कैसे उनकी वजह से शांति, सुरक्षा, निजी आजादी, अपने मजहब को मानने की आजादी आदि मिली हुई हैं।

साथ ही यह शिकायत भी की कि कैसे मुसलिमों को म्युनीसिपैलिटी बोर्ड्स, डिस्ट्रिक्ट बोर्ड्स और लेजिस्लेटिव काउंसिल्स में पर्याप्त प्रतिनिधित्व नहीं मिला हुआ है। इस बात पर जोर दिया गया कि मुसलिम अपना प्रतिनिधि मुसलिम वोटों के जरिए ही चुनना चाहते हैं। वायसराय की काउंसिल में मुसलिम प्रतिनिधि और एक मुसलिम यूनिवर्सिटी की स्थापना की माँग भी इन मुसलिमों ने की। इसी समूह में से ज्यादातर लोगों ने ढाका मुसलिम लीग की स्थापना की।

अंग्रेजों के प्रति स्वामिभक्ति दरशाते हुए मुसलिम लीग की स्थापना का प्रस्ताव सबसे पहले ढाका के नवाब सलीमुल्ला खान ने रखा और दूसरा प्रस्ताव इन्हीं हकीम अजमल खान ने रखा था, जो बाद में कांग्रेस के भी अध्यक्ष बने। दिलचस्प बात थी कि इसी अधिवेशन में मुसलिम लीग ने प्रस्ताव पारित किया कि जो बंगाल विभाजन लॉर्ड कर्जन ने किया है, उसको निरस्त किया गया तो मुसलमान सड़कों पर उतर जाएगा[6], वहीं उन्हीं दिनों कलकत्ता में चल रहे कांग्रेस अधिवेशन में बंगाल विभाजन को फौरन निरस्त करने की माँग की जा रही थी। अजमल खान और उनके साथियों द्वारा शिमला में जो मुसलिमों के लिए अलग से निर्वाचन क्षेत्र माँगे गए थे, उनका प्रावधान बाद में 1909 के मार्ले-मिंटो सुधारों में कर दिया गया। सो कांग्रेस या हिंदू सोच के खिलाफ कई काम हकीम अजमल खान करते आ रहे थे।

क्रांतिकारियों को बताया आतंकवादी, मदन लाल धींगरा और अनंत कन्हेरे की निंदा

मुसलिम लीग के कराची में अगले साल के अधिवेशन में भी हकीम अजमल खान ने हिस्सा लिया और 1908 में अमृतसर के अधिवेशन में भी। 1910 में वो दिल्ली में हुए मुसलिम लीग अधिवेशन की स्वागत समिति के अध्यक्ष भी बने। अपने संबोधन में उन्होंने अंग्रेजों की इस बात के लिए जमकर तारीफ की कि उन्होंने मुसलिमों के लिए अलग से निर्वाचन क्षेत्रों का प्रावधान किया, साथ ही अंग्रेजों पर हमला करने वाले क्रांतिकारियों को आतंकवादी (Terrorists) कहते हुए उनकी कड़ी निंदा की। इन सबमें सर कर्जन वाइली को लंदन में मारने वाले मदन लाल

धींगरा और नासिक के कलेक्टर जैक्सन को मारने वाले अनंत कन्हेरे जैसे प्रसिद्ध क्रांतिकारी भी शामिल थे।[7]

सबसे दिलचस्प था ऐसी घटनाओं में मुसलिमों का शामिल न होना। ज्यादातर हिंदू और सिख ही उन क्रांतिकारियों में शामिल थे, जिन्होंने अंग्रेजों पर हमले किए थे। हकीम साहब ने सभी गैर-मुसलिमों पर यह कहकर निशाना साधा, "Just as we have our duties towards the rulers, So have we other and no less binding duties towards our neighbors. It is obligatory on us not to injure the susceptibilities of peaceful neighbor communities, nor should be dislike a whole community for the for the unfriendliness of a few of its members."[8]

सर सैयद अहमद खान को मानते थे 'अलीगढ़ का संत'

अपने विचारों को सही ठहराने के लिए उन्होंने सैयद अहमद खान का उदाहरण दिया कि कैसे उन्होंने अपने मजहब के लोगों के राष्ट्रीय आंदोलन में शामिल होने के गंभीर खतरों को पहले ही भाँप लिया था, तभी तो उन्होंने इससे दूर रहने के लिए प्रोत्साहित किया। उनका कहना था कि मुसलिम शिक्षा की दौड़ में हिंदुओं से काफी पीछे रह गए थे, संख्या में वो पीछे थे ही, सो 'अलीगढ़ के इस संत की सलाह पर' मुसलिमों ने कांग्रेस जैसे राष्ट्रीय आंदोलन से खुद को दूर रखा। इस वक्त तक इन सभी मुसलिम नेताओं को यह भी लगने लगा था कि अंग्रेज ही उनके व उनके हितों के असली रक्षक हैं।

अंग्रेजों से ऐसे हुआ मोहभंग

लेकिन अंग्रेजों की वजह से ही उनका मोहभंग होकर राष्ट्रीय भावना के साथ जुड़ने लगा था, जब वेडरबर्न कांग्रेस के अध्यक्ष बने तो उन्होंने इलाहाबाद में जनवरी 1911 में लीग और कांग्रेस के नेताओं की एक संयुक्त बैठक आहूत की। जिसमें 40 मुसलिम और 60 हिंदू नेता थे, लेकिन बाद में अलीगढ़ मुसलिम यूनिवर्सिटी के नाम को लेकर अंग्रेजों और मुसलिमों में विवाद हो गया। मुसलिम उसका नाम मुसलिम यूनिवर्सिटी चाहते थे, जबकि अंग्रेज अलीगढ़ यूनिवर्सिटी रखने के पक्ष में थे, बाद में दोनों को मिला दिया गया। लेकिन 12 दिसंबर, 2011 के दिल्ली दरबार में जब राजा जॉर्ज पंचम ने बंगाल विभाजन को रद्द कर दिया तो मुसलिम नेताओं को बड़ा झटका लगा।

ढाका के नवाब सलीमुल्ला खान को तो इतना सदमा लगा कि राजनीति से ही संन्यास ले लिया और कुछ ही महीनों के अंदर मर गए। हकीम अजमल खान को भी सदमा लगा, उनको भी लगा कि अंग्रेजों पर भरोसा नहीं किया जा सकता। इधर गांधीजी के उदय के बाद वे राष्ट्रीय आंदोलन में मुसलिमों को जोड़ने में जुट गए थे। उससे पहले ही तिलक की जेल वापसी के बाद मुसलिम लीग और कांग्रेस का भी लखनऊ में संयुक्त अधिवेशन हुआ। गांधीजी ने खिलाफत आंदोलन को मौके के तौर पर देखा और खिलाफत नेताओं को कांग्रेस के साथ जोड़ लिया। दोनों के अधिवेशन साथ-साथ होने लगे। कई मुद्दों पर समझौते के साथ असहयोग आंदोलन और खिलाफत आंदोलन के लोग एक-दूसरे को समर्थन देने लगे।

हकीम अजमल खान ने भी ब्रिटिश सरकार से मिली अपनी 'हाजिक उल मुल्क' और गांधीजी की ही तरह 'कैसर ए हिंद' की पदवियों को लौटा दिया। गांधीजी उनसे काफी खुश हुए और 'यंग इंडिया' में उनकी तारीफ में लेख लिखा, 1917 में मुसलिम लीग छोड़ने के बाद से ही गांधीजी से उनकी मित्रता बढ़ने लगी थी। तभी 1918 में दिल्ली अधिवेशन में उन्हें स्वागत समिति का मुखिया बनाया गया। जमीयत उल उलेमा की कानपुर कॉन्फ्रेंस में उनको 'मसीह उल मुल्क' की उपाधि दी गई। 1921 में जब अहमदाबाद अधिवेशन के लिए मनोनीत अध्यक्ष सी.आर. दास जेल में होने के चलते अधिवेशन में नहीं आ पाए तो हकीम अजमल खान को अध्यक्ष चुन लिया गया। हालाँकि सी.आर. दास का भी संबोधन सरोजिनी नायडू ने पढ़कर सुनाया।

अहमदाबाद अधिवेशन में ही कांग्रेस की सारी कार्यकारी ताकत गांधीजी को दे दी गई, अब कांग्रेस से जुड़ा हर बड़ा फैसला उनको ही लेने का अधिकार मिल गया। लेकिन अधिवेशन खत्म होते ही गांधीजी सारे आलोचकों के निशाने पर थे, एक साल में स्वराज के उनके वादे की याद दिला रहे थे। जबकि अधिवेशन में पूर्ण स्वतंत्रता के प्रस्ताव का गांधीजी ने खुद विरोध कर दिया था। एनी बेसेंट तक ने गांधीजी पर तंज कस दिया, कहा "Swaraj was to arrive on September 30 or October 1, on October 31, On December 31, at the Congress, it is as far off as ever."[9]

1921 का अधिवेशन इसलिए भी खास माना जाता है कि मोपला दंगों के बाद पढ़े-लिखे मुसलिम नेता कशमकश में आ गए थे कि मोपला के मुसलिम दंगाइयों का समर्थन करें, ब्रिटिश पुलिस ने जैसे उन पर एक्शन लिया, उसका विरोध करें या फिर उन मोपला मुसलिम दंगाइयों ने जो हिंदुओं के साथ किया, उसकी निंदा

करें। अजमल खान ने बीच का रास्ता निकाला, एक तरफ तो ब्रिटिश सरकार की आलोचना की, दूसरी तरफ हिंदुओं के जबरन धर्मांतरण की भी निंदा कर दी और कहा, "I Cannot close without referring to the tragic events that are daily taking place in Malabar and the prolonged agonies of our unfortunate Mohlah brethren...There will be no Muslim worthy of the name who will not condemn the entire un-Islamic act in the strongest possible terms."[10]

REFERENCES

1. Sitaram Yechuri's Tweet, 14.08.2022, https://twitter.com/SitaramYechury/status/1558712022061436928/photo/2.
2. Inside the Congress A Collection of 26 Articles by Swami Sraddhananda, Page No.-151, Dayanand Sansthan.
3. Gandhi and Anarchy by C Shankaran Nair, Page No.-198, Publisher : Mittal Publication.
4. HAKIM AJMAL KHAN By Zafar Ahmad Nizami, Chapter-3 (The Politician), Publisher : Publications Division Ministry of Information & Broadcasting, Govt. of India.
5. Hakim Ajmal Khan (1988) by Zafar Ahmad Nizami, Page No.-57, Publisher : Publications Division, Ministry of Information and Broadcasting, Govt. of India.
6. India Divided by Rajendra Prasad, Page No.-144, Publisher : Penguin Books.
7. Hakim Ajmal Khan (1988) by Zafar Ahmad Nizami, Page No.-64, Publisher : Publications Division, Ministry of Information and Broadcasting, Govt. of India.
8. Hakim Ajmal Khan (1988) by Zafar Ahmad Nizami, Page No.-64, Publisher : Publications Division, Ministry of Information and Broadcasting, Govt. of India.

9. The Future of Indian Politics A Contribution to the Understanding of Present-day Problems By Annie Besant, Page No.-253, Publisher : Theosophical Publishing House.
10. Congress Presidential Addresses First[-second] Series by Indian National Congress, Page No.-535, Publisher : G.A. Natesan & Company.

□

इस्लामिक ताकतों से परेशान नेताजी बोस के गुरू ने पहली बार तोड़ी कांग्रेस

चितरंजन दास के पिता भुवन मोहन दास कलकत्ता हाईकोर्ट के वकील थे और पत्रकार भी, इंग्लिश चर्च वीकली 'द ब्रह्मो पब्लिक ओपिनियन' नाम के अखबार के संपादक थे, बाद में 'बंगाल पब्लिक ओपिनियन' भी शुरू किया। पिता शुरू से ही उनको इंडियन सिविल सर्विस (आई.सी.एस.) ऑफिसर बनाकर अंग्रेजी सरकार की सेवा में भेजना चाहते थे, लेकिन जब परीक्षा पास नहीं हुई तो अपनी ही तरह वकील बनने की राह पर आगे बढ़ा दिया। ऐसे में वकालत की पढ़ाई के लिए समृद्ध भारतीयों की एक ही मंजिल होती थी, लंदन का इनर टैंपल। लेकिन लंदन जाना इनमें से कई भारतीयों के लिए क्रांतिकारी साबित हुआ, इंग्लैंड की जनता को देखकर उन्हें एहसास हुआ कि असली लोकतंत्र क्या होता है, एक नागरिक के अधिकार क्या होते हैं। यह अलग बात है कि वहाँ जाकर इनमें से अधिकांश ने खुद को स्थायी रूप से ब्रिटेन साम्राज्य का नागरिक भी मान लिया और आजादी की लड़ाई को भूलकर, केवल अधिकार व रियायत पाने की लड़ाई में जुट गए।

अरविंद घोष का केस लड़ने से दुनिया बदल गई

लंदन जाकर ऐसा ही चितरंजन दास के साथ हुआ, दादाभाई नौरोजी से मिलना उनके जीवन में बदलाव लाने वाला था। वो उन चेहरों में शामिल हो गए, जो दादाभाई के समर्थक बन गए थे। सेंट्रल लंदन की फिन्सबरी सीट से ब्रिटेन की संसद् में पहुँचने के लिए इन सभी ने दादाभाई के लिए चुनाव प्रचार किया और उन्हें जिताकर हाउस ऑफ कॉमंस पहुँचाने में अहम भूमिका निभाई। उनकी

जिंदगी में गहरा असर डालने वाले दूसरे प्रसिद्ध व्यक्ति थे अरविंद घोष, जिनको अलीपुर बमकांड में कलकत्ता पुलिस ने गिरफ्तार कर लिया था। चितरंजन दास उनका केस लड़ते-लड़ते उनके समर्थक बन गए, उनके विचारों का गहरा प्रभाव उन पर पड़ा।

चितरंजन दास ने अंग्रेज जज की अदालत में लाजवाब कर देने वाले तर्क भी दिए, अंग्रेजी कानूनों के गहन अध्ययन का इतना तो फायदा हुआ था कि उन्होंने कई ऐसे कमजोर बिंदु ढूँढ़ निकाले जिनके जरिए अरविंद के खिलाफ केस कमजोर किया जा सका। अरविंद के बाद भी उन्होंने कई राजनीतिक कैदियों का केस लड़ा, अनुशीलन समिति से भी जुड़े और अदालतों में संस्था से जुड़े कई लोगों की मदद की। बाद में महात्मा गांधी के असहयोग आंदोलन से भी जुड़े और छह महीने जेल की सजा भी काटी।

हालाँकि उनके पिता भी अंग्रेजी शिक्षित थे और उन दिनों अंग्रेजों ही नहीं, अंग्रेजी की महत्ता भी समझते थे, तभी अपने बेटे को 1878 में कलकत्ता के भवानीपुर में लंदन मिशनरी सोसायटीज इंस्टीट्यूट में पढ़ने के लिए भेजा था, आठ साल तक वहाँ पढ़ने के बाद कलकत्ता यूनिवर्सिटी के प्रेसीडेंसी कॉलेज में एडमीशन मिला, ऐसे में अंग्रेज कवियों कीट्स, शैली और ब्राउनिंग आदि का उन पर गहरा असर था। वहाँ से स्नातक होने के बाद लंदन जाना हुआ, लेकिन उनकी समझ में यह आ गया कि जब तक उन्होंने 1908 में अरविंद घोष का केस अपने हाथ में नहीं लिया, देश ने उनको नहीं पहचाना। 1910-11 में भी उन्होंने ढाका षड्यंत्र केस के जरिए अपनी पहचान को और मजबूत किया। इससे पहले आसाम की स्टेट बिजनी के दीवान की बेटी बसंती देवी से उनका 1997 में विवाह हो गया था।

इसी बीच उन्होंने कविता लेखन में भी हाथ आजमाया। 'मलंचा' और 'माला' नाम से उनकी कविताओं के दो संकलन भी प्रकाशित हुए, 1913 में उनका संकलन 'सागर संगीत' भी प्रकाशित हुआ। अपने पिता की तरह उन्होंने भी एक अखबार संपादित किया, बल्कि उसे शुरू भी किया, लेकिन नाम रखा 'फॉरवर्ड', बाद में लगा कि उसको आजादी के आंदोलन से जोड़ना चाहिए, सो नाम बदलकर कर दिया, 'लिबर्टी' यानी स्वतंत्रता। उन्होंने 'नारायण' नाम से एक जर्नल भी प्रकाशित करना शुरू किया, जिसमें विपिन चंद्र पाल, शरत् चंद्र चट्टोपाध्याय, हरि प्रसाद शास्त्री जैसे नामी चेहरे अपने लेख लिखा करते थे। इसमें खुद चितरंजन दास की कुछ कविताएँ भी छपीं।

जब बंग-भंग का फैसला हुआ तो उन्हें भी इस घटना ने उद्वेलित किया,

उसी के चलते वे पहली बार कांग्रेस के अधिवेशन में गए, 1906 का कलकत्ता अधिवेशन, यह उनका पहला अधिवेशन था, लेकिन 1917 तक उन्होंने किसी भी तरह की सक्रिय राजनीति में हिस्सा नहीं लिया। उस साल भी इसलिए गए, क्योंकि बंगाल प्रांत की कांग्रेस ने उन्हें अपने वार्षिक अधिवेशन का सभापति चुना। कलकत्ता में ही 1917 का कांग्रेस अधिवेशन हुआ था, सो उस साल चूँकि वे बंगाल प्रांत के अध्यक्ष थे तो पूरी तरह सक्रिय होकर एनी बेसेंट को कांग्रेस अध्यक्ष बनाने के लिए जान लगा दी। अगले साल उन्होंने बंबई के विशेष सत्र में और फिर दिल्ली में हुए वार्षिक अधिवेशन में भाग लिया और मोंटेग्यू–चेम्सफोर्ड योजना का विरोध किया।[1]

'यह संदेश प्रह्लाद, मीरा और वशिष्ठ का है'

पहली बार उन्हें अंग्रेजी सरकार के विरुद्ध सार्वजनिक विरोध का मौका मिला 1919 में, जब महात्मा गांधी ने रॉलेट एक्ट के विरुद्ध 6 अप्रैल को सत्याग्रह का आह्वान किया। उस वक्त विशाल हड़ताल को संबोधित करने हुए उन्होंने कहा था, "This is no doubt the message of Mahatma Gandhi but it is the time-honored message of India, the message or Prahlad, Meera and Vashishtha. The Rowlett Act is an obstacle to the movement for freedom."[2] हालाँकि आजादी की बात उन्होंने तब की थी, जबकि कांग्रेस आजादी के बारे में न सोचती थी और न बात करती थी। बल्कि अंग्रेजों के ही राज में खुद को सुखी महसूस करती थी, बशर्ते कुछ रियायतें मिल जाएँ। उनके भाषण को सुनकर ही अनुमान लगा सकते हैं कि उन दिनों प्रह्लाद, मीरा या वशिष्ठ जैसे नाम सार्वजनिक मंच से लेना कांग्रेस के नेताओं के लिए उतनी दिक्कत की बात नहीं हुआ करती थी।

सबकुछ देश के नाम

शुरुआत में चितरंजन दास भी यह मानते थे कि संसद् या विधान परिषदों जैसी संस्थाओं में ही जनप्रतिनिधियों द्वारा विरोध किया जाए, सड़क पर नहीं, सो जब महात्मा गांधी ने कलकत्ता के विशेष सत्र में असहयोग आंदोलन की पूरी योजना प्रस्तुत की थी, चितरंजन दास ने उसका विरोध किया था, लेकिन कांग्रेस ने इसे पारित कर दिया। बाद में चितरंजन दास असहयोग आंदोलन में खुलकर कूद पड़े, अपनी वकालत छोड़ दी, सारी सुख–सुविधाएँ त्याग दीं। कुछ सालों के बाद उन्होंने अपनी सारी संपत्ति एक मेडिकल स्कूल और महिलाओं के अस्पताल के लिए दान

में दे दी। उनका घर एक राजनीतिक संस्था के कार्यालय में बदल गया। जहाँ युवाओं को प्रशिक्षण दिया जाने लगा।

लेकिन बाद में उनको, उनकी पत्नी को और बेटे को गिरफ्तार कर लिया गया और छह महीने के लिए जेल भेज दिया गया। इसी बीच उनको अहमदाबाद में होने वाले 1921 के कांग्रेस अधिवेशन का अध्यक्ष चुन लिया गया, लेकिन जेल में रहने के चलते वे अधिवेशन में हिस्सा नहीं ले सके। कांग्रेस के इतिहास में यह भी एक दिलचस्प घटना थी। 1922 में जेल से बाहर आने के बाद उनको बिहार के गया में होने वाले कांग्रेस अधिवेशन का अध्यक्ष फिर से चुन लिया गया।

अध्यक्ष होने के बावजूद प्रस्ताव गिरा तो हो गए नाराज

1922 में नेताजी सुभाष चंद्र बोस ने भी गया अधिवेशन में हिस्सा लिया। बोस ने अपने राजनीतिक गुरु के विपरीत आई.सी.एस. की परीक्षा पास करने के बाद उससे इस्तीफा दिया था। इस अधिवेशन में चितरंजन दास ने भरपूर कोशिश की कि विधान परिषदों के प्रवेश के समर्थन वाला प्रस्ताव पारित हो जाए, लेकिन बहुमत ने इसे नकार दिया। 890 मत पक्ष में आए 1740 मत उनके प्रस्ताव के विरोध में। अध्यक्ष होने के बावजूद इतने अंतर से प्रस्ताव गिरने से चितरंजन दास नाराज हो गए और उन्होंने अधिवेशन के बाद गया में ही मोतीलाल नेहरू के एक मुवक्किल टीकरी के राजा के यहाँ एक बैठक में 31 दिसंबर, 1922 को अपनी नई पार्टी 'कांग्रेस खिलाफत स्वराज पार्टी' का ऐलान कर दिया। हालाँकि अगले साल इसका नाम बदलकर केवल 'स्वराज पार्टी' कर दिया गया था। उनके साथ इस पार्टी में मोतीलाल नेहरू, एन.सी. केल्कर, हकीम अजमल खान, वी.जे. पटेल, एम.आर. जयकर आदि थे। दास को अध्यक्ष चुना गया और मोतीलाल नेहरू सचिवों में से एक थे।[3]

इसलामी ताकतों ने दिया यह झटका

आपको जानकर हैरत होगी कि जिस वजह से उनका प्रस्ताव रद्द हुआ, वो वजह पाठ्य पुस्तकों में पढ़ाई ही नहीं जाती है। दरअसल जब से गांधीजी ने खिलाफत के मुद्दे पर अली बंधुओं के साथ हाथ मिलाया था। कांग्रेस अधिवेशनों में मुसलिमों की भागीदारी बढ़ी थी। उनमें से कुछ लोग जमात उल उलेमा और खिलाफत कॉन्फ्रेंस के इशारे पर चलते थे। जब विधान परिषदों के चुनावों में हिस्सा लेने की चर्चा हुई तो उन लोगों ने माहौल बनाना शुरू कर दिया कि जब तक ये संस्थाएँ अपना रुख तय नहीं कर लेतीं, तब तक के लिए यह मामला टाल दिया। तब चितरंजन

दास ने अपने अध्यक्षीय भाषण में प्रतिक्रिया देते हुए कहा था, "It is needless to point out that should the Khilafat Conference come to the conclusion that under the present circumstances it would be an offence against their religion to enter the Councils, the Congress would unhesitatingly accept their decision, because no work in this country towards the attainment of Swaraj is possible without the hearty co-operation of both Hindus and Mussulmans."[4]

यह एक तरह का तंज था चितरंजन दास की बातों में, उनको लगता था कि ये मुसलिम संस्थाएँ हर मुद्दा धर्म के खिलाफ बताकर टाँग अड़ा देती हैं। तय किया गया कि इस मुद्दे पर चौथे दिन फैसला लिया जाएगा। जिसका डर था, वही हुआ और उलेमाओं ने चुनाव में भाग लेने से साफ इनकार कर दिया, निष्ठा की शपथ को उन्होंने इसलाम के खिलाफ बताया। खिलाफत कॉन्फ्रेंस का दिल तो उन दिनों भारत के मामलों में था ही नहीं, उसका पूरा ध्यान तुर्की के खलीफा और खिलाफत को बचाने में लगा था, सो यह मामला टलते-टलते आखिरकार रद्दी की टोकरी में डाल दिया गया।

कोई चारा न देखकर सी.आर. दास और उनके साथियों ने स्वराज पार्टी के बारे में ऐलान कर दिया, बाद में कांग्रेस पर भी दवाब पड़ा और दिल्ली के विशेष सत्र में काउंसिल प्रवेश के मसले पर समर्थन का प्रस्ताव पारित कर दिया गया। चितरंजन दास ने निगम के चुनाव लड़ने का फैसला किया और कलकत्ता के पहले महापौर चुने गए। दास ने नेताजी बोस को कलकत्ता नगर निगम का सी.ई.ओ. चुना और गरीबों के लिए इतनी सारी योजनाएँ शुरू कीं कि वो इतिहास बन गया।

हालाँकि उनको भी हिंदू-मुसलिम एकता के लिए एक अनुबंध का प्रस्ताव रखने, मुसलिमों को अलग से कुछ विशेषाधिकार देने के मसले पर पार्टी में ही काफी अंदरूनी विरोध झेलना पड़ा। एक बार तो इस मुद्दे पर 1924 के बंगाल के प्रांतीय अधिवेशन में चार घंटे तक लगातार भाषण देना पड़ा, लेकिन लोग विरोध करते ही रहे।

स्वराज पार्टी का विचार भी गांधीजी के चौरी-चौरा कांड के बाद असहयोग आंदोलन के वापस लेने की घोषणा के बाद आया था, तमाम लोग गांधीजी से नाराज हो गए। फिर गांधीजी के तीन भाषणों को आधार बनाकर अंग्रेजी सरकार ने उनको जेल भेज दिया। उनको छह साल की सजा भी हो गई। शुरुआत में गांधीजी भी विधान

परिषदों में प्रवेश के खिलाफ थे, लेकिन जब अपेंडिक्स के ऑपरेशन के चलते उन्हें 1924 में ही जेल से रिहा किया गया तो कांग्रेस ने उन्हें बेलगाँव अधिवेशन का उसी साल अध्यक्ष चुन लिया। तब गांधीजी ने स्वराजियों को भी साथ लिया और उनको कांग्रेस में ही रहकर चुनाव लड़ने की अनुमति भी मिल गई। हालाँकि गांधीजी इससे पहले कलकत्ता में उनसे और सुभाष चंद्र बोस से मिले थे। समझौते के मुताबिक उनको कांग्रेस के प्रतिनिधि के नाम पर ही परिषदों में रहना था और हर कांग्रेसी के लिए यह जरूरी कर दिया गया था कि उसको खादी कातना आना चाहिए। तभी गया अधिवेशन में पंडाल खादी के बनाए गए थे।

स्वराजियों को परिषद् के चुनावों में शुरुआती सफलता भी मिली, 145 में से 45 सीटें जीतीं, उनकी ही पार्टी के विट्ठल भाई पटेल को सेंट्रल लेजिस्लेटिव असेंबली का अध्यक्ष चुना गया। ब्रिटिश शासित इस देश में इन परिषदों में चुने गए प्रतिनिधियों के पास बेहद सीमित अधिकार थे। बावजूद इसके स्वराजियों ने जनहितैषी कई मुद्दे उठाए, कई कार्यकर्ताओं को इसके जरिए इन परिषदों को कामकाज का भी अनुभव हुआ।

आखिरी दिनों में भी चितरंजन दास देश की आजादी की बात करते रहे, बंगाल के अपने आखिरी प्रांतीय अधिवेशन की अध्यक्षता उन्होंने 1925 में की, उसमें गांधीजी भी उपस्थित थे। उसके कुछ दिन बाद ही उनकी मौत हो गई, लेकिन गांधीजी ने भी स्वतंत्रता के प्रति उनकी जिद को अपने बयान में बताया, कहा, "I saw during my brief stay at Darjeeling that no thought but that of the welfare of India occupied his mind. He dreamed and thought and talked of freedom of India and of nothing else."[5] गांधीजी ने उस वक्त इसे माना कि आजादी की बात करने वाला शायद तिलक के बाद कांग्रेस में उस दौर में यह दूसरा चेहरा था, लेकिन कभी भी आजादी के बाद की किताबों में इस हिम्मत का श्रेय उन्हें नहीं दिया गया।

उनके राजनीतिक शिष्य नेताजी सुभाष चंद्र बोस ने भी अपनी पुस्तक 'द इंडियन स्ट्रगल' में उनके बारे में लिखा, "His rise had been phenomenal with the reckless abandon of a Vaishnav devotee, he had plunged into to political battle with heart and soul and he had given not only himself but his all in the fight of Swaraj."[6] गांधीजी और नेताजी बोस तक ने स्वतंत्रता और स्वराज के लिए उनके त्याग और समर्पण को लेकर उनको सराहा, शायद इससे बेहतरीन श्रद्धांजलि नहीं हो सकती थी।

चितरंजन दास को सारा देश 'देशबंधु' के नाम से जानता है, केवल छह साल के राजनीतिक कॅरियर में उन्होंने काफी समर्थक तैयार कर लिये थे। कलकत्ता अधिवेशन में उन्होंने गांधीजी से पहले हर गाँव को आत्मनिर्भर बनाने की संकल्पना पेश की, वहाँ कुटीर उद्योग, स्व सहायता समूह और स्थानीय स्व सरकार बनाने की बात की। 1920 में तो उन्होंने खुद खादी के समर्थन में खुद सादा जीवन जीना शुरू कर दिया था। उनकी मौत के बाद स्वराज पार्टी कमजोर हो गई, मोतीलाल नेहरू भी वापस कांग्रेस में लौट आए।

चितरंजन दास का नाम उनके दो करीबियों के साथ काफी जुड़ता था, एक उनके शिष्य नेताजी सुभाष चंद्र बोस और दूसरे उनसे नौ साल बड़े, लेकिन मित्रवत् मोतीलाल नेहरू। मोतीलाल से उम्र में नौ साल छोटे होने के बावजूद कांग्रेस खिलाफत स्वराज पार्टी के अध्यक्ष पद की जिम्मेदारी सी.आर. दास को मिली। मोतीलाल भी उनके दिमाग का लोहा मानते थे, उनकी समझ में यह तब और आया जब दोनों एक साथ एक ही केस में आमने-सामने आ गए। दरअसल मोतीलाल के मुवक्किल थे आरा (बिहार) के राजा, और दूसरे पक्ष के वकील थे चितरंजन दास। कैसे मोतीलाल के ही सुबूतों को चितरंजन दास ने अपने पक्ष में इस्तेमाल कर लिया, उसके बारे में खुद मोतीलाल ने जवाहरलाल को एक पत्र में लिखा था, पत्र की लाइनें थीं, "Das is by far the cleverer of the two Calcutta men. I cannot for the life of me understand the tactics he employed today. He has tendered our documents as his evidence."[7] इस पुस्तक में आपको सी.आर. दास से जुड़ी कुछ और घटनाओं का भी उल्लेख अलग-अलग अध्यायों में मिलेगा।

REFERENCES

1. C. R. Das and His Times by Pranab Chandra Roy Choudhury, Page No.-84, Publisher : Geetha Book House.
2. Calcutta Municipal Gazette Volume-90 by Calcutta Municipal Corporation, Page No.-92, Publisher : Office of the Registrar of Newspapers Press in India.
3. The Nehrus Motilal and Jawaharlal by B.R. Nanda, Page No.-205, Publisher : OUP India.
4. One Year of Non-cooperation From Ahmedabad to

Gaya by Manabendra Nath Roy, Evelyn Roy, Page No.-142, Communist Party of India.

5. Collected Works Volume-27 by Mahatma Gandhi, Page No.-250, Publisher : Publications Division, Ministry of Information and Broadcasting, Govt. of India.
6. The Indian Struggle, 1920-1934 by Subhas Chandra Bose, Page No.-130, Publisher : Wishart Limited.
7. The Nehrus Motilal and Jawaharlal by B.R. Nanda, Page No.-176, Publisher : OUP India.

□

अधिवेशन में मस्जिद बनवाने वाला अध्यक्ष, अब जेरुसलम में दफन

आपने केजरीवाल के दौर में काफी स्याही फेंकने की घटनाएँ देखी होंगी, लेकिन कांग्रेस का एक ऐसा भी अध्यक्ष था, जिस पर कांग्रेसियों ने खुद स्याही फेंकने और दाढ़ी तक नोचने की तैयारी कर ली थी, वो भी लंदन में। नाम था मोहम्मद अली जौहर। पिता रहे नहीं और माँ ने दोनों भाइयों को अलीगढ़ और ऑक्सफोर्ड में पढ़ाने के लिए खानदान की सारी जमीनें गिरवी रख दीं। लंदन से लौटे तो उसी मोहम्मडन एंग्लो ओरिएंटल कॉलेज अलीगढ़ में अध्यापक बनने की इच्छा लिए पहुँचे तो मना कर दिया गया, क्योंकि पढ़ाई के दौरान एक अध्यापक की बुराई की थी, और उसने टाँग अड़ा दी। कभी डॉ. आंबेडकर को मदद करने वाली बड़ौदा रियासत के गायकवाड़ राज परिवार ने उनका भी दिल खोलकर स्वागत किया और वो बड़ौदा सिविल सर्विस के लिए चुन लिये गए।

मोहम्मद अली जौहर यानी ऐसा कांग्रेस अध्यक्ष, जिसे आज के कांग्रेसी जयंती या पुण्यतिथि पर याद तक नहीं करते, ऐसा अध्यक्ष, जिसने मुसलिम लीग की नींव रखने में अहम भूमिका निभाई और खिलाफत आंदोलन को अपने कंधों पर खड़ा किया, एक दिन भारत में तुर्की के खलीफा की खिलाफत को बचाने के लिए भारत में एक बड़ा आंदोलन खड़ा कर दिया। अरुण शौरी की किताब 'द वर्ल्ड ऑफ फतवाज' के हवाले से खलील अहमद ने 'इंडियन एक्सप्रेस' में लिखा था, 'Maulana Muhammad Ali Jauhar and Maulana Shaukat Ali used to kiss the feet of Mahatma Gandhi for leading the Khilafat Movement', जबकि उनका विरोध कर रहे जिन्ना के बारे में हमजा अलवी की किताब 'in Ironies of History : Contradictions of The

Khilafat Movement' का जिक्र किया, जिसमें लिखा था कि एक बार तो शौकत अली ने जिन्ना को पीट ही दिया होता।[1] तभी तो पाकिस्तान की किताबों में खिलाफत आंदोलन दशकों तक नहीं पढ़ाया गया।

इतिहास के विद्यार्थी इन दोनों ही भाइयों को 'अली बंधुओं' के नाम से जानते हैं, जिन्होंने भारत में खिलाफत आंदोलन खड़ा किया और उसमें साथ देने के लिए गांधीजी को तैयार किया, वो भी कांग्रेस के असहयोग आंदोलन के समर्थन में साथ आए। यह 1857 की क्रांति के 62 सालों बाद हो रहा था कि मुसलिमों के नेता हिंदुओं के साथ इस तरह कंधे-से-कंधा मिलाकर खड़े हो रहे थे, तब मुगल बादशाह जफर को आजाद हिंदुस्तान का शासक बनाने के लिए और अब खलीफा की खिलाफत बचाने के लिए। मोहम्मद अली और शौकत अली दो भाई थे, उनके पिता अब्दुल अली खान रामपुर के नवाब के दरबार में थे, लेकिन उनकी कम उम्र में ही मौत हो गई।

लंदन में ही उनका रुझान इतिहास की तरफ हुआ, इसलाम के इतिहास की तरफ। यहीं से गांधीजी के साथ काम करने के बावजूद, कांग्रेस का अध्यक्ष रहने के बावजूद मौलाना मोहम्मद अली जौहर का इसलाम प्रेम बढ़ता ही चला गया। खैर, आई.सी.एस. की परीक्षा में पास नहीं हुए तो लंदन से आना पड़ा। लंदन से जब लौटे तो रामपुर रियासत में एजुकेशन डायरेक्टर बन गए, अलीगढ़ में बात नहीं बनी तो बड़ौदा चले गए।

सात साल बड़ौदा में काम करने के बाद मोहम्मद अली जौहर ने पत्रकारिता का पेशा अपनाया और तमाम देशी-विदेशी अंग्रेजी अखबारों में लिखना शुरू कर दिया, शुरुआत में उनके लेखों के विषय ब्रिटिश शासन की आलोचना, हिंदू-मुसलिम एकता और दुनिया भर में फैले इसलामिक अनुयायियों के विश्व बंधुत्व पर था। इसी के साथ 1911 में कलकत्ता में अपना एक अंग्रेजी अखबार भी शुरू कर दिया, 'कॉमरेड' के नाम से; जिसे 20 महीने बाद वो दिल्ली ले आए। फिर एक उर्दू अखबार भी शुरू कर दिया, नाम दिया 'हमदर्द'।

दोनों ही अखबारों में ब्रिटिश शासन के खिलाफ लेखों से वो अंग्रेजों की नजरों में आने लगे, नतीजा यह हुआ कि 1915 में उन्हें जेल भेज दिया गया, फिर तो जेल आना-जाना आम हो गया। इस दौरान वे 1918 में मुसलिम लीग के प्रेसीडेंट भी चुने गए, लेकिन जब इटली ने खलीफा के देश तुर्की पर आक्रमण किया तो उनसे रहा नहीं गया। उन्होंने बाकी बड़े मुसलिम चेहरों के साथ मिलकर योजना बनाई और एक प्रतिनिधिमंडल 1919 में इंग्लैंड गया, ब्रिटिश सरकार से यह गुजारिश करने कि

खलीफा, जो तुर्की का सुल्तान था और पूरी दुनिया के मुसलमानों का नेता, उसकी खिलाफत खत्म न की जाए। लेकिन ब्रिटिश सरकार नहीं मानी तो लौटकर अली बंधुओं ने एक खिलाफत कमेटी बना ली।

इधर गांधीजी कई साल से अंग्रेजी हुकूमत के खिलाफ चंपारण, खेड़ा सत्याग्रह करने के बाद एक राष्ट्रीय आंदोलन खड़ा करने की योजना बना रहे थे, पहले जलियाँवाला बाग और फिर खिलाफत आंदोलन से उनको लगा कि यह अच्छा मौका है कि सिखों के बाद मुसलिमों को भी राष्ट्रीय आंदोलन से जोड़ा जा सकता है। सो उन्होंने अली बंधुओं का साथ देने के लिए कांग्रेस नेताओं को राजी किया, वैसे भी 1857 के बाद से देश का मुसलिम मोटे तौर पर उदासीन था, अशफाकउल्लाह अकेले मुसलिम क्रांतिकारी के तौर पर साथ आए थे, कुछ राष्ट्रवादी मुसलिम कांग्रेस से जुड़े थे। हालाँकि 'तब तक राष्ट्रवादी' जिन्ना खिलाफत आंदोलन को समर्थन देने के हक में नहीं थे, लेकिन गांधीजी ने यह गठबंधन कर ही लिया। वो अली बंधुओं की ताकत को समझते थे।

कई बार अंग्रेजों ने और कांग्रेसियों ने अली बंधुओं के भड़काऊ, हिंसा को बढ़ावा देने वाले बयानों की गांधीजी से शिकायत की, लेकिन गांधीजी दक्षिण अफ्रीका में मुसलिम व्यापारियों का साथ पाकर इतने कामयाब हो चुके थे कि यही फॉर्मूला वो भारत में आजमाना चाहते थे। इधर असहयोग आंदोलन भी शुरू हो गया। लेकिन चौरी-चौरा कांड के बाद जब आहत होकर उन्होंने आंदोलन वापस लेने का ऐलान किया तो तमाम लोगों की तरह अली बंधु भी उनसे नाराज हो गए। इधर आधुनिक विचारों वाला नया खलीफा कमाल अतातुर्क ही खिलाफत को बनाए रखने के खिलाफ था, सो अली बंधु दोतरफा चोट से आहत थे। उन्होंने कांग्रेस से इस्तीफा दे दिया।

दूसरे, लगातार जेल जाते-जाते मोहम्मद अली जौहर का स्वास्थ्य खराब होता जा रहा था। लेकिन चूँकि असहयोग आंदोलन के बाद गांधीजी को छह साल की सजा उनके कुछ लेखों के आधार पर सुना दी गई थी, सो कांग्रेस के लिए उनके जाने के बाद दिक्कत हो गई। बाद में मौलाना मोहम्मद अली को भी जेल हो गई, बाहर आए तो गांधीजी की सलाह पर मोहम्मद अली जौहर को 1923 के काकीनाडा अधिवेशन में कांग्रेस का अध्यक्ष चुन लिया गया था। वे कांग्रेस के अधिवेशनों में अध्यक्ष बनने वाले छठे मुसलिम थे। काकीनाडा अधिवेशन में हिंदू-मुसलिम एकता पर अच्छे भाषण के बावजूद इसलाम को लेकर उनकी कट्टरता बहुत से कांग्रेसियों को रास नहीं आ रही थी। यहाँ तक कि काकीनाडा अधिवेशन में भी खिलाफत के

पंडाल के अलावा एक मसजिद भी अधिवेशन स्थल गांधी नगर की मूल योजना में शामिल की गई थी, जबकि कोई मंदिर, चर्च या गुरुद्वारा नहीं था।[2]

हालाँकि यही वो कांग्रेस अधिवेशन था, जिसमें वीर सावरकर के लिए एक प्रस्ताव पारित किया गया और लगातार उन्हें पोर्ट ब्लेयर जेल में रखने के लिए ब्रिटिश सरकार की निंदा की गई, साथ ही सावरकर के परिवार के साथ कांग्रेस की तरफ से संवेदनाएँ भी व्यक्त की गईं।[3] इधर 1922 के गया अधिवेशन में वैसे ही कांग्रेस में दो धड़े हो गए थे, मोहम्मद अली जौहर का चुना जाना इसकी भी एक परिणति था। कुछ महीनों तक वो कांग्रेस के अध्यक्ष रहे, फिर उन्हें हटना ही पड़ गया। शायद तभी इतने मतभेदों के बीच अगले अधिवेशन यानी बेलगाँव में पहली और आखिरी बार गांधीजी कांग्रेस के अध्यक्ष चुने गए थे, जब अपेंडिक्स का ऑपरेशन होने के चलते उनको समय से पहले ही जेल से छोड़ दिया गया था। यह काफी दिलचस्प था कि कभी मुसलिम लीग को बनाने में मौलाना जौहर का भी हाथ रहा था, लेकिन हिंदू महासभा को खड़ा करने में गांधीजी का भी हाथ था। उनके मित्र स्वामी श्रद्धानंद के कहने पर गांधीजी हिंदू महासभा के पहले अधिवेशन में हरिद्वार भी गए थे। अब हिंदू महासभा और आर्य समाज की शुद्धि आंदोलन जैसी गतिविधियाँ जौहर को रास नहीं आ रही थीं और कांग्रेस में उनका बढ़ता प्रभाव भी।

इधर 1928 में आई नेहरू रिपोर्ट के भी खिलाफ आ गए मौलाना जौहर, मोतीलाल नेहरू की अगुआई में बनी इस रिपोर्ट में मुसलिमों के लिए अलग से निर्वाचन क्षेत्र बनाने के प्रस्ताव को खारिज कर दिया था। इससे जौहर का लीग प्रेम जाग उठा और कट्टरवादी मुसलिमों के साथ हाथ मिलाकर उन्होंने इसके खिलाफ मोर्चा खोल दिया और जिन्ना व लीग की 14 सूत्रीय योजना को समर्थन दे दिया। उसके बाद आगा खान की अगुआई में उन्होंने तय किया कि वो भी लंदन में पहले गोलमेज सम्मेलन में मुसलिमों का अलग प्रतिनिधिमंडल लेकर जाएँगे।

जब हो गई मौलाना की दाढ़ी नोंचने, स्याही फेंकने की तैयारी

लंदन के पहले गोलमेज सम्मेलन को लेकर लंदन के इंडिया ऑफिस का 13 अक्तूबर, 1930 का एक नोट काफी दिलचस्प है कि कैसे उनको सविनय अवज्ञा आंदोलन के विरोध के चलते मौलाना भारत में अपनी लोकप्रियता खो चुके थे और लंदन में कांग्रेस की शाखा के कार्यकर्ता यह दृढ़ निश्चय करके बैठे थे कि 'मौलाना का विरोध और अपमान करेंगे, चाहे उनके ऊपर स्याही फेंकनी पड़े या फिर उनकी

दाढ़ी नोचनी पड़े'। 26 नवंबर की लंदन पुलिस की एक रिपोर्ट बताती भी है कि कैसे लंदन में कांग्रेस की कार्यकर्ता नूरजहाँ ने मौलाना से एक मीटिंग में भाग लेने की वहाँ जिद भी की थी, लेकिन मौलाना ने उनकी बात पर गौर नहीं किया और न ही जवाब दिया।[4]

लंदन गोलमेज सम्मेलन में ही मौलाना ने अपना एक यादगार भाषण दिया कि मैं अपने आजाद देश में वापस जाना चाहता हूँ, गुलाम देश में वापस नहीं जाऊँगा। मैं इस आजाद देश में मरना पसंद करूँगा, अगर आप मुझे आजादी नहीं दे सकते तो फिर आपको मेरे लिए लंदन में ही कब्र की जमीन देनी पड़ेगी।[5] उसके बाद 4 जनवरी, 1931 को मौलाना जौहर की लंदन में ही मौत हो गई।

लेकिन उनको तब तक इसलामिक जगत् में इतना सम्मान मिल चुका था कि खुद फिलीस्तीन के ग्रांड मुफ्ती ने प्रस्ताव दिया कि उनके शव को पवित्र शहर जेरुसलम में दफनाया जाएगा। 24 जनवरी को उनके शव को जेरुसलम लाया गया और डोम ऑफ रॉक के सामने हरम अल शरीफ के पास में एक कमरे में दफ्न कर दिया गया।

मौलाना जौहर का अंग्रेजी लेखन इतना शानदार माना जाता था कि एक बार वायसराय को उनके नाम से एक अपमानजनक पत्र मिला तो वायसराय ने यह कहकर उस पत्र को मौलाना का मानने से मना कर दिया कि इतनी गंदी अंग्रेजी कम-से-कम मौलाना तो नहीं लिख सकते। मौलाना के बारे में एक दिलचस्प बात पाकिस्तान के 'डॉन' अखबार से उनकी नातिन अजीज फातिमा ने बताई कि उनकी 20-21 साल की दोनों बेटियाँ जब बीमार हुईं तो अंग्रेजों ने जेल में उनसे शर्त लगा दी कि बेटियों से मिलना है तो अपने लेखों के लिए माफी माँग लो, लेकिन वो तैयार नहीं हुए।

यहाँ तक कि मौलाना की बूढ़ी माँ ने उनको जेल में खत लिखकर भेजा, 'उनकी बात मानी तो मेरे बूढ़े हाथों में इतनी ताकत है कि तेरा गला घोंट दूँ'। बेटियाँ नहीं बचीं तो एक दर्दभरी कविता मौलाना ने जेल में ही लिखी थी।[6]

मौलाना मोहम्मद अली जौहर ने शुरुआती शिक्षा अलीगढ़ मुसलिम यूनिवर्सिटी के पूर्व रूप मोहम्मडन एंग्लो ओरिएंटल कॉलेज में पाई थी, सो उसके विस्तार पर उन्होंने काफी काम किया था, यह अलग बात है कि वह वहाँ पढ़ा नहीं पाए। लेकिन जामिया मिलिया इसलामिया यूनिवर्सिटी की अलीगढ़ में स्थापना में उनका अहम योगदान था, जिसके चलते उन्हें यूनिवर्सिटी का पहला वाइस चांसलर बनाया गया, जो बाद में दिल्ली स्थानांतरित कर दी गई थी, लेकिन मौलाना की किस्मत देखिए,

इतनी शानदार यूनिवर्सिटी देने वाले मौलाना जौहर के नाम पर सपा नेता आजम खाँ ने उन्हीं के शहर रामपुर में यूनिवर्सिटी बनाई और वो यूनिवर्सिटी पढ़ाई से ज्यादा गरीबों, मुसलमानों और किसानों की जमीन पर कब्जे के चलते कुख्यात हो चुकी है।

गांधी की तुलना जीसस से

मोहम्मद अली में आप तमाम कमियाँ निकाल सकते हैं, तब के कांग्रेस नेता भी आलोचना करते ही थे, लेकिन गांधी का मोहम्मद अली के प्रति और मोहम्मद अली का गांधी के प्रति अगाध स्नेह नहीं नकार सकते। 1923 के काकीनाडा अधिवेशन का अध्यक्षीय संबोधन मोहम्मद अली ने 'भारत माता की जय' नारे के साथ खत्म किया था। इतना ही नहीं, अली ने गांधी की तुलना जीसस से भी कर डाली। उनके शब्दों में, "The political conditions of India just before the advent of the Mahatma resembled those of Judea on the eve of the advent of Jesus and the prescription he offered to those search on a remedy for the ills of India was the same that Jesus had dispensed before in Judea."[7] जाहिर है, इतने बड़े प्रशंसक की, महात्मा गांधी ही क्यों न हों, अवहेलना करना मुश्किल ही रहा होगा।

एक पतित मुसलिम भी गांधीजी से श्रेष्ठ

लेकिन गांधी की जीसस से तुलना करने वाला मोहम्मद अली एक दिन गांधीजी का इतना कटु आलोचक हो गया था कि उसने एक सार्वजनिक सभा में उनके लिए यह तक कह डाला, "अपने मजहब और विश्वास के मुताबिक मेरी मान्यता है कि एक व्यभिचारी और पतित मुसलमान भी गांधीजी से श्रेष्ठ है।"[8]

गो-हत्या रोकने का बताया नायाब समाधान

1923 के काकीनाडा अधिवेशन में अध्यक्षता करते हुए वे ऐसे पहले कांग्रेस अध्यक्ष भी बने, जिसने गोहत्या रोकने का एक समाधान बताया। बड़ा ही दिलचस्प समाधान था, और वो यह कि मटन की कीमतें कम कर दी जाएँ तो किसी भी मुसलमान को गोहत्या की जरूरत नहीं पड़ेगी। तमाम वजहें गोमांस खाने की गिनाने के बाद उन्होंने कहा, "The only safe and sure way of stopping cow killing in this case is to take steps to lower the price of mutton which is prohibitively high and thus reduce the very large margin that there is at present between the prices of mutton and beef."[9]

मोहम्मद अली ने यह भी कहा कि हमने भी उस दिन से घर में गोमांस खाना बंद कर दिया, जिस दिन से महात्मा गांधी ने यह बोला कि खिलाफत भी हमारे लिए गाय की तरह है, यानी पवित्र। उनके शब्दों में, "He so picturesquely called the Khilfat our cow my brother and I had decided not to be any party to cow-killing ourselves. No beef is consumed since then in our house even by our servants, and we consider it our duty to ask our co-religionists to act similarly."[10]

'नहीं तो अछूत वर्ग को कलमा पढ़वा देंगे'

काकीनाडा कांग्रेस अधिवेशन में मोहम्मद अली ने अध्यक्षीय भाषण में अब तक के सारे कांग्रेस सिद्धातों के खिलाफ जमकर बोला, पृथक् निर्वाचक मंडल की तो तारीफ की ही, बंगाल के फिर से एकीकरण को गलत बताया, कहा कि बंगाल के विभाजन से मुसलिमों को लाभ था। यह तक कहा कि या तो अछूत वर्ग को तुरंत अपने में मिला लें, वरना मुसलिमों को अनुमति दें कि वो उन्हें इसलाम धर्म में कलमा पढ़ाकर शामिल कर लें। ये भी सलाह दी कि उन्हें हिंदू और मुसलिमों में आधा–आधा बाँट देना चाहिए।[11] इतना ही नहीं, जहाँ सारे कांग्रेसी विदेशी वस्त्रों की होली जला रहे थे, अली बंधुओं ने गांधीजी से स्वीकृति ले ली कि वो अपने विदेशी वस्त्रों को जलाएँगे नहीं, बल्कि अपने तुर्क भाइयों को उपहार में भेज देंगे।

REFERENCES

1. Indian Express Article by Khaled Ahmed, 29.09.2018 https://indianexpress.com/article/opinion/columns/how-mahatma-gandhi-was-different-5378687/.
2. Kakinada Congress Session Report, Page No.-3, Point No. 29 https://dspace.gipe.ac.in/xmlui/bitstream/handle/10973/17966/GIPE-038655-Contents.pdf?sequence =2&isAllowed=y.
3. https://cultural.maharashtra.gov.in/english/gazetteer /VOL-VI/VOL_VI_201_230.pdf .

4. India House Report, First Round Table Conference, British Library L.PJ. 12.426 https://www.nottingham.ac.uk/research/groups/conferencing-the-international/delegates/people.aspx?id=508cb708-af1e-41b6-bfcf-f617019986f3.
5. All India Muslim League by OP Ralhan, Volume-6, Page No.-524, Publisher : Anmol Publications.
6. DON Report, 04.01.2015 https://www.dawn.com/news/1154854.
7. Pakistan Or, The Partition of India by Bhimrao Ramji Ambedkar, Page No.-295, Publisher : Thacker.
8. History Of The Freedom Movement In India, RC Majmudar, Volume-11, Page No.-54-55, Publisher : South Asia Books.
9. From the Silver to the Golden jubilee; containing full text of the presidential addresses from 1911 to 1934 by Indian National Congress, Page No.-683, Publisher : G.A. Natesan & Company.
10. From the Silver to the Golden jubilee; containing full text of the presidential addresses from 1911 to 1934 By Indian National Congress, Page No.-682, Publisher : G.A. Natesan & Company.
11. Dr. Ambedkar on Minorities by Shriprakash Singh, Page No.-63, Publisher : India First Foundation

□

कांग्रेस और मुसलमानों की चलती रही आँख-मिचौली

1918 में कांग्रेस के एक विशेष अधिवेशन के अध्यक्ष बने सैयद हसन इमाम के भाई अली इमाम मुसलिम लीग के अध्यक्ष रहे थे। अली इमाम का एक ही भाषण कांग्रेस और मुसलिमों के बीच के रिश्तों को स्पष्ट कर देता है। उनका कहना था कि जातिवाद में जकड़ा हुआ हिंदू धर्म संकीर्ण है और राष्ट्रों की दीवार से परे इसलाम सारे देशों को अपने आगोश में रखने की क्षमता रखता है। 1908 के लीग अधिवेशन में दिए गए संबोधन में उन्होंने विस्तार से कहा था, "Islam is expansive, has the capacity to hold all nations in its embrace. Hinduism inculcates a tenacious adherence to a faith that is not proselytizing, that has encased itself within the rigidity of the caste-system and that has no catholicity. To be a Hindu one has to be born one. Birth imposes no limitations on the Muslim. The methods of theological thought of the two communities are totally different."[1]

इसी तरह के कट्टर मुसलिमों के चलते कांग्रेस कभी भी इस मुसलिम समस्या का हल नहीं निकाल पाई, और नतीजा देश के दो टुकड़े होकर हुआ। पहले बदरुद्दीन तैयबजी जैसे मुसलिम नेताओं, ए.ओ. ह्यूम जैसे मुसलिम कौम के हिमायती अंग्रेजों और दादाभाई नौरोजी व फिरोजशाह मेहता जैसे पारसियों के चलते मुसलमान थोड़े बहुत कांग्रेस से जुड़े भी थे, लेकिन सर सैयद अहमद खान जैसे कट्टर मुसलिमों के चलते यह संख्या ज्यादा नहीं पहुँची। 1909 के सांप्रदायिक एक्ट ने उनके लिए परिषदों में आरक्षण की व्यवस्था करके, एक नई बहस छेड़ दी। मुसलिम लीग और फिर हिंदू महासभा की स्थापना ने माहौल को एक अलग

स्तर पर पहुँचा दिया। तिलक आदि के वापस आने, कांग्रेस के दोनों धड़ों के साथ समझौता होने के साथ-साथ ही नया प्रयोग हुआ, लीग और कांग्रेस के संयुक्त सम्मेलनों का।

ऐसे में अली भाइयों के साथ गांधीजी ने खिलाफत का बड़ा दाँव खेला, लेकिन फिर मोपला कांड हो गया और गांधीजी जैसे लोग भी निराश हो गए। जिन्ना ने भी पाला बदला, नेहरू रिपोर्ट, अंग्रेजों के बार-बार के कम्युनल अवार्ड खासतौर पर 1909 और 1932 में हुए प्रावधानों ने मानो विभाजन के बीज ही बो दिए थे। हालाँकि इस दौर में गांधीजी के साथ कुछ ऐसे मुसलमान नेता भी जुड़े, जो भारत में ही रहना चाहते थे, उनको लीग पसंद नहीं थी, लेकिन जो मुसलिम 1857 में हिंदुओं के साथ कंधे-से-कंधा मिलाकर लड़ने को तैयार हो गया था, वो कांग्रेस को लेकर इतना सतर्क या आशंकित क्यों था? इसको समझने के लिए थोड़ा और पीछे जाना होगा।

जैसे ही भारत में इसलामिक सत्ता कमजोर पड़नी शुरू हुई, इसलाम के पुनरुत्थान के लिए वहाबी आंदोलन शुरू हुआ, जिसने भारत में मुसलिमों को एक विशाल मुसलिम जगह से जुड़ने का संदेश दिया, ताकि वो अपने आप को भारत तक ही सोचकर न देखें और भारत को ही सबकुछ न समझें। वहाबी आंदोलन के प्रणेता शाह वलीउल्लाह (1703-1762) की यही एक विचारधारा थी, जिसके चलते हिंदुओं, जिनका कि भारत ही सबकुछ था, से आज तक लकीरें खिंची रहती हैं। 1857 में भी मुसलमान साथ आए तो वजह थी मुगल साम्राज्य के आखिरी चिराग बहादुर शाह जफर का राज कायम करने का वादा। इस क्रांति से अंग्रेज भी डरे, दोबारा न हो, इसलिए कांग्रेस जैसे संगठन तो खड़े किए गए, मुसलिमों को थोड़ी तरजीह दी गई, सर सैयद अहमद खान जैसे कई अंग्रेजी शिक्षित और अंग्रेजों के आगे झुकने वाले मुसलिम चेहरों को आगे बढ़ाया गया।

बाहरी मुसलिम जगत् से जुड़े रहना मजबूरी भी थी, तमाम मुसलिम शासकों को खलीफा से मंजूरी न मिले तो स्थानीय मुसलमानों और सरदारों से भी विद्रोह का खतरा रहता था और मदद भी मिलती थी। बाबर को खुद तोपखाने के दो प्रमुख तोपची ऑटोमन साम्राज्य के सुल्तान सलीम प्रथम से तोहफे में मिले थे, तोपखाना न होता तो लोदी को ही परास्त करना मुश्किल हो जाता। टीपू सुल्तान ने भी गद्दी पर बैठते ही एक विशेष प्रतिनिधिमंडल तुर्की भेजा, ताकि खलीफा से राज करने की अनुमति मिल सके। ऐसे में आगे की जमात में खलीफाओं को लेकर उनके जैसा भाव आया तो यह स्वाभाविक था। इसलिए देश की आजादी से ज्यादा खिलाफत की रक्षा करने के लिए लाखों लोग सड़कों पर उतर आए थे।

अंग्रेज आए तो उन्होंने इन वहाबियों से फायदा लेने की सोची, 80,000 की बहावी सेना को महाराज रणजीत सिंह के इलाके की तरफ बढ़ने दिया, सिख सेना ने पूरी सेना को ही मार डाला। बाद में सिखों के कमजोर होते ही अंग्रेजों ने वहाबियों के खिलाफ मोर्चा खोल दिया, लेकिन 1857 की क्रांति के बाद अंग्रेजों को लगा कि मुसलिमों को हिंदुओं के खिलाफ करने की जरूरत है, इसलिए अपना साथ देने वाले मुसलमानों को हिंदू जमींदारों से छीनी हुई जमीन बाँट दी। मेरठ के पास सरधना कस्बे में फिल्म अभिनेता नसीरुद्दीन शाह के पूर्वजों को रानी लक्ष्मीबाई के खिलाफ युद्ध में मदद के लिए हजारों एकड़ की जागीर मिली थी।

तैयबजी पर साधा सर सैयद अहमद खान ने निशाना

कांग्रेस से भी मुसलमानों ने शुरुआत में काफी दूरी बरती। 1885 में हुए पहले अधिवेशन में 72 प्रतिनिधियों के बीच केवल दो मुसलमान थे। उन दिनों सर सैयद अहमद खान का मानना था कि मुसलिमों को किसी भी राजनीतिक दल से दूर रहना चाहिए, क्योंकि 1857 के बाद अंग्रेजों का मुसलिमों पर थोड़ा भरोसा कम हुआ है, इसलिए वो उन्हें निशाना बना सकते हैं। इस बयान का भी असर पड़ा ही था। लेकिन बावजूद इसके कांग्रेस के तीसरे अधिवेशन की अध्यक्षता बदरुद्दीन तैयबजी ने की तो सर सैयद अहमद खान जैसे कट्टर मुसलिम नाराज हो गए, मौका ढूँढ़ने लगे।

मौका मिला 1888 के कांग्रेस अधिवेशन में, जब तैयबजी ने एक प्रस्ताव रखा, "कोई भी ऐसा मुद्दा, जिस पर हिंदू या मुसलिम पक्ष की आपत्ति है तो उस प्रस्ताव पर आगे चर्चा नहीं होगी। यानी एक तरह से यह वीटो पावर थी कि मुसलिम पक्ष किसी भी मुद्दे पर चर्चा को यह कहकर रोक सकता था कि उसकी रजामंदी नहीं है। एक तरह से यह मुसलिम पक्ष के लिए बड़ी जीत थी कि कांग्रेस के अधिवेशन में उनकी मर्जी के बिना कोई चर्चा नहीं होगी।

लेकिन अलीगढ़ मुसलिम यूनिवर्सिटी के संस्थापक सैयद अहमद खान ने तो उनको खुला खत लिख दिया था, "I ask my friend Budruddin Tyabji to leave aside those insignificant points in the proposals of the Congress in which Hindus and Mahomedans agree (for there are no things in the world which have no points in common—there are many things in common between a man and a pig), and to tell me what fundamental political principles of the Congress are not opposed to the interests of

Mahomedans."[2] वो लिख रहे हैं कि कई चीजें आदमी और सूअर के बीच में भी 'कॉमन' होती हैं।

सर सैयद अहमद खान ने न केवल सबसे पहले इस देश में दो राष्ट्र सिद्धांत की बात की थी, बल्कि मुसलमानों पर भी अंग्रेजी रंग चढ़ा दिया। हालाँकि उन्होंने अलीगढ़ मुसलिम विश्वविद्यालय की स्थापना के लिए तमाम हिंदू जमींदारों से जमीन दान में ली। उस वक्त उन्हें खुश करने के लिए वो कहते थे, "हिंदू और मुसलमान एक नववधू की दो आँखें हैं, यदि दोनों में तालमेल बना रहेगा तो वधू की सुंदरता बनी रहेगी।" मुरादाबाद के सम्मानित वृंदावन दास चौबे के परिवार के राजा जय किशन दास ने उनकी इस संस्था को स्थापित करने में सबसे ज्यादा मदद की थी।

सर सैयद का जनरल 'The Loyal Muhammadans of India'

राजा जयकिशन दास का नाम बाकायदा अलीगढ़ मुसलिम यूनिवर्सिटी की वेबसाइट पर इस तरह से लिखा हुआ है, "Raja Jai Kishan helped Sir Syed in establishing the university." सर सैयद के चाहनेवाले अपनी किताबों में बिना किसी संदर्भ के एक कहानी राजा जय किशन दास और सर सैयद की पहली मुलाकात की कहानी लिखते हैं, "Raja Jai Kishan Das is reported to have said : When Sir Sayyid started his journal 'The Loyal Muhammadans of India', some of its sentences gave the impression that Sayyid Ahmad Khan was a fanatic who had no sympathy for Hindus."[3]

उसी पल राजा को लगा कि जब ये ब्रिटिश राज के वफादार मुसलिमों को लेकर एक जर्नल निकाल सकते हैं तो मुझे भी ब्रिटिशों के वफादार हिंदुओं को लेकर एक जर्नल निकालना चाहिए। फिर उनकी मुलाकात जब सर सैयद से हुई तो उनसे सवाल पूछने पर सैयद अहमद खान ने विनम्रता से कहा, "वो मुझसे गलती से पेन स्लिप हो गया था, इसलिए ऐसा चला गया।" लेकिन उसी दिन से राजा और सर सैयद की दोस्ती गहराती चली गई। हालाँकि आप सवाल उठा सकते हैं कि वो जब 'The Loyal Muhammadans of India' लिख रहे थे तो पेन स्लिप हो जाने से क्या असर पड़ सकता है ?

हाथरस के राजा महेंद्र प्रताप भी उनके मददगारों में सम्मिलित थे, काफी जमीन उन्होंने अपनी दी थी। अब जाकर कई स्थानीय आंदोलनों के बाद ए.एम. यू. ने उनके नाम पर एक स्कूल खोला है। अपने अलीगढ़ स्कूल के प्रिसिंपल

थियोडोक बेक के जरिए सैयद अहमद अंग्रेजों के हाथ का खिलौना बन गए और मुसलमानों को कांग्रेस व हिंदुओं से दूर रखने की साजिश में जुट गए। यह एक बड़ी वजह थी कि कांग्रेस से मुसलमान शुरुआत के दो दशक में बड़ी मात्रा में नहीं जुटे। मुसलमान यों क्रांतिकारी आंदोलन में भी नहीं थे, अकेले अशफाक उल्लाह खान का नाम आता है।

कांग्रेस की स्थापना हुई तो थियोडोर बेक ने एक-एक करके दो संगठन उसके जवाब में खड़े कर दिए, एक 'यूनाइटेड इंडियन पैट्रियटिक एसोसिएशन' और दूसरा 'मोहम्मडन एंग्लो ओरिएंटल डिफेंस एसोसिएशन'। गोहत्या के समर्थन में कि गोहत्या के मुसलमानों के अधिकार को मान्यता दी जाए, बेक ने ब्रिटिश संसद् में प्रस्तुत करने के लिए एक हस्ताक्षर अभियान चलाया और उस पर 20,735 हस्ताक्षर मुसलिम इलाकों में करवाए गए। हालाँकि अवध के मुसलिमों ने इन संस्थाओं को लेकर बहुत ज्यादा उत्साह नहीं दिखाया।[4]

बदरुद्दीन तैयबजी पहले मुसलमान थे, जो कांग्रेस के अध्यक्ष बनाए गए, यह तीसरा कांग्रेस अधिवेशन था। उस वक्त तक कांग्रेस के दो-दो अधिवेशन हो चुके थे, पहला 1885 में बॉम्बे में और दूसरा अगले साल कलकत्ता में। दोनों में ही बदरुद्दीन तैयबजी नहीं आए थे और न ही उनके भाई कमरुद्दीन। बदरुद्दीन तैयब मुसलिमों के बीच काफी प्रभावशाली हस्ती थे, तैयब अली के नाम से भी जाने जाते थे, सुलेमानी बोहरा समुदाय से ताल्लुक रखते थे, बंबई के पहले हिंदुस्तानी वकील थे और बॉम्बे प्रेसीडेंसी एसोसिएशन के संस्थापक थे, जिसने कांग्रेस की स्थापना वाले अधिवेशन की मेजबानी की थी। सो ऐसे में उनका नाम आना लोगों के लिए चौंकाने वाला था। वो तभी आए, जब उनके नाम की घोषणा अध्यक्ष पद के लिए कर दी गई थी।

मुसलिमों को अधिवेशन में बुलाने के लिए ऐसे ललचाती थी कांग्रेस

ऐसा नहीं था कि गांधीजी से पहले कांग्रेस ने मुसलिमों को पार्टी से जोड़ने के प्रयास नहीं किए, तैयबजी, रहीमतुल्ला सयानी को जोड़ना, उन्हें कांग्रेस अध्यक्ष बनाना इसी कड़ी के प्रयास थे। कुछ और भी तरह के प्रयास होते थे, जो कुछ हद तक हास्यास्पद भी लगते थे। 1899 के लखनऊ अधिवेशन की कुछ बातों का जिक्र गांधीजी के मित्र रहे स्वामी श्रद्धानंदजी ने भी किया है, वो लिखते हैं, "प्रत्येक मुसलिम 'वायज' प्रतिनिधि को निःशुल्क टिकट दिए गए। दस रुपए प्रति व्यक्ति का भोजन शुल्क भी मुसलिम प्रतिनिधियों से नहीं लिया गया और 'दस्तर खान' के

सभी स्वादिष्ट व्यंजन उनके सामने परोसे गए और ये 'वायज' प्रतिनिधि प्रारंभ के कुछ मिनटों के लिए पंडाल में अपनी शक्ल दिखाते थे और बाकी समय वे पंडाल के बाहर लगे जलपान वाले शामियाने के नीचे बैठकर मौज उड़ाते थे।"

बंग-भंग से तय हो गए मुसलिम बाहुल्य इलाके

बंग-भंग से पहले दो ही मुसलिम कांग्रेस अधिवेशनों में अध्यक्षता कर पाए थे, बदरुद्दीन तैयबजी के नौ साल बाद रहीमतुल्ला सयानी को 1896 के कांग्रेस अधिवेशन में यह मौका मिला था। लेकिन इन दोनों के अध्यक्षीय काल में भी काफी दिलचस्प घटनाएँ घटी थीं, जो आप उनसे जुड़े अध्यायों में पढ़ेंगे। लेकिन बंग-भंग ने इस सिलसिले को भी मानो तोड़ दिया। कर्जन ने एक विशेष बैठक में कहा, "पूर्वी बंगाल एक मुसलिम प्रांत होगा। इस विभाजन का मूल उद्देश्य ही मुसलिमों को ताकतवर बनाकर हिंदुओं की बढ़ती ताकत पर अंकुश लगाना है", 'स्टेट्समैन' के संपादकीय में इसी तरफ इशारा किया गया था। पूर्वी बंगाल में हिंदुओं के लिए मुश्किल ही हो गई, तमाम हिंदू मंदिरों में आग लगा दी गई, हिंदू महिलाओं को घरों से उठा लिया गया, जेहाद का नारा दिया गया, हजारों हिंदू भागकर पश्चिम बंगाल में आ गए।

मार्ले ने तो ब्रिटिश संसद् में स्वीकार किया कि यह बहुमत की इच्छा के विरुद्ध एक गलत फैसला था, लेकिन अब तो तीर कमान से छूट चुका है। तभी बंगाली राष्ट्रवादियों ने आक्रोश में यह संकल्प लिया, "वह दिन अवश्य आएगा, जब यह छूटा हुआ तीर वापस लिया जाएगा।" वापस लिया भी गया, लेकिन उसने बाद में देश विभाजन के बीज डाल दिए, तय हो गया कि मुसलिम इलाके कौन होंगे और कौन से हिंदू इलाके होंगे।

अंग्रेजों का ब्रह्मास्त्र 'मुसलिम लीग'

लेकिन स्वदेशी आंदोलन तेज होते ही अंग्रेजों ने तय कर लिया था कि इस आंदोलन में मुसलिमों को आने से रोकेंगे, नहीं तो कांग्रेस मजबूत हो जाएगी। ऐसे में फिर से कुछ अंग्रेज भक्त मुसलिमों को आगे किया गया और मुसलिम लीग की नींव रखने की तैयारी हो गई। आगा खाँ ऐसे ही मुसलमान थे, जिनका खानदान सिंध के अमीरों से निपटने में अंग्रेजों के काफी काम आया था। उनको तमाम पदवियाँ अंग्रेजों की तरफ से मिली हुई थीं। तय हुआ कि पहल मुसलमानों की तरफ से ही होगी।

वायसराय मिंटो से शिमला में 1 अक्तूबर, 1906 को मुसलमान समाज की माँगों को लेकर आगा खाँ की अगुआई में एक शिष्टमंडल मिला। उनकी मुख्य

माँगें पृथक् निर्वाचन मंडल था ताकि मुसलिम ही मुसलिम को चुन सकें, और कोई मुकाबले में खड़ा ही न हो, साथ ही न्यायपालिका से लेकर नगर पालिका, जिला परिषद्, प्रांतीय परिषद्, सभी निकायों में मुसलमानों का प्रतिनिधित्व बढ़े और वो भी इस तरह बढ़े कि वो कभी भी किसी भी सदन में निष्प्रभावी अल्पसंख्यक बनकर न रह जाएँ। वायसराय की कार्यकारिणी तक में मुसलिम सदस्यों की संख्या बढ़ाने की माँग भी हुई तो मुसलिम विश्वविद्यालय की भी माँग की, सरकारी नौकरियों में आरक्षण माँगने के बजाय प्रतियोगी परीक्षाओं को ही खत्म करने की माँग इस शिष्ट मंडल ने कर डाली।

इस बैठक से केवल मुसलिम लीग की ही नींव नहीं पड़ी, बल्कि 1909 में जो मार्ले-मिंटो सुधारों के तहत पृथक् निर्वाचन का अधिकार मुसलमानों को मिला, उसे बाद में 1916 में मुसलिम लीग के साथ समझौते के तहत कांग्रेस ने भी माँग लिया था। जिसका दायरा 1919 के एक्ट के जरिए और भी विस्तृत कर दिया गया। ठीक दो महीने बाद यानी 30 दिसंबर, 1906 को ढाका में मुसलिम लीग की स्थापना भी हो गई, जिसके लक्ष्यों में ही लिखा गया, "भारतीय मुसलिमों में ब्रिटिश सरकार के प्रति निष्ठा की भावना जाग्रत् करना और यदि सरकार के किसी कार्य से उसके उद्देश्यों के बारे में कोई भ्रम पैदा हो तो उसे दूर करना।"[6]

मुसलिम लीग का कुख्यात 'लाल इश्तहार'

इस अवसर पर मुसलिम लीग के प्रतिनिधियों के बीच एक 'लाल इश्तहार' बाँटा गया था, जिसमें लिखा था, "ऐ मुसलमान भाइयो! उठो, जागो! एक ही स्कूल में हिंदुओं के साथ मत पढ़ो। हिंदू की दुकान से कोई सामान मत खरीदो। हिंदुओं द्वारा बनाई गई कोई वस्तु मत छुओ। हिंदू को कोई रोजगार मत दो। हिंदुओं के अधीन किसी घटिया पद को स्वीकार न करो। आप अनपढ़ हैं, लेकिन यदि आप ज्ञान प्राप्त कर लें तो आप तुरंत सभी हिंदुओं को जहन्नुम भेज सकते हैं। इस प्रांत में आपका बहुमत है। हिंदू की अपनी कोई संपदा नहीं है। आपकी संपदा आपसे छीनकर ही यह धनी हो गया है। यदि आपमें पर्याप्त जागृति पैदा हो जाए तो हिंदू भूखे मरेंगे और शीघ्र ही मुसलमान बन जाएँगे।"[7]

बंग-भंग वापस लेना मुसलिम नेताओं के लिए गहरा आघात

ऐसे में जब 1911 के दिल्ली दरबार में खुद ब्रिटिश राजा जॉर्ज पंचम ने बंग-भंग को निरस्त करने की घोषणा की तो नवाब सलीमुल्ला को गहरा आघात लगा, उसको अंग्रेजों से इस कदम की उम्मीद नहीं थी। नवाब ने राजनीति से संन्यास लेना

ही बेहतर समझा। मुसलमानों के नेताओं को भी लग गया कि अंग्रेज किसी के सगे नहीं हैं, इसका सीधा लाभ आगे के दिनों में कांग्रेस और गांधीजी को मिलना मानो तय सा हो गया। पहले से ही मोहम्मद अली जिन्ना अंग्रेजों की चाल को समझकर मुसलिम लीग और पृथक् निर्वाचन मंडल की माँग के विरोध में था, वो जानता भी था कि मुसलिम लीग आम मुसलमानों के साथ जमीन पर नहीं जुड़ी है, बल्कि केवल नवाबों और जमींदारों का प्रतिनिधित्व करती है।

यही वो दौर था, जब नरमपंथी और गरमपंथी कांग्रेसियों में आपसी खींचतान सूरत अधिवेशन तक आते-आते बड़ी हो गई, अगले साल बड़े गरमपंथी नेताओं को जेल भेज दिया गया। मार्ले-मिंटो सुधारों का कांग्रेस ने विरोध तो किया, लेकिन गरमपंथी नेताओं के अभाव में वो उतना प्रभावशाली था नहीं, इधर क्रांतिकारी गतिविधियाँ भी अचानक से तेज हो गईं।

प्रथम विश्वयुद्ध ने खोला खिलाफत का रास्ता

ऐसे में प्रथम विश्वयुद्ध का होना भारत की राजनीति में बड़ा परिवर्तन वाला सिद्ध हुआ। गांधीजी ने लंदन में ही ब्रिटेन की मेडिकल कोर के साथ काम करके दिशा दिखा दी कि अंग्रेज आज मुश्किल में हैं तो उन्हें और परेशान नहीं करेंगे, अंग्रेजीराज का वफादारी से साथ देंगे। अंग्रेजों को भी लगा कि इस वक्त दो मोर्चों पर एक साथ नहीं लड़ा जा सकता और भारत के सैनिकों को भी बाहर जंग के मैदान में भेजना था, तेजी से सेना में भारतीयों की भरती भी करनी थी।

लेकिन तुर्की ने जर्मनी की तरफ से जंग में उतरने की घोषणा कर दी तो भारतीय मुसलमान बेचैन होने लगा। अंग्रेज तुर्की के खिलाफ पूरी ताकत से उतर गए, इटली ने तुर्की पर हमला बोल दिया। खलीफा के साम्राज्य पर हमला होते ही वो मुसलमान भी गुस्से में खौलने लगा, जो 1857 या उसके बाद के तमाम झंझावातों में खामोशी से जुल्म सह रहा था। कांग्रेस ने भी मुसलिमों के जख्म पर मरहम लगाना शुरू कर दिया, उसका सीधा फायदा निष्क्रिय पड़ी मुसलिम लीग को मिला और वो जमीन पर दिखने लगी। इधर गांधी भारत आए, उधर तिलक वर्मा से वापस लौटकर कांग्रेस की एकता में जुट गए, साथ ही मुसलिम लीग से भी दोस्ती की पींगें बढ़ने लगीं।

कांग्रेस ने इतने साल के विरोध के बाद मुसलिमों को साथ लेने के लिए पृथक् निर्वाचक मंडल की मुसलमानों की माँग पर विरोध बंद कर दिया, बल्कि सिखों के लिए भी पृथक् निर्वाचक मंडल की माँग मान ली। केवल माँगें नहीं मानीं, बल्कि

उनकी जनसंख्या से अधिक सीटें उनको देना तय कर दिया। इंपीरियर लेजिस्लेटिव काउंसिल में भी मुसलमान, जो पाँचवाँ हिस्सा भी नहीं थे, उनको तिहाई सीटें दे दीं। यह सब दोनों संगठनों के लखनऊ में संयुक्त अधिवेशन में तय हुआ। इस समझौते से एक और बात आधिकारिक रूप से कांग्रेस ने मान ली कि अब मुसलिम मुद्दों पर एकमात्र रूप से बोलने का अधिकार केवल और केवल मुसलिम लीग का होगा। कांग्रेस की तरफ से केवल एक नेता ने इसका विरोध किया, वो थे महामना मदन मोहन मालवीय।

मालवीयजी ने किया खिलाफत और मार्ले-मिंटो सुधारों का विरोध

मार्ले-मिंटो सुधारों के वक्त ही उन्होंने कांग्रेस अधिवेशन के मंच से स्पष्ट कह दिया था कि मार्ले-मिंटो सुधारों ने पूरे देश को निराश किया सिवाय कुछ मुसलिम मित्रों के, उनके शब्दों में, "The Regulations, on the other hand, which were published nearly five weeks ago, have, I am sorry to say, created widespread disappointment and dissatisfaction, except in the limited circle of a section of our Moslem friends."[8]

वे ऐसे मौके पर यह याद करवाना कांग्रेस को नहीं भूले कि कांग्रेस का विरोध शुरुआत में कुछ मुसलिमों ने ही किया था, "It is sad to recall that as Congress continued to grew in strength and influence, some of our Mohomedan fellow subjects of Aligarh School and some members of the landed aristocracy came forward openly to oppose it."[9]

गांधीजी का 'मुसलिम मंत्र'

गांधीजी के कांग्रेस अध्यक्ष बनने से पहले कुल छह मुसलमान नेता कांग्रेस अध्यक्ष बन चुके थे, जिनमें तैयबजी के बाद रहीमतुल्ला सयानी 1896 में, नवाब सैयद मोहम्मद बहादुर 1913 में, सैयद हसन इमाम 1918 के विशेष अधिवेशन में, हकीम अजमल खान 1921 में और 1923 में मौलाना मोहम्मद अली। देखा जाए तो गांधी से पहले की कांग्रेस में मुसलिमों की भागीदारी हो तो रही थी, लेकिन उतनी ज्यादा नहीं थी। शुरुआती जो तीन मुसलिम अध्यक्ष बने, उनमें कई-कई साल का अंतर था, 1887 के बाद 1896 में, फिर 1913 में। लेकिन गांधीजी ने जैसे ही कमान सँभाली, 1918, 1921 और 1923 में मुसलिम अध्यक्ष बने, यानी सात साल के

अंदर तीन मुसलिम नेताओं को यह मौका मिला, हालाँकि चौथे मौलाना आजाद भी थे, जो एक विशेष अधिवेशन में 1923 में ही अध्यक्ष बने थे।

जबकि गांधीजी के आने से पहले मोहम्मद अली जिन्ना कांग्रेस में काफी सक्रिय थे, तिलक के करीबी थे और तिलक के केस लड़ चुके थे और तब तक राष्ट्रवादी थे, लेकिन गांधीजी के आने से सारा परिदृश्य ही बदल गया। उनको गांधीजी का इस तरह नए मुसलिम नेताओं को जोड़ना तो पसंद आ ही नहीं रहा था, गांधीजी का होमरूल लीग के संविधान में एक परिवर्तन उनको थोड़ा ज्यादा खल गया और उन्होंने इस्तीफा दे दिया।

अपनी पुस्तक 'मोहनदास' में राजमोहन गांधी लिखते हैं, "On Gandhi's instance, Home Rule League changed its constitution and name. By forty-two votes against nineteen, the body decided that henceforth it would seek, simply 'Swaraj' rather than 'self-government within the empire and be called Swarajya Sabha."[10] इसके विरुद्ध मत देने वाले सभी 19 मतदाताओं ने इस्तीफा दे दिया, उनमें जिन्ना भी था। इस दौरान जिन्ना ने साफ कहा कि गांधी के कार्यक्रमों से मैं सहमत नहीं, वो एक विनाश पर ले जाने का रास्ता है।

मुसलिमों का पुराना गांधी कनेक्शन

दरअसल गांधीजी का 1915 में भारत आने तक का जीवन इसके लिए समझना जरूरी है। उनके भाई का दोस्त महताब उनका दोस्त बन गया था और उनको मांस खिलाने, बीड़ी पिलाने, वेश्याओं के पास ले जाने से लेकर उनके दक्षिण अफ्रीका वाले घर में वेश्या लाने तक की जितनी घटनाएँ घटीं, उनमें महताब ही शामिल था, हालाँकि गांधीजी ने हर घटना का अलग जिक्र किया, कई बार उसका नाम भी नहीं लिया। महताब के पास गांधीजी के कई निजी राज भी थे और गांधीजी ने लिखा भी है कि जब उसको दक्षिण अफ्रीका के घर में लड़की के साथ उन्होंने पकड़कर पुलिस बुलाने को कहा था, तब महताब ने उनको धमकी भी दी थी, मैं तुम्हें 'एक्सपोज' कर दूँगा।

दूसरे, गांधी जब बंबई और राजकोट की अदालतों में कामयाब नहीं हो पा रहे थे, दक्षिण अफ्रीका के मुसलिम व्यापारी दादा अब्दुल्ला ने उनको प्रस्ताव दिया दक्षिण अफ्रीका में उनके केस लड़ने का। उनको यह बेहतर विकल्प लगा, वहाँ तमाम मुसलिम व्यापारियों के संपर्क में वे रहे, हालाँकि एक मसजिद में एक

मुसलिम ने उन पर जानलेवा हमला भी किया। किंतु उनके रिश्ते मुसलिमों से अच्छे बनते चले गए। हालाँकि उनको यह समझ भी आ गया था, मुसलिम वैसा नहीं सोचते, जैसा कि आम हिंदू सोचता है। गांधी का कहना था, "हिंदू-मुसलमान फसाद की जड़ कितनी गहरी है, उसका थोड़ा अंदाजा दक्षिण अफ्रीका में हुआ था, लेकिन ज्यादा पता हिंदुस्तान आकर लगा।"

शुरुआत में यह तो यह गांधीजी को मौके की तरह लगा था, क्योंकि तुर्की के साथ ब्रिटिश सरकार का व्यवहार उन्हें रास नहीं आ रहा था। युद्ध के बाद तुर्की से अरब देश को अलग कर दिया गया, बाद में जॉर्डन, सीरिया, फिलीस्तीन, लेबनान और इराक भी अलग हो गए, लेकिन खलीफा के साम्राज्य का ऐसा छिन्न-भिन्न हो जाना भारत के मुसलमानों को रास नहीं आ रहा था। खिलाफत को कायम रखने के लिए उन्होंने यहाँ संगठन बना लिया। पहली बार मुसलमानों को लगा कि यह लड़ाई अकेले नहीं लड़ी जा सकती। अंग्रेजों से लड़ाई में हिंदुओं का साथ देना होगा और ऐसे में हिंदुओं की भावनाओं का भी खयाल रखना होगा।

खिलाफत कॉन्फ्रेंस में मौलाना अब्दुल बारी के इस बयान से काफी कुछ समझा जा सकता है, "मुसलमानों का सम्मान संकट में पड़ जाएगा, यदि उन्होंने हिंदुओं का सहयोग नहीं लिया। अपनी ओर से तो मैं कहूँगा कि उनका सहयोग मिले, न मिले, हमें गोवध बंद कर देना चाहिए। क्योंकि हम एक ही भूमि की संतान हैं। एक मौलवी के नाते मैं कहूँगा कि गोवध बंद करने से हमारे मजहब के सिद्धांतों पर कोई असर नहीं पड़ेगा।"[11]

लाला लाजपत राय ने 'दोस्ती' को लेकर चेताया

मुसलिम लीग के दिसंबर 1919 के अधिवेशन में मुसलिम लीग ने खिलाफत पर विस्तार से चर्चा की और कांग्रेस के नेताओं को अपना साथ देने के लिए आमंत्रित किया। गांधीजी तो पहले से ही दक्षिण अफ्रीका में मुसलमानों के साथ करीब से काम कर चुके थे, उनमें से कइयों से अच्छे रिश्ते भी थे। तिलक 1916 के लीग-कांग्रेस समझौते में महत्त्वपूर्ण भूमिका निभा ही चुके थे, मोतीलाल नेहरू, मालवीयजी जैसे नेताओं ने भी हामी भरी तो उनके लिए यह रास्ता आसान हो गया। हालाँकि लाला लाजपत राय ने समर्थन देते हुए चेताया कि हिंदुओं को मुसलिमों का साथ इस मुहिम में उसी सीमा तक देना चाहिए, जिस सीमा तक वह देश के प्रति अपने कर्तव्य से मेल खाए।

आमतौर पर नास्तिक माने जाने वाले मोतीलाल नेहरू भी खिलाफत मेमोरेंडम

पर हस्ताक्षर करने वाले 34 लोगों में शामिल थे, लेकिन जवाहरलाल के अपने अनुभव कुछ और ही थे। उन्होंने बताया कि कैसे देर तक गांधीजी आंदोलन को अहिंसात्मक रखने पर जोर देते रहे, तब जाकर मौलवी माने। उनके मुताबिक हिंसा से दूर रखने वाले विचार पर मौलवियों को राजी करना बेहद मुश्किल था। उनके शब्दों में, "It was not easy for the Moulvies to grasp this idea but they agreed, making it clear that they did so as a policy only and not as a creed, for their religion did not prohibit the use of violence in a righteous cause."[12]

जवाहरलाल गांधीजी के साथ इलाहाबाद में भी खिलाफत नेताओं की एक बैठक में गए, वहाँ का माहौल उनके लिए बेहद खराब अनुभव था। किसी भी सूरत में वो अहिंसा के मुद्दे पर राजी नहीं थे, नेहरू ने बैठक के विवरण में लिखा, "Shaukat Ali was there to keep the waverers up to the mark, and when the time for voting came the great majority of them quietly and shamefacedly voted for the proposition, that is for war! As we were coming home from the meeting I asked Gandhiji if this was the way to start a great struggle. I had expected enthusiasm, spirited language and a flashing of eyes; instead we saw a very tame gathering of timid, middle-aged folk."[13]

इससे साफ लगता है कि खिलाफत को गांधीजी ने समर्थन तो दे दिया था, लेकिन उनके अपने ही मन में कई आशंकाएँ थीं। गांधी के इन अपनों में से कई ने खुलकर विरोध किया, जिनमें रवींद्रनाथ टैगोर, सी.एफ. एंड्रयूज, एनी बेसेंट, सी.आर. दास, विपिन चंद्र पाल आदि भी थे और कट्टर अलगाववादी के तौर पर आज मशहूर मोहम्मद अली जिन्ना व सैयद अहमद खान भी। सैयद अहमद खान ने तो मौलाना शिब्ली से एक लेख लिखवाया कि खलीफाओं की परंपरा तो चौथे खलीफा से ही खत्म हो गई थी। जिन्ना तो ऐसे वक्त में लंबे समय तक राजनीतिक निर्वासन में ही चले गए थे, लेकिन गांधीजी अड़ गए और एक बड़ा बयान दिया, "खिलाफत के प्रश्न पर सफलता प्राप्त करने के लिए यदि आवश्यकता पड़ी तो मैं स्वराज के प्रश्न को स्थगित कर दूँगा", लेकिन जिस नेता मौलाना आजाद को आज बड़े राष्ट्रवादी मुसलिम नेता के तौर पर जाना जाता है, उनका बयान खिलाफत पर दिलचस्प था। उन्होंने कहा था, "दारुल इसलाम के क्षेत्र पर जिन लोगों ने कब्जा

कर लिया है, उनके खिलाफ 'जेहाद' मुसलमानों की मजहबी जिम्मेदारी है।" लेकिन अली बंधुओं का असर गांधीजी के दिलोदिमाग में अंदर तक था, आंदोलन शुरू करने से पहले मोहम्मद अली के साथ पूरे भारत के दौरे में मुसलिम बस्तियों में उनका असर गांधी को देखने को मिला था। उन दिनों मुसलिम बस्तियों में एक ही गीत गाया जाता था—

"बोलीं अम्मा मोहम्मद अली की
जान बेटा खिलाफत पर दे दो!"

जब डॉ. हेडगेवार ने गांधी से पूछा अहम सवाल

इस दौरान गांधीजी से मिलने राष्ट्रीय स्वयंसेवक संघ के संस्थापक और उन दिनों तक कांग्रेस के सदस्य डॉ. केशव बलिराम हेडगेवार भी पहुँचे और पूछा, "भारत में कई पंथों के लोग रहते हैं, जैसे हिंदू, मुसलिम, सिख, ईसाई, बौद्ध, पारसी आदि इन सबकी एकता के बजाय आप केवल हिंदू-मुसलिम एकता की बातें क्यों कर रहे हैं?" गांधीजी का जवाब था, "इस विचार के जरिए मैं मुसलमानों के दिलों में इस देश के लिए प्रेम पैदा करना चाहता हूँ, क्या आप भारत की आजादी के लिए दूसरों के साथ कंधे-से-कंधा मिलाकर उनकी लड़ाई नहीं देख रहे हैं?" हेडगेवार जवाब से असंतुष्ट दिखे और पूछा, "इस नारे के पहले से ही स्वतंत्रता की लड़ाई में लोकमान्य तिलक की अगुआई में बैरिस्टर जिन्ना, अंसारी, हकीम अजमल खान आदि मुसलिम नेता शामिल हो चुके हैं और मुझे डर है कि यह नारा मुसलमानों के जेहन में अलगावादी प्रवृत्तियाँ बढ़ा देगा।" तब गांधीजी ने यह बैठक यह कहकर खत्म कर दी कि मुझे ऐसा डर नहीं है।[14]

अली बंधुओं की विदेशी मुसलिम नेताओं ने की बड़ी बेइज्जती

इधर तुर्की में उलटा खेल चल रहा था, कमाल पाशा जैसे सुधारवादी नेता ने खिलाफत को ही खत्म कर दिया। तुर्की को आधुनिक राह पर चलाने के लिए उसे एक धर्मनिरपेक्ष राज्य घोषित कर दिया। आगा खाँ और अमीर अली ने एक तार भेजकर कमाल पाशा को खिलाफत बनाए रखने की अपील की, उस तार का जवाब नहीं मिला तो दोनों कमाल पाशा के दरबार में शिष्टमंडल के नाते गए और कमाल पाशा से ही खलीफा बनने की गुजारिश कर डाली। काफी बेइज्जती की बातें सामने आईं, कमाल पाशा ने उन दोनों को शिया और खोजा बताते हुए विधर्मी बता डाला, अंग्रेजों का पिट्ठू कहा और पूछा कि क्या तुम लोग वहाँ मेरे आदेश का पालन करोगे? दोनों को बैरंग लौटा दिया।

इतने परेशान थे ये लोग कि अली बंधुओं की अगुआई में अरब के शाह अब्दुल अजीज इब्न सऊद के पास पहुँचे और उनसे अपना नया खलीफा बनने के लिए गुजारिश की। उसने कहा कि मुझे यह अंग्रेजों की चाल लगती है, पहले आप अपना देश अंग्रेजों से मुक्त क्यों नहीं करवाते हो? शौकत अली ने जिरह की तो शाह ने दोनों भाइयों की दाढ़ी पकड़कर उन दोनों के सिर एक-दूसरे से टकरा दिए।[15]

इसके बाद ईरान के शाह ने भी इन लोगों को कोई भाव नहीं दिया। हैरत की बात थी कि जिस तुर्की की खिलाफत को खुद तुर्की के ही एक मुसलिम शासक ने खत्म किया, जिसको बनाए रखने की किसी भी बड़े इसलामिक देश को चिंता नहीं थी, किसी ने भी जेहाद का नारा नहीं दिया, उसको लेकर भारत के मुसलमानों को इतनी चिंता थी कि अपने देश की आजादी की लड़ाई लड़ने के बजाय हर मुसलिम सुल्तान के पास भागे-भागे फिर रहे थे कि कोई तो खलीफा बन जाओ।

खिलाफत के 'साइड इफैक्ट्स': मोपला का रक्तपात

जैसा कि नेहरू ने इशारों में आशंका जताई थी कि मौलवियों ने दवाब में अहिंसा का साथ देना माना था, जबकि उनके मजहब में अच्छे उद्देश्य के लिए हिंसा का इस्तेमाल गलत नहीं था, अब वो सच साबित होने लगी थी। कई मौलवियों ने, यहाँ तक कि गांधीजी के करीबी मोहम्मद अली ने भारत को 'दारुल हरब' घोषित कर दिया, यानी ऐसा युद्धरत देश जहाँ मुसलमानों के लिए रहना हराम है। फिर तो तमाम गरीब गुरबे मुसलमान अफगानिस्तान की तरफ कूच करने सीमा पर पहुँच गए। तमाम लोग अफगान सेना के हाथों या तो मारे गए या फिर वापस आना पड़ा। गांधीजी के असहयोग आंदोलन के साथ चलकर जरूर खिलाफत आंदोलन कुछ समय 1920-21 में कई स्थानों पर चला था, लेकिन 1921 खत्म होते-होते मामला एकदम ढीला पड़ गया। लेकिन केरल में स्थानीय मुसलमानों यानी मोपलाओं ने इसे अपने लिए एक मौका समझ लिया।

एक विषैला प्रचार किया गया कि खिलाफत राज भारत में कायम हो गया है, ब्रिटिश शासन समाप्त हो गया है, समय आ गया है कि काफिरों को पूरी तरह समाप्त करके अब दारुल इसलाम यानी इसलामिक राज्य स्थापित किया जाए। एक स्थानीय मुसलमान मोहम्मद हाजी को खलीफा घोषित कर जेहाद का ऐलान कर दिया गया। हजारों हिंदुओं को काट दिया गया, उनके घरों की महिलाओं के साथ सामूहिक बलात्कार किया गया, बहुतों ने खुद कूदकर कुओं में जान दे दी तो बहुतों को काटकर कुओं में फेंक दिया गया। भारत सेवक समिति की एक जाँच रिपोर्ट

के अनुसार, 20 हजार से अधिक हिंदुओं को तलवार के जोर पर मुसलमान बना दिया गया।

मोपला अत्याचार पर निंदा प्रस्ताव तक के विरोध में आ गए मुसलिम नेता

कांग्रेस के नेताओं के लिए अजीब दुविधा उत्पन्न हो गई, अरसे तक वो इस घटना से ही इनकार करते रहे, फिर टालते रहे। विरोध करने से उन्हें डर था कि जो मुसलमान राष्ट्रीय आंदोलन से इतनी मुश्किल से जुड़ा है, कहीं वो भी न छिटक जाए। लेकिन इतना बड़ा कत्ल-ए-आम था कि कांग्रेस नेताओं को लगा कि कम-से-कम निंदा प्रस्ताव तो पारित किया ही जाना चाहिए, लेकिन उसमें भी कितनी मुश्किल राष्ट्रवादी मुसलिम नेताओं ने ही की, गांधीजी के करीबी मित्र स्वामी श्रद्धानंद ने इसका वर्णन किया है। हसरत मोहानी जैसा राष्ट्रवादी मुसलिम नेता भी नहीं चाहता था कि मोपलाओं ने जो हजारों हिंदू काट डाले हैं, हजारों का बलात्कार व धर्म-परिवर्तन हुआ है, उसके खिलाफ निंदा प्रस्ताव भी पास हो।

स्वामी श्रद्धानंद के शब्दों में, "The first warning was sounded when the question of condemning the Moplas for their atrocities on Hindus came up in the Subjects Committee. The original resolution condemned the Moplas wholesale for the killing of Hindus and burning of Hindu homes and the forcible conversion to Islam. The Hindu members themselves proposed amendments till it was reduced to condemning only certain individuals who had been guilty of the above crimes. But some of the Moslem leaders could not bear this even. Maulana Fakir and other Maulanas, of course, opposed the resolution and there was no wonder. But I was surprised, an out-and-out Nationalist like Maulana Hasrat Mohani opposed the resolution on the ground that the Mopla country no longer remained Dar-ul-Aman but became Dar-ul-Harab and they suspected the Hindus of collusion with the British enemies of the Moplas. Therefore, the Moplas were right in presenting the Quran or sword to the Hindus. And if the Hindus became Mussalmans to save themselves from death, it was a voluntary change of faith and not forcible conversion—Well, even the harmless resolution condemning some of the Moplas was not unanimously passed but had to be accepted by a majority of votes only. There were other indications also, showing that the Mussalmans considered the Congress to be existing on their sufferance and if there was the least attempt to ignore their idiosyncrasies the superficial unity would be scrapped asunder."[16]

जब हसरत मोहानी जैसे राष्ट्रवादी मुसलमान, जो कांग्रेस अध्यक्ष तक बने, हजारों हिंदुओं की हत्या के बावजूद मोपलाओं के खिलाफ निंदा प्रस्ताव तक पारित नहीं कर पा रहे थे तो बाकी से क्या उम्मीद की जा सकती थी और हुआ भी वैसा ही, जो प्रस्ताव सर्वसम्मति से पारित होना चाहिए था, उसको भी बहुमत से ही पारित किया जा सका।

इतना ही नहीं, जब खिलाफत कॉन्फ्रेंस में मौलानाओं ने काफिरों के खिलाफ जेहाद की बात करते हुए कुरान की कुछ आयतें पढ़ डालीं।

स्वामी श्रद्धानंद लिखते हैं, "Both of us went together one night to the Khilafat Conference at Nagpur. The Ayats (verses) of the Quran recited by the Maulanas on that occasion, contained frequent REFERENCES to Jihad and killing of the Kaffirs. But when I drew his attention to this phase of the Khilafat movement, Mahatmaji smiled and said, 'They are alluding to the British Bureaucracy.' In reply I said that it was all subversive of the idea of non-violence and when the reversion of feeling came the Mahomedan Maulanas would not refrain from using these verses against the Hindus."[17]

साफ था कि खिलाफत को समर्थन देने के तमाम दुष्प्रभाव दिखने शुरू हो गए थे। एनी बेसेंट तो खुलकर खिलाफत आंदोलन के विरोध में आ गई थीं, उन्होंने साफ-साफ कह दिया, "एक सभ्य देश में उन लोगों का कोई स्थान नहीं है, जो देश से उन लोगों को खदेड़ देते हैं, जो अपने पूर्वजों का धर्म त्यागने से इनकार करते हैं," लेकिन कांग्रेस का समर्थन पाकर अली बंधुओं के सुर बहुत ज्यादा बिगड़ गए थे, उन्होंने अंग्रेजी सेना से मुसलिमों के त्यागपत्र की माँग कर डाली, कह दिया कि

ब्रिटिश सरकार की सेवा मजहबी आधार पर अवैध है, सो अंग्रेजों ने गिरफ्तार कर राजद्रोह के लिए दो साल की सजा सुना दी।

अफगान के अमीर को भारत पर आक्रमण के लिए किया आमंत्रित

इतना ही नहीं, मोहम्मद अली ने अफगानिस्तान के अमीर अमानुल्लाह को भारत पर आक्रमण करने का निमंत्रण देते हुए एक पत्र लिख डाला, लेकिन वही पत्र जब एक मौके पर मौहम्मद अली ने स्वामी श्रद्धानंद को दिखाया तो उन्होंने पहचाना कि वो गांधीजी की हस्तलिपि में था। बाद में गांधीजी ने कहा था, मुझे ऐसा स्मरण नहीं। काफी विवाद हुआ था, लेकिन अंग्रेजों को पहले ही खबर मिल गई थी, सो मोहम्मद अली को जेल भेजने के पीछे यह बड़ी वजह थी।

बाद में गांधीजी के कुछ लेख भी छपे, जिसमें वो अफगान के अमीर के आमंत्रण को सही ठहराते दिखे, इसको लेकर गांधी के तमाम करीबियों ने ही उनका विरोध किया। लेकिन जिस मोहम्मद अली के लिए गांधीजी इतना झुक गए थे, उसने ही एक सार्वजनिक सभा में उनके लिए यह कह डाला, "अपने मजहब और विश्वास के मुताबिक मेरी मान्यता है कि एक व्यभिचारी और पतित मुसलमान भी गांधीजी से श्रेष्ठ है।"[18]

दूसरी तरफ यही गांधीजी उनकी गिरफ्तारी के बाद यह बयान दे रहे थे, "यदि मुझे मुसलमानों का सच्चा मित्र बनना है तो अली बंधुओं की मुक्ति के लिए और खिलाफत के प्रश्न का उचित निपटारा करने के लिए मुझे हर संभव सहायता देनी चाहिए।"

खिलाफत आंदोलन के बारे में डॉ. भीमराव आंबेडकर ने लिखा था, "The (Khilafat) movement was started by the Mohammedans. It was taken up by Mr Gandhi with tenacity and faith, which might have surprised many Mohammedans themselves. There were many people who doubted the ethical basis of the Khilafat movement and tried to dissuade Mr Gandhi taking any part in the Movement the ethical basis of which was so questionable."[19]

कांग्रेस के अधिवेशन में जब खड़ी की गई मसजिद

गांधीजी अपनी तरफ से मुसलिमों को साथ लाने के लिए कोई कोर-कसर नहीं छोड़ रहे थे। जब प्रिंस ऑफ वेल्स की यात्रा से पहले अंग्रेजी प्रस्ताव आया कि

आंदोलन वापस लें तो कांग्रेसी जेल से छोड़ दिए जाएँगे और लंदन में एक गोलमेज सम्मेलन आयोजित किया जाएगा। गांधीजी ने कहा, अली भाइयों और उनके साथियों को भी छोड़िए, तभी बात होगी। लेकिन अंग्रेजों ने इसे मंजूर नहीं किया। जब अली बंधु बाहर आए तो गांधीजी की पहल पर वो कांग्रेस के 1923 के काकीनाडा अधिवेशन में अध्यक्ष बनाए गए। कांग्रेस के अधिवेशन में बाकायदा एक मसजिद खड़ी की गई, ताकि मुसलमान प्रतिनिधि नमाज अता कर सकें।

बाबा साहब भी थे गांधीजी की तुष्टीकरण की नीति से नाखुश

मोपला दंगों को लेकर गांधीजी के रवैये को लेकर बाबा साहेब आंबेडकर भी उनसे खुश नहीं थे, उन्होंने उनके रवैये को लेकर लिखा था, "Mr. Gandhi has been very punctilious in the matter of condemning any and every act of violence, and has forced the Congress, much against its will, to condemn it. But Mr Gandhi has never protested against such murders. Not only have the Musalmans not condemned these outrages but even Mr. Gandhi has never called upon the leading Muslims to condemn them. He has kept silent over them. Such an attitude can be explained only on the ground that Mr. Gandhi was anxious to preserve Hindu-Moslem unity and did not mind the murders of a few Hindus, if it could be achieved by sacrificing their lives."[20]

'अरब पर आक्रमण बरदाश्त नहीं, मुसलिम वफादारी की भी सीमा है'

काकीनाडा अधिवेशन में मोहम्मद अली के अध्यक्षीय संबोधन का एक शीर्षक था, 'The Limit of Muslim Loyalty'। इसमें अली ने साफ कर दिया कि सऊदी अरब पर अगर हमला हुआ तो ठीक नहीं होगा। मोहम्मद अली के शब्दों में, "I had distinctly pointed out that Arabia must not be attacked nor must the protection of Islams Holy Places by a really independent Muslim Power be endangered. This was the least to which Indian Musalmans were entitled unless their religion was required by their non-Muslim Government to be a matter of no consequence to them as compared with their loyalty."[21]

'नहीं तो अछूत वर्ग को कलमा पढ़वा देंगे'

काकीनाडा कांग्रेस अधिवेशन में मोहम्मद अली ने अध्यक्षीय भाषण में अब तक के सारे कांग्रेस सिद्धातों के खिलाफ जमकर बोला, पृथक् निर्वाचक मंडल की तो तारीफ की ही, बंगाल के फिर से एकीकरण को गलत बताया, कहा कि बंगाल के विभाजन से मुसलिमों को लाभ था। यह तक कहा कि या तो अछूत वर्ग को तुरंत अपने में मिला लें, वरना मुसलिमों को अनुमति दें कि वो उन्हें इसलाम धर्म में कलमा पढ़ाकर शामिल कर लें। यह भी सलाह दी कि उन्हें हिंदू और मुसलिमों में आधा-आधा बाँट देना चाहिए।[22] इतना ही नहीं, जहाँ सारे कांग्रेस विदेशी वस्त्रों की होली जला रहे थे, अली बंधुओं ने गांधीजी से स्वीकृति ले ली कि वो अपने विदेशी वस्त्रों को जलाएँगे नहीं, बल्कि अपने तुर्क भाइयों को उपहार में भेज देंगे।

खिलाफत का प्रश्न तो धीरे-धीरे खत्म हो गया था, लेकिन मुसलिमों के मुख्य धारा में आ जाने के चलते नए-नए मौलवी और नेता उत्पन्न होने लगे थे। जेहाद की विचारधारा भी पनपने लगी थी, जिसका खामियाजा देश को भुगतना पड़ा। उन दिनों देश के कोने-कोने से दंगों की खबरें आने लगीं। गांधीजी के जेल जाने के बाद ये और तेज हो गए।

गांधी ने कहा, 'हिंदुओं की कायरता से लज्जित हूँ'

गांधीजी ने 1924 में 'यंग इंडिया' में एक लेख लिखा, "मुझे हिंदुओं ने लिखित शिकायत की है कि मैंने मौलवियों को अपूर्व प्रतिष्ठा प्रदान कर दी है, खिलाफत का मामला ठंडा पड़ने के बाद इन लोगों ने हिंदुओं के खिलाफ जेहाद छेड़ दिया है। हिंदू महिलाओं पर अत्याचारों के बंगाल से जो समाचार मिले हैं, वो सबसे ज्यादा विक्षोभकारी हैं। मेरा निजी अनुभव इस बात की पुष्टि करता है कि मुसलमान आक्रामक होता है और हिंदू कायर, लेकिन अपनी कायरता के लिए हिंदुओं को मुसलमानों को दोषी ठहराना चाहिए क्या? कायर तो सदा पिटता रहेगा। मुसलमान अपने जघन्य आचरण के लिए कोई तर्क नहीं दे सकते, लेकिन मैं हिंदुओं की कायरता से अधिक लज्जित हूँ।" उनका कहना था कि हिंदुओं ने मुसलिमों को वो सब क्यों करने दिया यानी लूटपाट, बलात्कार। अब गांधी को कौन बताता कि यह सब वहीं होता था, जहाँ हिंदू अल्पसंख्यक थे।

9 सितंबर, 1924 को कोहाट के दंगों से देश थर्रा उठा। पाँच फीसदी हिंदू वाले क्षेत्र में 150 हिंदू काट दिए गए। सारे हिंदू रावलपिंडी भाग गए। शौकत अली को लेकर गांधीजी वहाँ पहुँचे तो दोनों के बयानों में विरोधाभास था। शौकत का कहना

था, मुसलिम जन कोप से रक्षा करने के लिए ही शुभचिंतक मुसलमानों ने हिंदुओं की चुटिया कटवाई और उन्हें मुसलिम टोपी पहनाई, जबकि गांधीजी इसे धर्मांतरण बता रहे थे। यह था खिलाफत-असहयोग की दोस्ती का वास्तविक चेहरा। गांधीजी नाराज थे, 21 दिन का उपवास रख लिया। उपवास के बाद एकता सम्मेलन में भी मुसलमानों ने गांधीजी को पंच मानने से इनकार कर दिया।

दंगों के चलते गांधीजी का भी खिलाफत नेताओं से मोहभंग हो गया था, जिन्ना ने भी इस दौरान वापसी की और मुसलिम नेताओं को जोड़ा। कई मुसलिम नेता कांग्रेस में गांधीजी के भी साथ आ गए। दोनों अली बंधुओं ने गोलमेज सम्मेलन में भी भाग लिया। 1931 में मोहम्मद अली जौहर की मौत के बाद शौकत अली जिन्ना के करीबी बन गए और मुसलिम लीग को मजबूत किया। एक दिन यही मजबूती पाकिस्तान के बनने की वजह बनी। हालाँकि पाकिस्तान के प्रस्ताव से पहले ही शौकत अली की भी मौत हो गई थी।

REFERENCES

1. Foundations of Pakistan All-India Muslim League Documents, 1906-1947 • Volume-1, Page No.-41, Compiler : Syed Sharifuddin Pirzada, Publisher : National Publishing House.
2. Writings and Speeches by Sir Sayyid A□mad Khan, Page No.-242, Editor : Shan Mohammad, Publisher : Nachiketa Publication.
3. Sir Sayyid Ahmad Khan, 1817-1898 A Prominent Muslim Politician and Educationist by Mu□ammad Ikram Cughtai, Page No.-31, Publisher : Sang-e-Meel Publications.
4. The Cambridge History of Islam : Volume-2A, The Indian Sub-Continent, South-East Asia, Africa and the Muslim West, Page No.-85, Editors : Ann K. S. Lambton, Bernard Lewis, P. M. Holt, Publisher : Cambridge University Press.
5. Inside Congress by Swami Shraddhanand, Page No.-25, Publisher : Dayanand Sansthan.
6. The All India Muslim League, 1906-47, Page No.-5, Editor : Nadeem Shafiq Malik, Publisher : National

Book Foundation.
7. History Of The Freedom Movement In India, RC Majmudar, Volume-11, Page No.-54-55, Publisher : South Asia Books.
8. Congress Presidential Addresses : 1901-1911, Page No.-379, Editor : A. Moin Zaidi, Publisher : Publication Department, Indian Institute of Applied Political Research.
9. The Encyclopedia of Indian National Congress Volume-5 by A. Moin Zaidi, Page No.-496, Publisher : S Chand.
10. Mohandas : True Story of a Man, His People by Rajmohan Gandhi, Page No.-249, Publisher : Penguin Books Limited.
11. Indian Muslims: A Political History by Ramgopal, Page No.-138, Publisher : Asia publishing House.
12. An Autobiography by Jawahar Lal Nehru, Chapter-7, The Coming Of Gandhiji, Satyagrah and Amritsar, Publisher : Penguin.
13. An Autobiography by Jawahar Lal Nehru, Chapter-7, The Coming Of Gandhiji, Satyagrah and Amritsar, Publisher : Penguin.
14. Dr Hedgewar Charit by Nana Palkar, Page No.-99, Publisher : Lokhit Prakashan.
15. The RSS Story by KR Malkani, Page No.12, Publisher : Impex India.
16. Inside Congress By Swami Shraddhanand, Page No.-150-151, Publisher : Dayanand Sansthan.
17. Dr. Babasaheb Ambedkar, Writings and Speeches: Pakistan or the partition of India (2010) by Bhimrao Ramji Ambedkar, Vasant Moon, Page No.-159, Publisher : Education Department, Government of Maharashtra.
18. History Of The Freedom Movement In India, RC Majmudar, Volume-11, Page No.-54-55, Publisher : South Asia Books.

19. Pakistan or Partition of India by Dr. B.R. Ambedkar, Page No.-146-147, Publisher : Kalpaz Publication.
20. Pakistan Or, The Partition of India by Bhimrao Ramji Ambedkar, Page No.-147, Publisher : Thacker.
21. From the Silver to the Golden jubilee; containing full text of the presidential addresses from 1911 to 1934 by Indian National Congress, Page No.-640, Publisher : G.A. Natesan & Company.
22. Dr. Ambedkar on Minorities by Shriprakash Singh, Page No.-63, Publisher : India First Foundation.

□

कांग्रेस का उग्रपंथी चेहरा, गरम दल के वो लोग जो शायद मजबूरी में कांग्रेस में थे

तीन साल दक्षिण अफ्रीका में रहने के बाद जब गांधीजी छह महीने की छुट्टी लेकर पहली बार भारत आए थे तो कांग्रेस के उस दौर के कई नेताओं से मिलने गए। लोकमान्य तिलक, फिरोजशाह मेहता और गोखले उन दिग्गज नेताओं में शामिल थे, उनसे मिलने के बारे में बाद में अपनी आत्मकथा में गांधीजी ने लिखा था, "सर फिरोजशाह मेहता मुझे हिमालय जैसे, लोकमान्य समुद्र जैसे और गोखले गंगा जैसे लगे। गंगा में मैं नहा सकता हूँ। हिमालय पर चढ़ा नहीं जा सकता, समुद्र में डूबने का डर है। गंगा की गोद में तो खेला जा सकता था, उसमें डोंगियाँ लेकर सैर की जा सकती थी।"[1]

तिलक का व्यक्तित्व ही कुछ ऐसा था कि एक तरफ जहाँ उन्हें देखने, सुनने के लिए लाखों की भीड़ इशारों में इकट्ठी हो जाती थी, कांग्रेस की लंदन से पढ़कर आई नई पीढ़ी के तमाम उभरते नेता उनका करिश्मा तो मानते थे, लेकिन उनसे कुछ डरते भी थे। गरम दल का शीर्ष चेहरा यही लोकमान्य बाल गंगाधर तिलक थे, और इनकी 'लाल-बाल-पाल' की तिकड़ी में लाला लाजपत राय, बिपिन चंद्र पाल शामिल थे तो अरविंद घोष के बिना यह दौर और गरम दल पूरा नहीं होता। वहीं यह भी समझने की जरूरत है कि गंगा जैसे लगने वाले गोपाल कृष्ण गोखले को गांधीजी ने अपना राजनीतिक मार्गदर्शक मान लिया था, जो नरम दल का चेहरा थे, तब से 'भारत छोड़ो' की हुंकार देने तक गांधी को दशकों लग गए थे।

तिलक से खार खाने वालों में पूर्व कांग्रेस अध्यक्ष रासबिहारी घोष जैसे नेता भी थे। बल्कि उदारवादी कांग्रेसी नेताओं की वो पूरी फौज थी, जो उनके नारे 'स्वराज हमारा जन्मसिद्ध अधिकार है' को अपनाने और बोलने से कतराती थी। तभी तो उस दौर में उन्होंने स्वतंत्रता की बात की थी, लेकिन कांग्रेस के मंच से इसका श्रेय

जवाहरलाल नेहरू को दिया गया, इस घटना के 24 साल बाद यानी 1929 में। खुद नेहरू भी तिलक को लेकर हमेशा संशय से भरे रहते थे, कई जगह अपनी आत्मकथा में उनके द्वारा लिखी गई घटनाओं और टिप्पणियों से इसकी जानकारी मिलती है।

जब तिलक के लिए रासबिहारी घोष ने कहा, 'I hate Saints'

एक जगह जब रासबिहारी घोष से किसी व्यक्ति ने कहा, तिलक संत थे तो रासबिहारी घोष का कहना था कि 'I hate Saints', लेकिन कमरे में मौजूद जवाहरलाल ने इस पर खामोशी बरती। हालाँकि इस घटना का जिक्र खुद जवाहरलाल नेहरू ने ही अपनी आत्मकथा में किया था, लेकिन क्यों किया, यह पता नहीं चल पाया। जब मांडले जेल से बाहर आकर तिलक ने होमरूल लीग आंदोलन बेसेंट के साथ मिलकर शुरू किया तो नेहरू ने एनी बेसेंट के साथ काम करने में ज्यादा राहत महसूस की. तिलक की लीग में 1917 तक 32,000 सदस्य बन गए थे, तिलक गाँव-गाँव जाकर स्वराज के लिए लोगों से मिल रहे थे।

यही नेहरू जब हैरो स्कूल, लंदन में पढ़ रहे थे तो मानते थे कि 1857 के बाद पहली बार लग रहा था कि विदेशी शासन के खिलाफ कोई लड़ाई कायदे से तिलक और अरविंद घोष की अगुआई में लड़ी जा रही है और वो खुद को 'तिलकवादी' कहने में गर्व महसूस करते थे। उन्होंने लिखा था, "From 1907 onwards for several years India was seething with unrest and trouble. For the first time since the Revolt of 1857 India was showing fight and not submitting tamely to foreign rule. News of Tilak's activities and his conviction, of Aravindo Ghose and the way the masses of Bengal were taking the swadeshi and boycott pledge stirred all of us Indians in England. Almost without an exception we were Tilakites or Extremists, as the new party was called in India."[2]

गांधी हो गए थे तिलक के प्रशंसक

भले ही नेहरू बाद की राजनीति में कभी भी तिलक के करीबी नहीं रहे, मोतीलाल नेहरू भी उदारवादी खेमे में रहे, लेकिन तिलक का अपना व्यक्तिगत जीवन इतना सादा, उपलब्धियों से भरा था और लोकप्रियता हमेशा शिखर पर रही कि 1907 का सूरत अधिवेशन छोड़ दिया जाए तो खुलकर कोई भी बड़ा चेहरा उनके खिलाफ नहीं आया। गांधीजी ने भी उनको समुद्र जैसी गहराई वाला तो लिखा,

लेकिन उनके विरुद्ध नहीं लिखा। खुद गांधीजी ने लिखा है कि पहली मुलाकात के बाद तिलक ने कहा था, "सब पक्षों की मदद लेने का आपका विचार बिल्कुल ठीक है, आपके मामले में कोई मतभेद नहीं हो सकता। मैं आपकी पूरी मदद करना चाहता हूँ, आप प्रो. गोखले से मिलेंगे ही, मेरे पास जब भी आना चाहें, निस्संकोच आइए।" तिलक ने उन्हें निष्पक्ष व्यक्ति के तौर पर प्रो. भंडारकर का नाम भी दिया था। तब गांधीजी दक्षिण अफ्रीका के भारतीयों की सहायता के संदर्भ में सभी से मिले थे।[3]

तिलक और उस दौर के बाकी दिग्गज नेताओं के बीच फर्क को खुद गांधीजी ने उस पहले अधिवेशन के दौरान महसूस किया, जब वो 1901 में आए थे। गांधीजी को रिपन कॉलेज में ठहराया गया, वहीं लोकमान्य गंगाधर के रुकने की भी व्यवस्था थी। गांधीजी ने तिलक की लोकप्रियता के बारे में भी काफी लिखा कि जहाँ वो बैठ जाते थे, लोग उन्हें घेर लेते थे और महफिल जम जाती थी। गांधीजी के शब्दों में, "जहाँ लोकमान्य हों, वहाँ छोटा सा दरबार तो लग ही जाता था। मैं चित्रकार होता तो, जिस खटिया पर वे बैठते थे, उसका चित्र ही खींच देता। उस जगह और उनकी बैठक का आज भी मुझे इतना स्पष्ट स्मरण है।"[4]

1901 का यह अधिवेशन कलकत्ता में हुआ था और इसके अध्यक्ष थे दिनशॉ एडुलजी वाशा, गांधीजी मुंबई से जिस ट्रेन से चले, उसी में एक स्पेशल सैलून मुंबई के बड़े वकील और कांग्रेस के नेता फिरोजशाह मेहता के लिए भी लगाया गया था। गांधीजी को भी एक स्टेशन तक उनके इस सैलून में जाने का मौका मिला। उस सैलून में जिस कदर हताशा उन्होंने मेहता और वाशाजी की बातों में देखी, उन्हें अचरज हुआ। हालाँकि, वो कांग्रेस के आम कार्यकर्ता और उनके नेताओं के राजसी ठाटबाट के अंतर को भी इस यात्रा में महसूस कर रहे थे। इन नेताओं के कलकत्ता में भव्य स्वागत की भी चर्चा उन्होंने अपनी आत्मकथा में की है।[5]

तिलक भले ही कांग्रेस के अंदर रहकर उसके नियमों के मुताबिक कार्यक्रमों और अधिवेशनों में भाग लेते थे, लेकिन उनका अपना विराट् व्यक्तित्व और क्रियाकलाप कांग्रेस की दुनिया से काफी अलग थे। उनके 'मराठा' और 'केसरी' जैसे अखबार उत्तर और पश्चिम भारत में अलख जगा रहे थे तो शिवाजी उत्सव, गणेश उत्सव जैसे कार्यक्रमों ने करोड़ों लोगों के मानस में विदेशी शासन के जुल्मों के विरोध में क्रांति का बीज रोपना शुरू कर दिया था। गाँव-गाँव के अखाड़ों में तिलक की चर्चा लेकर नौजवान स्वराज का सपना सँजोने लगे थे, अनुशीलन समिति, अभिनव भारत जैसे क्रांतिकारी युवाओं के संगठनों को तिलक कानूनी और आर्थिक मदद भी चुपके से दिलवा रहे थे। विनायक दामोदर सावरकर के लिए

तिलक ने ही अनुशंसा का पत्र श्यामजी कृष्ण वर्मा को भेजा था, ताकि उनको लंदन में पढ़ाई के लिए वर्मा की 'छत्रपति शिवाजी स्कॉलरशिप' मिल सके। श्यामजी ने न केवल उन्हें स्कॉलरशिप दी, बल्कि एक दिन उन्हें लंदन के 'इंडिया हाउस' का प्रभार भी सौंप दिया था।

'भिखमंगी' राजनीति के विरोधी, संघर्ष से लेंगे स्वराज

ब्रिटिश लेखक वेलेंटाइन चिरोल ने तिलक को 'भारतीय असंतोष का जनक' कहा था। तिलक का जो करिश्मा महाराष्ट्र में था, वैसा ही अरविंद घोष का बंगाल में था, लाला लाजपत राय का पंजाब और दिल्ली में था। विपिन चंद्र पाल के विचारों ने भी युवाओं के खून को खौलाने में कम सहयोग नहीं दिया। इन गरमदलीय नेताओं का मानना था कि पुराने कांग्रेसी नेताओं की 'भिखमंगी' राजनीति से काम नहीं चलने वाला है, बल्कि संघर्ष से स्वराज लेना होगा। उनका संघर्ष कई मोर्चों पर चलने लगा, एक तरफ ये सब लोग कांग्रेस में रहकर लड़ाई लड़ रहे थे, दूसरी तरफ अखबारों में कड़े या सांकेतिक लेख लिख रहे थे।

गरम दल के नेताओं के प्रशंसक थे युवा क्रांतिकारी

तिलक के ऐसे ही एक लेख से प्रेरणा लेकर चापेकर बंधुओं ने पुणे के प्लेग कमिश्नर रैंड की हत्या कर दी। तिलक को भी 18 महीने की सजा हुई, लेकिन जब वो जेल से बाहर आए तो एक बड़ी ताकत बनकर उभरे। अरविंद घोष का नाम भी मणिकतल्ला बमकांड में आने के बाद उन्होंने लंबी कानूनी लड़ाई लड़ी और बाद में आध्यात्मिक रास्ता लेकर महर्षि अरविंद कहलाए। लाला लाजपत राय को भी युवा अपना आदर्श मानते थे, तभी तो उन पर पड़ीं लाठियाँ भगत सिंह, आजाद आदि बरदाश्त नहीं कर पाए थे और सांडर्स की हत्या कर बदला लिया था। युवाओं के आदर्श यही कांग्रेसी नेता थे, वो नहीं जो अंग्रेजी साम्राज्य में ही अपना भविष्य देखते थे।

कांग्रेस के अंदर उग्रवादी विचारधारा के इन कांग्रेसी नेताओं के उदय की वजह थी 1892 से लेकर 1905 तक के समय की कुछ प्रमुख घटनाएँ। सबसे पहले निराशा तो 1892 के भारतीय परिषद् अधिनियम से ही हुई। प्रत्यक्ष निर्वाचन का अधिकार नहीं दिया गया। 1898 में एक कानून लाया गया कि असंतोष की भावनाएँ भड़काना अब अपराध होगा। चूँकि राजधानी कलकत्ता में थी, वहाँ के नगर निगम में 1899 में बने कानून से अंग्रेजों का बहुमत बनाए रखने के लिए भारतीय सदस्यों की संख्या कम कर दी गई। 1904 में ऑफिशियल सीक्रेट एक्ट लाया गया कि सरकारी

कार्यालयों की कोई भी सूचना देना अब दंडनीय अपराध होगा। समाचार–पत्रों पर भी अंकुश कड़ा कर दिया गया। तिलक और दूसरे संपादकों को 1897 में लंबी–लंबी सजाएँ दी गईं, लेकिन यह भी देखने में आया कि जिस ब्रिटिश न्याय की भारतीय उदारवादी मिसालें देते नहीं थकते थे, ब्रिटिश अधिकारी हो या कर्मचारी, उनकी मौत और बलात्कार जैसे जघन्य अपराधों में भी जुरमाने जैसी सजाएँ देता था। इससे अंदरूनी आक्रोश पनपना शुरू हो गया था।

1904 में लॉर्ड कर्जन भारतीय विश्वविद्यालय अधिनियम लेकर आया, भारतीय विश्वविद्यालयों की स्वतंत्रता पर आघात हुआ, अंग्रेजी व्यवस्था थोप दी गई। तकनीकी शिक्षा पर कोई बड़ा कदम नहीं उठाया जा रहा था, अंग्रेजों को अब विश्वविद्यालय देशद्रोह के ठिकाने लगने लगे। इसी दौर में स्वामी विवेकानंद ने भारतीय युवाओं में अपने धर्म, अपने इतिहास और प्राचीन भारत के प्रति गौरव को भरने का कार्य किया, जो आत्मविश्वास अब तक भारतीयों का रसातल में चला गया था, वो वापस आने लगा, स्व की भावना विकसित होने लगी, उन्हें लगा कि अपना देश वो खुद सँभाल सकते हैं।

विदेशी घटनाओं से भी बढ़ा मनोबल

विदेशी मोर्चे पर भी कुछ ऐसी घटनाएँ घटीं, जिससे भारतीयों का मनोबल बढ़ा, जापान का आधुनिकीकरण और फिर रूस जैसे विशाल देश को मात देना, एक छोटे से राष्ट्र इथोपिया (अबीसीनिया) के हाथों इटली की हार, मैजिनी गैरीबाल्डी जैसे राष्ट्रवादियों के चलते इटली का एकीकरण, आयरलैंड के क्रांतिकारियों की लड़ाई आदि ने भारतीयों में यह विश्वास फूँका कि जब वो कर सकते हैं तो हम क्यों नहीं! दिक्कत यह थी कि उस वक्त तक लोगों को न चंद्रगुप्त पता था, न चाणक्य, 1857 की क्रांति को लेकर भी कांग्रेस के अधिवेशनों में अफसोस व्यक्त किया जाता था, दुआ की जाती थी कि ऐसा फिर से न हो। तब इटली के मैजिनी जैसे क्रांतिकारी से प्रेरणा ली जाती थी, सावरकर तक ने उसकी जीवनी लिखी, भगत सिंह जैसे युवा भी विदेशी पुस्तकों से प्रेरणा लेते थे।

वो तो बाद में 1905 में मैसूर के पुस्तकालय से 'अर्थशास्त्र' की एक कॉपी मिली, तब जाकर चाणक्य, चंद्रगुप्त और विशाल मौर्य साम्राज्य का पता चला, अशोक की लाटों से उनका रिश्ता स्थापित हुआ। सावरकर ने तमाम कठिनाइयों के बाद '1857 का स्वातंत्र्य समर' लिखकर बताया कि कितनी बड़ी लड़ाई अंग्रेजों के खिलाफ योजनाबद्ध होकर एकता के साथ लड़ी गई थी। इन सबसे उत्साह और

बढ़ा। गांधीजी ने जितने भी आंदोलन किए, वो सारे प्रयोग तिलक का यह दल कर चुका था, विदेशी वस्त्रों की होली तो सावरकर ही 1906 में जला चुके थे, 1896-97 में कर न चुकाने का आंदोलन चला चुके थे। नेहरू ने 1907 में ही स्वदेशी और बहिष्कार के तिलक के कार्यक्रमों की चर्चा लंदन तक में सुनी थी।

कांग्रेस के गरम दल और नरम दल की राजनीति इन नेताओं के गृहनगरों से ही अलग होने लगी थी। महाराष्ट्र में 'पूना सार्वजनिक सभा' पर नियंत्रण को लेकर पहले से ही तिलक और गोखले गुटों में टकराव था, तिलक गुट का उस पर कब्जा हो गया तो गोखले ने नया संगठन 'दक्कन सभा' खड़ा कर दिया। 'वंदे मातरम्' अखबार के संपादक को लेकर बंगाल में अरविंद घोष और ब्रह्मबांधव उपाध्याय व बाकी नेताओं के बीच विवाद था। बंगाल में ही सुरेंद्र नाथ बनर्जी का समाचार-पत्र 'बंगाली' और मोतीलाल घोष का 'आनंद बाजार पत्रिका' आपस में भिड़ते रहते थे। बंगाल में ब्रह्म समाज में भी आपस में विभाजन था।

बंग-भंग ने किया संजीवनी का काम

लेकिन बड़ा उत्प्रेरक गरमदलीय राजनीति के लिए बंगाल का विभाजन लेकर आया, बंग-भंग का आंदोलन बड़ा हो गया। दिलचस्प बात है कि इसका नेतृत्व कांग्रेस के उच्च शिक्षित नरमदलीय नेताओं के हाथ में था, जो इसे अंग्रेजी सरकार नहीं, बल्कि कर्जन के विरुद्ध चला रहे थे, लेकिन जब नरमदलीय नेताओं के विरोध का कोई परिणाम नहीं निकला और बंगाल विभाजन का आदेश लागू कर दिया गया तो उसकी प्रतिक्रिया में लोगों में आक्रोश उमड़ा और गरमदलीय नेताओं ने इस आंदोलन को अपने हाथों में ले लिया, 'वंदे मातरम्' उद्घोष के साथ स्वदेशी और बहिष्कार को अपना नारा बना लिया। लॉर्ड मार्ले ने भी उदारवादियों को एकदम स्पष्ट कर दिया कि अब कदम वापस लेने का कोई रास्ता नहीं है।

आक्रोश इसलिए और ज्यादा बढ़ता गया, क्योंकि सरकार ने उसे कड़े उपायों से कुचलने की कोशिश की, कॉलेजों का बहिष्कार करने वाले विद्यार्थियों को कॉलेजों से असंबद्ध कर दिया गया, उन्हें सरकारी नौकरियों से भी वंचित करने का निर्णय लिया गया, सड़कों पर 'वंदे मातरम्' का नारा लगाने पर प्रतिबंध लगा दिया गया। स्वदेशी आंदोलनकारियों को लंबी-लंबी सजाएँ दी गईं। 1906 से 1909 तक 550 राजनीतिक मुकदमे अदालतों में दर्ज हुए। तमाम लाठीचार्ज, लॉकअप में पिटाई आदि को तो कहीं दर्ज ही नहीं किया गया। प्रेस पर भी कड़े प्रतिबंध लगाए गए, कई अखबारों के खिलाफ कठोर काररवाई की गई।

स्वदेशी के साथ-साथ राष्ट्रीय शिक्षा को लेकर भी गरमदलीय नेताओं ने कार्यक्रम बनाया, जो बहिष्कार और स्वदेशी के साथ तीसरे उद्देश्य में शामिल हो गया। गांधीजी के कार्यक्रमों की पूरी रूपरेखा इन कार्यक्रमों में शामिल थी, बस एक ही तत्त्व बाहर था। गांधीजी ने जोर दिया था कि हर आंदोलन में 'अहिंसा' का दामन नहीं छोड़ना है, जिसके चलते उनके मतभेद मोतीलाल नेहरू तक से हो गए थे। इसी दौरान बंगाल में तमाम क्रांतिकारी संगठन उभरकर सामने आए, आगे चलकर बाघा जतिन, रासबिहारी बोस, खुदीराम बोस, प्रफुल्ल चाकी, बादल-बिनोय-दिनेश जैसे तमाम क्रांतिकारी युवा उभरे, जो देश के लिए जान पर खेल गए।

अब यह आंदोलन तिलक, लाला लाजपत राय आदि नेताओं के चलते बंगाल की जमीन से निकलकर देश भर में फैलने लगा, विशेष तौर पर महाराष्ट्र और पंजाब में. क्रांतिकारियों की गतिविधियाँ इन दो राज्यों में भी तेजी से बढ़ीं और संयुक्त प्रांत में भी। सावरकर ने बम मैन्युअल लंदन से भेजा, जिसका उपयोग खुदीराम बोस वाले बमकांड में भी हुआ था, सावरकर ने जो 20 पिस्तौल भेजी थीं, उससे नासिक के कलेक्टर जैक्सन को अनंत कन्हेरे ने उड़ा दिया, मदन लाल धींगरा ने सावरकर से प्रशिक्षण और प्रेरणा लेकर लंदन में कर्नल वायली की हत्या कर दी।

विपिन चंद्र पाल को मद्रास भी भेजा गया और उनके प्रयासों से वंदे मातरम् का आंदोलन वर्तमान आंध्र के कई जिलों में चलने लगा। हर जिले में राष्ट्रीय विद्यालय खोले जाने लगे। तेलुगू भाषा, साहित्य और इतिहास के प्रति भी लोगों का रुझान हुआ और आंदोलन तेज होने लगे। मद्रास के तिरुनेवेली, मदुरई और तूतीकोरिन में भी युवा एकजुट होने लगे। इस क्षेत्र में भी कई नए राष्ट्रवादी नेताओं का उदय हुआ। पंजाब में कमान लाला लाजपत राय के साथ-साथ अजीत सिंह ने सँभाली, कई जगह कर राजस्व रोकने का आंदोलन चलाया गया, लेकिन बहुत जल्द अंग्रेजी सरकार ने दोनों को गिरफ्तार करके मांडले जेल भेज दिया। तिलक ने इस दौरान संयुक्त प्रांत के प्रयागराज और लखनऊ का भी दौरा किया, उनकी घोड़ागाड़ी के घोड़े निकालकर छात्रों ने खुद उसमें जुतकर तिलक की घोड़ागाड़ी को खींचकर यह संदेश दे दिया कि उनका युवाओं के बीच कितना सम्मान है, शायद यही वजह थी कि जब तक तिलक जिंदा रहे, उनको भी ऐसे चाहने वालों से कभी न झुकने की प्रेरणा मिलती रही।

बनारस अधिवेशन से ही आई दरार

1905 के बनारस अधिवेशन से ही कांग्रेस में दरारें साफ नजर आने लगी थीं, नरमदलीयों की राजनीति को तिलक ने साफ-साफ 'भिक्षावृत्ति' जो कह डाला था।

इस साल के अंत तक बंबई प्रेसीडेंसी के 24, संयुक्त प्रांत के 23, पंजाब के 20, मध्य प्रांत के 15 और मद्रास प्रेसीडेंसी के 13 जिलों, नगरों से राजनीतिक असंतोष की खबरें आ चुकी थीं। ऐसा लगता था, गरम दल के नेता कांग्रेस को बस एक मंच की तरह इस्तेमाल कर रहे थे, वरना उनके पास कई और मंच थे, जिनके जरिए वो अंग्रेजों को प्रत्यक्ष या अप्रत्यक्ष रूप से नुकसान पहुँचा रहे थे।

बनारस अधिवेशन के बाद दिक्कत 1905 के कलकत्ता अधिवेशन में भी आई, लेकिन तब बीच का रास्ता निकाला गया। इंग्लैंड से वयोवृद्ध दादाभाई नौरोजी को अध्यक्षता के लिए बुलाया गया। तमाम विरोध के बावजूद गरमपंथियों ने स्वदेशी, बहिष्कार, राष्ट्रीय शिक्षा और स्वशासन से जुड़े चार प्रस्ताव पारित करवा ही लिये। लेकिन अगले साल तक माहौल और बिगड़ता चला गया। गोखले ने उग्र दल के नेताओं को समझाया कि "आप सरकार की ताकत नहीं समझते, अगर कांग्रेस आपके सुझावों पर चली तो उन्हें पाँच मिनट नहीं लगेंगे कांग्रेस को खत्म करने में।"

फिरोजशाह मेहता को नहीं पसंद थे गरम दल वाले

फिरोजशाह मेहता तो गरमदलीयों के लेकर कुछ ज्यादा ही आशंकित थे, उनका साथ खतरनाक बताने लगे। यों कांग्रेस का अधिवेशन नागपुर में होना तय था। उन्हें बखूबी पता था कि मराठाओं की धरती पर कहीं भी तिलक की मर्जी के बिना कुछ नहीं हो सकता। उस वक्त सूरत भी बॉम्बे प्रेसीडेंसी में ही था, सो फिरोजशाह मेहता ने किसी भी तरह अधिवेशन को सूरत में करने में कामयाबी हासिल कर ली।

गरमपंथी उस वक्त उनकी रणनीति शायद भाँप नहीं पाए थे या फिर उन्हें ऐसा करने से रोक नहीं पाए थे। दरअसल आमतौर पर कांग्रेस में तब तक यही परंपरा थी कि स्वागत समिति का अगला अध्यक्ष तय करने में बड़ी भूमिका रहती थी। सो उदारवादियों ने रासबिहारी घोष का नाम तय कर दिया। इधर गरमदलीय नेताओं ने इसका विरोध किया और लाला लाजपत राय को अपनी तरफ से उम्मीदवार बताया। लेकिन लाला लाजपत राय कांग्रेस को बँटता नहीं देखना चाहते थे, उन्होंने मना कर दिया। नरम दल वालों ने न केवल रास बिहारी घोष के नाम का ऐलान किया, बल्कि तिलक जब बोलने को उठे तो मदन मोहन मालवीय ने तिलक को बोलने तक का मौका नहीं दिया। कांग्रेस के इतिहास में फिर वो हुआ, जो आप आजकल की राजनीति में देखते हैं, यानी अंडे, जूते, टमाटर, कुरसियाँ फेंकी गईं, मंच पर किसी ने एक मराठा जूता फेंका, जो पहले दिग्गज नेता सुरेंद्र नाथ बनर्जी के गाल से टकराया, फिर फिरोजशाह मेहता को जाकर लगा।[6]

दरअसल अरविंद को यह खबर लग चुकी थी कि नरमदलीय नेता कांग्रेस का नया संविधान इस अधिवेशन में लाना चाहते हैं और उसके जरिए गरमदलीय नेताओं को नियंत्रित करके इस हालत में ला दिया जाएगा, जिससे कि वो कभी भी कांग्रेस में बहुमत में आने की स्थिति में नहीं आ पाएँगे।

युवा गरमदलीय नेता, खासतौर पर महाराष्ट्र के, यह तय कर चुके थे कि अगर नया संविधान लागू हो गया तो वो कांग्रेस को तोड़ देंगे। हालाँकि, तिलक को इसकी खबर नहीं थी, लेकिन शायद अरविंद घोष को थी। तिलक अध्यक्ष के मामले से जुड़े एक रिजोल्यूशन को लेकर मंच पर गए और उन्हें रोक दिया गया। तिलक ने विरोध किया तो कई स्थानीय युवा कुरसियाँ उठाने लगे, मानो पहले से तैयार थे, तभी मराठा युवक गुस्से में आए थे।

उसके बाद उदारवादियों ने अधिवेशन स्थगित कर दिया और एक नेशनल कॉन्फ्रेंस में नए संविधान को लागू कर गरमदलीयों को बाहर कर दिया। लाला लाजपत राय तिलक से मिले और बताया कि सरकार ने तय किया है कि कांग्रेस अगर टूटी तो गरमदलीयों के खिलाफ कड़ी काररवाई की जाएगी। तिलक को समझ आ चुका था कि अभी लोग तैयार नहीं हैं कि सरकार के खिलाफ सख्त तेवर अपनाए जाएँ। तिलक एक बार को उदारवादियों का साथ देने को तैयार भी हो गए थे, लेकिन फिर सरकार ने उनके अखबारों पर लगाम लगानी शुरू की और तिलक के लेखों को लेकर उन पर केस चलाया गया। जिन्ना ने उनका केस लड़ा, लेकिन तिलक को सजा हुई और उन्हें मांडले (वर्मा) जेल भेज दिया गया।

सूरत अधिवेशन तो आपसी झगड़े के चलते अधूरा ही हुआ था, बीच में ही स्थगित करना पड़ा था, लेकिन तकनीकी रूप से रास बिहारी घोष अध्यक्ष चुने जा चुके थे, ऐसे में सूरत अधिवेशन शून्य मान लिया गया। सो 23वाँ अधिवेशन मद्रास में किया गया। अगली बार के लिए भी रास बिहारी घोष स्वत: ही अध्यक्ष थे, लेकिन उससे पहले सम्मेलन समिति की बैठक अप्रैल 1908 में इलाहाबाद (प्रयागराज) में हुई, जिसमें कांग्रेस का नया संविधान भी तैयार किया गया। उसके बाद इस संविधान के तहत 1908 का अधिवेशन मद्रास (चेन्नई) की माउंट रोड पर स्थित एलिंसटन ग्राउंड में आयोजित किया गया।

जहाँ 1907 के अधिवेशन में रासबिहारी घोष ने अपने अध्यक्षीय संबोधन में बताया कि कैसे वो अंग्रेजी साम्राज्य के वफादार बेटे बनना चाहते हैं, कैसे मैकाले का सपना आज पूरा हुआ है आदि। वहीं 1908 के अधिवेशन में उन्हें सूरत की फूट पर भी बोलने का मौका मिला, सो अंग्रेजी साम्राज्य के प्रति अपनी वफादारी

और निष्ठा पर आगे बोलते हुए उन्होंने सीधे लोकमान्य तिलक के गरमदलीय साथियों पर यह निशाना साधा, "We do not wear our loyalty on our sleeves, for it is above all suspicion. To doubt our loyalty is to doubt our sanity. We condemn from the bottom of our hearts all seditions movements and we condemn anarchism most, because it is opposed to the laws of God as well as of man."[7] उनका निशाना केवल तिलक जैसे लोग नहीं थे, बल्कि उस वक्त के सक्रिय क्रांतिकारी यानी सावरकर, मदन लाल धींगरा, अनुशीलन समिति के क्रांतिकारी, रास बिहारी बोस, बाघा जतिन, प्रफुल्ल चाकी, खुदीराम बोस आदि भी थे।

ऐसे हुआ 'ऑपरेशन गरम दल'

कांग्रेस के नए संविधान ने गरमदलीय कांग्रेसियों के लिए और दिक्कतें पैदा कर दीं, एक तो मेहता और गोखले गुट ने आपसी बातचीत के रास्ते बंद कर दिए, दूसरे यह नियम बना दिया कि वही संगठन कांग्रेस अधिवेशन के लिए प्रतिनिधि भेज सकते थे, जो तीन वर्षों से अधिक समय से मान्यता प्राप्त हों। कांग्रेस का उद्देश्य तय कर दिया कि वर्तमान प्रशासनिक व्यवस्था में सुधार लाने तक ही सीमित होगा।

सरकार ने मौका देखकर कई सारे गरमदलीय नेताओं पर केस लाद दिए, तिलक को मांडले जेल भेज दिया और इस तरह वो छह साल राजनीति ही नहीं, भारत से भी कटे रहे, उनके समर्थकों का जोश रसातल में चला गया, अरविंद घोष भी अध्यात्म की दुनिया में चले गए। उदारवादियों को अपने पक्ष में रखने के लिए वो 1909 के मार्ले-मिंटो सुधार ले आए, भले ही ये सुधार भविष्य में भारत का बँटवारा करवाने वाले साबित हुए, लेकिन 1911 में बंग-भंग को रद्द कर लोगों का गुस्सा काफी हद तक कम करने की कोशिश की। हालाँकि बंगाली उग्रवादियों और क्रांतिकारियों के चलते वो राजधानी कलकत्ता के फोर्ट विलियम से नई दिल्ली ले आए।

इधर 1916 के लखनऊ अधिवेशन में जब गरमदलीय नेताओं की वापसी हुई, तिलक 1914 में मांडले जेल से वापस आ चुके थे। तब तक कई नरमदलीय नेताओं और गरमदलीय नेताओं की या तो मौत हो चुकी थी, या फिर बढ़ती उम्र के चलते उनका जोश कम हो चुका था, दो महीने बाद प्रथम विश्वयुद्ध भी शुरू हो गया। 1915 में गांधीजी भी भारत आ गए और हिंदू-मुसलिम एकता की तरफ भी कांग्रेस कदम बढ़ा चुकी थी, इसी अधिवेशन में मुसलिम लीग भी हिस्सेदार बन चुकी थी और आगे गांधीजी का खिलाफत का प्रयोग शुरू होने वाला था।

तिलक का जलवा क्या था, यह गांधी और नेहरू ने अपनी आत्मकथाओं में लिखा है, यहाँ तक कि उनकी अंतिम यात्रा में बंबई में जो सैलाब उमड़ा था, वो भी इन दोनों ने अपनी आँखों से देखा था। एक तरह से गांधी से पहले का युग तिलक का युग था। हालाँकि बाद के इतिहासकारों ने जिन्ना का उनका केस लड़ने पर, उस दौर की कुछ सामाजिक परंपराओं का जनदबाव में विरोध न करने पर या तमाम यूरोपीय भाषाओं की जननी संस्कृत निकलने के बाद कुकुरमुत्ते की तरह उपजे विदेशी इंडोलॉजी एक्सपर्ट्स के चलते तिलक द्वारा आर्यों का मूल स्थल उत्तरी ध्रुव बताए जाने पर, कई लोग उनकी महानता में कुछ धब्बे ढूँढ़ते हैं, ताकि उनका कद गोखले, गांधी, नेहरू के मुकाबले छोटा किया जा सके। लेकिन जैसा कि गांधी ने कहा, तिलक महासागर की तरह थे, उनकी महानता, देशभक्ति और समाज के प्रति उनके त्याग की थाह लेना असंभव काम था और है, जितना गहरे उतरेंगे, उतना कम लगेगा।

तिलक के विरुद्ध उनके मरने के बाद कुछ ज्यादा अभियान चलाया गया। तिलक एनी बेसेंट जैसी महिला के साथ इतने दिन होमरूल लीग में काम कर चुके थे, उन पर महिला विरोधी होने के आरोप लगाए गए। सावरकर जैसे घनघोर जाति विरोधियों के संरक्षक और स्वामी विवेकानंद जैसे दलितों को भगवान् बताने वाले संत के मित्र तिलक पर जाति विरोधी आरोप भी आसान नहीं लगते।

हालाँकि उन दिनों कुछ ब्राह्मण महिलाओं के खिलाफ अत्याचार में उनका समर्थन करने के सिलसिले में साहूजी महाराज के लोग उनके विरुद्ध जरूर चले गए थे। तब ब्राह्मण विरोध में कुछ संगठन भी खड़े हो रहे थे और चितपावन ब्राह्मण तिलक भी उसकी जद में आए थे, लेकिन शिवाजी महोत्सव और गणेश महोत्सव के जरिए कैसे उन्होंने सारी जातियों को जोड़कर हिंदू समाज को संगठित कर दिया था, इसको कोई भी नकार नहीं सकता। तिलक के बेटे श्रीधर तिलक ने उनकी मौत के बाद वर्षों तक बाबा साहेब आंबेडकर के साथ मिलकर छुआछूत के विरुद्ध अभियान भी चलाया था।

तिलक ऐसे पहले भारतीय नेता थे, जिसने सबसे पहले यह माँग की कि देश की राष्ट्रभाषा हिंदी होनी चाहिए। यह बात गांधीजी भी समझ चुके थे कि अंग्रेजी में होने वाले कांग्रेस के अधिवेशन अब हिंदी में होने चाहिए, इसलिए उन्होंने शुरू के अधिवेशनों से ही हिंदी में बोलना शुरू कर दिया था। बहुत कम लोग जानते हैं कि तिलक को वर्मा (म्याँमार) की मांडले जेल में छह साल काटने की जो सजा मिली थी, वो खुदीराम बोस की फाँसी की आलोचना करने के लिए, क्रांतिकारियों का

समर्थन करने के लिए मिली थी, यह लेख उन्होंने 'केसरी' में लिखा था। जेल में रहकर ही उन्होंने 'गीता रहस्य' नाम की पुस्तक लिखी, जो क्रांतिकारियों की गीता बन गई।

लाला लाजपत राय को आर्य समाज ने बदला

लाला लाजपत राय के जीवन की दिशा स्वामी दयानंद सरस्वती के आर्य समाज आंदोलन ने बदली। लाहौर में पढ़ते हुए लाला हंसराज के साथ उनकी मित्रता का फल दयानंद ऐंग्लो वैदिक स्कूल, लाहौर के रूप में सामने आया, आज जिसकी हजारों शाखाएँ देश भर के हर जिले में हैं। लाहौर हाईकोर्ट में वकालत करने के दौरान उन्होंने कांग्रेस और आर्य समाज जैसे कई संगठनों के साथ अपनी राजनीति शुरू की, बाद में हिंदू महासभा से जुड़ गए, उसके अध्यक्ष भी बने।

1914 में वकालत छोड़कर पूरी तरह सामाजिक क्षेत्र में उतर गए, अमेरिका में होमरूल लीग की स्थापना की। 1917 से 1920 तक वहीं रहे। 1920 में कलकत्ता के विशेष अधिवेशन में अध्यक्ष रहे। सर्वेंट्स ऑफ इंडिया संस्था की स्थापना की। भगत सिंह और उनके साथी उनका काफी सम्मान करते थे, जब साइमन कमीशन का विरोध करने पर उनके ऊपर लाठीचार्ज हुआ, उनकी मौत हो गई तो भगत सिंह, आजाद आदि ने सांडर्स को मारकर उनका बदला लिया।

मैजिनी से वे भी प्रभावित थे, भारतीय संस्कृति में उनकी गहरी आस्था थी, सो मैजिनी से लेकर श्रीकृष्ण और महाराज शिवाजी तक की जीवनियाँ लिखीं। लगातार कांग्रेस की स्वामिभक्त वाली छवि और ऐसे झुके रहने वाले कांग्रेस नेताओं का विरोध करते रहे। उनके साथी विपिन चंद्र पाल को तो 'भारत में क्रांतिकारी विचारों का पिता' कहा ही जाता है। मोतीलाल नेहरू भी उस वक्त उनसे बहुत परेशान हो गए, जब उन्हें 'इंडिपेंडेंट' का संपादक तो बना दिया, लेकिन वो सरकार के साथ-साथ अंग्रेजों के आगे झुकने वाले कांग्रेस नेताओं पर ही सवाल उठाने लगे, उन्होंने गांधी तक को नहीं छोड़ा।

चीन में हो रहे बदलावों को सबसे पहले इस नेता ने पकड़ा

विपिन चंद्र पाल 'ऑवर रीयल डेंजर' शीर्षक से अपना कॉलम लिखा करते थे, उसी कॉलम में पाल वो पहले व्यक्ति थे, जिसने चीन में हो रहे लगातार बदलावों से भारत को सबक लेने को कहा था। तिलक के करीबियों में वो और अरविंद घोष ऐसे नेता थे, जो विदेश से पढ़कर आए थे। हालाँकि, ऑक्सफोर्ड में पाल ने अपना कोर्स पूरा नहीं किया था। आखिरी समय में तो उन्हें कांग्रेस से इतनी समस्या हो गई

थी कि मरने से छह साल पहले ही कांग्रेस को अलविदा कहकर समाज सुधार के कार्यक्रमों में लग गए थे।

अरविंद घोष आज महर्षि अरविंद के नाम से जाने जाते हैं, बड़ौदा के महाराज की सिविल सर्विस में कई पदों पर रहने के बाद वो कांग्रेस से जुड़ गए, लेकिन साथ में बंगाल के क्रांतिकारियों की संस्था अनुशीलन समिति से भी जुड़ गए। अलीपुर षड्यंत्र केस में उनका भी नाम आ गया, गवाह नरेंद्र नाथ स्वामी की हत्या के बाद उनको बरी कर दिया गया। उनका जेल जाना ही उनके मन में अध्यात्म जगने की वजह बन गया। उसके बाद सबकुछ छोड़कर वो पांडिचेरी चले गए, वहाँ अरविंद आश्रम की स्थापना करके योग ध्यान में व्यस्त हो गए।

उनके डॉक्टर पिता और माँ दोनों ही ब्रह्मो समाज से जुड़े हुए थे। दोनों ही काफी अभिजात्य तरीके से अपने बच्चों को रखते थे, सभी की शिक्षा विदेशी स्कूलों में करवाई। अरविंद को आई.सी.एस. अफसर बनाना चाहते थे, अरविंद ने लिखित परीक्षा पास भी कर ली, वो लंदन के किंग्स कॉलेज में पढ़ने लगे, लेकिन उनको आई.सी.एस. नहीं बनना था, सो जानबूझकर घुड़सवारी की प्रायोगिक परीक्षा में फेल हो गए। किसी ने उन्हें बड़ौदा महाराज से लंदन में मिलवाया और वो उनके साथ भारत चले आए। राज्य के काम से पूरे देश में जाने के दौरान उनके रिश्ते लोकमान्य तिलक और भगिनी निवेदिता से हो गए और इस तरह वो भी राष्ट्रवाद की बयार में बहते चले गए।

कलकत्ता में अरविंद जिस नेशनल कॉलेज के पहले प्रधानाचार्य चुने गए थे, आज उसे जाधवपुर विश्वविद्यालय के नाम से जाना जाता है। उनका छोटा भाई वारिन घोष क्रांतिकारी के दल में शामिल हो गया था, सो उनकी मुलाकातें भी बाघा जतिन आदि से होने लगीं। कई साल अरविंद ने तिलक, लाला लाजपत राय, विपिन चंद्र पाल के साथ कांग्रेस के नरमपंथियों के विरुद्ध मोर्चा बुलंद किया, अंग्रेजी सरकार के विरुद्ध जनजागरण किया, स्वराज और बहिष्कार को लेकर अलख जगाई, अखबारों में कई लेख लिखे। लेकिन सूरत का अधिवेशन गरमपंथियों के लिए अंग्रेजों के लिए मौके के तौर पर आया।

तिलक को जिस साल मांडले भेजा गया, उसी साल अलीपुर षड्यंत्र केस में अरविंद को भी गिरफ्तार कर लिया गया। गिरफ्तार तो लाला लाजपत राय को भी किया गया था, लेकिन उनके विरुद्ध सुबूत नहीं मिले तो वे जल्दी बाहर आ गए। यह वो दौर था, जिसने न केवल नरमपंथी बल्कि गरमपंथी राजनीति के चेहरों को भी भारतीय राजनीति के परिदृश्य से बाहर कर दिया। इस राजनीतिक खालीपन का

सीधा लाभ गांधीजी की राजनीति को मिला, लेकिन नेहरू परिवार उनके साथ रहकर स्वतंत्रता के बाद भी पीढ़ियों तक इसका लाभ लेता रहा।

REFERENCES

1. Satya Ke Sath Mere Prayog, By Mahatma Gandhi, Page No. 76, Publisher: Prabhat Prakashan
2. Jawahar Lal Nehru: An Autobiography, By Jawwahar Lal Nehru, Page No. 21, Publisher: Nehru Memorial Fund
3. Satya Ke Sath Mere Prayog, By Mahatma Gandhi, Page No. 76, Publisher: Prabhat Prakashan
4. Satya Ke Sath Mere Prayog, By Mahatma Gandhi, Page No. 97, Publisher: Prabhat Prakashan
5. Satya Ke Sath Mere Prayog, By Mahatma Gandhi, Page No. 97, Publisher: Prabhat Prakashan
6. Constitutional History of India By R. R. Sethi, Vidya Dhar Mahajan, Published By Chand Publishers, Page No. 357
7. The Indian National Congress Containing an Account of Its Origin and Growth, Full Text of All the Presidential Addresses, Page No. 907, Publisher: Prithwis Chandra Ray

□□□